序　言

认识张辉蓉女士，已有20多年了。现在，她已升任教授、博导，成为享誉一方的学者。"江山代有才人出。"辉蓉教授们出来了，说明我们这一代真的老了。应邀写序，似乎也勉为其难起来。

摆在面前的书稿，书名是《小学数学教学论》，这使我联想起20世纪八九十年代曾经盛行的"三大块"说，即数学教育学要由"课程论""学习论""教学论"三部分组成。这在学术上大概是不错的，但作为教师教育的教材，则似乎不能这么做，毕竟学时有限，不能面面俱到。事实上，"课程论"对教育管理部门来说很重要，但普通教师则往往不大关心，他们真正关切的是正在实施的国家课程标准。至于"学习论"，大块理论属于认知心理学范畴，真正对课堂教学的直接指导作用，却并不怎样明显。盛极一时的"建构主义"理论，被捧为"学习理论的新纪元"，这两年已经风光不再了。这样一来，"三大块"中只有"教学论"是贴近教师需求的那一块。辉蓉教授的这一本书，以教学论为主线，揉进了课程论和学习论的一些内容，形成了一个新的架构，我想这是一个贴近小学数学教师需要的抉择。

辉蓉教授的这本著作，最大的特点是采用了大量的案例。教学理论联系教学实际，天经地义。不过前些年看过一些教学论的著作，满篇是基于建构主义提出的教学策略。有位一线老师说，建构主义指导下的数学教学好在哪里？连一个像样的教学案例都举不出，怎么能吸引人？辉蓉教授则坚持以《义务教育数学课程标准（2011年版）》的核心理念为指导，剖析现行小学数学教材，收集典型教学案例并适度加以呈现，因而具有很强的可读性。书中有好几章内容用于处理"数与代数"等学习领域，颇有些像早年的《数学教材教法》。当然，我只是说在理论联系实际上有些类似，至于内容的丰富性，则不可同日而语了。

最后，想谈谈数学教育的民族自信问题。作为一本谈论中国小学数学教学的论著，我觉得要有一些国际性的见解。中国小学数学教育在世界上的地位如何？我国小学数学教育有哪些长处和不足？似乎应该有所论述。例如中国学生都会背九九表，这是长处。那么我们是怎么做到的？国外则有很多人不会背，那是什么原因？我国小学数学界有尝试教育的流派，是否可以进入本书？很希望国人能有深入的研究、独特的建树。辉蓉教授做了一些，也许可以再多一些。缺乏教育自信，非本书所特有。我只是想借写序的机会，谈谈个人的感想而已。

谢谢辉蓉教授给我写序的机会，也谢谢本书的读者能关注此序。

张奠宙[①]

2017年10月

---

① 张奠宙，华东师范大学数学科学学院资深教授，曾任国际欧亚科学院院士，国际数学教育委员会执行委员（这是中国人第一次进入世界数学教育的领导机构）。

教育部 重庆市高等院校特色专业建设重点规划项目·教育学（小学教育学系列）

主编 朱德全　副主编 王牧华 唐智松 李 静 张家琼

小学数学教学论

XIAOXUE SHUXUE JIAOXUELUN

主 编　张辉蓉

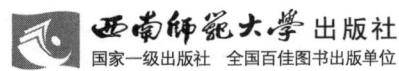

西南师范大学出版社
国家一级出版社　全国百佳图书出版单位

图书在版编目(CIP)数据

小学数学教学论 / 张辉蓉主编. — 重庆：西南师范大学出版社，2018.6
ISBN 978-7-5621-8784-4

Ⅰ.①小… Ⅱ.①张… Ⅲ.①小学数学课－教学研究 Ⅳ.①G623.502

中国版本图书馆 CIP 数据核字(2017)第 172419 号

小学数学教学论

主　　编：张辉蓉

责任编辑：胡君梅
封面设计：尚品　尹　恒
排　　版：瞿　勤
出版发行：西南师范大学出版社
　　　　　地址：重庆市北碚区天生路1号
　　　　　邮编：400715　市场营销部电话：023-68868624
经　　销：新华书店
印　　刷：重庆华林天美印务有限公司
幅面尺寸：185mm×260mm
印　　张：22.5
字　　数：525千字
版　　次：2018年6月　第1版
印　　次：2021年7月　第2次印刷
书　　号：ISBN 978-7-5621-8784-4
定　　价：68.00元

前 言

随着课程改革的深入推进,小学数学教学中各种新问题逐步凸显,其中许多深层次的问题需要系统的理论支撑才能解决,小学数学教学实践呼唤教与学理论的指导与引领。作为一名未来的或现在的小学数学教师应当全面了解和掌握小学数学教学的基本理论和方法,深入理解小学数学课程标准,独立分析小学数学教材和有效调控课堂教学的策略等。然而,教师缺乏相应的理论知识、教师认同的教学理念及理论与实际课堂教学行为割裂等一系列问题仍是阻碍小学数学教学优质化发展的顽疾。

基于新时期对高素质小学数学教师培养的要求,在严谨展开理论探索、认真钻研同类教材和紧密贴合教学实践的基础上,我们编写了《小学数学教学论》。本书主要以小学数学教学规律和教学问题为研究对象,兼顾理论和实践两方面,从教师教和学生学两个角度出发,对小学数学教学进行详尽阐述,以为即将或已经成为数学教师的老师,提供更系统的理论知识框架与实践指导。

在编写过程中,我们注重将基本理论、方法与教学实际案例相联系,将抽象的理论形象化,便于读者理解,也为读者后期将理论运用于实践提供示范。编写特色主要表现在:第一,从实际教学中的问题情境入手,引出每一章的主要理论内容。第二,在讲解理论的同时,用实际教学案例作为辅助,让读者对理论有更清晰的把握。第三,设有"拓展阅读"部分,加强和开拓读者的视野。第四,每一章都有"本章小结",便于读者对每章内容有整体性的认识和把握。第五,章节的结束部分有"复习思考题",不仅可起到回顾知识的作用,而且能帮助读者学以致用。

本书的内容分为 6 部分,共有 11 章。

第一部分(绪论):介绍了小学数学课程的性质与地位和学习小学数学教学论的意义,同时给出了使用此书的方法和建议。

第二部分(第一章):对《义务教育数学课程标准(2011 年版)》进行深刻解读和分析,对课标中的课程目标、课程内容进行了深入解析,对《义务教育数学课程标准(2011 年版)》的新特点和新变化进行了系统的梳理。

第三部分(第二、三、四、十章):阐述了小学数学学习过程中学生的学习方式、特点以及教师的教学方式和教学设计。第二章主要介绍小学生数学学习的方式、特点以及不同学习理论对其产生的影响,还介绍了我国小学数学教学改革中的探索与经验。第三章阐述了不同教学方式在教学中的特点、操作方式、易出现的问题以及相对应的实施建议。第四章主要介绍了教学设计的理论依据、实施建议及应注意的问题。第十章从课堂教学评价和数学学习评价两个角度进行阐释,指出了课堂教学评价的方法以及数学学习评价的几种形式。

第四部分(第五、六、七、八章):从《义务教育数学课程标准(2011年版)》角度出发,对数与代数、图形与几何、统计与概率、综合与实践四大领域的教学目标、教学内容和教学要求进行了全面的阐释,还利用实际案例加以辅助,指出各领域的教学容易出现的问题,并针对问题提出实施建议。

第五部分(第九、十一章):主要介绍如何在教学过程中对学生进行数学素养的培养和情感态度的教育。第九章主要对课标中10个小学数学核心素养进行解读和讲解,并介绍了如何培养小学生的这些素养。第十一章对课标中数学情感与态度的要求加以解读,并介绍了在教学中培养小学生数学情感与态度的方法。

第六部分(附录):阐述如何说课、评课,为小学数学教师的说课和评课提供模板和示范。

《小学数学教学论》从理论和实践两方面为即将或现已成为小学数学教师的读者提供了一个系统的理论知识框架以及如何将理论知识运用于实践的示范,希望通过本书的学习能够帮助小学数学教师完善理论知识,提升教学水平,增强其发现问题的意识和解决问题的能力,也为教师成为学者型或研究型教师奠定扎实的基础。

本书在编写过程中参考了许多相关领域专家学者的研究成果,并将其观点和内容运用于本书之中,同时,也选用了许多小学数学教师的优秀案例,在此一并表示感谢。

小学数学教学是受多因素制约的复杂过程,此书的编写是一项非常艰巨的工程。虽然我们尽了最大的努力,但因编者水平有限,书中难免存在疏漏之处,敬请专家、学者、老师不吝赐教,以便今后不断完善。

编者
2018年3月

目 录

绪 论 1
  第一节 小学数学课程的性质与地位 1
  第二节 学习小学数学教学论的意义 7
  第三节 学习小学数学教学论的方法与建议 11

第一章 小学数学课程目标和内容 13
  第一节 小学数学课程目标的构成与解析 15
  第二节 小学数学课程内容的构成与解析 28

第二章 小学数学学与教的主要理论 37
  第一节 小学生数学学习认知特点和基本方式 39
  第二节 学习理论对小学数学学习的影响 44
  第三节 现代数学教育理论及其在小学数学教学中的应用 51
  第四节 我国在小数数学教学改革中的探索与经验 60

第三章 新课程倡导的小学数学教学方式 69
  第一节 探究式教学 71
  第二节 参与式教学 80
  第三节 讨论式教学 93
  第四节 活动式教学 102

第四章 小学数学教学设计 114
  第一节 小学数学教学设计概述 116
  第二节 小学数学教学设计的内容 122
  第三节 小学数学教学设计的实施 132

第五章 数与代数的教学 140
  第一节 数与代数的教学意义、课程内容及教学要求 142
  第二节 数与量的概念教学 149

第三节　数的运算的教学 …………………………………………… 157
　　　第四节　式与方程以及正反比例的教学 …………………………… 161
　　　第五节　数与代数的教学建议 ……………………………………… 171
第六章　图形与几何的教学 …………………………………………………… 175
　　　第一节　图形与几何的教学意义、课程内容及教学要求 ………… 178
　　　第二节　图形认识的教学 …………………………………………… 184
　　　第三节　图形测量的教学 …………………………………………… 190
　　　第四节　图形的运动与位置的教学 ………………………………… 195
　　　第五节　图形与几何的教学建议 …………………………………… 200
第七章　统计与概率的教学 …………………………………………………… 204
　　　第一节　统计与概率的教学意义、内容设置及教学要求 ………… 206
　　　第二节　统计的教学 ………………………………………………… 208
　　　第三节　概率的教学 ………………………………………………… 216
　　　第四节　统计与概率的教学建议 …………………………………… 221
第八章　综合与实践的教学 …………………………………………………… 225
　　　第一节　综合与实践的教学意义、课程内容及教学要求 ………… 227
　　　第二节　实践的教学 ………………………………………………… 229
　　　第三节　综合应用的教学 …………………………………………… 240
　　　第四节　综合与实践的教学建议 …………………………………… 247
第九章　小学生数学素养的培养 ……………………………………………… 251
　　　第一节　数感的培养 ………………………………………………… 252
　　　第二节　符号意识的培养 …………………………………………… 257
　　　第三节　空间观念的形成 …………………………………………… 261
　　　第四节　几何直观的形成 …………………………………………… 264
　　　第五节　数据分析观念的养成 ……………………………………… 268
　　　第六节　运算能力的发展 …………………………………………… 273
　　　第七节　推理能力的提升 …………………………………………… 277
　　　第八节　模型思想的渗透 …………………………………………… 281
　　　第九节　应用意识的培养 …………………………………………… 285
　　　第十节　创新意识的培养 …………………………………………… 289
第十章　小学数学学习评价 …………………………………………………… 296
　　　第一节　小学数学课堂教学评价 …………………………………… 298

第二节 小学数学学习评价的基本方法 ………………………………… 312

第十一章 小学生的数学情感态度教育 ………………………………… 325

 第一节 小学生数学情感与态度的认识 ………………………………… 327

 第二节 小学生数学情感与态度的培养策略 …………………………… 331

附 录 ……………………………………………………………………… 347

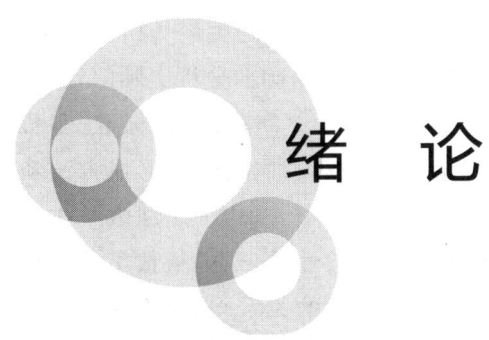

绪 论

|第一节|
小学数学课程的性质与地位

　　课程是教育者对受教育者实施教育教学行为的依托,同时也是人才培养模式的直接体现。不同的课程有着不同的培养效果并会出现不同的人才类型。课程设置的科学与否,小则决定了人才培养的质量,大则决定着一个国家、一个民族的生死存亡和前途命运。由此看来,作为一名小学数学老师,要想担负起时代赋予的重任,培养出未来社会所需要的高素质人才,就必须对小学数学课程的含义、特征、性质、作用等有一个较为全面的正确认识。

一、数学的含义及其基本特征

　　数学是从人的需要中产生的,是从丈量土地尺寸和测量容积,从计算时间和制造器皿中产生的。数和形的概念作为数学的两大柱石,它们是从现实世界中得来的,而不是从其他任何地方而来。探索广漠的宇宙、研究微观的粒子、考察地球的变化、揭示生命的奥秘等,不论哪一项科学技术活动,无一不用到数学知识,无一不以数学知识为基础。数学已成为自然科学、社会科学和行为科学的基础。数学的内容、思想、方法在人类社会生活中的应用越来越广泛,数学的符号和词汇、句法、术语已经成为表述关系和模式的通用工具。数学不但给人以实用的技术,而且也给人以能力,它在提高一个民族的科学文化素质方面起着关键的作用。

　　那么,到底什么是数学?这是我们首先需要弄清的基本问题。

　　说起数学,我们一般会很自然地联想到小学数学中的算术,中学数学中的代数、平面几何和立体几何等这些丰富多彩的数学内容。但是,如果我们仔细分析一下这些内容,就可以看出数学大致可以分成两类:一类是研究现实世界的数量关系的;一类是研究空间形式的。例如,算术、代数是研究数量关系的,几何是研究空间形式的,三角则是这两类情况的结合物。

　　关于数学的含义,恩格斯曾如此描述:数学就是研究现实世界的空间形式和数量关系的一门学科。具体而言,数学以数和形的性质、变化、变换和它们的关系为研究对象,探索它们的有关规律,给出对象性质的系统分析和描述,在这个基础上分析实际问题,给出具体的解法。《全日制义务教育数学课程标准(实验稿)》(以下简称《课程标准(实验稿)》)指出:数学是人们对客观世界的定性把握和定量刻画,逐渐抽象概括,形成方法和理论,并进行广泛应用的过程。人们对数学的认识可以分为两个方面,一是从数学内部(数学的内容、表现形式及研究过程等几个角度)来研究数学的性质,二是从数学的外部(数学与社会的关系、数学与其他学科的关系、数学与人的发展的关系)来讨论数学的性质。它们都从一个侧面反映了数学的本质特征。概括地说,数学具有这样的基本性质:第一,数学的对象是由人类发明或创造的;第二,数学的创造源于对现实世界和数学世界研究的需要;第三,数学性质具有客观存在的确定性;第四,数学是一个动态发展的体系。① 可以说,数学在现代科技和社会生活的各方面都扮演着不可替代的角色。要想比较全面地了解数学学科,对其特征的把握显得非常必要,下面我们主要介绍数学的三个特征。

(一)理论抽象性

抽象性是数学最显著的特征。数学的抽象性就是保留具体事物在数量关系和空间形式方面的本质属性,而排除其他非本质属性。数学抽象性的最显著特征,就是用模型来概括同类对象或同类对象的关系。数学是作为一个独立的客体而存在的,是被抽去了具体内容的一种形式科学,它是用形式化、符号化和精确化的语言来表现的一种"抽象的抽象"或"概括性的抽象",它是以"一切性质的抽象"而呈现的。因而,数学对象没有任何物质的和能量的特征,它只有一个特征,那就是这些对象都处于一定的相互关系之中。例如,"3×7"这个式子,就是一个没有任何具体内容的数学模型。又如数学研究的"直线",是一种没有长短、粗细、轻重和颜色等性质和没有能量特征的"理想化"的对象。我们可以看到,正是数学的抽象性使其能以形式化、符号化和精确化的语言来表现极其复杂的对象和思想。

(二)逻辑严谨性

数学具有逻辑严谨性。荷兰数学教育家弗赖登塔尔认为数学有一个最大的特点,那就是对任何一个陈述都可以确定其对或错。②因为只有数学可以加上一个强有力的演绎结构,这就是数学的逻辑严谨性。数学的结果是从一些基本概念(或公理)出发并采用严格的逻辑推理而得到的。数学的逻辑严谨性还带有数学语言的精确性,即数学的表述具有相当严密的唯一性。其他学科(尤其是自然学科)也借助数学语言来准确地表述概念或由经验所获得的发现。数学的逻辑严谨性还表现在它的系统性。数学体系本身是一个精确的自然结构,而且是所有自然结构中最具有完美模型特征的。我们应该说,数学是以最简洁、最精确、最稳定的模型来揭示最本质、最抽象的关系的系统理论。

---

① 唐瑞芬.数学教学理论选讲[M].上海:华东师范大学出版社,2001:6.
② 弗赖登塔尔.作为教育任务的数学[M].上海:上海教育出版社,1999:136.

(三) 应用广泛性

数学的应用十分广泛,其应用对象领域,涉及整个客观世界。数学是解决实际问题的主要工具,它被广泛应用于解决人类生活和社会活动的各种实际问题。随着社会科学技术的发展和人类的进步,数学的应用已经扩展和深入到更普遍的技术和科学领域,它已经渗透到人们的所有生活领域之中。数学还在其他的科学中占有特殊地位。近代以来,数学又进入了人文社会科学领域,在当代人文社会科学的数学化已成为一种强大的趋势。如今,无论是自然科学还是社会科学,甚至是思维科学都要借助数学的严密性和抽象性特点来做更为精确的研究或描述。因此,数学已经不再是一种单纯的实用工具,它已经成为解决许多重大问题的关键性的思想与方法,并极大地改变着我们的生活方式。

二、小学数学课程的性质

小学数学课程的性质是小学数学课程区别于其他课程的本质属性。只有正确认识小学数学课程的性质,才能在小学数学教学中把握正确的方向,采用合理的教学方法,更好地完成小学数学课程的教学任务。

《课程标准(实验稿)》对数学课程的性质进行了十分精辟的概述:"数学是人类生活的工具;数学是人类用于交流的语言;数学能赋予人类的创造性;数学是一种人类的文化。"并清楚地表明,小学数学课程的性质就是基础性、工具性与人文性的统一。这种统一,是建立在数学的基础性功能与人类文化组成部分相互作用的基础之上的。对小学数学课程性质的这一界定,是数学课程标准在数学教育理论上的重大突破。

(一) 小学数学课程的基础性

《基础教育课程改革纲要(试行)》强调,义务教育阶段的课程应体现普及性、基础性和发展性。义务教育的课程要面向每一个学生,其标准是绝大多数学生能够达到的。课程内容和要求应该是基础性的,不能任意被扩大、拔高。同时,课程还应具有发展性,要着眼于学生的终身学习,适应学生发展的不同需要,为学生的终身发展提供必备的基础知识、基本技能和良好的情感态度与价值观。

小学数学课程的基础性体现在两个方面:一是小学数学是数学学科的一部分,是学校教育中一门重要的基础学科。小学数学课程是以算术和简单的图形与变换知识为主要内容的一个逻辑体系,这些知识是学生学习一切后续数学知识的必备基础知识。二是小学数学课程的学习能为其他学科的学习和学生的终身发展打下良好的基础。

(二) 小学数学课程的工具性

《课程标准(实验稿)》明确指出:"数学是人类生活的工具;数学是人类用于交流的语言;数学能赋予人类的创造性;数学是一种人类的文化。"具体来说,小学数学课程的工具性体现在以下几个方面。

1.数学是人类认识世界的一种工具

数学是人们生活、劳动和学习必不可少的工具,能够帮助人们处理数据,进行计算、推理和证明;数学模型可以有效地描述自然现象和社会现象;数学为其他科学提供了语言、思想和方法,是一切重大技术发展的基础;数学在提高人的推理能力、抽象能力、想象力和创造力等方面有着独特的作用;数学是人类的一种文化,它的内容、思想、方法和语言是现代文明的重要组成部分。①

2.数学是人类用来交际的一种语言

斯托利亚尔在《数学教育学》一书中指出:"数学教学也就是数学语言的教学。"数学语言是一种由数学符号、数学术语和经过改进的自然语言组成的科学语言,是人们日常生活和数学学习中广泛使用的语言。除了在日常生活中使用最基本的数学语言之外,在数学教学中几乎离不开数学语言。我们在认识数学语言的前提下,更要注意数学语言在教学中的运用技巧。一般来说,教师在教学过程中不宜直接使用数学语言作为讲授语言,而应根据学生的认知水平和心理特征,将数学语言转化为容易被学生所接受的语言。同时,也要重视引领学生结合数学学习过程,经历抽象思维,提高熟练运用数学语言表述实际问题的能力。

3.数学是人们进行思维和开发智力的工具

我们人类要求得生存与发展,就需要了解并掌握客观世界中万事万物的基本性质、相互联系及其基本规律,有效地改造客观世界,在这个过程中达到预期目的。而数学所研究的对象正是人类为实现这一目的不可缺少的智力机能——思维。数学学习的一个显著特点就是开发和培养人的思维。无论是形成数学概念,得出数学方法,还是解决数学问题,都必须经过缜密思维这一过程。通过小学数学课程的学习,学习者的思维能力能得以锻炼和提高,同时,学习者还可以运用已有的思维能力,去进行更为复杂的思维活动,解决更加复杂的问题,在这样循环往复螺旋式的思维发展过程中,学习者的智力也将得以极大地开发。

4.数学是人类文化的重要组成部分

严格意义上的"文化"应当具有传播与交流的功能,并能对人类社会的生产方式、学习方式和生活方式产生广泛而深刻的影响。数学以其高度的抽象性、特有的逻辑严谨性、应用的广泛性,形成了独特的数学文化,并与其他文化一起构成了人类的文化世界。数学以其抽象的形式,摆脱具体的束缚,不断地建构着更高的知识层次,它将严密的逻辑推理、简洁的数学语言、精确可靠的结论、不断探索的精神作为数学文化的基本特征,将"以理服人"作为数学文化追求的崇高目标,将培养学生的科学精神和对数学美的理解与欣赏能力作为数学文化教育的价值取向。

---

① 中华人民共和国教育部.全日制义务教育数学课程标准(实验稿)[S].北京:北京师范大学出版社,2001:1.

(三)小学数学课程的人文性

《基础教育课程改革纲要(试行)》强调,数学课程内容和课程结构的改革与实施要密切联系学习者的生活和经验,加强课程与社会科技发展的联系,为学生的终身发展提供必备的基础知识、基本技能和良好的情感态度与价值观,以创新精神和实践能力为核心,重视发展学生搜集处理信息的能力、自主获取新知识的能力、分析解决问题的能力、交流与合作的能力。《课程标准(实验稿)》指出,数学是人类的一种文化,它的内容、思想、方法和语言是现代文明的重要组成部分。义务教育阶段的数学课程,其基本出发点是促进学生全面、持续、和谐的发展,使学生在获得对数学的理解的同时,能在思维能力、情感态度与价值观等方面得到进步和发展。

《基础教育课程改革纲要(试行)》和《课程标准(实验稿)》的论述,都充分体现了其对小学数学课程的人文性要求。同时,《课程标准(实验稿)》还在教学建议中指出数学教学要以知识的整合、发扬人文精神和科学精神为基点。数学教师应努力探索小学数学人文教育的途径和方法,构建人文、和谐的数学课堂,真正实现数学课程标准对培养学生人文精神的要求。

三、小学数学课程的地位

小学数学课程的地位是指它在整个小学教育中所处的位置。数学学科自身所具有的性质及其教育功能,决定了小学数学课程的地位,也决定了它在整个小学教育中起着不可替代的作用。

数学是学习现代科学技术的基础,也是解决现实问题必不可少的工具。它同语文学科一样都属于工具学科,广泛应用于日常生活、生产建设和科学研究。随着现代社会和科学技术的发展,数学的应用将越来越广泛。小学是义务教育的初级阶段,它把数学作为一门重要学科的目的是帮助学生从小打好数学的基础,发展其思维能力,并对学生进行思想品德教育和良好学习习惯的培养,这对于贯彻落实德、智、体、美全面发展的教育方针,培养有理想、有道德、有文化、有纪律的社会主义公民,提高全民族的素质,具有不可忽视的重要意义。

(一)从课程设置看,数学课程是小学最基础的学科

在小学课程结构中,数学课程始终处于基础地位,不仅授课时数较多,而且在总课时中所占的比例也相对较高。从义务教育和终身教育的角度看,小学数学课程既是学习数学课程的基础,又是学习其他一些课程的基础,更是继续学习、终身学习的基础。学习数学,有助于学生后续数学学科知识的学习,也有助于其他自然学科甚至是人文学科的学习,还有助于学生认知思维能力、审美鉴赏能力的提高。同时,数学作为一种普遍适用的技术,有助于人们收集、整理、描述信息,建立数学模型,从而解决问题,为社会创造价值;有助于学生更好地探求客观世界的规律,并对现代社会中大量纷繁复杂的信息做出恰当的选择与判断。再者,学生在学习数学的过程中,其他智力因素和非智力因素也得到相

应的发展。因此,数学素养在德、智、体、美诸多素养中始终处于基础的地位,它不是可有可无的,而是各地方各小学必须开设、全体学生必须学习的一门基础课程。

(二)从学生发展看,小学数学课程处于重要地位

教育的重要功能是实现受教育者综合素质的全面发展和完善。数学课程不仅能使人学会怎样学数学、如何用数学,而且能促进人的智慧和能力的发展,使人学会创造,同时还能提高人的思维水平、陶冶人的性情,为学生的终身发展打下良好基础。特别是小学数学课程,更是基础的基础。数学学习,有助于学习者学会思考,将来服务于社会。

正是由于数学素养的基础性和小学数学课程的多重功能,才决定了小学数学课程在九年义务教育阶段具有特别重要的地位和作用,这也是其他课程无法取代的。这样的地位不会因科技的发展、社会的进步而动摇,其作用也不会因世纪的更迭、时间的推移而变化。小学数学课程如此重要的地位,昭示了小学数学教育工作者肩负着重大的责任。

第二节
学习小学数学教学论的意义

数学在小学教育中占有举足轻重的地位。要对学生进行全面发展的教育,数学教育是不可缺少的重要组成部分。随着人类的发展和社会的进步,数学与人们生活、社会发展的关系愈来愈密切,特别是信息技术高速发展的21世纪,数学素养更是公民素养中不可或缺的重要组成部分。让学生接受良好的数学教育是小学教育工作者的重要职责之一。因此,小学数学教育工作者必须了解有关小学数学课程与教学方面的知识、方法和技能,并树立正确的数学教育观念以更好地完成这一使命。随着基础教育改革的不断深入,对小学数学教育的要求也在不断变化,小学数学教师也必须不断更新教育教学观念,改变教学方法,以适应学生发展的需要和社会对学生的新要求。

那么,在当今小学数学教学中,我们一线教师的教学水平如何呢?他们的教学方法的运用是否恰当呢?让我们先来看看小学数学课堂的教学万象。

【案例1】

"秒的认识"教学片段[①]

[教学内容选自《义务教育教科书 数学(三年级上册)》(人教版)]

师:假如你是一根"秒针",你能走得很准吗?请看着钟面,秒针每走1秒,你们就点一下头,走10秒,就点10下。预备,开始。

学生伴着钟面上秒针的走动一起点头。

师:下面我们再来看着钟面拍手,每秒拍一下,共拍10下。

学生伴着钟面上秒针的走动一起拍手。

师:钟面上秒针指着几?(4)闭起眼睛,听秒针走动的声音,每听一声就数一个数。停,你数到了几?(10)睁开眼睛,钟面上秒针指着几?(6)钟面上秒针从4走到6,走了10秒。

师:通过刚才的活动,1秒的时间有多长深深地印在你的脑海里了吗?我们再来做个10秒钟的小测试。同桌两人合作,左边小朋友闭上眼睛,老师一说"开始",就在心里估计10秒钟的时间,认为到了,就轻轻拍一下同桌的小朋友。右边小朋友负责看着钟面计时(看电脑钟面演示,没有声音),当同桌的小朋友拍你时,你就告诉他估计得是否准确。

学生活动。

师:请估计得正好是10秒的小朋友举手,真了不起!不到10秒就拍同桌的,可能数快了;超过10秒才拍同桌的,可能数慢了。

"纸上得来终觉浅,绝知此事要躬行。"1秒看不见,摸不着,1秒到底表示多长时间,

---

① 朱欣欣.小学数学案例教学论[M].杭州:浙江大学出版社,2011:65.

只有让学生经历丰富的数学活动,才能形成自己的体验。在上述教学片段中,教师让学生看着钟面秒针的走动点头、拍手、数数,学生的眼、耳、口、手等多种感官都能同时参与活动,全方位地感受和体验了1秒时间的长短。同时,教师在学生清晰地建立对1秒的认识后,还引导学生感受10秒的长短,并通过与同桌的合作学习,自己估计10秒时间的长短,在实际活动中体验估计较短时间的常用方法,加深了对时间1秒的体验。这位教师在课堂上呈现了新课程所倡导的学习方式,即自主、合作、探究的学习方式,为学生"再创造"提供了很好的观察、操作、实践和交流的平台,使学生在轻松的氛围和充分的体验中,认识了1秒、10秒表示的时间有多长,其教学效果是不言而喻的。

由此可见,教师理解并掌握小学数学教学的基本理论和教学方法,不仅有助于学生的数学学习,而且有利于教师教学能力的提高。小学数学教师应让学生"学会学习",而不仅仅是"学会知识"。学生只有学会学习,才能更好地应用所学知识,创造性地解决问题,进而发现新的知识。而要教会学生"学会学习",这就需要小学数学教师掌握必备的小学数学教学的基本理论知识与技能,并不断提高数学教学能力,促进自身专业发展。

然而,在现行教学中,因教师未充分了解小学数学学科的基本理论、基本方法和小学生学习数学学科的特征,以及教师未进行有效的教学设计而导致教学低效、无效的现象屡见不鲜。下面,让我们来看另一个教学实例。

【案例2】

"间隔的问题"教学片断 ①

[教学内容选自《义务教育教科书 数学(四年级上册)》(苏教版)]

师:同学们,我们每个人都有一双勤劳的手。老师从这双手上发现了一个数学秘密,大家想知道吗?请看,一只手有5个手指,但手指之间只有4个间隔,数数看。(指出什么叫间隔)

师:老师带来一些图片,请你们在图中找一找间隔。(课件出示大桥的桥墩、公园一角的树等图)

师:说说在我们身边或日常生活中,哪些事物还存在间隔的现象。

师:像刚才我们说的手指数、树数、球数等,我们就把它们叫作物体数。(板书)请你们猜一猜,这些物体数与间隔数之间有什么关系?

师:用小棒代替这些物体,验证一下你们的猜想。

1.学生按照老师的要求,把小棒摆成一排,想摆几根就摆几根,并数出小棒之间有几个间隔。

2.反馈汇报,教师板书(略)。

师:仔细观察黑板上的板书,你们发现了什么?(此处由于生活情境图片太复杂,学生对间隔概念越说越模糊,很难找出物体数和间隔数之间的规律)

师:下面让我们用新知识去解决生活中的问题。

练习一:每两盏红灯之间挂一盏绿灯,红灯有6盏(出示图片),绿灯需要几盏?

---

① 朱欣欣.小学数学案例教学论[M].杭州:浙江大学出版社,2011:95.

练习二：一些水果，每两个苹果间放一个梨。梨有5个，苹果有几个？
（出现冷场，经教师启发，学生才解决……）

《课程标准（2011年版）》明确指出，义务教育阶段的数学课程，强调从学生已有的生活经验出发，让学生亲身经历将实际问题抽象成数学模型并进行解释与应用的过程，进而使学生获得对数学知识理解的同时，在思维能力、情感态度与价值观等多方面得到进步和发展。

在该教学案例中，教师提供的具体教学情境缺乏典型性，并且只让学生对知识做了感性认识，而没有让学生将这些感性认识转化成表象，因此，学生难以总结出物体数与间隔数的相互关系。学生对物体数、间隔数的概念没有真正理解，同时也无法从具体事例中抽象出数学模型。所以，在进行练习时，多数学生对练习的题目不理解，无法通过逆向思维建构知识体系，根本不会将实际问题转化为数学模型，再运用数量关系去分析，最终导致练习处理过于缓慢，教学效果不显著。

实质上，这位教师的教学效果之所以不显著是因为他没有理解和掌握好小学数学教学的基本理论和教学方法，在教学过程中面对学生的学习困境未能及时反思、调整教学方法与策略，故其对小学数学教学的整体认识还有待提高。

很显然，如果小学数学教师不能够科学地观察小学生数学学习的过程，不能用最新的数学教育理论和教学方法让学生学会并运用数学知识，那么其教学效果很可能低效或者无效，学生的学习效果亦会不佳，更不用说培养学生的创新能力和实践能力了。因此，小学数学教师只有不断提高小学数学教育理论知识水平，不断促进自身专业发展，才能适应基础教育改革与发展的需要。

小学数学教学论是研究小学数学课程与教学规律的一门学科。无论是即将成为小学数学教师的师范院校学生，还是在职的小学数学教师，都很有必要了解小学数学在小学教育中的重要地位和小学数学课程与教学的基本特征、规律，充分理解小学生学习数学的特点，从而合理、有效地组织和实施小学数学教学的方法与策略。从这个角度来说，小学数学教学论为小学数学教师和即将成为小学数学教师的师范院校学生提供了一个学习与研究的平台。通过对小学数学教学论的深入理解和认识，他们可以为自己现在或将要从事的小学数学教育工作打下坚实的基础，也会更加自觉地从理论和实践的结合上认识和理解有关小学数学教育的问题，从而更快地提高教学水平。

具体而言，学习和研究小学数学教学论的意义主要表现在以下几个方面：

第一，理解和掌握小学数学课程与教学的基本理论、基本技能、教学方法，提高数学教学能力。

通过学习小学数学教学论这门学科，我们可以获得系统的小学数学教学论知识、教学基本技能与教学方法，包括理解小学阶段学习数学的原因，小学数学学科应包括的教学内容及这些教学内容的组织方式，如何使学生在数学学科的学习中获得更大收获等，从而提高对小学数学教育的整体认识水平。与此同时，通过学习我们还能掌握数学课堂教学的基本技能，如新课导入技能、讲授技能、演示技能等；能根据学生的认知特点和教材的逻辑结构，正确分析教材的重、难点和关键点，从而设计合理的教学环节；学会运用恰当的教学方法,采用合理的教学手段,创造性地实施课程。无论是即将成为小学数学教师的师范院校学生,还是在职的小学数学教师,都应当充分了解小学数学学科的特点和小学生学习数学学科的特征,以便进行有效的教学设计,使数学学科真正成为促进小学生整体素质提高的重要组成部分。

第二,提出和思考小学数学课程与教学改革的问题,学会开展小学数学教学研究。

通过学习小学数学教学论,即将成为小学数学教师的师范院校学生和在职的小学数学教师能够科学地观察小学生数学学习的过程,提出并解决小学数学教学中的问题。随着基础教育课程改革的不断深入,作为小学数学教师,应当致力于成为一名小学数学教学的组织者和研究者,除了做好常规的教学工作外,还应不断反思和研究有关小学数学教育的问题,在自己的教学实践中提出问题,并能运用所学的教育理论和教学方法解决实际问题。这对于提高小学数学教学质量,提升我国小学数学教育研究水平有着极为重要的意义。

第三,提高小学数学教育理论水平和研究能力,促进教师自身专业发展。

小学数学教师的专业发展是教师继续学习、积极反思和不断调整的过程。知识的更新与能力的提高不是轻而易举的,对教师来说更是一项长期的工作。其中,全面系统的数学学科知识和教育学、心理学理论是基础,小学数学教学实践是基本途径,而将小学数学教学论的理论、方法与教学实践相结合则是提高专业素质必不可少的条件。素质教育的全面推进和新课改的不断深入对所有的小学数学教师来说都是一个挑战,我们必须不断地学习小学数学教育理论,用最新的数学教育理论优化数学教学,使学生学会运用数学知识,培养学生的创新能力和实践能力。教师只有不断地提高自己的专业水平,才能适应基础教育改革与发展的需要。小学数学教学论能为小学数学教师提供更多的理论指导和实用的教学案例,这有助于小学数学教师转变旧的教育观,树立新的教育观,还有助于教师理解、领悟新课程,并在教学工作中运用新课程理念去理解和研究新教材,从而帮助教师提高自身的专业水平和研究水平。

第三节
学习小学数学教学论的方法与建议

根据小学数学教学论这门学科的特点,本课程的学习应注意以下几个方面。

一、注重理论学习

小学数学教学论是融合多门学科的理论于一体的复合学科。因而,学好本课程的必要条件是掌握各学科的基本理论和基础知识。

首先,要具备坚实的数学基础知识。数学知识是数学教育必不可少的内容载体。如果我们不具备必要的数学知识,就不可能去研究数学教学规律,也不可能从事数学教学工作。这些必要的数学知识包括初等数学和高等数学的有关内容,对于初等数学,要求理解基本理论,掌握解题方法和规律,熟悉小学数学教材体系;对于高等数学,则应理解各种数学理论中的思想和方法,把握高等数学和初等数学的联系,能用高等数学的观点去处理小学数学问题。只有具备了坚实的数学基础知识,教师才能够从自己学习数学的过程中体验学习数学的感受,才能以个体积累的经验去参与教学实践。

其次,要比较系统地学习教育学、心理学理论,了解教育史的各种流派、各种教学理论产生的背景,学习各种心理理论等。更重要的是,还必须熟悉教育学、心理学的科学研究方法。数学教育理论的研究不同于数学研究方法,数学研究是运用演绎等方法,通过严格的推理去获得正确的结论,而数学教育理论的研究则偏重于实践,以调查、观察、比较、实验、经验总结等形式为主,与教育学、心理学的研究方法有更多的共同之处。因此,熟悉教育学、心理学的科学的研究方法对数学教育理论与实践的研究是极其重要的。

此外,系统论、信息论和控制论以及计算机科学等学科的应用已经渗透到数学教育理论之中,因而应当对这些学科的基本理论、观点、方法以及它们在小学数学教学中的应用范围和程度等有所了解。总之,博览群书、拓宽视野、融会贯通是学好本课程的有效途径。

二、加强实践活动

小学数学教学论既是一门理论课程,又是一门实践课程,积极开展教学实践活动是学习本课程的一项重要内容,也是学好这门课程的关键。

因此,我们将采取专题讨论、教学观摩、微格教学等手段,加强实践性活动,并在活动中自觉地、有计划地运用所学的基本理论、基本观点、基本方法去解决实际问题。在活动中,还将加强教学技能的训练,如教学语言、教学形态、板书等的训练,为师范院校学生顺利进行教育实习奠定坚实的基础。

三、掌握读书方法

本课程兼有文、理科教材的综合特征,读起来虽不像读文科课程那样流畅,但也没有纯数学课程的艰涩,因此,掌握本课程的正确阅读方法是十分必要的。

　　1.精读与泛读相结合

　　对书中的重要理论、方法要精读,同时泛读一些与数学教育理论相关的学科论著、文献,并做必要的读书笔记,使知识系统化。

　　2.勤于思考,勇于提出问题

　　由于数学教育理论具有发展性,而且对数学教育规律的认识也有多种途径,因此读书时,一方面要领会已经形成的诸多教育学、心理学理论,尊重经过无数次实践经验逐步积累起来的数学教育理论;另一方面也不要受已有结论的束缚,要善于从各个侧面、不同角度去思考和探讨同一个问题,勇于提出新的观点、方法。

　　3.勤于动笔,培养科学研究意识

　　学习数学教育科学知识固然重要,但学习的目标不能仅限于此,还必须认识到数学教育科学研究的重要性,提倡研究数学教育科学。因此,在学习中要勤于动笔,写感想和读书体会,养成广泛收集资料、整理资料的习惯,逐步形成对数学教育的科学研究意识,提高自己对研究论文的写作能力。

本章参考文献

[1]马云鹏.小学数学教学论[M].第二版,北京:人民教育出版社,2006.

[2]湖南省教育厅.小学数学教学论[M].长沙:湖南科学技术出版社,2008.

[3]李光树.小学数学教学论[M].北京:人民教育出版社,2003.

[4]栗玲.小学数学课程与教学论[M].北京:中国社会科学出版社,2012.

[5]范文贵.小学数学教学论[M].上海:华东师范大学出版社,2011.

[6]唐瑞芬.数学教学理论选讲[M].上海:华东师范大学出版社,2001.

[7](荷)弗赖登塔尔.作为教育任务的数学[M].上海:陈昌平,唐瑞芬,等编译.上海教育出版社,1995.

[8]中华人民共和国教育部.全日制义务教育数学课程标准(实验稿)[S].北京:北京师范大学出版社,2001.

[9]朱欣欣.小学数学案例教学论[M].杭州:浙江大学出版社,2011.

第一章 小学数学课程目标和内容

◆ **本章学习目标**

1.体会《义务教育数学课程标准(2011年版)》(以下简称《课程标准(2011年版)》)的特征,有效指导教学实践。

2.了解《课程标准(2011年版)》《课程标准(实验稿)》的共性与差异。

3.理解数学新课程的课程内容体系。

4.列举数学新课程内容的组织与呈现方面的特点。

【案例】

"除数是一位数的口算除法"教学片段

师:(课件出示"8÷2")谁能算?

生:8÷2=4。

生:我是想把8平均分成2份,每一份正好就是4。

师:真不错!你是根据除法的意义来算的。其他同学还有别的想法吗?

生:我是用一句乘法口诀来思考的。因为二四得八,所以8÷2=4。

师:确实,以往做除法口算时,我们一般都是"先想乘法口诀,再算除法得数"。大家会用这样的方法迅速进行除法口算吗?

生(齐):会!

(课件依次出示"10÷5""28÷7""45÷5""72÷9",学生均能对答如流,然后,教师继续出示最后一题"60÷3")

生(少许沉默后):20。(也有个别学生没有作声)

师:咦?前几题答案都非常统一,这道题怎么了?

生:前几题都有乘法口诀可以想。但是算这道题时,我找不到可以用的乘法口诀。

师:确实,这道题与前几道题的最大差别是它不能直接用乘法口诀求商。这节课,叶老师就和同学们一起研究这种题的口算除法。(板书课题"口算除法")

(执教者:叶柱)

◆ **问题聚焦**

上述案例中,教师在该节课的具体教学环节中,充分体现了数学新课程标准对学生基本数学思想和能力培养的要求。教师先引导学生重点复习"表内除法"口算方法,然后,通过一组习题引出了"表外除法"。面对冲突,学生自然对表内、表外除法的区别有了直观感受。这样通过课堂新旧知识的接触,激发了学生的学习热情与积极性,同时培养了学生的数学化意识和数学能力。

2001年颁布的《课程标准(实验稿)》,经过十多年的实施,在取得了显著成效的同时也呈现出一些问题。通过深入调查研讨和广泛征求意见,数学课程标准修订工作组编订了《课程标准(2011年版)》,从目标到内容上对数学课程做了部分调整,完善了对数学课程目标结构和内容的表述,增强了教师对其的可操作性,更适合教师教学和学生的学习评价。要使具体教学紧扣数学新课程标准的要求,这就需要教师对《课程标准(2011年版)》有十分清晰的认识,明确《课程标准(2011年版)》与《课程标准(实验稿)》的异同。

第一节
小学数学课程目标的构成与解析

课程目标指根据教育宗旨和教育规律,对课程的具体价值与任务指标方面所提出的要求。小学数学课程目标指学生通过小学阶段的数学课程学习应该达成的目标,它也是数学教师通过小学阶段的数学教学应该达成的目标。①小学数学课程目标是数学课程标准的核心内容,它不但反映了《课程标准(2011年版)》对未来公民与数学相关的基础素养方面的要求,也反映了数学课程对学生发展的教育价值。

一、小学数学新课程目标的构成

《课程标准(2011年版)》一方面决定了数学课程内容的选择,制约了老师教学方式的选用;另一方面它为指导数学教科书的编写和教学评价提供了依据。②《课程标准(2011年版)》对课程目标的表述具有明显的层次性,即将"课程目标"分为"总目标"和"学段目标"。

(一)总目标

《课程标准(2011年版)》中的总目标表述为:"获得适应社会生活和进一步发展所必需的数学的基础知识、基本技能、基本思想、基本活动经验;体会数学知识之间、数学与其他学科之间、数学与生活之间的联系;运用数学的思维方式进行思考,增强发现和提出问题、分析和解决问题的能力;了解数学的价值,提高学习数学的兴趣,增强学好数学的信心,养成良好的学习习惯,具有初步的创新意识和实事求是的科学态度。"③"总目标"对小学数学教学起到全局性、方向性、指导性的作用。

《课程标准(2011年版)》将目标在知识技能、数学思考、问题解决和情感态度这四个方面具体展开形成了"总目标的四个具体方面",具体阐述如表1-1所示。

表1-1 小学数学课程总目标的四个具体方面

知识技能	◎经历数与代数的抽象、运算与建模等过程,掌握数与代数的基础知识和基本技能 ◎经历图形的抽象、分类、性质探讨、运动、位置确定等过程,掌握图形与几何的基础知识和基本技能 ◎经历在实际问题中收集和处理数据、利用数据分析问题、获得信息的过程,掌握统计与概率的基础知识和基本技能 ◎参与综合实践活动,积累综合运用数学知识、技能和方法解决简单实际问题的数学活动经验

---

① 史宁中.义务教育数学课程标准(2011年版)解读[M].北京:北京师范大学出版社,2012:117.
② 李光树.对义务教育数学课程目标的认识[J].课程·教材·教法,2010(11):49—55.
③ 中华人民共和国教育部.义务教育数学课程标准(2011年版)[S].北京:北京师范大学出版社,2012:10.

续表

数学思考	◎建立数感、符号意识和空间观念,初步形成几何直观和运算能力,发展形象思维和抽象思维 ◎体会统计方法的意义,发展数据分析,感受随机现象 ◎在参与观察、实验、猜想、证明、综合实践等数学活动中,发展合情推理和演绎推理能力,清晰地表达自己的想法 ◎学会独立思考,体会数学的基本思想和思维方式
问题解决	◎初步学会从数学的角度发现问题和提出问题,综合运用数学知识解决简单的实际问题,增强应用意识,提高实践能力 ◎获得分析问题和解决问题的一些基本方法,体验解决问题方法的多样性,发展创新意识 ◎学会与他人合作交流 ◎初步形成评价与反思的意识
情感态度	◎积极参与数学活动,对数学有好奇心和求知欲 ◎在数学学习过程中,体验获得成功的乐趣,磨炼克服困难的意志,建立自信心 ◎体会数学的特点,了解数学的价值 ◎养成认真勤奋、独立思考、合作交流、反思质疑等学习习惯,形成实事求是的科学态度

总目标的这四个方面,不是互相独立和割裂的,而是一个密切联系、相互交融的有机整体。在课程设计和教学活动组织中,应兼顾这四个方面的目标。这些目标的整体实现,是学生受到良好数学教育的标志,它对学生的全面、持续、和谐发展有着重要意义。数学思考、问题解决、情感态度的发展离不开知识技能的学习,知识技能的学习也必须有利于其他三个目标的实现。

(二)学段目标

《课程标准(2011年版)》中,体现了义务教育数学课程的整体性,并统筹考虑九年的课程内容,依据学生发展的生理和心理特征,将九年义务教育学习时间划分为三个学段:第一学段(1~3年级)、第二学段(4~6年级)、第三学段(7~9年级)。每个学段目标也按照"知识技能""数学思考""问题解决"和"情感态度"四个具体目标展开。《课程标准(2011年版)》中第一和第二学段属于小学阶段,该阶段的学段教学目标如表1-2所示。

表 1-2　小学数学学段目标

知识技能	第一学段 （1～3年级）	◎经历从日常生活中抽象出数的过程,理解万以内数的意义;初步认识分数和小数;理解常见的量;体会四则运算的意义,掌握必要的运算技能;在具体情境中能进行简单的估算 ◎经历从实际物体中抽象出简单几何体和平面图形的过程,了解一些简单几何体和常见的平面图形;感受平移、旋转、轴对称现象;认识物体的相对位置;掌握初步的测量、识图和画图的技能 ◎经历简单的数据收集、整理、分析的过程,了解简单的数据处理方法
	第二学段 （4～6年级）	◎体验从具体情境中抽象出数的过程,认识万以上的数;理解分数、小数、百分数的意义,了解负数;掌握必要的运算技能;理解估算的意义;能用方程表示简单的数量关系,能解简单的方程 ◎探索一些图形的形状、大小和位置关系,了解一些几何体和平面图形的基本特征;体验简单图形的运动过程,能在方格纸上画出简单图形运动后的图形,了解确定物体位置的一些基本方法;掌握测量、识图和画图的基本方法 ◎经历数据的收集、整理和分析的过程,掌握一些简单的数据处理技能;体验随机事件和事件发生的等可能性 ◎能借助计算器解决简单的应用问题
数学思考	第一学段 （1～3年级）	◎在运用数及适当的度量单位描述现实生活中的简单现象,以及对运算结果进行估计的过程中,发展数感;在从物体中抽象出几何图形、想象图形的运动和位置的过程中,发展空间观念 ◎能对调查过程中获得的简单数据进行归类,体验数据中蕴涵着信息 ◎在观察、操作等活动中,能提出一些简单的猜想 ◎会独立思考问题,表达自己的想法
	第二学段 （4～6年级）	◎初步形成数感和空间观念,感受符号和几何直观的作用 ◎进一步认识到数据中蕴含着信息,发展数据分析观念;感受随机现象 ◎在观察、实验、猜想、验证等活动中,发展合情推理能力,能进行有条理的思考,能比较清楚地表达自己的思考过程与结果 ◎会独立思考,体会一些数学的基本思想

续表

问题解决	第一学段 （1~3年级）	◎能在教师的指导下，从日常生活中发现和提出简单的数学问题，并尝试解决 ◎了解分析问题和解决问题的一些基本方法，知道同一个问题可以有不同的解决方法 ◎体验与他人合作交流解决问题的过程 ◎尝试回顾解决问题的过程
	第二学段 （4~6年级）	◎尝试从日常生活中发现并提出简单的数学问题，并运用一些知识加以解决 ◎能探索分析和解决简单问题的有效方法，了解解决问题方法的多样性 ◎经历与他人合作解决问题的过程，尝试解释自己的思考过程 ◎能回顾解决问题的过程，初步判断结果的合理性
情感态度	第一学段 （1~3年级）	◎对身边与数学有关的事物有好奇心，能参与数学活动 ◎在他人帮助下，感受数学活动中的成功，能尝试克服困难 ◎了解数学可以描述生活中的一些现象，感受数学与生活有密切联系 ◎能倾听别人的意见，尝试对别人的想法提出建议，知道应该尊重客观事实
	第二学段 （4~6年级）	◎愿意了解社会生活中与数学相关的信息，主动参与数学学习活动 ◎在他人的鼓励和引导下，体验克服困难、解决问题的过程，相信自己能够学好数学 ◎在运用数学知识和方法解决问题的过程中，认识数学的价值 ◎初步养成乐于思考、勇于质疑、实事求是等良好品质

"课程目标"的这种表述，先总体，后具体，再到学段细节的逐渐展开，既有助于提纲挈领理解目标，又有助于多角度、全面深入地理解并掌握"课程目标"。数学课程的具体目标按照知识技能、数学思考、问题解决、情感态度这四个方面展开，在数学课程中体现了《基础教育课程改革纲要（试行）》中"知识与技能""过程与方法""情感态度与价值观"的三维目标。

二、对数学课程目标的解析

（一）对数学课程总目标的理解

1.获得适应社会生活和进一步发展所必需的数学的基础知识、基本技能、基本思想、基本活动经验

《课程标准（2011年版）》中的突出变化就是将以前的数学课程标准由"双基"发展成为"四基"。"四基"包括基础知识、基本技能、基本思想、基本活动经验。《课程标准（2011年版）》中将基本思想、基本活动经验与基础知识、基本技能并列为"四基"，可以说是对课程目标全面认识的重大进展。① 自 2001—2011 年课程改革 10 年间,人们对教学与评价关注的焦点集中在知识点和技能学习上,忽略了数学教学目标中学生其他方面的能力培养,如学生对数学思想的把握、学生活动经验的积累等。基本思想和基本活动经验是学生数学素养的重要组成部分,数学基本思想应贯穿于数学学习过程。综上,只发展学生的知识技能是不全面的,必须同时发展学生的数学素养。由此看来,《课程标准(2011 年版)》明确提出"四基"顺应了课程改革的要求。

对《课程标准(2011 年版)》新增的"基本活动经验"的理解,许多教育研究者都有自己的解读。如,史宁中认为"基本活动经验是指学生亲自或间接经历了活动过程而获得的经验"②。张奠宙的理解是"数学经验,依赖所从事的数学活动具有不同的形式。大体上可以有以下不同的类型:直接数学活动经验(直接联系日常生活经验的数学活动所获得的经验)、间接数学活动经验(创设实际情景构建数学模型所获得的数学经验)、专门设计的数学活动经验(由纯粹的数学活动所获得的经验)、意境联结性数学活动经验(通过实际情景意境的沟通,借助想象,体验数学概念和数学思想的本质)"③。单肖天、景敏指出"数学活动经验的内容包括数学思想方法、数学思维方法、数学活动过程中的体验"④。

虽然研究者们对"基本活动经验"的阐释并不统一,但分析相关研究发现"基本活动经验"具有下列特性。首先,基本活动经验的获得具有活动性,基本活动经验是在数学教学活动中形成的;其次,基本活动经验的获得具有过程性,获得基本活动经验需要经过"经历—内化—概括—迁移"过程;再次,基本活动经验具有合成性,它是由数学活动中学生获得的主观体验与客观知识、数学活动的结果和过程共同组成的统一体;另外,基本活动经验具有侧重性,它的核心是促进学生学会运用数学思维方式进行思考;最后,基本活动经验具有目的性,其终极目的是帮助学生建立自己的数学现实和运用数学学习的直觉进一步学习数学和解决问题。

教育学界对《课程标准(2011 年版)》中新增的"基本思想"的界定也存在颇多争议。史宁中教授认为:"数学发展所依赖的思想在本质上有三个:抽象、推理、模型。"⑤ 具体而言,人们运用抽象的方法从客观世界中总结概念和定律,构建数学学科;通过推理的方法获得更多深层次的结论,促进数学内部发展;运用建立模型的方法,建立数学与外部世界沟通的纽带,在客观世界中运用数学。⑥ 在整个数学学科体系中,"基本思想"处于思想的最高层面,其下是与具体教学内容紧密结合的具体思想,包括数形结合思想、函数思想、方程思想等,数学思想之下是师生熟识的具体解题方法。只有准确把握数学"基本思想",才能帮助师生跳出具体思想和具体解题方法的制约,思考数学教学的本质。

---

① 唐彩斌,朱黎生,杨慧娟."四基""四能"给课程建设带来的影响——宋乃庆教授访谈录[J].小学教学(数学版),2012(7):11—13.
② 史宁中,柳海民.素质教育的根本目的与实施路径[J].教育研究,2007(8):10—14,57.
③ 张奠宙,竺仕芬,林永伟."基本活动经验"的界定与分类[J].数学通报,2008,47(5):4—7.
④ 单肖天,景敏.数学活动经验及其对教学的影响[J].课程·教材·教法,2008(5):41—44,55.
⑤ 史宁中.数学思想概论——数量与数量关系的抽象(第 1 辑)[M].长春:东北师范大学出版社,2015:前言页。
⑥ 张丹.数学课程目标从"双基"到"四基"从"两能"到"四能"[J].中小学管理,2012(4):10—12.

"四基"各部分是有机联系,彼此促进的。在数学教学中,"基础知识""基本技能"和"基本思想"是教学的载体,"基本活动经验"是黏合剂。在一堂数学教学课中,知识的获得,技能的训练,数学思想方法的提炼,是互相交叉渗透的(如图1-1所示)。没有单纯的知识,也没有脱离知识的技能。数学方法虽然建筑在知识和技能之上,但也具有独立的价值,而学生在学习过程中获得的数学活动经验,则以上述"三基"为载体。①引导学生实现"四基"教学目标,不但能帮助学生获得适应社会生活的经验,还可以为学生积淀进一步发展所必需的数学基本知识、基本技能、基本思想和基本活动经验,为培养全面发展的新型人才打下基础。"双基"拓展为"四基"不仅体现出了以人为本的精神,让学生获得具有个性特征的感性认识、情感体验、数学意识、数学能力和数学素养的理念,而且体现出对发展学生实践能力和创新精神的基本要求,有利于创新型人才的培养。培养一个人的创新精神需要三个基本要素:创新意识、创新能力和创新机遇。② 其中,创新意识和创新能力的形成,不仅需要必要的知识和技能的积累,更需要思想方法、活动经验的积累,所以"四基"中各个方面是有机统一、缺一不可的。

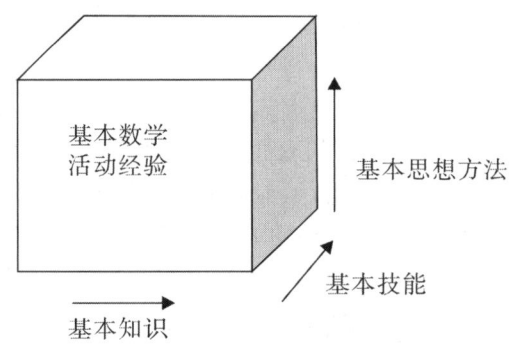

图1-1 "四基"模块示意图

2.体会数学知识之间、数学与其他学科之间、数学与生活之间的联系,运用数学的思维方式进行思考,增强发现和提出问题、分析和解决问题的能力

数学问题指数学认识主体已有的数学及有关的科学知识背景与其所确立的数学认识目标之间的距离。③数学问题对学生来讲是一组尚未达到目标状态、有待加工处理的信息系统,它主要由条件信息、目标信息和运算信息三部分构成,具有抽象性、形式化和简约化的特点。解决数学问题是数学教育的核心,在全球范围内,"问题解决"已然成为各国关注的焦点。在美国,全美数学教师理事会(NCTM)1980年就提出"学习数学的主要目的在于问题解决",一直到1989年NCTM出版的《学校数学课程和评估标准》都在重点强调着"问题解决"这一命题。在英国,自柯克克洛夫特(Cockcroft)报告(1982,*Mathematics Counts*)问世以来,问题解决和探究学习逐渐成为在英国数学教育界频繁

---

① 张奠宙,郑振初."四基"数学模块教学的构建——兼谈数学思想方法的教学[J].数学教育学报,2011(5):16—19.
② 张奠宙,何文忠.交流与合作——数学教育高级研讨班15年[M].南宁:广西教育出版社,2009:138—139.
③ 蒋志萍,汪文贤.数学思维方法[M].杭州:浙江大学出版社,2011:37.

使用的词汇。日本在1989年修订的《数学学习指导要领》也明确提出了"课题学习"(Problem Situation Learning),其本质与问题解决相同。①

我国在2001年《课程标准(实验稿)》中将"解决问题"列入义务教育阶段数学学习的总目标之中,《课程标准(2011年版)》进一步强调了培养学生的"问题解决"能力。《课程标准(2011年版)》在总目标中对学生学习能力方面的要求为:"体会数学知识之间、数学与其他学科之间、数学与生活之间的联系,运用数学的思维方式进行思考,增强发现和提出问题的能力、分析和解决问题的能力。"在具体目标中也详细阐述了问题解决的内容:"初步学会从数学的角度发现问题和提出问题,综合运用数学知识解决简单的实际问题,增强应用意识和提高实践能力;获得分析问题和解决问题的一些基本方法,体验解决问题方法的多样性,发展创新意识;学会与他人合作、交流;初步形成评价与反思的意识。"②

在《课程标准(2011年版)》的课程目标中,解决问题是数学教学的核心,分析和解决问题的重要性不言而喻,而发现和提出问题更有利于培养学生的创新意识,对整体上提高学生的数学素养,特别是社会适应能力更为重要。③发现问题、提出问题、分析问题和解决问题与"思考"紧密联系。善于思考不仅有助于发现和提出问题,而且有利于分析和解决问题。学生在思考的过程中,可以发现并解决问题,同时获得一些数学活动经验。

《课程标准(2011年版)》总目标中提出的"问题解决",重视学生的问题意识和解决问题的综合能力的培养,强调学生在具体的情境中增强发现问题、提出问题、分析问题和解决问题的能力。无论是"体会联系""运用数学思维方式"还是"培养四项能力",都是在具体情境中进行的,这反映出数学教学中情境创设的必要性。

《课程标准(2011年版)》指出当前培养学生的"问题解决"能力是顺应时代发展的必然选择。首先,它是数学全方位应用的发展趋势的要求。当前人类进入了数学应用全方位发展的第四个高峰。数学与社会的联系越来越紧密,这种联系不只停留在数学知识间,还上升为与其他学科间和生活情境间的关联。《课程标准(2011年版)》中提出的"体会数学知识之间、数学与其他学科之间、数学与生活之间的联系",顺应了数学应用全方位的发展趋势的要求。其次,它是数学学习核心的要求。数学学习的核心是学会思考,掌握数学的思考方法。"运用数学的思维方式进行思考"正是依据数学学习核心的要求而提出的。最后,它是数学能力的培养对情境的需求。发现、提出、分析和解决问题的能力与"思考"都需要在具体教学情境中培养。数学情境教学能生动地展现数学知识的发展过程,引导学生在教学情境中掌握数学思想方法,解决特定情境中的数学问题,体会到数学的本质。教师在教学情境中要创设问题情境,培养学生解决问题的能力。因此,《课程标准(2011年版)》中要求"增强发现和提出问题的能力、分析和解决问题的能力"。

---

① 陈和珍.新课程下小学生数学问题解决能力及其培养[D].上海:上海师范大学,2007:9.
② 中华人民共和国教育部.义务教育数学课程标准(2011年版)[S].北京:北京师范大学出版社,2011:10.
③ 史宁中,马云鹏,刘晓玫.义务教育数学课程标准修订过程与主要内容[J].课程·教材·教法,2012(3):50—56.

[思考]

你认为《课程标准(2011年版)》与《课程标准(实验稿)》相比较,课程目标的要求是提高了还是降低了?"四基"和"四种能力"的目标要求对你的数学教学有什么启示?你在教学中具体实施时遇到了什么困难?

3.了解数学的价值,提高学习数学的兴趣,增强学好数学的信心,养成良好的学习习惯,具有初步的创新意识和实事求是的科学态度

《课程标准(2011年版)》中课程总目标表明,数学教学应当帮助学生认识到数学的意义,体会到数学教育的作用。数学是研究数量关系和空间形式的科学,它的发展与人类社会的发展息息相关,它在日常生活中有着十分广泛的应用。数学教育既能帮助学生掌握现代生活和学习中所需要的数学知识与技能,又能在一定程度上起到培养学生的思维能力和创新能力的作用。数学已融入人类文化之中,成为其中的重要组成部分,数学素养成为每一个公民必备的素质。

培养学生的创新能力是一个漫长的过程,其中兴趣是培养学生创新能力的重要动力之一。《课程标准(2011年版)》中课程总目标要求"提高学习数学的兴趣"。在活跃的课堂气氛中,调动学生的数学学习兴趣,变"要我学"为"我要学",这样有助于提高学生的创新能力。总目标要求教师创设学习情境,保护学生的好奇心、自信心和自尊心,同时利用合作学习等方法来增强学生的学习兴趣。该目标还要求"增强学生学好数学的信心",使学生相信"不同的人在数学上得到不同的发展"。对每一个人而言,接受数学教育既是一个基本要求,也是必须要求。数学素养是现代每一个公民应该具备的基本素养。义务教育的基本功能就是要求所有的适龄儿童接受良好的教育,为成为合格公民做准备。学生发展具有差异性、不均衡性,为了保证不同的学生得到不同的发展,教师在制订教学目标和选择教学内容上,应满足不同学生的发展需求,做到因材施教。

教师在数学教学中,应以课堂为主要渠道,以学生为本,帮助学生养成良好的学习习惯,使学生在学习知识的过程中,不拘泥于书本,不迷信权威,以自己已有的知识为基础,结合学习的实践和对未来的设想,自主学习,大胆探索,积极提出自己的新想法、新观点、新设计、新方法。①这样,每一个适龄健康学生都能学好数学,实现《课程标准(2011年版)》所提出的"基本理念"——"人人都能获得良好的数学教育",增强学好数学的信心,养成良好的学习习惯,学会发现问题、提出问题,学会坚持真理,修正错误,形成严谨周密、实事求是的科学态度,使"不同的人在数学上得到不同的发展"。②

(二)数学课程总目标与具体目标关系的解读

《课程标准(2011年版)》中提出的数学课程总目标明确了数学教育的发展方向,对小学数学教学活动具有指导作用,它直接影响小学数学课程内容、教学方法、教学评价等方面的规定。数学课程总目标被划分为"知识技能""数学思考""问题解决"和"情感态

---

① 刘顺民.探究小学数学创新能力的培养和提高[J].甘肃联合大学学报(自然科学版),2012,26(S2):99−100.

② 吕世虎,陈清容,钟志勇.新版课程标准下的小学数学教学法[M].北京:首都师范大学出版社,2012:10.

度"四个方面的具体目标。它们有机结合,相互融合,无主次之分。知识和技能的获取是基础,掌握了必要的知识与技能才有可能解决问题。解决问题的过程,有助于提高学生学习数学的兴趣与信心,形成积极的学习态度;认识数学的价值和教育价值,从而培养学生良好的个性品质。这四个方面目标的整体实现是学生受到良好数学教育的标志,它对学生全面和谐的发展具有重要作用。

系统方法论的整体原理表明:任何系统都是有结构的,组成系统的要素是相互联系的,各要素之间受一定规律的限制,不能孤立地考察一个要素,应把要素置于系统之中考察。《课程标准(2011年版)》中对数学课程目标的陈述是从横向和纵向两方面来进行的。其中横向的课程目标包括知识技能目标、数学思考目标、问题解决目标、情感态度目标;纵向的课程目标是根据上述四个目标提出的分段教学目标。横向和纵向结合的课程目标体系体现出课程目标的整体性(如图1-2所示)。①

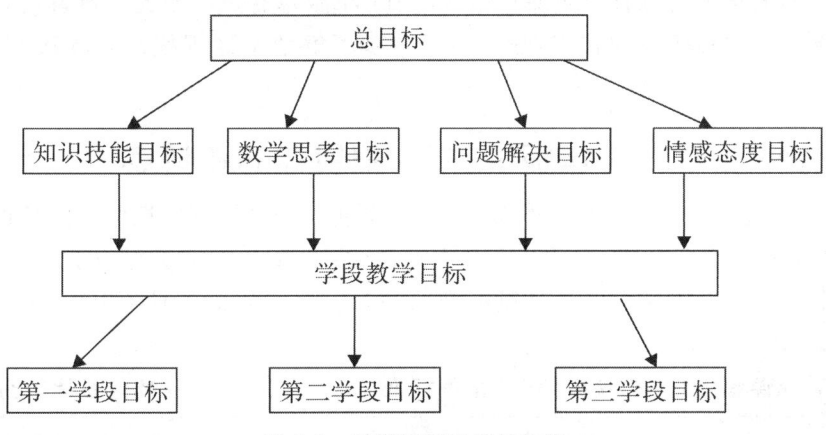

图 1-2　数学课程目标结构图

《课程标准(2011年版)》中所提出的数学理念,不仅是要让学生掌握数学基础知识和基本方法技能,而且要使学生愿意接近数学、了解数学、运用数学,学会通过"数学的眼光去认识自己所生活的环境与社会",学会"做数学""数学地思考",建立学生学好数学的信心,发展学生的创新意识和实践能力。上述数学理念决定了数学课程目标旨在让学生获得必要的数学知识技能、基本数学思想和数学活动经验。同时,它还提出了包括启发数学思维、解决问题、培养情感态度等方面的要求。②

知识技能、数学思考、问题解决、情感态度这四个目标领域是辩证统一的:情感与态度为学生获取知识经验提供动力保障;知识与技能是数学思考和解决问题的基础;数学思考、解决问题是学生独立获取知识,形成技能及培养终身学习能力的途径。四者之间

---

① 吕世虎,陈清容,钟志勇.新版课程标准下的小学数学教学法[M].北京:首都师范大学出版社,2012:11.
② 吕世虎,陈清容,钟志勇.新版课程标准下的小学数学教学法[M].北京:首都师范大学出版社,2012:29.

构成了如下关系（如图 1-3 所示）①：

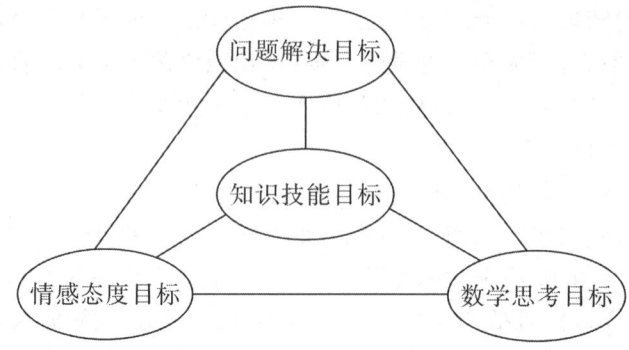

图 1-3　数学课程目标领域结构图

通过前面的学习，我们已对《课程标准（2011 年版）》有了一个比较准确的理解，为了进一步把握数学课程标准的特点，还需要进一步了解数学课程标准实验稿和修订稿的区别。

三、《课程标准（2011 年版）》中课程目标的新特点

2001 年《课程标准（实验稿）》颁布实施后，经过 10 年的反思、调整和多轮的调研、征求意见、修改，于 2011 年 12 月 28 日正式颁布实施《义务教育数学课程标准（2011 年版）》。《课程标准（实验稿）》与《课程标准（2011 年版）》的框架体系比较分析如表 1-3 所示。

表 1-3　《课程标准（实验稿）》与《课程标准（2011 年版）》的框架体系比较分析表

		《课程标准（实验稿）》		《课程标准（2011 年版）》	
第一部分	前言	基本理念 设计思路		一、课程性质 二、课程基本理念 三、课程设计思路	
第二部分	课程目标	一、总体目标 二、学段目标	知识技能 数学思考 解决问题 情感与态度	一、总体目标 二、学段目标	知识技能 数学思考 问题解决 情感态度
第三部分	内容标准	第一学段	数与代数 空间与图形 统计与概率	第一学段	数与代数 图形与几何 统计与概率
		第二学段	实践活动 综合应用 课题学习	第二学段	综合与实践
		第三学段		第三学段	

---

① 吕世虎，陈清容，钟志勇.新版课程标准下的小学数学教学法[M].北京：首都师范大学出版社，2012：2.

续表

			《课程标准(实验稿)》	《课程标准(2011年版)》
第四部分	课程实施建议	第一学段	教学建议 评价建议 教材编写建议	教学建议 评价建议 教材编写建议 课程资源开发与利用建议
		第二学段		
		第三学段		
附录			课程资源的开发与利用	附录1:有关行为动词的分类 附录2:内容标准及实施建议中的实例

《课程标准(2011年版)》是在对《课程标准(实验稿)》进行了如下调整的基础上而最终形成的。

首先,重新撰写了"前言"。《课程标准(2011年版)》在"前言"部分修改了数学的意义与价值、数学课程的基本理念以及数学课程设计思路的表述,增加了"课程性质",使得《课程标准(2011年版)》比《课程标准(实验稿)》更有实际价值和意义,更能凸显数学课程的学科特点和育人功能。

其次,《课程标准(2011年版)》将三个学段"内容标准"中的实践活动、综合应用和课题学习统称为"综合与实践"。"综合与实践"是以问题为载体的实践课程。《课程标准(2011年版)》在"综合与实践"部分也有了新变化,在活动类型、知识范围、学习情境上都越来越靠近课程改革的精神,符合学生发展的规律。

最后,《课程标准(2011年版)》将"行为动词"和"实例"等单独设置附录。《课程标准(2011年版)》增加了课程目标中有关"行为动词"的解释,并将这些行为动词及其解释统一列入附录1。同时,内容标准及实施建议中的"实例"也被统一列入附录2,并对实例进行统一编号,便于查找和使用。[①]

《课程标准(2011年版)》与《课程标准(实验稿)》相比,总体结构上有上述差异,那么它在课程目标方面又存在哪些新变化?"课程目标"是指学生通过义务教育阶段的数学课程学习应达成的目标,它也是数学教师通过义务教育阶段的数学教学应该达成的目标。[②]《课程标准(2011年版)》中对课程目标的表述具有层次结构,将课程目标分为总目标(知识技能、数学思考、问题解决、情感态度)和学段目标(第一学段、第二学段和第三学段)。总目标是通过义务教育阶段的数学学习,学生能达成以下目标:(1)获得适应社会生活和进一步发展所必需的数学的基础知识、基本技能、基本思想、基本活动经验;(2)体会数学知识之间、数学与其他学科之间、数学与生活之间的联系,运用数学的思维方式进行思考,增强发现和提出问题的能力、分析和解决问题的能力;(3)了解数学的价值,提高学习数学的兴趣,增强学好数学的信心,养成良好的学习习惯,具有初步的创新

---

① 吕世虎,陈清容,钟志勇.新版课程标准下的小学数学教学法[M].北京:首都师范大学出版社,2012.

② 史宁中.义务教育数学课程标准(2011年版)解读[M].北京:北京师范大学出版社,2012:117.

意识和实事求是的科学态度。

（一）由"双基"到"四基"的扩展

《课程标准（实验稿）》提出"……发展所必需的重要数学知识（包括数学事实、数学活动经验）以及基本的数学思想方法和必要的应用技能"。"双基"目标只涉及了《基础教育课程改革纲要（试行）》三维教学目标中的"知识与技能"目标，缺乏对学生主体的关注，仅有"双基"难以培养创新型人才。虽然"双基"是培养创新型人才的基础，但是创新型人才不能仅靠熟练掌握已有的知识与技能来培养，思维训练和积累经验等也十分重要，所以《课程标准（2011年版）》在"双基"的基础上，进一步明确了"基本思想"和"基本活动经验"的要求，把"双基"扩展为"四基"，明确提出了"四基"概念——"数学的基础知识、基本技能、基本思想、基本活动经验"，要求学生在义务教育阶段的数学学习中，除了获得必要的数学知识和技能之外，还能感悟数学的基本思想，积累数学思维活动的经验。"四基"的提出体现了数学知识的客观性和主观性，它是一个有机的整体，是互相联系、互相促进的，为培养全面发展的创新型人才准备条件。

《课程标准（2011年版）》中所说的"数学的基本思想"主要指：数学抽象的思想、数学推理的思想和数学建模的思想。① 上述数学思想又可以演变、派生、发展出反映数学本质的思想，如归纳思想、演绎思想、模型化思想、公理化思想等。数学思想是从数学知识中抽象、概括出来的数学一般原理，它比定理、公式、技能等更易迁移。"学生接受的数学知识……很快就忘掉了……唯有深深铭刻于头脑中的数学的精神、数学的思想方法、数学研究的着眼点，却随时随地发生作用，使他们受益终身。"②因此，在小学数学教学中要把数学思想和方法的教学落到实处，帮助学生学会数学思考。数学活动经验是指学习主体在数学活动过程中通过感知、操作及反思获得的具有个性特征的表象性内容、策略性内容、情感性内容以及未经社会协商的个人知识等，具有活动性、个人性、整体性、模糊性、基础性、层次性、情境性、情感性等特点。③《课程标准（2011年版）》增加"基本活动经验"体现出对过程性目标与情感性目标的重视。

（二）从"两能"到"四能"的补充

《课程标准（2011年版）》在《课程标准（实验稿）》中"分析问题、解决问题"的基础上增加了"发现问题、提出问题"目标。从"两能"发展到"四能"是为了培养学生创新意识和创新能力。创新型人才不单能解决老师和他人提出的问题，还能主动发现和提出新的问题。"发现问题"是运用多方面多角度的数学思维，从看似无关的现象中找到数量或空间方面的联系或矛盾，并把这些联系或矛盾提炼出来。"提出问题"是在已经发现问题的基础上，把找到的联系或矛盾用数学语言、数学符号集中地以"问题"的形态表述出来。"发现和提出问题"体现出数学课程对时代、对人才培养的主动适应。相对于"分析和解决问题"而言，"发现和提出问题"的"已知"和"未知"都不明晰，对学生的要求更高，难度更大，

---

① 史宁中.义务教育数学课程标准（2011年版）解读[M].北京：北京师范大学出版社，2012：119.
② [日]米山国藏.数学的精神、思想和方法[M].毛正中，吴素华，译.成都：四川教育出版社，1986，序言页.
③ 朱黎生.《义务教育数学课程标准（2011年版）》修订了什么[J].数学教育学报，2012（3）：7—10.

但对于培养学生创新意识而言,"发现和提出问题"的能力是必需的。所以,《课程标准(2011年版)》提出了培养学生的"发现和提出问题能力",以培养学生的数学"问题意识"。①

(三)"数学联结"思想的强化

"数学联结"是在数学内部、数学与其他学科、数学与日常生活之间发现联结、建立联结。数学联结的目的是从不同角度审视数学知识,赋予数学知识以现实背景,形成联系丰富的数学知识模块,使得数学知识节点具有深度和灵活性。②《课程标准(实验稿)》提出要"体会数学与自然及人类社会的密切联系",而在《课程标准(2011年版)》发展为"体会数学知识之间、数学与其他学科之间、数学与生活之间的联系"。两者的表述方法体现出不同的着眼点,前者强调数学的现实应用,后者强调数学知识的广泛联结。

---

① 史宁中.义务教育数学课程标准(2011年版)解读[M].北京:北京师范大学出版社,2012:123—124.
② 朱黎生.《义务教育数学课程标准(2011年版)》修订了什么[J].数学教育学报,2012(3):7—10.

第二节
小学数学课程内容的构成与解析

《课程标准(2011年版)》中明确指出:"义务教育阶段的数学课程是培养公民素质的基础课程,具有基础性、普及性和发展性。数学课程能使学生掌握必备的基础知识和基本技能,培养学生的抽象思维和推理能力;培养学生的创新意识和实践能力;促进学生在情感、态度与价值观等方面的发展。"《课程标准(2011年版)》中的小学数学课程内容备受一线教师关注。新课程对课程内容做了适当的调整,调整后的数学课程内容由哪些部分组成,与过去相比又有哪些变化?下面就对《课程标准(2011年版)》中关于数学课程内容部分进行解析。

一、小学数学课程内容体系

课程改革发展至今,我们可以明显地发现小学数学课程内容体系较之以前有了很大的变化。《课程标准(2011年版)》中将包括"重要的数学知识,基本的数学思想方法和必要的应用技能"等的数学基本教学内容,分三个学段并在每个学段按"数与代数""图形与几何""统计与概率"和"综合与实践"四个领域进行设置。强调从学生的实际生活经验出发,培养学生的问题意识、应用意识和创新意识,积累学生的生活经验并提高学生解决现实问题的能力,满足学生终身发展的需要。

按照小学数学课程内容的难易程度和学生身心发展规律,《课程标准(2011年版)》将小学数学教学内容划分为"两个学段""四个领域"和"十个核心概念"。两个学段具体指:第一学段(1~3年级)、第二学段(4~6年级)。"四个领域"具体指:"数与代数""图形与几何""统计与概率"和"综合与实践"。"十个核心概念"包括:"数感""符号意识""空间观念""几何直观""数据分析观念""运算能力""推理能力""模型思想""应用意识"和"创新意识"。

(一)"四个领域"

1.数与代数

数与代数领域主要包括数与式、方程与不等式、函数,它们都是研究数量关系和变化规律的数学模型,可以帮助人们从数量关系的角度更准确、清晰地认识、描述和把握形式世界。在第一学段(1~3年级),数学活动领域主要有:学习数的认识、学习数的运算、学习常见的量以及探索规律等活动。在第二学段(4~6年级),数学活动领域主要有:学习数的认识、学习数的运算、学习式与方程、探索规律等活动。

2.图形与几何

图形与几何领域主要涉及现实世界中的物体、几何体和平面图形的形状、大小、位置关系及其变化,它是人们更好地认识和描述生活空间并进行交流的重要工具。在第一学段(1~3年级)和在第二学段(4~6年级),这个数学活动领域主要有图形的认识、测量、图形与变换、图形与位置等学习活动,并在教学建议中还特别提出了学生的活动和体验的要求。

3.统计与概率

统计与概率领域主要研究现实生活中的数据和客观世界中的随机现象,它通过对数据收集、整理、描述和分析以及对事件发生可能性的刻画,来帮助人们做出合理的推测与预测。在第一学段(1~3年级),这个教学活动领域主要有:初步的数据统计活动以及描述不确定现象活动,如分类活动、数据收集与整理中的体验活动、不确定现象的体验活动等。在第二学段(4~6年级),这个教学活动领域主要有简单数据的统计活动及描述可能性活动,如:收集和分析数据活动、制作统计图表活动等可能事件的体验活动以及某些预测活动等。

4.综合与实践

综合与实践的运用是让学生综合运用已有的知识和经验,经过自主探索和合作交流,解决与生活密切联系的、具有一定挑战性和综合性的问题,以提高他们解决问题的能力,从而加深其对"数与代数""图形与几何""统计与概率"内容的理解,体会各部分内容之间的联系。在第一学段(1~3年级),称之为"实践活动",包括"观察""操作""调查""合作"和"感受"等活动。而在第二学段(4~6年级),称之为"综合运用"活动,包括"了解数学与生活的广泛联系""运用已有的知识和经验解决简单的实际问题""从不同角度发现实际问题中所包含的丰富的数学信息""探索多种解决问题的方法"等活动。①

(二)"十个核心概念"

1.数感

数感主要是指关于数与数量、数量关系、运算结果估计等方面的感悟。建立数感有助于学生理解现实生活中数的意义,理解或表述具体情境中的数量关系。

2.符号意识

符号意识主要是指能够理解并且运用符号表示数、数量关系和变化规律;知道使用符号可以进行运算和推理,得到的结论具有一般性。建立符号意识有助于学生理解符号的使用是数学表达和进行数学思考的重要形式。

3.空间观念

空间观念主要是指根据物体特征抽象出几何图形,根据几何图形想象出所描述的实际物体;想象出物体的方位和相互之间的位置关系;描述图形的运动和变化;依据语言的描述画出图形等。

4.几何直观

几何直观主要是指利用图形进行描述和分析问题。借助几何直观可以把复杂的数学问题变得简明、形象,有助于探索解决问题的思路,预测结果。几何直观可以帮助学生直观地理解数学,在整个数学学习过程中都发挥着重要作用。

---

① 栗玲.小学数学课程与教学论[M].北京:中国社会科学出版社,2012:49—50.

5. 数据分析观念

数据分析观念包括：了解在现实生活中有许多问题应当先做调查研究，收集数据，通过分析做出判断，体会数据中蕴涵着信息；了解对于同样的数据可以有多种分析的方法，需要根据问题的背景选择合适的方法；通过数据分析体验随机性，一方面对于同样的事情每次收集到的数据可能不同，另一方面只要有足够的数据就可能从中发现规律。数据分析是统计的核心。

6. 运算能力

运算能力主要是指能够根据法则和运算律正确地进行运算的能力。培养运算能力有助于学生理解运算的算理，寻求合理简捷的运算途径解决问题。

7. 推理能力

推理能力的发展应贯穿于整个数学学习过程。推理是数学的基本思维方式，也是人们在学习和生活中经常使用的思维方式。推理一般包括合情推理和演绎推理，合情推理是从已有的事实出发，凭借经验和直觉，通过归纳和类比等推断某些结果；演绎推理是从已有的事实（包括定义、公理、定理等）和确定的规则（包括运算的定义、法则、顺序等）出发，按照逻辑推理的法则进行证明和计算。在解决问题的过程中，两种推理功能不同，相辅相成：合情推理用于探索思路，发现结论；演绎推理用于证明结论。

8. 模型思想

模型思想的建立是学生体会和理解数学与外部世界联系的基本途径。建立和求解模型的过程包括：从现实生活或具体情境中抽象出数学问题，用数学符号建立方程、不等式、函数等表示数学问题中的数量关系和变化规律，求出结果并讨论结果的意义。这些内容的学习有助于学生初步形成模型思想，提高学习数学的兴趣和增强应用意识。

9. 应用意识

应用意识有两个方面的含义，一方面有意识地利用数学的概念、原理和方法解释现实世界中的现象，解决现实世界中的问题；另一方面，认识到现实生活中蕴涵着大量与数量和图形有关的问题，这些问题可以抽象成数学问题，用数学的方法予以解决。在整个数学教育的过程中都应该培养学生的应用意识，综合与实践活动是培养应用意识很好的载体。

10. 创新意识

创新意识的培养是现代数学教育的基本任务，应体现在数学教与学的过程之中。学生自己发现和提出问题是创新的基础；独立思考、学会思考是创新的核心；归纳概括得到猜想和规律，并加以验证，是创新的重要方法。创新意识的培养应该从义务教育阶段做起，贯穿数学教育的始终。

十个核心概念是课程内容的核心，本质上体现的是数学的基本思想，明晰了小学数学课程中最需要培养的数学素养。把握好十个核心概念有利于我们把握课程内容的线索和层次，抓住教学中的关键，并在数学内容的教学中有机地去发展学生的数学素养。

二、小学数学课程内容的解析

(一)小学数学新课程内容设置的特点

《课程标准(2011年版)》发展了传统的课程内容观,明确指出"课程内容要反映社会的需要、数学的特点,要符合学生的认知规律。它不仅包括数学的结果,也包括数学结果的形成过程和蕴涵的数学思想方法",故将数学结果及其形成过程和数学思想方法也列为课程内容。具体来看小学数学课程内容设置具有什么样的特点呢?

1.课程内容片段化

《课程标准(2011年版)》指出课程内容"要符合学生的认知规律"。它用"四个领域"来替代原有的比较严密的知识体系,体现出"以学科为中心"的课程内容体系向"以人为本"的课程内容体系转变。同时在内容的选择上要求"贴近学生实际,有利于学生体验与理解、思考与探索",强调"知识与技能的学习必须有利于其他目标的实现"。所以,选择呈现方式更为灵活的内容片段,更能促进学生一般能力与数学能力的均衡发展。

2.课程内容的过程化

《课程标准(2011年版)》指出课程内容的组织"要重视过程,处理好过程与结果的关系"。知识与技能、数学思考、问题解决、情感态度和价值观都将在有教学主体参与的数学教学活动中形成。内容标准中的"经历、体验、探索"等我们习以为常的行为动词,将数学教学内容"过程化"为具体教学活动。数学课程内容的选择仍然应当是"现实的、有意义的和富有挑战性的",但并非"现实的"都是适合的,只有"贴近学生的实际,有利于学生体验与理解、思考与探索"的才更有教学意义,内容应为学习过程和结果服务。

3.课程内容现代化

数学与人类发展和社会进步息息相关,随着现代技术的发展,数学更为广泛地应用于社会生产和日常生活的各个方面。小学数学课程内容由过去的"繁、难、窄、旧"变为"新、宽、实",并力图构建现代化内容体系。这样的课程内容不仅使学生能在信息社会里学会收集和加工处理信息,而且使学生具备现代思维方式。课程内容以综合开放为基本特征,强调用联系、运动的发展性眼光看待问题,从本质上把握客观事物,更好地适应现代社会。

(二)小学数学课程内容组织方式与呈现方式

《课程标准(实验稿)》对课程内容的组织没有明确的表述,仅对课程内容的呈现进行规定,指出内容的呈现应采用不同的表达方式,以满足多样化的学习需求。《课程标准(2011年版)》补充了课程内容组织的具体要求,强调"三个重视"和"处理好三对关系",包括"课程内容的组织要重视过程,处理好过程与结果的关系;要重视直观,处理好直观与抽象的关系;要重视直接经验,处理好直接经验与间接经验的关系"。关于"课程内容的呈现应注意层次性和多样性",要适合不同年龄学生的阅读水平和个性化学习需求。那么,《课程标准(2011年版)》中,小学数学课程内容在组织方式和呈现方式上具有什么特点呢?

1. 小学数学课程内容的组织方式①

小学数学课程内容的组织应处理好社会需求、数学知识体系和学生认识发展水平之间的关系，按照知识的逻辑顺序和难易程度，使课程各要素在结构的联系中展现整体效应。小学数学课程内容组织方式主要包括直线式、螺旋式和衍生式三种。

直线式，基本上属于"教材逻辑组织法"呈现模式。这是最常见的一种组织呈现方式，即以数学知识本身的逻辑体系为标准，将其分为一个个的知识分支，并按照知识分支的逻辑序列，由浅入深地组织起来，每一个知识的分支都呈直线状。这种组织方式非常注重不同教学分支知识自身的理解结构，但不太注重每个分支之间的逻辑关系。这种呈现方式便于学习的组织，但不利于知识间的综合，不利于学生在问题解决过程中综合运用自己的知识储备。

螺旋式，基本上是属于"教材逻辑组织法"和"教材心理组织法"相结合的混合型呈现模式，即将小学数学知识按数学科学的逻辑体系分解为不同的模块，同时按照儿童的年龄特点，将这些模块知识分散在各个年段中。对于同一"块"数学知识，在每个年段都要安排一定的量。这样，经过多年重复循环，形成完整的数学基础知识体系。它的特点就是由浅入深，由易到难，循序渐进。这种呈现方式，有利于数学知识系统的传授与知识的接受。

衍生式，基本上是属于"教材心理组织法"的呈现模式，即先从某一个儿童最关心或最感兴趣的数学课题出发，在对学习对象的探究模式学习过程中，按一定的方式认识，将这个数学课题按其横向或纵向的方向进一步衍生和发展，从而使学生进一步地深入学习。这种方式容易使学生看到知识间的联系，并发展他们数学探究的能力。但是它却不太关注各数学课题间的联系，因此，不利于学生学习系统和基础的数学知识。

2. 小学数学课程内容的呈现方式

课程内容的呈现方式一般是由课程编制的价值追求和课程编制的技术所决定的，而课程内容的呈现方式在很大程度上影响学习方式。当前使用最广泛的教学内容呈现方式是：生活情境模式和问题情境模式。"生活情境模式"通过让学生经历情境认知、情境体验来获得某种数学知识，进而培养学生的数学学习兴趣，引导学生将生活经验与数学知识相结合，如北师大版义务教育数学课程标准实验教科书教学内容主要是以此方式呈现的。"问题情境模式"呈现给学生一个现实生活中的问题，帮助学生探究性地尝试问题解决，获得需要的数学知识（概念、规则或策略等），如人教版义务教育数学课程标准实验教科书主要采用此方式呈现课程内容。

三、小学数学课程内容的新变化

课程内容的不断更新是小学数学课程内容改革与发展的最明显特征。这种更新与发展不仅体现了教材的时代性，而且更进一步凸显了小学数学教学在价值观上的改变和学生在学习方式上的改变。为了更好地适应儿童学习的认识规律，便于他们循序渐进地构建自己的数学认知结构，小学数学课程内容的编排体系应不断更新。实际上，课程内

---

① 粟玲.小学数学课程与教学论[M].北京：中国社会科学出版社，2012：42—43.

容的改革是与社会的发展密切相关的。近些年,由于计算机技术的普及,传统的计算方式受到了挑战。由于生活节奏的加快,人们除了可以使用工具进行计算之外,还要求要有较强的数的意识和一定的估算能力,能够对工具计算结果的正确性做出估计,并对其是否合理做出解释。

(一)《课程标准(2011年版)》的修订和调整

对比《课程标准(2011年版)》和《课程标准(实验稿)》中对小学阶段(第一、二学段)课程内容的表述,发现《课程标准(2011年版)》通过采用适度删除、调整和增加的形式对教学内容做了适当的调整和修订。

1.删除的内容

《课程标准(2011年版)》删除了第一学段、第二学段中数学课程内容中应用价值不大和难度过大的部分。

第一学段中在"图形与几何"领域,适当降低了难度,如仍保留"恰当地选择长度单位……估计长度",但删除了"自选单位估计图形的面积""认识千米^2、公顷"和能在方格纸上画出简单图形的轴对称图形、会看简单的路线图。在"统计与概率"领域,为了减轻学习负担、降低难度和避免一些知识的重复,将统计概率内容移到高学段学习,将实验稿中涉及"不确定现象"和"数据统计活动初步"的条目删掉了。如:删除"初步体验有些事件的发生是确定的,有些则是不确定的;能够列出简单试验所有可能发生的结果;知道事件发生的可能性是有大小的;对一些简单事件发生的可能性做出描述,并和同伴交换想法","通过实例,认识统计表和象形统计图、条形统计图(1个格子代表一个单位),并完成相应的图表;通过丰富的实例,了解平均数的意义,会求简单数据的平均数;知道可以从报纸、杂志、电视等媒体中获取数据信息;能根据简单的问题,使用适当的方法(如计数、测量、实验等)收集数据,并将数据记录在统计表中"。

第二学段中在"数与代数"领域,考虑到内容难度较大,删除了"口算百以内一位数乘、除两位数"。具体删除的内容有:比较百分比的大小,探索小数、分数和百分数之间的关系,养成估算的习惯,会口算百以内一位数除两位数;了解两点确定一条直线和两条相交直线确定一个点,体会图形的相似;关于"中位数、众数"的内容;能设计统计活动、检验某些预测,初步体会数据可能产生误导以及不正确现象。

2.调整的内容

《课程标准(2011年版)》中调整了小学学段(第一学段、第二学段)中部分数学教学内容。

第一学段中在"图形与几何"领域,为了将平移、旋转、轴对称内容集中,将"在方格纸上画简单图形平移、轴对称变换之后的图形"和"会看简单路线图"调整至第二学段。在"统计与概率"领域,将实验稿中的"求简单数据的平均数"后移;把"体验在同一分类标准下的一致性,不同标准下的多样性"改为"感受分类与分类标准的关系"后,表述简洁明了;把"认识统计表和象形统计图……完成相应图表"改为"用自己的方式呈现整理数据的结果",强调了学生对呈现方式的自由选择。

第二学段中将"两点确定一条直线和两条直线确定一个点""中位数、众数"内容移至第三学段。

3.增加的内容

第一学段"数与代数"领域,增加了"知道用算盘表示多位数",有助于学生对数位的理解;增加了"能进行整数四则混合运算(两步)";增加了"选择适当的单位……进行估算",指明估算的关键是单位的选择;增加了"能结合具体情境比较两个一位小数的大小,两个同分母分数的大小,能口算一位数乘两位数,能进行简单的整数四则混合运算(两步)"。"图形与几何"领域增加了"结合实例认识面积,体会并认识面积单位厘米^2、分米^2、米^2,能进行简单的单位换算",以帮助学生更好地认识面积。

第二学段在"数与代数"领域,增加了"了解常见数量关系,总价=单价×数量、路程=速度×时间"。这样强调学生还是需要掌握一些基本的数量关系的。"图形与几何"领域,增加了"认识面积单位千米^2、公顷""了解圆的周长与直径的比为定值"。在"统计与概率"领域,增加了"能选择适当的方法(调查、试验、测量)搜集数据",突出对数据搜集过程的重视,克服教学实践中统计问题单纯地"被当成计算问题"的错误倾向。在"综合与实践"领域增加了"体验发现和提出问题、分析和解决问题的过程",体现对学生问题意识与能力培养的重视。[①]

(二)《课程标准(2011年版)》在"课程内容"方面的新特点

《课程标准(2011年版)》通过对《课程标准(实验稿)》进行删减、增加和调整,小学阶段课程内容在"图形与几何""统计与概率"和"综合与实践"三个领域的课程内容呈现出新的变化。

在"图形与几何"部分:《课程标准(2011年版)》和《课程标准(实验稿)》中第一、二学段的"图形与几何"部分在内容结构上没有变化。《课程标准(2011年版)》将《课程标准(实验稿)》的四部分调整为三部分,将"图形的认识、图形与变换、图形与坐标、图形与证明"调整为"图形的性质、图形的变化、图形与坐标"。其中"图形的性质"基本上整合了《课程标准(实验稿)》中的第一和第四部分,这样在表述中使得"图形的认识"能够与"图形的概念和命题"有机结合,形成一个完整的认识过程。

"统计与概率"部分:《课程标准(2011年版)》在"统计与概率"部分做了较大调整,增强了三个学段内容的层次性。第一学段内容减少,主要是学会分类、会进行简单的数据搜集与整理;第二学段分为"简单数据统计过程"和"随机现象发生的可能性"两部分;第三学段分为"抽样与数据分析"和"事件的概率"两部分。这样的调整解决了《课程标准(实验稿)》中第一学段的"统计与概率"内容难度偏大及其与第二、三学段内容重复的问题。调整后增大了三个学段中"统计与概率"部分内容难度的梯度。

"综合与实践"部分:《课程标准(2011年版)》做了较大的调整,与《课程标准(实验稿)》相比较,《课程标准(2011年版)》进一步明确了"综合与实践"的内容和要求:"综合与实践"是以问题为载体,以学生自主参与为主的学习活动。它的教学目标是帮助学生积累数学活动经验,培养学生的应用意识和创新意识。[②]

---

① 朱黎生.《义务教育数学课程标准(2011年版)》修订了什么[J].数学教育学报,2012(3):7—10.
② 赵绪昌.准确把握课标变化 提高学生数学素养——《义务教育数学课程标准(2011年版)》的内容调整及实施建议[J].中国民族教育,2012(C1):53—55.

另外,《课程标准(实验稿)》中提出了数感、符号感、空间观念、统计观念、应用意识、推理能力6个核心词,在《课程标准(2011年版)》中也有了一些变化,增加了四个概念:几何直观、运算能力、模型思想、创新意识。修改了两个概念:"符号感"修改为"符号意识","统计观念"修改为"数据分析观念"。修正了三个概念的内涵:数感、空间观念、应用意识。这些核心概念是《课程标准(2011年版)》的"关键点",它本质上体现的是数学的基本思想,是课程的目标点和数学课程内容的核心,是学生在义务教育阶段的数学课程中最应培养的数学素养。它们对正确理解和把握《课程标准(2011年版)》起到重要的导向作用。

[讨论与交流]

《课程标准(2011年版)》对课程内容的调整是否符合学生的认知发展需要,是否符合教师的专业发展需要?

本章小结

本章从小学数学新课程的目标和小学数学新课程的教学内容两方面,介绍了小学数学课程目标和内容。第一节主要介绍了小学数学新课程目标的构成与解析,包括"小学数学新课程目标构成""对数学教学目标的解析"和"《课程标准(2011年版)》中课程目标的新特点"。第二节主要介绍了"小学数学课程内容的构成与解析",包括"小学数学课程内容体系""小学数学新课程教学内容设置的特点"和"小学数学教学内容组织方式与呈现方式""小学数学课程内容的新变化"。本章希望通过对小学数学新课程的目标和教学内容的相关介绍,能帮助教师对数学新课程标准有更加深入透彻的了解。

复习思考

1. 小学数学课程内容划分中的"两个学段""四个领域"分别是什么?
2. 小学数学新课程内容设置的特点是什么?
3. 试比较《课程标准(2011年版)》与《课程标准(实验稿)》的异同。
4. 小学数学课程内容的呈现方式有哪些?
5. 小学数学课程内容的组织特点是什么?
6. 有人说:许多数学知识是人们在长期的生产、生活实践中或是数学家通过不断推理、实验等方式总结出来的。数学知识的发现是一个漫长而艰巨的过程,让学生在学习数学的过程中,用短短几十分钟去发现前辈们用几十年甚至上百年才总结和发现出来的数学知识,这完全是不可能的事情,让学生这样去学习数学,简直就是浪费学生的时间。对此,你有什么看法?请把你的看法写下来与同学或老师进行交流。

本章参考文献

[1] 教育部基础教育课程教材专家工作委员会. 义务教育数学课程标准(2011年版)解读[M]. 北京：北京师范大学出版社, 2012.

[2] 李光树. 对义务教育数学课程目标的认识[J]. 课程·教材·教法, 2010(11).

[3] 中华人民共和国教育部. 义务教育数学课程标准(2011年版)[S]. 北京：北京师范大学出版社, 2011.

[4] 唐彩斌, 朱黎生, 杨慧娟. "四基""四能"给课程建设带来的影响——宋乃庆教授访谈录[J]. 小学教学(数学版), 2012(7).

[5] 史宁中, 柳海民. 素质教育的根本目的与实施路径[J]. 教育研究, 2007(8).

[6] 张奠宙, 竺仕芬, 林永伟. "基本数学经验"的界定与分类[J]. 数学通报, 2008, 47(5).

[7] 单肖天, 景敏. 数学活动经验及其对教学的影响[J]. 课程·教材·教法, 2008(5).

[8] 史宁中. 数学思想概论——数量与数量关系的抽象(第1辑)[M]. 长春：东北师范大学出版社, 2008.

[9] 张丹. 数学课程目标：从"双基"到"四基" 从"两能"到"四能"[J]. 中小学管理, 2012(4).

[10] 张奠宙, 郑振初. "四基"数学模块教学的构建——兼谈数学思想方法的教学[J]. 数学教育学报, 2011(5).

[11] 张奠宙, 何文忠. 交流与合作——数学教育高级研讨班15年[M]. 南宁：广西教育出版社, 2009.

[12] 蒋志萍, 汪文贤. 数学思维方法[M]. 杭州：浙江大学出版社, 2011.

[13] 陈和珍. 新课程下小学生数学问题解决能力及其培养[D]. 上海：上海师范大学, 2007.

[14] 史宁中, 马云鹏, 刘晓玫. 义务教育数学课程标准修订过程与主要内容[J]. 课程·教材·教法, 2012(3).

[15] 刘顺民. 探究小学数学创新能力的培养和提高[J]. 甘肃联合大学学报(自然科学版), 2012, 26(A2).

[16] 吕世虎, 陈清容, 钟志勇. 新版课程标准下的小学数学教学法[M]. 北京：首都师范大学出版社, 2012.

[17] [日]米山国藏. 数学的精神、思想和方法[M]. 毛正中, 吴素华, 译. 成都：四川教育出版社, 1986.

[18] 朱黎生. 《义务教育数学课程标准(2011年版)》修订了什么[J]. 数学教育学报, 2012(3).

[19] 栗玲. 小学数学课程与教学论[M]. 北京：中国社会科学出版社, 2012.

[20] 赵绪昌. 准确把握课标变化 提高学生数学素养——《义务教育数学课程标准(2011年版)》的内容调整及实施建议[J]. 中国民族教育, 2012(C1).

第二章 小学数学学与教的主要理论

◆ **本章学习目标**

1. 知道小学生数学学习的认知特点、基本方式及分类。
2. 了解现代学习心理学理论对小学生数学学习的影响。
3. 学会数学教育理论在小学数学学习中的应用。

【案例】

图 2-1 流水线

图 2-1 是一幅漫画《流水线》,讲的是学生刚进学校时,脑袋的形状有的是三角形,有的是长方形,有的是圆形,有的是椭圆形,有的是梯形。可是到毕业,原来长着不同脑袋的学生都成了老师一样的圆形脑袋。①

这幅漫画俨然一幅教育的现状图,把教育当成了大工厂,教师是厂里的操作工,学生是被批量生产的、规格整齐划一的产品,本来一个个有棱有角、充满个性的学生,在几年的学习中,随着年级的增高,被应试教育打磨,最后成为解题的机器,大家全都变成一样了,这是一件多么可悲的事情。虽然在新课改理念的大力推行下,教师应以学生为主体,以发展每一个学生为目的,但现实教育发展的不均衡和应试教育观念的根深蒂固,教师基本上是按照自己的方式去教授学生,表面上积极响应口号:发展每一个学生,让每一个学生在学习中找到自我,创造自我,但实际上每一个处于这种教育环境中的学生在这种发展之下,最后都是为了拿到更好的成绩。到底学生在学习中获得了什么知识和技能,这对他们以后的生活有多大的影响,这样的学习结果到底对学生有多大的意义,真是一个大大的问号。

---

① 胡明根.影响教师的100个经典教育案例[M].北京:中国传媒大学出版社,2004:2.

◆ 问题聚焦

　　素质教育的发展,是以培养每一个学生的思维和能力为目的的,教师如何教,学生如何学习则成为素质教育发展的关键。无论是教师教学生学习,还是学生自己学习,作为引导者的教师都应该首先了解学习者的学习心理及其变化过程,然后对不同年龄阶段的学生施以不同教学方式,最终真正使学生得到能力上的发展。小学阶段的数学学习是整个数学学习生涯中的基础,是小学生从形象思维过渡到逻辑思维的关键。古今许多教育者和心理学家都特别重视对小学数学学习的研究,在教育学和心理学方面都有过对小学生数学学习的深入剖析。那么,我们当代的一线教育工作者为了不让学生变成学习、解题、考试的机器,如何帮助学生更好地学习呢?这就是本章所要探讨的问题。

|第一节|
小学生数学学习认知特点和基本方式

为了让学生在小学阶段能获得适应未来社会生活和发展能力所必需的数学知识、技能、思想方法和解决实际问题的能力,教师必须充分了解小学生数学学习的认知特点和基本方式,才能发挥引导者的作用,施以最合适的教学技能,正所谓"教人者必先知人,知人者必先知心"。

一、小学生数学学习的内涵及认知特点

小学生数学学习是一种特殊的学习活动,是指小学生在教师的指导下,按照国家数学课程标准的要求,根据小学数学课程提供的信息资源和学习线索有计划、有步骤地掌握数学知识技能,促进自身的数学知识经验、能力和情感态度持久变化的活动过程。[1]

小学数学的认知过程就是数学学习的过程,其实质就是数学思维活动的过程。小学生的数学认知就是主体通过对数学教材内容、数学知识运用感知、学习、分析、综合、概括等思维方法去实现对抽象的数学知识的理解掌握,同时能运用到生活中的过程。在这个数学思维过程中,学生要将新的学习内容与原有的数学认知结构相互作用,从而形成新的认知结构。根据小学生已有的认知水平,小学生数学认知有以下特点。

(一)顺序性

小学生对数学内容的认知一般都会经过感知、表象、符号这三个连续的阶段。感知是认知的前提,小学生的形象思维大于逻辑思维,因而先要对数学知识进行感受和体验,知道这是什么,才会去进行下一步的记忆、思考。初步感知后进入表象阶段,即学生头脑里保存客观事物的具体形象,这是个中介阶段,比如学生对整数认识之后,记住了它,进而才会对这个整数进行理解,去掌握和运用它。由此便进入符号阶段,即学生将头脑里所获得的表象进行加工提炼,把感性认识上升为理性认识。其实这就是学生将知识内化为一种认知的过程,这种过程是不可颠倒的,小学生在学习抽象的数学知识时只能遵循这个普遍的顺序规律。

(二)发展性

小学生数学学习经历从低级向高级发展的过程,他们的数学思维会从最初的具体形象思维向逻辑抽象思维发展,根据数学知识的渐进性,小学生数学认知会从未知到已知,从现象到本质,一直向前发展。如低学段学习整数的加减法、乘除法,中学段学习整数混合运算和小数加减法,高学段则学习小数乘除法和分数混合运算。

(三)反复性

小学生的认知具有不稳定性,需要多次、反复的认识才能获得对事物的理解。在

---

[1] 宋乃庆,张奠宙.小学数学教育概论[M].北京:高等教育出版社,2008:140.

学习数学的过程中,对数学的认知过程是一个不断发展的过程,要经过多次反复的训练才会渐渐形成稳定的数学认知。所以在数学教学中,课堂练习至关重要,课后巩固也相当关键。

二、小学生数学认知的基本方式

小学生数学认知的基本方式主要为同化和顺应,他们通过这两种方式去建构自己的认知结构。

(一)同化

在小学数学学习中,同化是指学生在学习中将新的数学知识直接纳入认知结构,扩大原有认知结构,使数学认知结构发生变化的过程。例如,小学生学习了整数的乘法运算后,再学习分数的乘法运算时,他们就可用整数乘法的运算意义来理解分数乘法运算的意义。从同化的意义不难看出,同化学习的必要条件是所学习的新知识与原有认知结构中的有关内容相联系,即原有认知结构中有能同化新知识的旧知识。在实际运用中,同化可以分为以下几种类型。

1.下位学习

下位学习又称"归属学习",是指学生已有认知结构中的数学知识在包摄性和概括水平上高于所要学习的新知识,把新的数学知识直接归属到原有认知结构的适当部位,使新、旧知识相互联系的学习过程。如学生掌握小数的概念之后再学习循环小数概念的过程就是一个下位学习的过程,因为循环小数是小数的一部分,它直接可以归于小数的概念。下位学习的学习效果取决于学生对认知结构中具有上位作用的原有知识的掌握水平,如果学生对小数概念掌握得好,那么他们对循环小数的学习就更容易掌握;反之,如果学生没有弄清楚小数的概念,那么他们对循环小数就难以有深刻的理解。

2.上位学习

上位学习又称"归总学习",是指学生在掌握几个概念或命题后,进一步学习一个包摄性和概括化水平更高的概念或命题的过程。如学生在一至三年级学习整数的加、减、乘、除运算法则,四年级才学习四则混合运算的法则。四则混合运算法则比单独的加、减、乘、除运算法则的包摄性更高,所以是上位学习。上位学习不仅要求学生认知结构中的原有内容清晰、稳固,而且要求新、旧知识之间具有直接联系,如平行四边形与长方形之间就构成上位学习关系,而平行四边形和三角形就不能构成上位学习关系。

3.组合学习

组合学习又称"联合学习",指所学新知识与学生认知结构中的原有知识既不能形成下位学习关系又不能形成上位学习关系,但在学习中把它们合理地组合起来可能产生某种新的意义的学习过程。如分数与除法两者谁也不能包含谁,但它们联合起来却能产生新的意义——分数与除法的关系,这里对分数与除法的关系的学习来说就是一种组合学习。组合学习必须具备两个条件:一是学习的新知识本身必须具有逻辑意义;二是用于组合的原有知识之间要具备产生新意的要素。

(二)顺应

顺应是指某些新的数学知识不能直接同化到学生原有认知结构中去,必须适当调整或改造学生原有认知结构使其适应新知识的学习,在此基础上将新知识纳入改造后的认知结构中去,从而建立新的认知结构的过程,简言之,顺应就是改造原有认知结构而建立新的数学认知结构的过程。例如,学生在掌握了常数运算后,引入方程的运算,但方程中的未知数是一个常量,由于之前学生的运算活动中没有接触过未知数运算,因此,学生必须要改变原来的认知结构,将常数运算的认知结构改变为常量运算的认知结构,才能理解方程的意义。

在数学学习中,学生一般通过这两种途径来实现顺应:一是调整,二是并列。调整就是改变原有认知结构的组织形式,或赋予原有认知结构中某些观念以新的意义,使之与新知识相适应,并以此为固定点接纳新知识。如:在列方程解决问题的学习中,就可以把未知数"x"赋予和已知数同等的地位参与列式和运算。这种调整使学生的认知结构主动适应列方程解决问题的学习。并列就是赋予新知识和认知结构中某些原有观念以一定意义的外在联系,并把新知识和旧知识连接成一定的结构。如学习小数除法时,要把之前整数除法采用列竖式计算时所学的知识作为基础,再学习新方法:被除数与除数的小数点都要向右移动相同的位数,直到除数与被除数都是整数才能进行列竖式计算。

在小学数学学习中,同化和顺应总是相辅相成的,一方面在改造新的数学知识内容的同时,学生也必须适当调整自己原有的认知结构,使新知识与原有的认知结构更加吻合;另一方面学生在调整原有认知结构的同时,也总是要对新的数学知识做适当改造,将其内容改造成更利于接纳的形式,从而保证原有认知结构与新的数学知识之间的相互适应。

三、小学数学学习分类

小学数学学习一般分为概念学习和命题学习。

(一)概念学习

1.数学概念学习的内涵

数学概念学习指学生认知、理解同类数量关系或空间形式的共同特征的心理过程。在小学阶段,数学概念一般由名称、例证、特征、定义基本成分构成。

(1)名称。名称就是用名词或符号来给概念命名。如正方形、长方形、三角形、自然数、整数、小数等就分别是一些具体数学概念的特点名称。

(2)例证。例证是指能反映一类数学对象本质属性的具体事物,它分为肯定例证和否定例证。一切包含有概念的共同关键特征的事物概念叫肯定例证,反之就是概念的否定例证。

(3)特征。特征主要指能反映概念本质属性的关键标志。如"含有未知数的等式"就是方程的关键标志或者特征,其他如用什么字母表示未知数,未知数在方程中所处的位置都是无关标志或者特征。

(4)定义。定义就是用特定的词语(或符号)对数学概念的内涵做出科学的规定。如"在同一平面内永不相交的两条直线叫作平行线"就是平行线的定义。小学低年级有许多概念(小数、圆等)教材并没有给出明确的定义,而是通过给出概念的一系列正反的例证,从中概括出这些概念的共同属性和名称,让学生从中获得初级概念。这并不是因为这些概念本身没定义,而是教材编写者为了解决数学概念的抽象性与儿童思维的具体性之间的矛盾而采取的特殊方法。

2.小学生数学概念学习的基本方式

小学阶段,数学概念学习主要通过概念形成和概念同化两种认知方式进行。

(1)数学概念形成。数学概念的形成指学生依据直接经验,从大量的具体例子出发,在数学概念的具体例证中通过归纳总结出一类数量关系或空间形式的共同属性,从而获得初级概念,并把概念的本质属性推广到同类事物中的过程。这种方式不仅是小学低年级学生学习数学概念的主要途径,也是高年级学生掌握某些抽象事物的重要途径。如:六年级学生学习"圆柱体"的概念,可以先观察奶粉桶、杯子等一系列圆柱的肯定例证,然后在教师的帮助下归纳出这些物体形状的共同属性,在此基础上得出"圆柱体"的概念。

(2)数学概念同化。所谓的数学概念同化就是指学生利用头脑里已有的数学概念,以定义的方式直接揭示新概念的本质属性,从而获得二级概念的过程。这种认知方式一般在小学高年级比较普遍。如学习"方程的解"这一概念时,因为学生的认知结构里已有了方程、未知数和未知数的值等相关概念,所以学习时便可以直接通过定义揭示其本质属性,并将这一概念作为一个受条件限制(使方程左右两边相等)的特殊的未知数的值,纳入原有的有关"未知数的值"的认知结构中去。

小学阶段概念形成和概念同化是相辅相成、有机结合的。如正方形、长方形、垂直、平行、分数、圆等概念,教学时一方面通过大量的实际例子丰富学生的感性认识,让他们获得抽象概念本质属性的客观依据;另一方面又通过定义更深刻地揭示所学概念的本质属性,以此来加深学生对概念内涵的理解。

(二)命题学习

小学数学命题学习是小学数学学习中较高层次的学习,是学好小学数学的关键。

命题是对客观世界数量关系和空间形式及其计算规律的概括与总结,或是对有关计算过程具体实施细则的具体规定,如运算定律和性质、面积计算公式等。对这些内容的学习,我们称为数学命题学习。由于数学命题反映的是几个数学概念之间的关系,因此它们的学习层次和复杂程度都高于概念学习。

数学命题学习和掌握的关键是获得数学概念之间关系的理解,而数学概念之间的各种关系的理解又依赖于新命题和原有认知结构中有关知识的联系。由于新命题和原有认知结构中有关知识的关系可分为归属、归总和并列三种关系,所以数学命题学习也可分为这三种基本形式。

1.归属学习

如果学习者原有认知结构在概括层次上高于所学新命题的知识,那么新命题和原有认知结构的关系就构成归属关系,利用这种关系获得的数学命题的学习形式称为归属学习。如我们在学习了平行四边形面积公式后,再学习梯形面积公式时,便可以通过割补、拼合把梯形转化为平行四边形,从而得出其面积计算公式为 $S=(a+b)\times h\div 2$。很明显,梯形面积的计算方法就可以通过归属学习的形式去掌握。

2.归总学习

通过对原有认知结构中有关内容的归纳和综合,概括出新的数学命题的学习方式称为归总学习。如根据长方体的体积计算公式 $V=abh$、正方体的体积计算公式 $V=a^3$、圆柱体的体积计算公式 $V=\pi r^2 h$,概括出柱体的体积计算公式为 $V=Sh$ 的学习过程就属于归总学习。

归总学习在小学数学学习中有非常广泛的运用。概括运算定律和性质、总结运算法则、建立概括层次较高的计算公式等通常都要采用归总学习。归总学习从认知方式来看,主要依靠的是顺应,它只有通过改造原有的认知结构才能获得新命题的意义。因此一般来讲,归总学习比归属学习更困难。

3.并列学习

利用所学数学命题与原有认知结构中有关知识之间的并列关系,通过类比掌握数学命题的学习形式叫作并列学习。并列学习所采用的思维方式主要是类比,其关键在于寻找新命题与原有认知结构中有关法则、规律、性质的联系,在分析这种联系的基础上通过类比实现对新命题的理解和掌握。在小学数学学习中并列学习也有十分广泛的运用,如在学习分数的基本性质时,就需要联系"商不变性质"来掌握分数的基本性质。

在命题学习中,这三者之间并不是彼此孤立的,它们之间有着密切的联系。这种联系常常体现在同一数学命题的学习中,只是某些数学命题以归属学习为主,而某些数学命题以归总学习或并列学习为主。在实际教学中,要注意引导学生根据具体情况灵活运用这几种学习形式,从而促进他们对数学命题的更好掌握。

第二节
学习理论对小学数学学习的影响

数学学习是一个具有抽象性和逻辑性的过程,在对小学数学学习的研究上就必然要以学习理论为指导。本节主要阐述行为主义、认知主义、建构主义、人本主义几种学习理论及其对小学数学学习的影响。

一、行为主义学习理论及其对小学数学学习的影响

行为主义产生于20世纪初的美国,是在美国进行的一场心理学革命。行为主义反对传统心理学的观点,重视对人的行为进行研究,同时主张心理学不应只是研究人脑中的意识,而应去研究那种从人的意识中折射出来的人的行为。该理论认为,具体的行为反应取决于具体的刺激强度,因此,他们把"S—R"(刺激—反应)作为解释人的一切行为的公式。本节主要谈桑代克和斯金纳的学习理论及其对小学数学学习的影响。

(一)桑代克的"试误论"

在行为主义学习理论中对小学数学学习产生影响的比较典型的理论是桑代克的"试误论"。

1.试误论

桑代克通过动物迷箱实验,提出了"刺激—反应联结"学说。他认为动物在这个不断地"刺激—反应"的试误过程中,可以表现出一种理智和创造性的行为,而人类学习也是在这种无意识下形成"刺激—反应"的联结过程。也就是在学习中,学习者对情境所引起的反应又是学习者在情境过程中不断尝试错误和改正错误的结果。在数学学习中,桑代克就主张用训练和练习的方式学习数学,即在不断训练、练习的过程中让学生不断尝试错误、改正错误。同时他还经过长期的实验研究和理论分析,提出了三条基本的学习律:准备律、练习律、效果律。

(1)准备律。桑代克认为学习者是否会产生学习的动机,完全跟学生是否做好准备有关。例如,当学生被要求解答"6+7"这样一个式子时,学生可回答"13""42",甚至"−1"。如果在学生回答"13"时给予强化,那学生很快就习得了做加法的准备或心理定势。[①] 由此,对于学习准备本身来说,也可以是在学习情境中所获得。

(2)练习律。练习律是指反应重复的次数越多,"刺激—反应"之间的联结便越牢固。它主要包括使用律和失用律两种形式。桑代克认为一个已经形成的可变联结,如加以应用,力量则会变强,就是使用律,如不加以应用,力量变弱,就是失用律。在数学学习中,教师讲解完某一定理或概念时,就要适当地安排一些练习,反复训练,使学生能更好地理解和掌握这一概念、定理。

---

① 施良方.学习论[M].北京:人民教育出版社,2001:33.

（3）效果律。效果律是三大基本学习律中最核心的部分。在后来，桑代克把准备律和练习律都归为效果律的从属原则。效果律主要是指当反应对环境产生某种效果时，学习才会发生。凡是带来满意的结果的行为会被加强，而导致烦恼不如意结果时，行为就会被削弱。效果律也包括正强化律和负强化律，即奖励和惩罚都可以用来控制行为，不过后来桑代克进行了修改，认为从效果看，赏罚不能等同，赏比罚力度更大，由此发现"效果扩散律"，也就是奖励不仅增加了受奖反应的重复率，还能增加邻近反应的重复率。在数学学习中，当学生能正确作答时，教师应及时给予肯定，增加学生成功的体验，如果学生不能很好地解决问题时，也不要盲目地指责和批评，要帮助学生一起找失败的原因，给予鼓励，增强学生的信心。

2.试误论对小学数学学习的影响

桑代克的学习理论多出自动物实验，由动物推及人类，因而这种理论存在机械主义倾向，忽视了人类学习的主观能动性。但是他的学习理论对小学数学学习还是有一定的指导意义。"试误论"就是让小学生的数学学习有一定的尝试错误的过程，不过是有目的、有意识的。比如，小学生在做数字魔方填写时，不会一次就完全正确，在这个过程中，学生会用许多数字去试填，失败了就继续换，直到填写正确，把数字魔方完整地填写出来。其实这种尝试错误的学习方法，不仅获得了问题的解答，而且也能从中得到解决问题的经验。当然不是每个数学题都会用到不断尝试错误的方法，它也有一定的局限性。除此之外，"效果律"对于培养学生学习情绪，引发学生学习动机是有积极意义的；"练习律"在概念、法则、原理学习后强调练习、训练等方面也是值得借鉴的。

（二）斯金纳的强化学习理论

1.强化理论

无论是桑代克的试误理论，还是巴甫洛夫的经典条件反射理论都曾提到过"强化"，但是真正对"强化"进行全面系统研究的则是斯金纳。斯金纳认为，任何能够提高一个特定反应出现概率的事物就是强化，强化在有机体条件反应的形成中起着关键作用，强化决定了动物的行为是否会发生变化，新的行为模式要练习多次才能形成，以及形成后能保持多久。强化是斯金纳学习理论的核心概念。

强化按其形式分，可以分为正强化和负强化。

正强化又称积极强化，是一种积极的刺激，它跟随在有机体行为之后出现，能够提高该行为再次出现的概率。用作正强化的刺激物有食物、水、表扬等。简单地说，正强化就是通过对正面强化物的给予，引起积极行为的增加。在学校中，正强化表现为老师对学生良好的行为给予及时表扬，鼓励学生继续努力，奋勇向前，这些行为会进一步促进学生的学习，促进学生良好行为习惯的养成。

负强化又称消极强化。负强化也是一种刺激，它的出现可以中止某种行为。可以用作负强化的刺激，通常是大的声音、强光、极度的冷和热、疼痛、电击等。负强化是通过对正面强化物的剥夺，引起积极行为的增加。或者说，负强化就是对不良行为给予否定。例如：在学校中，学生为了逃避老师的批评与责罚，会按时完成老师布置的作业。

正强化是用于加强所期望的个人行为，负强化是为了减少和消除不期望发生的行为,这两种强化的类型相互联系,相辅相成,构成了强化的体系。

2.强化理论对小学数学学习的影响

斯金纳的强化理论虽然存在一定的片面性,但是对小学数学学习还是有一定的影响。数学课堂上,教师采取有效的奖惩措施,可以激发学生对数学学习的兴趣,让学生爱上数学,提高数学学习成绩,并且促进他们身心全面、和谐、健康地发展。老师在进行学生管理时,也可运用不同的强化手段和方法,因材施教,以便达到学生管理的最高境界。

二、认知主义学习理论及其对小学数学学习影响

认知主义学习理论与行为主义学习理论相对立,源自于格式塔学派的认知主义学习理论。二十世纪五六十年代中期之后,随着皮亚杰、布鲁纳、奥苏伯尔等一批认知心理学家大量的创造性工作,使学习理论的研究进入了一个辉煌时期。他们认为,学习就是面对当前的问题情境,在内心经过积极地组织,从而形成和发展认知结构的过程。认知主义学习理论强调刺激反应之间的联系是以意识为中介的,强调认知过程的重要性。这些学习理论对小学数学学习也产生了积极的影响。

(一)皮亚杰的认知发展阶段理论

皮亚杰最为著名的认知理论就是儿童认知发展阶段论,他认为儿童认知发展有四个阶段,每一个阶段都有着不同理解世界的方式,而运算则是他划分阶段的核心概念。

1.认知发展阶段理论

第一,感知运动阶段(0~2岁)。本阶段儿童只具有图型知识,只能靠感觉和动作来认知周围世界。

第二,前运算阶段(儿童开始说话~7岁)。本阶段儿童能用语言、符号来描述事物,具有表象的思维能力,但不具备可逆性。

第三,具体运算阶段(小学一年级~青少年早期、11岁)。本阶段儿童处于具体形象思维向抽象逻辑思维过渡的阶段,但还是只能以具体形象事物作为支撑,不能离开感性经验,已具备可逆性和守恒性。

第四,形式运算阶段(12~15岁)。本阶段儿童已经完全能够在头脑中把形式和内容分开,能进行抽象思维和命题运算。

这四个认知发展阶段都有其独特的结构,但是具有连续性和阶段性。根据儿童的年龄特征,或个人、环境等因素,会造成阶段的提前或延后,但其先后顺序是始终不变的,低级向高级过渡时,高一级阶段的认知始终是低一级阶段认知的延续发展。

2.认知发展阶段理论对小学数学学习的影响

根据皮亚杰的认知发展阶段理论,小学生正处于具体运算阶段,他们能进行初步的逻辑思维,但运用数学符号解释和推理还有困难。因此,在这种理论基础上,教师在对这个阶段学生进行教学时,就应强调小学数学学习的直观和形象,将事物操作、学生自发活动和解决问题活动作为教学的主要手段,让学生形成丰富的数学知识表象,从而进一步发展抽象思维。

(二)布鲁纳的认知发现说

1.发现学习论

布鲁纳提出的最为著名的学习理论就是"发现学习论"。他认为学生的心智发展是遵循学生本身认知特点的,教学主要是帮助学生的认知发展,而发现学习有助于激发学生内在学习动机,帮助他们的智慧得到生长,是一种最佳的学习方式。发现学习法具有以下特征。

第一,重直觉思维。布鲁纳认为直觉思维对科学发现活动很重要,它的本质具有映象性和图像性。布鲁纳认为可以帮助儿童形成图像或表象,然后去表现他们的世界中所发生的事物,而不是过早地用语言文字去指示学生。也就是说直觉思维是不必以细小划分过的步子来进行,不用按着程序接受知识,只要在熟悉了有关的知识领域和结构之后,就能使其自然发生。

第二,重内在动机。布鲁纳所重视的内在动机主要是帮助学生形成内部动机,或者把外部动机转化为内部动机。也就是在学习过程中,通过激发学生的内在动机,对学生学习信息及时反馈和纠正,使得学生能主动要求学习,提高自己。

第三,重学习过程。在这个过程中,布鲁纳主要强调学生不是被动的、消极的思维知识接受者,而是主动积极的知识探究者。教师在学生学习过程中,就应该处于引导的地位,不断创设情境,让学生自主探究知识。因为学习本该是一个过程,而不是结果。在布鲁纳看来学习过程就是重视学生自己的认知活动和培养学生解决问题的能力,比如在 $2+5=7$ 的学习中,7 这个结果并不是太重要,关键是让学生在运算这个式子过程中,要掌握 7 是如何与 2 和 5 发生关联的。

第四,重信息提取。布鲁纳通过实验表明,学生如何组织信息,对提取信息有很大的影响,所以他认为人类记忆应该是提取,不是贮存。虽然有些偏激,但学生亲自参与发现知识的活动,必然会自主地用某种方式进行组织,从而达到记忆的最佳效果。

2.发现学习论对小学数学学习的影响

小学数学学习应该重视用直观形式去感知抽象的数学概念,为以后进一步学习掌握数学概念的科学性和逻辑性打下基础。发现学习理论,非常注重教师的引导过程,无论是内在动机的激发,还是学习过程的引导,都要求学生能积极主动地发现新知识。这样不仅能使学生增加学习的兴趣,而且学生通过自己探索去发现新知识,能提高学生学习成就感。

(三)奥苏伯尔的认知同化论

1.认知同化论

在认知主义中,奥苏伯尔主要注重认知结构。他定义的认知结构是一个人的观念的全部内容和组织,或一个人在某个知识领域的观念的内容和组织。[①] 因此,奥苏伯尔认为学习过程就是在原有认知结构基础上形成新的认知结构的过程。学生头脑中已有的认知结构与新的知识进行相互作用,新的知识就会被同化到学生已有的认知结构中去。

---

① 刘晓明,张宝来.小学生学习心理与学习指导[M].长春:东北师范大学出版社,1999:35.

这样的学习结果不仅使学生原有的知识结构得到补充,而且新的知识也被赋予了新的意义。奥苏伯尔的认知结构与新知识所发生的同化作用的学习理论被称为认知同化论。

在学习过程中,学习者如果能积极主动地把新知识与已有认知结构中原有的结构联系起来,并获得新的知识,奥苏伯尔认为这就是有意义的学习。当然在有意义学习过程中,除了学习者自身有强烈的心理倾向外,所提供的学习材料也应该是有意义的,同时学习者原有认知结构在与新知识发生同化作用时,应适当、稳定和清晰,这是有意义学习的必备条件。当然,与有意义学习相反的就是机械学习。在奥苏伯尔看来,学生的学习应该尽可能有意义,所以他对有意义学习也做了很精确的定义:用语言文字或符号表述的新知识能够同学习者认知结构已有知识建立起实质性和非人为的联系。① 实质性的联系就是指新旧知识之间本来就有的联系,而不是字面上的联系,也就是学习者不用经过文字的思考,直接就能看出新旧知识之间的关系特征。非人为的联系则是新的观念与原有观念建立了内在联系,而不是任意随便的联系。

为了使认知同化理论在学习中更有效地应用,使有意义学习得到更好地实现,奥苏伯尔还提出了"先行组织者"策略,即教师在教新知识之前,应向学生提供一些具有概括性和引导性的学习材料,通过这些材料,能启发学生联想到新旧知识之间的关系,能提高学习者对学习材料和自身认知结构在发生作用时的辨别性,更避免学生机械地学习。

2.认知同化论对小学数学学习的影响

奥苏伯尔的认知同化理论、有意义学习对我国小学数学学习研究产生了积极的影响。首先,小学教材的结构、内容应该全面优化,要选取有意义、逻辑性强的内容,结构上的编排也要做到前后知识的联系与照应。其次,为学生创造恰当的数学情境,让学生有主动学习的倾向。再次,有目的地优化学生的认知结构,使学生的认知结构具有逻辑性。最后,在教学中可以在新知识学习之前向学生提供具有概括性、引导性的"组织者",并通过这些"组织者"去增强新旧数学知识之间的联系,这样更利于学生对新知识的掌握。例如:解决有关整数乘法应用问题之前,就可以先向学生呈现一些相关的数学公式,如:"单价×数量=总价""速度×时间=路程"等,由于这些基本数量关系学生在学习定理的时候已经掌握,所以通过它们就能将乘法问题这一新的学习任务跟学生原有认知结构中的知识直接联系起来,为新的学习建立联系。

三、建构主义学习理论及其对小学数学学习的影响

认知主义进一步发展,形成了一种新的学习理论——建构主义。建构主义认为世界是客观存在的,但可以根据自己的经验来建构现实,每个人的经验都是由自己的头脑创建的,每个人的经验及对经验的信息处理是有差异的,从而也导致对外部世界理解的差异,因而人脑储存的信息需要接受现实环境信息并进行加工,包括积极地选择、注意、知觉、组织、储存和激活信息,然后实现自我信息的建构。

---

① 李光树.小学数学教学论[M].北京:人民教育出版社,2003:113.

1.建构主义学习理论

建构主义认为学习不是知识简单地由外到内的转移和传递,而是学习者主动地建构自己的知识经验的过程,即通过新经验与原有知识经验的双向的相互作用,来充实、丰富和改造自己的知识经验的过程。学习不是知识由教师向学生的传递过程,而是学生建构自己知识的过程,学习者不是被动的信息吸收者,相反,他要主动地建构信息的意义,这种建构不可能由他人替代。学习者的这种知识建构过程具有以下三个主要特征。

(1)学习的主动性。面对新信息、新概念、新现象或新问题,学习者必须通过高层次思维活动,即付出高度心理努力的认知活动,充分激活头脑中的先前知识经验,然后通过不断思考,对各种信息和观念进行加工转换,基于新、旧知识进行综合和概括,解释有关现象,形成新的假设和推论,并对自己的想法进行反思性的推敲和检验。学习者作为学习活动的主人,承担着学习的责任,需要对学习活动进行积极自主的自我管理和调节。

(2)学习的社会性。建构主义强调不同的学习者都有不同的知识经验、社会经验,在对待同一个问题时不同的学习者会有不同的想法和结论。因此,不同的学习者通过互相沟通、交流、合作,可以更好地完成学习任务,即多向社会性和相互作用可以给学习者彼此的知识构建搭建丰富的资源平台。

(3)学习的情境性。建构主义者提出,知识是存在于具体的、情境的、可感知的活动中的,它不是一套独立于情境的知识符号,不可能脱离活动情境而抽象地存在,它只有通过实际情境中的应用活动才能真正被人所理解。建构主义强调学习者一定要把所学知识与一定的真实任务情境联系起来,然后通过合作解决情境性问题。

2.建构主义学习理论对小学数学学习的影响

建构主义是对已有知识的再一次组织,突出一种过程,因而首先要突出学生的主体性地位。首先,强调儿童应该积极参与到学习过程中来,在与现实世界、材料以及与其他儿童的相互作用中建构、修正和整合自己的观点,而教师只能组织、引导或者参与到学生的学习活动中。其次,还要重视外界环境的影响。建构主义主张知识不能被传递,也不能被打包,而是必须由每个儿童根据自己已有经验基础独立建构的观点。儿童在这个数学知识的建构过程中,会产生很多问题,在形成一个好的知识结构前,都必须反思、交流、改进、发展,在这种情况下,就必须增强学生和其他学生以及教师的互动,使其思维真正得到发展。最后,数学知识结构不是孤立的系统,它包括了很多方面的知识、经验,而且会直接受到生活经验的影响。对于小学生来说,具体形象的经验更能帮助其体会知识。因此,教师应该要从生活经验出发,创设最直观的情境,激发学生的学习动机。

四、人本主义学习理论及其对小学数学学习的影响

人本主义心理学是二十世纪五六十年代在美国兴起的心理学派别,是与传统的行为主义和精神分析两大学派相对立的"第三种力量"。它关注的是个人的感情、知觉、信念和意图,这些是使一个人不同于另一个人的内部行为。它的研究主题是关于人的潜能和价值问题,主要理论是"自我实现理论"。该学派自产生以来,对心理学研究有重大的冲击作用,对数学教育方面也同样有巨大的影响,该学派代表人物是罗杰斯。

1.罗杰斯有意义学习观

罗杰斯认为学习方式分为有意义学习和无意义学习。他倡导的有意义学习,不仅仅是一种增长知识的学习,而且是一种把每个人各部分经验都融合在一起的学习,是一种使个体的行为、态度、个性以及在未来选择行动方针时发生重大变化的学习。罗杰斯和奥苏伯尔的有意义学习是有区别的,前者关注的是学习内容和个人之间的关系;而后者强调新旧知识之间的联系,不涉及个人意义。

罗杰斯认为有意义学习主要具备四个要素:①学习具有个人参与的性质,即整个人(包括情感和认知两方面)都投入学习活动;②学习是自发的,即便在推动力或刺激来自外界时,要求发现、获得、掌握和领会的感觉仍来自内部;③全面发展,也就是说它会使学生的行为、态度、人格等获得全面发展;④学习是由学生自我评价的,因为学生最清楚这种学习是否满足自己的需要,是否有助于他获得想知道的东西,是否明了自己原来不甚清楚的某些方面。

罗杰斯所倡导的学习原则的核心就是让学生自由学习。他认为教师只要信任学生,信任学生的学习潜能,并愿意让学生自由学习,就会在与学生的交往中形成适合自己风格的、促进学生学习的最佳方法。

2.人本主义学习理论对小学数学学习的影响

罗杰斯的有意义学习观,对小学数学学习也有积极的指导作用。罗杰斯的有意义学习观让教师重视研究学生的情感对学习的促进作用,从传统的重视认知教学转到认知和情感并重教学方面来,真正从教师中心转到学生中心上,使学生成为认知和情感的主体,而不仅仅只是认知的主体。

注重"完整的人"的数学教育,不要只搞"以智力开发为主的颈上教育",应当使学生成为真正的人。在课堂教学中,教学设计要真正从学生出发,给学生更多的自由,让学生真正参与。在教学中,要注重学生的自我完善、自我发展,以学生为主体,不要把学生当作接受知识的机器。数学教育还要注重培养学生的自重、自尊、自信,使他们充满希望和成功,而不是自卑、焦虑、失望。数学教育要让学生真正获得成功,通过数学学习,促进他们健康人格的形成。

第三节
现代数学教育理论及其在小学数学教学中的应用

数学教育学涉及数学、教育学、心理学、哲学等多个学科,是一门新兴的、综合性的交叉学科。它真正成为一门独立的学科,并形成其理论的研究是在20世纪60年代以后,迄今还没有形成一致公认的数学教育理论,很多数学教育理论还没有摆脱"教育学+数学例子"的模式,较少揭示数学教育的特有规律。

国外对数学教育理论形成最有影响力的人物属数学教育的创始人弗赖登塔尔和波利亚。尽管他们的教育理论还不成熟,但对数学教育实践仍产生了很大的影响。本节将介绍弗莱登塔尔和波利亚的数学教育理论。

一、弗赖登塔尔的数学教育理论及其在小学数学学习中的应用

弗赖登塔尔(Hans Freudenthal,1905—1990)是荷兰著名的数学家和数学教育家。他在长期的数学教育研究实践中,逐步形成了适应儿童心理发展,符合教育规律,经得起实践检验,并且有自己独特风格的数学教育思想体系。他在数学教育理论研究方面的主要成果为"现实数学教育理论"和"数学教学原则"。

(一)现实数学教育理论

这个理论具有五个基本特征:a.情境问题是教学的平台;b.数学化是数学教育的目的;c.学生通过自己的努力得到的结论和创造是教育内容的一部分;d."互动"是主要的学习方式;e.学科交织是数学教育内容的呈现方式。这些特征又可以用三个词加以概括,即数学现实、数学化、再创造。

1.数学现实

数学来源于现实,存在于现实,并且应用于现实,这是它的基本出发点。在运用"现实的数学"进行教学时,必须明确认识以下几点:第一,数学的概念,数学的运算、法则以及数学的命题,都是因为自然世界的实际需要而形成的,是现实世界的抽象反映和人类经验的总结。数学的过去、现在、未来都是属于现实世界和社会的。因此,数学的教学内容来自于现实世界,把那些最能反映现代社会生活需要的最基本、最核心的数学知识和技能作为数学教育的内容。第二,数学研究的对象是现实世界同一类事物或现象抽象而成的量化模式。而现实世界的事物、现象之间又存在着各种各样的关系。从而,数学教育的内容就不能仅仅局限于数学内容的内在联系,而应该涉猎与其他学科之间的联系。例如,在小学数学学习数的大小时,就不能只教学生用数学方法进行数量比较,而是要把数量关系运用到实际生活中去,让学生从实际生活中去感受数的大小。这样才能使学生一方面可获得既丰富多彩又错综的"现实的数学"内容,掌握比较完整的数学体系;另一

方面,学生也有可能把学到的数学知识应用到现实世界中去。第三,数学教育是为不同的人提供不同层次的数学知识,每个人都有自己的一套"数学现实"。数学教学必须从学生的数学现实开始,现实在不断地扩展,教师的任务就在于确定各类学生在不同阶段所必须达到的"数学现实",并随着学生们所接触的客观世界越来越广泛,了解并掌握学生所实际拥有的"数学现实",从而据此采取相应的方法,予以扩展,予以丰富,以逐步提高学生所具有的"数学现实"的程度并扩充其范围。数学教育本身也应该是以这些不同的数学现实为基础构建的课程体系,并通过这些课程不断地扩展每个人的"数学现实",使每个人在数学上都获得最大的发展。

在"数学现实"的思想里,弗赖登塔尔还主张把客观现实材料和数学知识融为一体,使数学教学过程经历从现实背景中抽象出数学知识的全过程,着眼于能力的培养。例如,在教学小学数学加法时,有很多不同的实际途径引入,例如:可以通过公共汽车经过各个停靠站时上下车的人数来说明。假定汽车里原来有 5 个人,在第一个停靠站上来了 3 个人,在第二个停靠站又上来了 2 个人等,这时汽车里人数就分别是(5+3)个,(5+3+2)个……这样小学生就可以自己形成加法的概念,并找出加法运算的规律。在这里乘公共汽车就是小学生所接触过的"现实",自然数 2,3,5 就是他们拥有的现实数学知识,教师就是根据这两方面的"现实",帮助学生学习加法这一"现实的数学"知识,并用这些知识扩充学生的"数学现实"。

其实,根据小学生的数学认知特点,最需要的就是借助于现实来理解掌握数学知识,在数学的教学中,应提供给学生各自的"数学现实"内容,即"学生自己的数学"。通过"现实的数学教学",学生就可以通过自己的认知活动,构建数学观,促进数学知识结构的优化。

2.数学化

弗赖登塔尔认为数学化就是数学地组织现实世界的过程,即人们在观察、认识和改造客观世界的过程中,运用数学的思想和方法来分析和研究客观世界的种种现象并加以整理和组织,以发现其规律的过程。[①] 数学化是一种由浅入深,具有不同层次、不断发展的过程。它具有两个维度的特征:一个是水平数学化,就是从"生活"到"符号"的转化过程,即从背景中识别数学→图式化→形式化→寻找关系和规律→识别本质→应用到已知的数学模型(现实的、经验的);另一个是垂直数学化,就是从低层到高层数学化的过程,即猜想公式→证明一些规则→完善模型→调整综合模型形成新的数学概念→一般化过程(现实的、经验的)。当然这两个过程是不能分开的,而是交错在一起。下面可以用一个很直观的例子"七桥问题"来说明数学化的过程。

背景知识:18 世纪初,在东普鲁士首府哥尼斯堡市,市内有一条河,河里有 2 座小岛,有 7 座桥将河中 2 个岛及岛与河岸连接了起来。有人提出了一个很有趣的问题:"到小岛散步时,能否可以每座桥只经过一次,不重复地走完所有 7 座桥?"

[①] 唐瑞芬.数学教学理论选讲[M].上海:华东师范大学出版社,2001:22.

下面就是"七桥问题"数学化的过程:

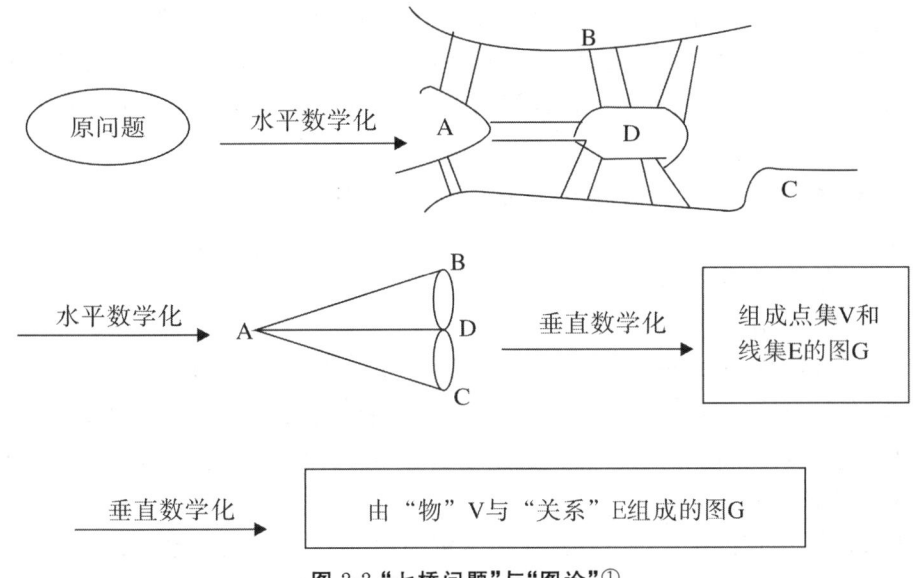

图 2-2 "七桥问题"与"图论"①

除了认识数学化的过程,还应该了解数学化的对象。数学化的对象包括数学本身和现实客观事物。对数学本身的数学化,就是深化数学知识,或者是数学知识系统化,形成不同层次的公理体系和形式体系。对客观事物的数学化,形成了数学概念、运算法则、规律、定理,以及为解决实际问题而构造的数学模型等。需要强调的是,数学化是一个过程,是从一个问题开始,由实际问题到数学问题,由具体问题到抽象概念,由解决问题到更进一步应用的一个教育全过程,而不是方程、函数等之类的具体的数学素材。传统数学课本是"教给"学生数学现成结果的教材,最容易忽略的就是过程。把数学化作为数学课本内容的一部分,是要使课本成为学生自己去"发现"一些已有数学结果的辅导书。通过一个充满探索的过程去学习数学,让已经存在于头脑中的那些非正规的数学知识和数学体验上升发展为科学的结论,让学生从中感受发现数学的乐趣,增进学好数学的信心,形成应用意识、创新意识,从而达到素质教育的目的。

3.再创造

再创造是指探索前人发现问题的过程,通过"做数学"再现数学新知识的发现过程。学生"再创造"学习数学的过程实际上就是一个"做数学"(Doing Mathematics)的过程,这是目前数学教育的一个重要观点。它强调学生学习数学是一个经验、理解和反思的过程,强调以学生为主体的学习活动对学生理解数学的重要性,强调激发学生主动学习的重要性,并认为做数学是学生理解数学的重要条件。弗赖登塔尔说的"再创造",其核心是数学过程再现。这要求教师"设想你当时已经有了现在的知识,你将是怎样发现那些成果的;或者设想一个学生学习过程得到指导时,他应该是怎样发现那些成果的"。当

---

① 赵卫民.新课程标准下弗赖登塔尔数学教学原则在我国小学及初中低年级数学教学中的应用构想[D].昆明:云南师范大学,2003:16.

然,这不是简单地由学生本人把学的东西自己去发现或创造出来,教师的任务是引导和帮助学生去进行这种再创造的工作①,也不是简单的教师指导下的学生活动,而是通过教师精心设计,创造问题情境,通过学生自己动手实验研究、合作商讨,探索问题的结果并进行组织的学习方式。这对于新课程改革下强调培养学生创新能力有很好的借鉴意义。

(二)数学教学原则及其在小学数学学习中的意义

弗赖登塔尔归纳的"数学教学原则"主要有数学现实原则、数学化原则、再创造原则三个原则,这是与他的数学教育理论相对应的。

1.数学现实原则

数学现实原则是指用数学知识来解决现实中的问题,它包含两层含义:一是指教师要将客观现实与学生的数学认识统一起来,即教育要根据学生的"数学现实"进行;二是指教师要将客观现实材料与数学知识的现实融为一体,即教学过程要让学生经历从现实背景中抽象出数学知识的过程。

在数学教学中可以通过设计与现实生活密切相关的问题,帮助学生认识到数学与生活有着密切联系,学会用数学知识去解决实际问题。数学教育的任务就在于,随着学生所接触的客观世界越来越广泛,应该确定各类学生在不同阶段必须达到的"数学现实",并且根据学生所实际拥有的"数学现实",采取相应的方法予以丰富,予以扩展,从而使学生逐步提高所具有的"数学现实"的程度并扩充其范围。通过这样的过程,数学教育将随着不断扩展的现实发展,同时数学教育本身又促使了现实的扩展,正像数学与现实世界的辩证关系一样,数学教育也应该符合这样的规律。例如:通过公共汽车上下车人数的变化引入整数的加减法,并找出运算规律;借助从商店出售各种牌子、不同规格的商品所获得的利润计算引进矩阵的乘法概念,以及它的运算法则等。

2.数学化原则

数学化原则是指从实际问题中抽象出数学知识。它有三层含义,一是在教学中要让学生通过直观与抽象的结合,通过不断地观察、比较、归纳和实践,提高数学知识水平,掌握数学技能与方法;二是要针对学生所处的不同"数学化"水平有的放矢;三是人类所要学的不是作为一个封闭系统的数学,而是作为一种活动,作为一个从实际问题出发的数学化过程,如果需要的话,也包括从数学概念出发的数学化过程。

遵循数学化原则可以培养学生从实际问题中抽象出数学问题的抽象思维能力,学会数学的思维,进而提升学生的数学素养。回顾历史上最早的传统数学教育,其做法就是教师通过机械的途径,将各种结论灌输下去,学生被动地接受这些结果,死记硬背,机械模仿,不知道它的来龙去脉,所获得的只是知识的形式堆砌,既不考虑它有什么用处,也不问它们互相之间是否有内在联系,可以说很少包含数学化的成分。之后数学教育逐渐有所进步,人们比较多地考虑到实际的经验,也建立了不少现实的模型,从而进入了经验的途径,即较多地顾及水平的数学化,使所获得的数学知识具有一定的实用价值,可以解

---

① 张奠宙,宋乃庆.数学教育概论[M].北京:高等教育出版社,2009:46.

决一些客观现实中的问题。如有的国家所设置的"消费者数学"之类,但这些知识又往往琐碎、零星、不成体系,忽视了数学本身的内在联系,尤其是忽略了数学的逻辑演绎结构,较少注意数学化的纵深发展。为了纠正上述偏向,以布尔巴基观点为代表的"新数学"运动的做法,就采用了构造的途径,强调数学的演绎结构,重视逻辑推理的论证,试图以结构主义的思想来组织整个数学教育,以提高抽象的逻辑思维水平,把形成严谨的演绎结构体系作为唯一的目标,从而又由一个极端走向了另一个极端,忽视了数学的现实性,忘却了数学教育的根本目标还是要为现实世界服务,而且一味追求抽象,强调严谨,这也不符合教学规律与认识规律。从历史的经验教训中,我们应该得出这样的结论,那就是:数学教育的正确途径应该是现实的数学化途径,我们所需要的课程体系应该全面而完善地体现数学化的正确发展,既要强调现实基础,又要重视逻辑思维,既要密切注意数学的外部关系,也要充分体现数学的内在联系,要能将这两者有机地结合在一起,那才是数学教育所必须遵循的正确路线。用上述观点分析我国的数学教育现状,实质上走的是"形式化""严谨化"的路子,与布尔巴基学派的形式主义做法基本相同(尽管内容上有现代与经典之分),都是忽视"现实应用",否认"数学化"过程,以逻辑演绎和形式计算为最终目标。这种数学教育思想当然是不足取的,弗赖登塔尔的"数学化"原则应该为我们所借鉴。

3.再创造原则

再创造原则是指数学过程再现,是弗赖登塔尔针对传统教学中"将数学作为一个现成的产品来教""只是一种模仿的数学"而提出的一种教学原则。

再创造原则对小学数学的意义有:首先,通过"做数学"所得到的知识与能力比听教师讲理解得更透彻、掌握得更快、善于应用而且记忆保持长久;其次,发现是一种乐趣,通过"再创造"来进行学习能够引起学生的数学兴趣,并激发数学学习动力;再次,通过"再创造"方式进一步促进学生形成数学教育是一种人类活动的看法。日常生活中,像"狗""椅子"等概念,都不需要事先给以严格的定义,儿童通过实际接触,自然地形成了概念。数学中的一些东西,同样来自现实,也可以通过学生的实际感受而形成概念。以学习平行四边形概念为例,教师可以出示一系列的平行四边形的图形或是实际例子,告诉学生这些就是"平行四边形",让学生自己进行比较、分析、研究,在经过反复地观察与思考后,他们就会发现"平行四边形"的许多共同性质,如:对边平行、对角相等、邻角互补、对角线互相平分等;接着就会发现这些性质之间的联系,可以由一个性质出发推出其他的性质,在教师的引导与学生间相互讨论的基础上,学生不仅掌握了平行四边形的概念,同时也理解了形式定义的含义以及各种相关性与等价定义的概念,也就是说,学生通过自己的实践活动学会了怎样定义一个数学的概念,对定义的必要性与作用都会有更深的体会,通过这样的"再创造"方式进行的概念教学,显然比将一个现成的定义强加给学生要有效得多。当然,每个人有不同的"数学现实",每个人处于不同的思维水平,因而不同的人可以追求并达到不同的水平。一般说来,对于学生的各种独特的解法,甚至不着边际的想法都不应该加以阻挠,要让他们充分发展,充分享有"再创造"的自由,甚至可以自己编造问题,自己寻找解法。从教师的角度,应该在适当的时机引导学生加强反思,巩固已经获得的知识,以提高学生的思维水平,尤其必须有意识地启发,使学生的"创造"活动逐步由不自觉或无目的的状态发展为有意识有目的的创造活动,尽量促使每个人在所能达到的水平上尽可能地提高。

总之,弗赖登塔尔的数学教育思想与新课程改革所强调的以学生为主体,发挥学生自主学习的能力,培养学生发现问题、解决问题的能力,提升学生创造精神是完全吻合的。因此,弗赖登塔尔的数学思想对我国小学数学学习的研究具有极大的借鉴意义。

[拓展阅读]

弗赖登塔尔(Hans Freudenthal,1905—1990)是世界著名数学家和数学教育家。他曾经是荷兰皇家科学院的院士和数学教育研究所所长,专长为李群和拓扑学。1960年以后研究重心转向数学教育。在1967年至1970年期间任"国际数学教育委员会"(ICMI)主席。在他的倡议下,召开了第一届"国际数学教育大会"(International Congress on Mathematics Education,简称ICME)。他倡导数学教育研究要像研究数学一样,以科学论文的形式交流研究心得,即前人做了什么,我发现了什么,证据是什么,并有详细的文献支持,因而使数学研究不再只停留在经验交流的水平上。这是一个大的变革,他一生为国际数学教育事业做出了巨大贡献。弗赖登塔尔在长期的数学教育研究实践中,逐步形成了适应儿童心理发展,符合教育规律,经得起实践检验,并且有自己独特风格的数学教育思想体系。他积累的研究成果和实践经验,不仅改变了荷兰数学教育的面貌,也通过世界范围的相互交流,极大地推动了国际数学教育研究的发展。作为具有国际声望的数学家,他从1954年起担任了荷兰数学教育委员会主席,1967年又担任了国际数学教育委员会主席。他还是国际上最有影响的数学教育刊物《数学教育研究》杂志的创始人。弗赖登塔尔一生发表关于数学教育的著述达几百篇(部),其中《作为教育任务的数学》《播种和除草》《数学结构的教学现象》三本巨著被用多种文字出版,在国际上产生了巨大影响。在这些著作中,弗赖登塔尔详细论述了为什么必须对传统数学教育进行改革的原因;系统阐述了现实数学教育思想的理论体系;具体探讨了如何按现实数学教育的观点设计数学课程、编写数学教材等方面的问题。他的许多结论都是在中、小学课堂上经过长期实践之后得出的。他的工作奠定了现实数学教育的理论和实践基础,明确了现代数学教育改革的目标和方向。

二、波利亚的解题理论及其在小学数学学习中的应用

乔治·波利亚(George Polya)也是一名国际公认的数学家,他的主要成就是在数学教育中"怎样解题"这一研究上。可以说在数学解题研究领域里,波利亚是一面旗帜,也是一代宗师。

(一)波利亚的解题理论

1.解题

波利亚认为,解题是智力的特殊成就,题目是数学的心脏,数学教学的本质在于教会学生解题,解题思想应当诞生在学生心里,教师仅仅像助产士那样行事。因此在教学中,

教师最主要的任务应该是发展学生解决问题的能力。为了回答"一个好的解法是如何想出来的"这个令人困惑的问题,他专门研究了解题的思维过程,用朴素而现代化的形式来阐明探索法(即有助于发现的探索方法),并集几十年教学与科研之大成写成《怎样解题》一书,该书于1948年出版,风靡世界。其中"怎样解题表"仔细分析了求解各种数学问题时的思维过程,成为经典的解题思维方法,而"怎样解题表"也是波利亚的解题理论的核心内容。

2.怎样解题表

"怎样解题表"主要由四步构成,且四个部分是层层递进的。其分别是:了解问题、拟定计划、实现计划、回顾。

(1)了解问题。包括:①未知数是什么?已知数是什么?条件是什么?②可能满足什么条件?③画一个图,引入适当的符号。④把条件的各个部分分开。

(2)拟定计划。包括:①你以前见过它吗?②你知道什么有关的问题吗?③注视未知数,试想出一个有相同或相似未知数的熟悉问题。④这里有一个与你有关而且以前解过的问题,你能应用它吗?⑤你可以改述这个问题吗?回到定义。⑥你若不能解决这个问题,试先解一个有关的问题。你能想出一个更容易着手的有关问题吗?一个更一般的问题?一个更特殊的问题?一个类似的问题?你能解决问题的一部分吗?⑦你用了全部条件吗?

(3)实现计划。包括:实行你的解决计划,校核每一个步骤。

(4)回顾。包括:①你能校核结果吗?你能校核论证吗?②你能用不同的方法得出结果吗?③你能运用这个结果或方法到别的问题上吗?

从这张解题表中可以看出,波利亚很注重对学习者思维能力的培养。解题是培养学习者思维能力的一个重要途径,而数学学习又是对思维能力要求特别高的活动。教学生发现问题,进而解决问题,才是学习数学的关键和实质。数学课程标准中也提到,学生在数学学习中要学会学习、学会思考、学会解决问题。因此,波利亚的解题步骤使学生学会如何发现、分析及解决问题,是值得借鉴的。

(二)解题理论对小学数学学习的影响

1.有利于提高学生的思维能力

在波利亚的解题理论中,四个步骤的设计非常紧密,逻辑性很强,层层深入,处于形象思维阶段的小学生在数学学习中,经过这种层层剖析的发现解题法的训练,将会大大提升他们的数学思维能力。

2.有利于提高学生的数学素质

波利亚认为,任何学问都包括知识和能力两个方面。对于数学,能力比起仅仅具有一些知识来说重要得多。因此,数学教学的目的应该是发展学生本身的内蕴能力,而不仅仅是传授知识。波利亚发现,在日常解题和攻克难题而获得数学上重大发现之间,并没有不可逾越的鸿沟。他说:"一个重大的发现可以解决一些重大的问题,但在求解任何问题的过程中,也都会有点滴的发现。"要想有重大的发现,就必须重视平时的解题,因此平时解题训练的目的不是为了应付考试、升学,而是在于提高学生的数学素质。

3.有利于提高学生独立探索的能力

从教育心理学角度看,"怎样解题表"的确十分可取,利用这张表教师可行之有效地指导学生自学,发展学生独立思考和进行创造性活动的能力。波利亚在主张学习探索时,有个主要特点就是变更问题,启发灵感,在他看来,解题过程就是不断变更问题的过程。事实上,"怎样解题表"中许多问题和建议都是直接以变化问题为目的的,如:你知道与它有关的问题吗?你能不能试想出一个有相同或相似未知数的熟悉问题?你是否见过形式稍微不同的题目?你能改述这题目吗?你能不能用不同的方法重新叙述它?你能不能想出一个更容易着手的有关问题,一个更一般的题,一个更特殊的题,一个类似的题?你能否解决这道题的一部分?你能不能从已知数据中导出某些有用的东西?能不能想出适于确定未知数的其他数据?你能改变求未知数或已知数,必要时改变两者,使新未知数和新已知数互相更加接近吗?如果对问题不进行变化,那么做题过程中是不会有什么进展的。因此,波利亚训练培养的是学生的独立探索能力和思考问题、分析问题的能力。

(三)典型题型[①]

食堂运来大米 225 袋,已经吃了 30 天,每天吃 4.5 袋。_____?(要求:先根据题意提出问题,再解答。)

解题视角:这道题已知三个条件,没有告诉我们具体问题,让我们先提出问题,再列式解答。对于这种开放性的练习,可以训练我们如何根据题中有联系的条件,找到可以解决的问题,从而为熟练掌握综合法解答思路做铺垫。

引导思路:题目中有三个条件:①运来大米 225 袋;②已经吃了 30 天;③每天吃 4.5 袋。将题中的条件适当地组合后,提出与之相关的问题,再解答。

(1)问题一:已经吃了多少袋?(根据②、③条件解答)

$4.5 \times 30 = 135$(袋)

即已经吃了 135 袋。

(2)问题二:这些大米一共可以吃多少天?(根据①、③条件解答)

$225 \div 4.5 = 50$(天)

即这些大米一共可以吃 50 天。

(3)问题三:还剩下多少袋?(根据问题一和条件①解答)

$225 - 4.5 \times 30 = 90$(袋)

即还剩下 90 袋。

(4)问题四:剩下的还可以吃多少天?(根据问题二和条件②解答)

$225 \div 4.5 - 30 = 20$(天)

或根据问题三和条件③解答:$(225 - 4.5 \times 30) \div 4.5 = 20$(天)

即剩下的还可以吃 20 天。

智慧回眸:这种开放性问题,可难可易,主要取决于提出问题的难度。学会从不同的

---

① 陈今晨,等.小学数学知识大全[M].南京:河海大学出版社,2011:100.

角度提出问题,可以培养学生发散思维能力。

其实本题型很符合波利亚的解题思想,训练学生从已知条件出发,找出关系,层层深入,一步步发现问题、分析问题、找出联系、进行解答,这对于提升小学生综合应用能力有很大帮助。

牛刀小试:(先补充,再解答)学校买来一批书,科技书有215本,故事书比科技书少20本。_____?

[拓展阅读]

乔治·波利亚(George Polya,1887—1985)美籍匈牙利数学家,生于匈牙利,青年时期曾在布达佩斯、维也纳、哥廷根、巴黎等地攻读数学、物理和哲学,1912年获数学博士学位。他是法国科学院、美国全国科学院和匈牙利科学院的院士,是20世纪世界公认的数学家和数学教育家,也是享有国际盛誉的数学方法论大师,为数学方法论的现代研究,特别是为数学解题教学研究奠定了必要的理论基础。

他的成就主要包括解题理论、数学教学理论和教师教育理论,曾发表200多篇论文和许多专著,主要著作包括:《怎样解题》(1944)、《数学的发现》(1954)、《数学与猜想》(1961)等。其中《怎样解题》与《数学的发现》集中论述了怎样解题的问题,而《数学与猜想》则对合情推理进行了生动的、富有创造性的论述。在数学方面,他对实变函数、复变函数和概率论等若干分支领域做出了开创性的贡献,留下了以他的名字命名的术语和定理。

|第四节|
我国在小学数学教学改革中的探索与经验

一、我国数学"双基"到"四基"的教学探索

(一)我国数学"双基"教学的探索

我国数学"双基"教学起源于20世纪50年代,在60年代基本形成。数学"双基"根植于中国教育的优良传统,在历次教学大纲中都有明确定义,重视"双基"是我国中小学教学实践的基本特征和经验总结。在国际学生评估项目(PISA)2009年、2012年数学素养测试中,中国上海学生连续两次获得第一,2015年的测试中国学生获得第六。"双基"已备受世人重视,成为行之有效的中国经验。

数学"双基"是指数学基本知识和数学基本技能。在实际使用过程中,"双基"又有广义和狭义之分。狭义的"双基"是指记忆和掌握"基本数学公式和程式"、快速且准确地进行计算的"基本技能",以及能够逻辑地进行数学的"基本论证"。广义的"双基"则泛指和"创新"相对的那一部分,称为"双基平台"。① 有学者认为"双基"是一种理念,是一种整体的价值判断,是把"打好基础"放在优先考虑的地位。

中国"双基"教学理论是关于如何在"双基"基础上谋求学生发展的教学理论。邵光华和顾泠沅总结出,中国"双基"教学理论的外部结构特征包括"双基"教学课堂结构、课程控制、"双基"教学的目标、"双基"教学的课程观和"双基"教学理论体系的开放性五个维度;"双基"教学理论的内隐性特征包括启发性、问题驱动性、示范性、层次性和巩固性五个方面。② 其主张数学"双基"教学基本上遵循"复习—导入—讲解—巩固—布置作业"的教学环节,强调基础知识结构化,重视基本技能训练系列化,突出基本思想和基本方法,力求发展学生的思维能力;通过精心设计数学问题,以问题驱动引领学生思考,采用"讲、练、议"结合的教学模式,强调知识技能的复习和巩固。

张奠宙先生通过比较中西方教育理论观点,凝练出数学"双基"教学理论的特征,包括四个方面:第一,记忆通向理解,理解是记忆的综合,如果没有记忆,理解也就无从谈起了;第二,速度赢得效率,应将基本的运算和基础的思考转化为"直觉",从而赢得更多时间,以便于进行高层次的数学思维活动;第三,严谨形成理性,中国文化中的"严谨治学"传统,使得中国数学教学不排斥"概念的抽象定义和严谨的逻辑表达";第四,重复依靠变式,"变式"是在变化中求得重复,在重复中获得"变化"。③ 张奠宙先生将中国的数学"双基"教学在纵向上分为三个层次:"双基"基桩建设(夯实数学的基本知识和基本技能,包

---

① 张奠宙,宋乃庆.数学教育概论[M].北京:高等教育出版社,2004:184.
② 邵光华,顾泠沅.中国双基教学的理论研究[J].教育理论与实践,2006,26(3):48—52.
③ 严家丽,王光明.60年来数学双基教学研究反思[J].课程·教材·教法.2010(9):63—67.

括思辨性及程序性知识,并使其直觉化)、"双基"模块教学(知识要点通过配套的知识点连接成为一条知识链,而后通过"变式"形成知识网络,再经数学思想方法的提炼,形成立体的知识模块)和"双基"平台教学(该平台直接植根于"双基",跨越多个知识点,主要服务于数学解题,理清数学问题的来由,以获得解题的策略)[①]。

在数学"双基"教学理论形成过程中,学界对数学双基教学的认识也在逐步加深。在某些阶段人们对数学"双基"教学还存在着认识上的碰撞和争鸣,如"双基"教学与习题训练、"双基"教学与考试、"双基"教学与新课程改革等问题就曾引发不少争议。不少学者从心理学视角对"双基"教学进行分析,如"有意义学习"、建构主义支持下的"精讲多练""熟能生巧""信息加工理论"等。

学好"双基"是我国数学教学的经验与特色之一,但我国数学教学并不等于"双基"教学。我国数学教学既要将"双基"教学优势予以发扬,又要正确处理数学"双基"与数学创新之间的关系,避免产生"基础过剩"现象。当前关于"双基"教学理论发展逐渐形成两种趋势:一种是保持"双基"名称不变,依据时代要求对"双基"内容进行扩充;另一种是在名称中体现其发展,如"四基""六基"。[②]

(二)从"双基"到"四基"教学的发展

所谓的"四基"在1992年的数学教学大纲中就已有雏形,是指基础知识、基本技能、基本能力和基本态度。[③] 2004年,章建跃在为南宁数学高级研讨班撰文时指出,数学"双基"应该发展为"四基"。2006年,史宁中在厦门演讲时也提出应把数学中的"双基"发展成为"四基",并明确在"基础知识"和"基本技能"外,增加"基本思想"和"基本活动经验"。[④] "四基"概念在《课程标准(2011年版)》中被明确列出,它可以被视作对数学"双基"的一种拓延,即除了原有的"基础知识"与"基本技能"外,还新增加了"基本思想"和"基本活动经验"[⑤]。

一直以来,以基础知识与基本技能为核心的"双基教学",使得我国学生对知识本身掌握较好。[⑥] 但由于三维目标的实行,"双基"仅仅涉及上述三维目标中的一个目标——"知识与技能";某些教师有时片面地理解"双基",见物不见人,而教育必须以人为本;仅有"双基"还难以培养创新性人才。[⑦] 因此,在知识经济时代,数学"双基"内容需要与时俱进。

---

① 张奠宙.中国数学双基教学理论框架[J].数学教育学报.2016,15(3):1—3.
② 严家丽,王光明.60年来数学双基教学研究反思[J].课程·教材·教法,2010(9):63—67.
③ 中华人民共和国教育部.九年制义务教育全日制初中数学教学大纲(试用)[S].北京:人民教育出版社,1992.
④ 朱雁,鲍建生.从"双基"到"四基":中国数学教育传统的继承与超越[J].课程·教材·教法,2017(1):62—68.
⑤ 中华人民共和国教育部.义务教育数学课程标准(2011年版)[S].北京:北京师范大学出版社,2012.
⑥ 朱雁,鲍建生.从"双基"到"四基":中国数学教育传统的继承与超越[J].课程·教材·教法,2017(1):62—68.
⑦ 顾沛.数学基础教育中的"双基"如何发展为"四基"[J].数学教育学报,2012,21(1):14—16.

数学"四基"教学是对"双基"教学的扩展与超越。帮助学生感悟基本思想、积累基本活动经验,已成为包括数学家、其他科学家与社会学家、课程专家、一线教师在内的广大同仁的普遍共识。① 史宁中认为:"数学发展所依赖的思想在本质上有三个:抽象、推理、模型。"② 对数学基本活动经验的认识,虽然人们还没有形成共识,但有几点是共同的:第一,基本活动经验是在特定的数学活动中积累的;第二,基本活动经验是一种组合体,包括了数学活动中的主观体验以及获得的客观认识,包括数学活动的结果与过程;第三,数学活动经验的核心应该是如何思考的经验,促进学生学会运用数学的思维方式进行思考;第四,数学活动经验最终可以帮助学生建立自己的数学现实和数学学习的直觉,这种直觉一旦生成,那么在后续的学习和问题解决中将起到重要作用;第五,基本活动经验的积累,大致需要经过"经历、内化、概括、迁移"的过程。③

数学"四基"中,各"基"并不是简单的叠加,它们之间相互制约、相互促进,形成了一个不可分割的有机整体。张奠宙先生提出了"四基"的三维模块(第一章已介绍,不做赘述)。他还从经验的层面上,初步概括出"四基"数学教学具有六个重要特征:(1)基础的枯燥性与艰苦练习的必要性;(2)提升基本运算速度以赢得思维的高效率;(3)提升数学知识与技能为数学思想方法;(4)变式训练强化反思与巩固以深化认知;(5)理解原理与记忆算法并存;(6)基础与创新的紧密结合。同时也对"四基"教学与三维目标、核心素养、数学能力的关系进行了分析。④

然而,关于数学"四基"教学理论体系的建设,张奠宙先生认为还有许多尚待进一步研究和探索的问题,比如"四基"更精准的定位、"四基"数学模块的形成机制、"四基"数学模块的认知心理学基础、"四基"数学模块与其他数学教学理论的关系、建构和评价等。⑤

数学"双基"教学是植根于中国本土的教学理念,带有鲜明的中国特色。我们应当在学习国外先进经验的同时,保持自己的优良传统。小学数学从"双基"到"四基"的发展也体现出理论的不断修正与完善,反映了我国学者对数学教学理论本土化建构的探索。中国数学教学领域的研究与实践在学习西方一些教学理念的同时,更应关注根植于中国传统文化的本土理论的建构,坚持文化自信,突出中国特色。

二、我国当代中小学数学教学模式的探索

中华人民共和国成立以来,我国学者不断进行小学数学教育理论与实践的探索,逐渐形成了具有中国特色的数学教育发展的道路。20世纪末至今,小学数学教学模式的

---

① 朱慕菊,余慧娟.十年基础教育课程改革的思考:课改热点问题访谈录[J].人民教育,2011(18):34—38.
② 史宁中.数学思想概论——数量与数量关系的抽象(第1辑)[M].长春:东北师范大学出版社,2015:前言页.
③ 张丹.数学课程目标:从"双基"到"四基",从"两能"到"四能"[J].中小学管理,2012(4):10—12.
④ 朱雁,鲍建生.从"双基"到"四基":中国数学教育传统的继承与超越[J].课程·教材·教法.2017(1):62—68.
⑤ 朱雁,鲍建生.从"双基"到"四基":中国数学教育传统的继承与超越[J].课程·教材·教法.2017(1):62—68.

改革与实践不断深化。在此列举几种具有代表性的中小学数学教学模式,以帮助大家对数学教学具有更加全面的了解与认识。

1.尝试教学法

20世纪80年代初,邱学华开始尝试新的数学教育理念——尝试教学,并在教学中逐步形成了一套操作模式。尝试教学法的基本特征是"先练后讲",它的基本教学程序分成七步:准备练习——出示尝试题——自学课本——尝试练习——学生讨论——教师讲解——第二次尝试练习。尝试教学法有利于培养学生的探索精神和自学能力,促进学生智力发展;有利于提高课堂教学效率,减轻课外作业负担;有利于"学困生"的数学学习;有利于大面积提高教学质量。

自20世纪80年代正式启动尝试法教学试验到现在,邱学华对尝试教学法进行了长达几十年的研究与实践,使尝试教学从无到有,从实践提升到理论,在中小学教育界产生了重要影响。该教学法主要著作有邱学华主编的《尝试教学法》《怎样用尝试教学法上课》。

2.四性教学法

1977年,在北京市朝阳区教育局的支持下,马芯兰展开了第一轮教学实验。她大胆地突破了传统数学教学的条条框框,探索效率和质量相结合的教学方式。北师大心理学家林崇德研究了马芯兰的成果后,将她的教学法命名为"四性教学法"。"四性"是指思维的敏捷性、思维的灵活性、思维的深刻性、思维的独立性。"思维的敏捷性",采用的方法是:在正确基础上,始终有速度的要求;传授一些速算方法。"思维的灵活性"采用的方法是:根据知识的内在联系,重视运用迁移和渗透规律;运用一题多解和一题多变,引导儿童发散式地思考。"思维的深刻性(逻辑性)",采用的方法是:培养学生对数的概括能力;逐步让儿童掌握简单的推理方法;引导儿童归纳,改进应用题的分类教学。"思维的独立性",采用的方法是:培养学生独立思考的自觉性;提倡新颖性;引导学生从模仿开始,逐步过渡到创造性编拟应用题。

"四性教学法"实施以后效果显著。1995年,全国有20多个省(自治区、直辖市),2700余所学校推广并采用了"马芯兰教学法"(即"四性教学法")。北京市朝阳区幸福村第一小学正是因"马芯兰教学法"而声名鹊起,被更名为北京市朝阳区实验小学。该教学法代表著作有马芯兰主编的《马芯兰小学数学能力的培养与实践》。

3.六因素单元教学模式

湖北大学黎世法自1983年开始研究"最优小学教学方式",并提出了六因素单元教学模式。该模式是他通过概括小学教学的特点提出的旨在适应小学各科教学的综合模式。黎先生的体系是一种让学生"自己学"的体系。六因素单元教学模式转变了教学思路,改"教师讲、学生听和照着做"为"教师精心准备、强力引导、悉心指导,学生顺着一定的轨道进行积极探索和实践"。黎先生通过精心划分教学单元,科学设计教学过程,出示自学提纲,引导课堂讨论或进行精讲,精选作业,及时组织改错,及时、比较广泛地个别指导等,将教师的传统作用与自学策略成功地结合起来。该教学模式实施的步骤为"六因素",即自学、启发、复习、作业、改错、小结。

六因素单元教学模式探索出了一套符合学习心理和教学规律的"如何引导学生自学"的做法,在小学数学教学领域产生了很大影响。该模式代表著作有黎世法主编的《小学教学方式最优化:六因素单元教学法》。

4.化错教学

20多年来,华应龙致力于探索人文化的小学数学教学模式,提出了化错教学模式。化错教学是指把课堂教学中的差错融化为一种教学资源融入后续教学过程,以培养学生直面错误、超越错误的态度的一种教学方式。

化错教学包括"容—融—荣"三个阶段。具体说,第一,"容错",错是错,要温暖地容;要尊重孩子的"不同"。第二,"融错",错不是错,是把错误作为一种资源,从外在的表现入手,引导其暴露思维过程,分析其内在机制,将教学活动引向深入,将错误融化。第三,"荣错",错还是错,要自豪地荣。

近年来,华应龙经常应邀到全国各地上观摩课、做讲座,中国教育电视台曾多次播放他的教学录像。化错教学的意义已经超出了小学数学学科,每个学段、学科的教师都可以从中得到启发。该模式代表著作有华应龙主编的《华应龙与化错教学》。

5.数学开放题教学模式

1997年,浙江教育学院戴再平主持了"开放题——数学教学的新模式"的研究,并于1998年10月和2003年11月,先后在上海举行了全国性的"数学开放题及其教学"学术研讨会,使开放题教学成了全国性的研究热点。国家课程标准、相关的教育文件、各种教科书一再提到"数学开放题"对培养学生发散思维和创新精神的作用。更值得注意的是,高考和中考试卷中陆续出现开放题,考试的"指挥棒"作用使得开放题教学直接影响到课堂教学。目前,数学开放题教学还在进一步发展之中。该模式代表性著作有戴再平主编的《中小学数学开放题丛书》。[①]

6.数学文化教学

由西南大学宋乃庆教授领衔的研究团队,自2012年8月起积极尝试"数学文化在小学素质教育中的实践和探索",编写出版了《小学数学文化丛书》《数学文化读本》系列读物。2014年以来,研究团队在重庆、贵州、海南、山东、四川、浙江等省(自治区、直辖市),积极开展数学文化讲座、实验研讨会,截至2017年已成功举办了两届全国数学文化优质课大赛,在多省(自治区、直辖市)建立了数学文化实验学校百余所,大大促进了数学文化的实践研究。

数学文化教学的实践探索,充分发挥了数学的文化育人价值,力图帮助学生从文化的视野认识、看待数学,使学生对数学有更加全面、立体的认识;力求使一些原来对数学学习有所畏惧的学生能够对数学学习产生兴趣,并希望数学的思考方式能够对他们今后的发展有所帮助,同时提高学生的数学素养与文化修养。数学文化实验教学自推广以来,深受广大小学数学教师与学生的欢迎,取得了良好的实验效果。

---

① 张奠宙,宋乃庆.数学教育概论[M].北京:高等教育出版社,2004:163—164.

7. 数学方法论教育方式

1989年8月,江苏无锡市教育科学研究所开展了"贯彻数学方法论的教育方式,全面提高学生素质"的数学教育实验(简称MM实验),1994年产生了"MM教育方式",并进入边实验、边推广(由无锡推向全国)的阶段。

MM教育方式就是教师在数学教学的全过程中,充分发挥数学教育的两个功能(技术教育功能和文化教育功能),自觉地遵循两条基本原则[既教证明又教猜想的原则、和教学、学习、研究(发现)同步协调原则],瞄准三项具体目标(引导学生自我增进一般科学素养,自我提高社会文化修养,自我形成和发展数学品质);恰当地运用八项教学措施(数学返璞归真教育、数学审美教育、数学发现法教育、数学家人品教育、数学史志教育、演绎推理教学、合情推理教学、一般解题方法的教学),从而达到全面提高学生素质的目的。

MM教育方式实验的宗旨是将数学教学的目标从单纯的知识传授提升到数学思想方法的层面。这一由徐利治教授倡导的理念已经在中国数学教育界得到广泛的传播。

8. GX教学实验

1992年以来,在陈重穆教授和宋乃庆教授的倡导下,西南师范大学数学系(现西南大学教学学院)开展了"提高课堂效益的初中数学教改实验",简称GX实验("G""X"分别为"高""效"的汉语拼音的首位字母)。实验以"减轻师生负担,提高课堂效益"为主旨,以"积极前进,循环上升;淡化形式,注重实质;开门见山,适当集中;先做后说,师生共作"32字诀作为教学的指导思想、原则和方法。

"积极前进",只要中等学生理解基本事实,对之有所领悟,会基本操作,就可前进。"循环上升",用循环来加深认识,针对存在的问题分层次处理,在前进中解决问题。"淡化形式,注重实质",不要求学生死记硬背数学概念的条条款款,重在让学生理解数学符号的意义及其运用。"开门见山",在新课的引入中采用单刀直入,迅速达到核心的做法,能够使教学效果事半功倍。"适当集中"是指"集中讲,对比练",集中讲以点带面,对比练综合应用。"先做后说,师生共作"是指重视师生双边活动的开展。[①]

这一实验主要致力于数学教学思想和教学方法的改革,对教学效果提高起到了积极作用。GX实验的代表作有论文《淡化形式,注重实质》。

9. "自学·议论·引导"教学法

"自学·议论·引导"教学法实验探索始于1978年,发端于初中数学教学,其后学科不断拓展,产生了巨大的辐射效应。

"自学·议论·引导"教学主张以尊重初中学生人格和身心发展规律为基点,以帮助他们学会学习为核心,以提升其数学思维品质和自学能力为重点,通过自学、议论、引导三个基本教学环节的有效融合,个人学习、小组学习、全班学习"三结合"教学形式的灵活运用,在教师的适时引导、点拨下,学生主体主动学习,有效提高学习质量和水平。该教学法包括以下三个基本环节:一是独立自学。学生调动各种感官,以思维训练为核心,独立开展学习活动。二是群体议论。即学生与学生、学生与老师间开展小组或全班交流讨

---

① 张奠宙,宋乃庆.数学教育概论[M].北京:高等教育出版社,2004:162.

论。三是相机引导。教师运用点拨、解惑、提示、释疑的方法发挥教师的引导作用。三个环节不是孤立存在的,而是互为依托、动态发展的。

"自学·议论·引导"教学法对学校的发展、教师的成长、学生的学习都产生了积极的推动作用。该教学法代表著作有李庾南主编的《初中代数教学结构:自学·议论·引导教学法思路》。

10."情境—问题"数学学习基本模式

2000年,贵州师范大学研究团队提出"情境—问题"数学学习基本模式,并进行了相应教学实验,旨在培养学生的创新意识和实践能力。

"情境—问题"数学学习是"数学情境与提出问题"数学学习的简称。它是学生在教师的指导下,在熟悉或感兴趣的数学情境中,通过主动探究、提出问题、研究问题和解决问题的过程,获得适应未来社会生活和自身发展所必需的数学知识、数学思想方法和应用技能,发展勇于探索、创新的科学精神的学习活动。实验特别强调创设问题情境,把从情境中探索和提出数学问题作为教学的出发点。以"问题"为"红线"组织教学,在问题解决和数学应用的过程中又会引发出新的情境,从而又产生出深一层次的数学问题,形成了"情境""问题"数学链,有利于培养学生的创新意识和实践能力。① 学习的基本模式如图 2-3 所示。

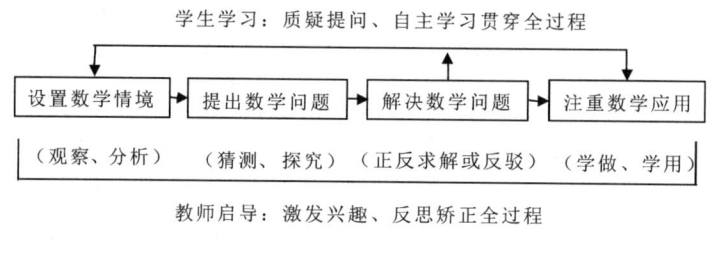

图 2-3 "情境—问题"数学学习模式

这一实验突出了"情境—问题"在数学教学中的地位和作用,符合现代数学教育的理念,能够促进学生的数学学习。

以上介绍了我国 10 种影响较大的数学教学模式(法),这些模式的出现也显示出我国广大教师及学者深深扎根于一线数学教学实践之中,在中小学数学教学理论方面的积极探索。当然,每种模式尚存有待完善之处,这也是我国数学教学实践与理论探索的动力。

本章小结

作为教师,必须了解学生的认知特点或学生是怎样学习的,才能为学生智力、能力的发展提供必要的学习机会。现代心理学不同流派关于学习理论的阐述和数学教育理论的学习条件对小学数学的学习提供了理论借鉴,教师们可以将学习理论的主要观点运用

---

① 张奠宙,宋乃庆.数学教育概论[M].北京:高等教育出版社,2004:162.

到自己实际的教学中,使学生的学习和教师的教学能紧跟课改理念,从而提高学生学习效率,全面提高数学综合素养。

复习思考

1. 小学数学学习的含义是什么?你是怎样理解小学数学学习的内涵的?
2. 请举例说明小学生的数学认知方式。
3. 小学数学学习有哪些类型?并举例说明。
4. 认知主义主要有哪些学习理论?对小学数学学习有哪些影响?
5. 举例说明建构主义对小学数学学习的影响。
6. 弗赖登塔尔的数学学习理论对小学数学学习有哪些影响?
7. 什么是波利亚的解题教学?并举例说明。

本章参考文献

[1]胡明根.影响教师的100个经典教育案例[M].北京:中国传媒大学出版社,2004.

[2]宋乃庆,张奠宙.小学数学教育概论[M].北京:高等教育出版社,2008.

[3]施良方.学习论:学习心理学的理论与原理[M].北京:人民教育出版社,2000.

[4]刘晓明,张宝来.小学生学习心理与学习指导[M].长春:东北师范大学出版社,1999.

[5]李光树.小学数学教学论[M].北京:人民教育出版社,2003.

[6]唐瑞芬.数学教学理论选讲[M].上海:华东师范大学出版社,2001.

[7]赵卫民.新课程标准下弗赖登塔尔数学教学原则在我国小学及初中低年级数学教学中的应用构想[D].昆明:云南师范大学,2003.

[8]陈今晨,张邦友,许福年.小学数学知识大全[M].北京:中国少年儿童出版社,2009.

[9]马云鹏.小学数学教学论[M].第三版.北京:人民教育出版社,2012.

[10]邝孔秀,宋乃庆.我国双基教学的传统文化基础刍议[J].中国教育学刊,2012(4).

[11]张奠宙,宋乃庆.数学教育概论[M].北京:高等教育出版社,2004.

[12]邵光华,顾泠沅.中国双基教学的理论研究[J].教育理论与实践.2006,26(3).

[13]张奠宙.中国数学双基教学理论框架[J].数学教育学报,2016(3).

[14]严家丽,王光明.60年来数学双基教学研究反思[J].课程·教材·教法,2010(9).

[15]中华人民共和国教育部.九年制义务教育全日制初中数学教学大纲(试用)[S].北京:人民教育出版社,1992.

[16]朱雁,鲍建生.从"双基"到"四基":中国数学教育传统的继承与超越[J].课程·

教材·教法.2017(1).

[17]中华人民共和国教育部.义务教育数学课程标准(2011年版)[S].北京:北京师范大学出版社,2012.

[18]顾沛.数学基础教育中的"双基"如何发展为"四基"[J].数学教育学报,2012(1).

[19]朱慕菊,余慧娟.十年基础教育课程改革的思考:课改热点问题访谈录[J].人民教育,2011(18).

[20]史宁中.数学思想概论——数量与数量关系的抽象(第1辑)[M].长春:东北师范大学出版社,2015.

[21]张丹.数学课程目标:从"双基"到"四基",从"两能"到"四能"[J].中小学管理,2012(4).

第三章 新课程倡导的小学数学教学方式

◆ 本章学习目标

1. 理解并掌握新课程所倡导的教学方式的内涵。
2. 在教学中能够熟练地运用4种教学方式。
3. 结合自己的教学实际正确处理传统教学方式与新型教学方式以及几种教学方式之间的关系。

【案例】

"简易方程"教学片段①

[教学内容选自《义务教育课程标准实验教科书 数学(五年级上册)》(人教版)]

师:(指着天平问)这是什么?

生:这是天平。

师:(在天平的左边放上80克的砝码,右边放上100克的砝码)此时天平两边平衡吗?

师:不平衡。

师:你能用式子来表示吗?

生:80<100。

师:(在天平的左边添加一个20克的砝码)现在天平的两边怎样?

生:平衡。

师:你能用算式来表示吗?

生:20+80=100。

师:这里有一些等式,请你观察并分类。($40+30=70, x-8=16, 92-38=54, 3x=18, 9+a=16, x-2y=0, 18=3\times 6, 30+4x=110$)

生:分成两类:不含未知数的等式一类,含有未知数的等式一类。

师:含有未知数的等式叫作方程。

教师提出一些式子,让学生判断这些是不是方程。然后教师指导解方程,学生模仿练习。

课堂小结:这节课学习了什么?

---

① 朱欣欣.小学数学案例教学论[M].杭州:浙江大学出版社,2011:99.

◆ **问题聚焦**

　　长期以来,我国的课堂教学大多以教师讲、学生听为主,学生的任务就是全神贯注地跟随教师的思路机械地作答。数学教学也不例外,在上述案例的教学过程中师生交流活动是单向性的,教师更多地处于控制地位,学生通常是按照教师的要求被动作答,说的是教师需要的答案,学习不以学生的需要为转移,常常以教师的思想为中心。这样,教育成了企业生产流水线,师与生、生与生面对面的交流失去了意义。长此以往,使学生感到"数学是枯燥的、抽象的、难学的""书本上的知识,也许一辈子都用不上",逐渐失去了对数学的兴趣。面对这些问题,作为数学教育工作者的我们应做哪些调整和变革?本章主要介绍新课程所倡导的几种教学方式,通过这些教学方式的使用以期能对传统教学有所改变。

第一节
探究式教学

一、探究式教学的含义

(一)探究式教学

所谓探究式教学,就是以探究为主的教学。具体来说它是指教学过程在教师的启发诱导下,以学生独立自主学习和合作讨论为前提,以现行教材为基本探究内容,以学生周围世界和生活实际为参照对象,为学生提供充分自由表达、质疑、讨论、探究问题的机会,让学生通过个人、小组、集体等多种解难释疑尝试活动,将自己所学知识应用于解决实际问题的一种教学方式。[①] 它重视开发学生的智力,发展学生的创造性思维,培养学生的自学能力,力图让学生通过自我探究、自我学习来掌握科学的方法。

教师作为探究式课堂教学的引导者,其任务主要集中在三个方面:一是调动学生的积极性,促使学生主动获取知识、发展能力。二是要为学生创设有利于探究学习的环境,教师不仅要创设民主和谐的课堂氛围,还应提供丰富的教学材料、各种教学仪器和设备等供学生使用。三是要提供必要的帮助和指导,在学生遇到困难时予以点拨和指导,使其明确探究的方向。

(二)小学数学探究式教学

小学数学探究式教学是指以探究为主的数学教学。具体说它是指在教师的启发诱导下,充分调动、发挥学生的主体性,让学生在观察、猜测、分析、操作、讨论、交流和归纳过程中,理解数学问题的提出、数学概念的形成和数学结论的获得,以及数学知识的应用,从而培养学生的探究意识、创新精神和实践能力的一种教学方式。[②] 学生在教师指导下,以类似科学研究的方式经历数学知识"再创造"过程,这种方式不仅仅是简单地证明事实,而是通过探究使学生有所发现,形成探究的意识和习惯。因此,小学数学探究式教学具有以下特征。

1.趣味性

小学生的生活阅历尚浅,知识经验贫乏,他们对身边的事物感到陌生和好奇,探究是他们的天性。但是儿童总是以自己的方式进行各种各样的探究活动,如看一看、摸一摸、量一量、猜一猜、试一试、想一想等,这种探究过程不严密、不科学,无论在程度上还是规模上都与科学家的探究活动存在着极大的差异。我们对儿童在数学课堂上进行的探究要求不能太高,要从儿童原有的知识经验和年龄特点出发。因此,教师在课堂教学中要依据小学生的年龄和心理特点,创设有意义、富有趣味、适宜的挑战性问题情境,尽量让

[①] 石宁.新课标下初中数学探究式教学方式与实证分析[D].上海:上海师范大学,2012:2—3.
[②] 张崇善.探究式:课堂教学改革之理想选择[J].教育理论与实践,2001(11):39—42.

数学问题生活化,联系学生生活和社会实际。

2.操作性

小学生的思维以形象思维为主,对数学规律、数学性质的认识以及空间观念的形成等都是通过一系列操作活动来完成的。因此,数学教学中教师要利用多种手段为小学生创设动手操作的机会,让他们在"做中学",在"玩中学",在"游戏中学"。借助形象的操作,学生对数学规律进行抽象、概括,在操作中逐渐发展科学地看问题、分析问题,进而解决问题的能力。

3.阶段性

根据皮亚杰的儿童认知发展论,阶段性是儿童心理发展最显著的特点。在整个小学阶段,学生会经历低年级、高年级两个不同的学习阶段,在不同学段,儿童的认知水平、思维能力和个性品质等都有很大的差异,不同学段的不同特点决定了学生的探究活动有很大的不同。如小学低年级的学生以直观形象思维为主,思维发展水平尚低,还不能完全理解事物间的因果关系,因此这一阶段的学生以直观观察、动手操作活动为主;而小学高年级的儿童则具有了一定抽象逻辑思维能力,对于这一阶段的学生来说,运用简单的实验设计来探究问题成为可能。

4.情感性

在小学开展探究教学,目标并不完全指向形成科学的探究方法与技能,更多地是为了丰富学生的情感体验,如激发学生学习数学的兴趣,养成数学的批判意识,形成乐于探究的科学素养等。教师在教学过程中,应该有意识地激发学生的动机和兴趣,加强与学生的情感交流,以表扬鼓励为主,激发学生的探究欲望。同时,教师应提倡学生与学生之间积极的情感沟通,互相尊重,协同合作,为学生构建一种愉快、融洽的探究氛围。

5.过程性

在探究式教学中,教师不是直接告诉学生有关的知识和认知策略,而是通过设置探索性的问题情境,使学生能够独立自主地发现问题,通过观察、实验、操作、体验、调查、猜测、验证、推理与交流等数学活动,经历探究过程。学生通过这个过程,理解数学问题是如何提出的,数学概念是如何形成的以及数学结论是如何获得和应用的,真正理解和掌握基本的数学知识与技能、数学思想与方法,获得并积累广泛的数学活动经验,掌握解决问题的方法。

二、探究式教学的意义

(一)有利于发展学生的数学学习能力

探究式教学在数学中应用的一个基本特征是让学生通过观察、实验、猜想、论证等各种探究活动,自己得出数学结论,这个过程为学生提供了实践和锻炼的机会,使他们获得科学探究过程的直接经验,能从不同角度、不同层面深入理解数学知识,自主建立数学知识之间的联系,从而在面对实际问题时,更容易激活自己的数学知识,灵活地运用数学知识解决问题。此外,这种教学方式不仅让学生获得数学结论,而且能够了解数学概念、公式、法则的产生渊源和发展过程。在小学数学教学中开展探究式教学可以让学生在具体问题的探究活动中掌握数学学习的方法,养成良好的学习习惯,增强学生的探究能力和学习能力。

(二)有利于培养学生的创新意识和创新能力

数学探究式教学鼓励学生在探究学习中敢于提出自己的问题,发表自己的见解,标新立异,不怕失败,也只有这样,才能充分张扬学生的个性,激发学生的创新激情,真正培养学生的多种能力,为培养学生的创新意识和创造能力营造良好的氛围。在自主探索过程中,教师可以引导学生从不同的角度、不同的方面对数学问题进行分析,获得多种解题方法和策略,这样,学生思维的灵活性与创造性在探索问题的过程中才能得到进一步锻炼。毫无疑问,探究式教学所强调的学生自主探索、问题解决、发现学习和科学精神等必将为创新教育开拓新的路径,使创新教育真正付诸现实。

(三)有利于小学教师的专业化发展

尽管新课程改革以来,教育管理部门不断为教师提供各种培训和学习机会,要求教师注重学习,但是由于教师工作繁忙,加之短期培训缺乏系统性,培训的效果常常不能尽如人意。在小学教学中开展探究式教学对教师提出了更高的专业素质要求,因为教师不仅要面对学生提出的各种问题,而且要对学生在探究过程中产生的困惑做出正确的反应,引导学生正确地进行探究学习。这就要求教师要投入更多的时间和精力,进行教育教学研究,提高自己的综合素质,以适应数学探究式教学的要求。以教促研成了一种必然的趋势。教师主动参与教学研究,提高自身专业素质,有利于促进教师的专业化发展,从而实现教师角色从"教书匠"向"学者"的转变。

(四)有利于转变学生被动接受的学习方式

传统的数学学习,学生只是被动接受教师传授的知识,应试教育的"题海战术""机械训练"使学生成为考试的机器,这完全背离了素质教育的要求。探究式教学改变了师生的角色地位,教师从居高临下的"权威"角色变为师生平等共处的"同伴"角色,从知识的灌输者变成学生学习的引导者。同时学生也从单纯的学习"教科书"走向面向实际生活的学习,从整齐划一的学习走向个性化的学习,从被动接受者转为主动参与者,这从根本上改变了学生被动接受的学习方式。因此,探究式教学不仅适应了新的教育理念的要求,而且能有效地转变学生被动接受的学习方式,形成师生互动、共同发展的生态教学。

三、探究式教学的实施步骤

关于探究式教学的实施步骤,不同的学者有不同的观点,现在一般认为组织学生探究学习或开展探究教学的基本步骤如下。

(一)创设情境,提出问题

小学生年龄小、知识少、阅历浅,在他们的认知中,形象思维往往处于优势地位,但小学生也具有一定的生活经验,因此,教师在教学中可创设富有趣味性及生活化的问题情境,激发学生的好奇心和强烈的求知欲,以此调动学生的积极性。教师可采用设疑、猜谜、讲故事、竞赛、角色扮演等形式创设情境,让学生在兴趣盎然的活动中思考并发现问题,提出问题,也可从小学生的实际生活出发,创设生活情境,让学生在熟悉的画面中产生问题。如在讲"年、月、日"时,可为学生创设一个猜谜语的问题情境:"一物生来真稀奇,身穿三百多件衣,每天给他脱一件,年底剩下一张皮。"学生会兴致勃勃地猜出谜底并满怀激情地投入新知识的学习中。

(二)围绕问题,提出和形成假设

教学中,教师要引导学生围绕所提出的问题进行观察思考,借助直观形象的数学模型,运用类比、归纳等数学方法鼓励学生大胆猜想,多方进行验证,形成假设,这不仅能培养学生的创造性思维,有利增强学生学习数学的主动性,而且有利于培养学生的创新能力。如:教学"三角形内角和"这一课时,先让学生拿出熟悉的三角板,让学生说出每个角的度数,它们的和是多少,由此让他们猜测其他三角形的内角和是多少度。随即同学们拿出手中的不同类型三角形,分工合作量一量,发现它们的内角和也是180°,由此猜想,三角形内角和是180°。

(三)自主探究,验证假设

学生基于猜想所形成的假设,往往感性成分较多、理性成分较少,认识不深刻,因此教师在鼓励学生猜想的同时,也应让学生明确假设要通过验证才能成立。这一阶段要求学生通过各种途径收集资料作为验证假设的证据,教师根据学生需要创设探究情境让学生进行探究,这种探究可以是个体独立探究,也可以是小组合作交流探究或者是二者交错进行。通过学生的探究过程,让学生自己去发现新知,验证自己的假设。

(四)概括结论,实践运用

这一阶段主要是教师根据学生探究形成的多种结果组织学生进行归纳总结,实现知识的内化、延展和升华。另外,学生在理解了新知识后还要将所学的知识运用于实际的问题解决中,使知识得到巩固和运用。为此,教师在设计练习时要有计划、有目的、有层次,由浅入深、由易入难,面向全体学生,及时反馈并强化学生的良好行为,不断提高学生运用知识的能力。

【案例】

"认识更大的数"教学片段[①]

1. 尝试读数

师:大家看到的是我国2000年第五次人口普查的部分统计数据,试着读一读。如果遇到问题,可以自己看书或小组内解决。

生:香港人口总数约6780000人。

生:澳门人口总数约440000人。

生:台湾人口总数约23000000人。

生:大陆人口总数约1265830000人。

师:他们几个人读得对不对?你怎么知道对了呢?

师:你觉得哪一个数读起来比较容易?为什么?

生:我觉得澳门人口读起来比较容易,因为位数少,而大陆人口数的位数较多,读起来较难。

---

① 陆建中.小学新课程课堂教学课例[M].北京:科学出版社,2003:43—50.

2.认识数位顺序表

师:其实如果我们掌握了一个知识,那么读这些大数就会变得很轻松。知道这个小知识是什么吗?

生:数位顺序表。

师:刚才我们已经看了这部分内容。下面一起看这里,填一填。

数位顺序表

									千	百	十	个
	位	位	位	位	位	位	位	位	位	位	位	位

生:个位、十位、百位、千位。

师:下一位是什么位?

生:下一位是万位。

师:我想到用千和万说的一句成语,你们想到了吗?

生:成千上万。

师:多少个千是一万?

生:十个千是一万。

生:下一位是十万位,再下一位是百万位,再下一位是千万位。

师:谁能一千万一千万地数?从三千万开始数,每个人都出声地数一数。

生:九千万,十千万(一亿)。

师:那么这一位就是什么位?

生:亿位。

师:下面分别是哪几个数位?

生:十亿位,百亿位,千亿位。

师:再接着填写。

生:这里填个级,这里填万级,这里填亿级。

……

师:大家观察一下,数级是怎样划分的?(师生共同观察数位顺序表)

生:从右到左每四个数位为一级。个位、十位、百位、千位是个级,万位、十万位、百万位、千万位是万级;而亿位、十亿位、百亿位、千亿位是亿级。

师:从表中你们还能发现什么?或者还有什么疑问呢?(学生独立思考后,小组交流)

生:相邻计数单位间都是满十就变成了一个大一点的计数单位。

生:我还发现,个级的第一位是个位,万级的第一位是万位,亿级的第一位是亿位。

生:老师,如果读的数很大,其中有几位数在亿级和万级那是不是就得读出亿或万?

师:别急,我们接下来就解决这个问题。

……

3.总结读法

师:看来大家读对了。那么,你能说说你们读数时的窍门吗?把你们好的办法先告诉组内的同学。(组内交流)

生:(总结)。

4.扩展学习资料,理解大数读法

读出画线部分的数。

北京天安门广场是世界上最大的广场,面积约是 440000 平方米。

北京故宫是世界上最大的宫殿,面积约是 720000 平方米。

中国国家图书馆建筑面积约是 170000 平方米,藏书 21600000 册。

5.结束语

师:在结束这节课之前,请每组再向大家发布一条你所查到的认为最重要的信息。

(吉林省长春市南关区树勋小学 程明喜)

上面这个教学案例中,教师关注了探究的过程体验,体现了对学生探究意识的培养,学生经历了"提出问题—尝试—合作探究—总结"的过程,使用了观察、猜测、验证和交流的探究方式,使学生对这样一个枯燥的知识充满了兴趣,取得了很好的学习效果,并能够在一些现实生活情境中正确运用新知识。

四、探究式教学实施中的常见"误区"

(一)探究式教学重"形式"轻"实质"

教师应当在深入研究教材的基础上,创设有意义的问题情境,激发学生的探究兴趣和探究欲望。然而在实际教学中,一方面有的教师在进行探究式教学的过程中,一味地追求所谓的"探究",片面理解问题情境,使情境的创设成为课堂教学的一种摆设,甚至与教学内容没有任何内在的实质性联系,看似很有创意,实则缺乏深入的思考;另一方面,探究教学所提倡的师生、生生之间的互动变成了问答,课堂上的问答活动表面上看似在探究,实质上是用提问的方式去"灌",直到学生在教师的安排下一步步钻进教师事先安排好的套子里,学生基本不需要动脑,这种流于形式的探究实际是教师在代替学生思维,而学生的学习活动则是消极的,缺少主动性。正如孔凡哲教授指出,我国当前的中小学更习惯于将合作、探究作为一种点缀——反映"时代精神和改革动作"的一种表征,而不是因为学习内容的必需而合作、探究。①

(二)课堂活动中重"动"轻"学"

与传统教学方式相比,探究式教学的一个重要特点就是使课堂"活"起来了。然而,在有些数学探究式教学课堂中,教师为了追求课堂上的数学活动,让学生在课堂上相当忙碌,教室里乱作一团,还美其名曰"动中学",殊不知这种数学活动是外在多于内在,动手与动脑相脱节,目的性差,是典型的"为活动而活动"。这样的课堂虽有温度,却没有深

---

① 孔凡哲.中日课堂教学对比诠释及其启示——以小学分数除法课堂教学为例(下)[J].小学教学(数学版),2009(5):52—54.

度,虽然让人感受到活跃,却缺少思维的力度和触及心灵深处的精神愉悦,这样就失去了进行数学活动的意义,更不符合探究式教学的本意。另外,在学生的探究过程中缺少教师有效而必要的指导,学生在完全自由的情况下探究,这种探究往往偏离主题,达不到探究的预期效果,甚至没有一般的教学方式的教学效果好。

(三)探究过程重优生轻"学困生"

探究式教学重视学生的全员参与,关注学生的个体差异性,教师在教学中应尊重学生的个性差异,鼓励学生之间相互学习,取长补短,使自己得到全面发展。然而有些教师认为,只有好学生才有开展探究学习的能力,那些学习能力较差的学生由于态度不积极和知识匮乏,无法进行数学探究活动。在小组合作开展探究活动时,教师只关注所谓的优等生,让优秀学生控制着探究活动的局面,致使"学困生"被排斥在活动之外,长此以往,这种探究活动的行为不但会使教师继续对"学困生"丧失信心,也使学生自己认为自身没有探究学习的能力,必然导致优生更优、"学困生"更差的恶性循环。

(四)"凡教学必探究"

长期以来,我国中小学课堂教学中占主导地位的都是接受式学习,教师负责传授知识,学生的任务就是学习知识,采用探究式教学使学生从被动接受知识向主动获取知识转化,从而培养了学生的科学探究能力和勇于创新的探索精神。正因为如此,在当前的课堂教学中,有的教师走入了误区,盲目地在数学课堂上追求探究式教学,"凡教学必探究",不考虑教学内容和学生认知水平是否适合探究教学,认为只有这样才符合新课标的要求,使探究式教学占据着整个课堂教学。这种将探究式的教学方式与其他教学方式对立起来,全盘否定其他教学方式的极端行为已经严重背离了探究式教学的本意。

五、探究式教学的实施建议

(一)创设宽松融洽的氛围

首先,要使师生之间形成互相尊重、民主与平等的关系,允许学生发表不同意见,鼓励学生敢说敢想,主动学习,乐于探索。其次,教师要给学生更多的自由和自主权,提供足够的时间和机会,让学生在一定的指导下,独立地探究学习内容,力争主动提出问题、分析问题和解决问题,也可以让学生互相合作学习,大胆猜想,各抒己见。如教学"分米、厘米的认识"时,为了让学生对"分米""厘米"有更直观的认识,教师创造机会,给学生足够的时间和空间,让学生去测量周围物体的长度,如课桌、书本、墙上的瓷砖等,学生可小组合作,也可以到室外去,在这样轻松的气氛中,有利于学生掌握新知。

(二)激发好奇心,诱发求知欲

创造性想象的前提是好奇心,学生具有了强烈的好奇心,才能诱发求知欲望,才有大胆的"奇思异想"。如在教学"能被2、3、5整除的数"时,课始,教师便说:"同学们,今天大家来考考老师。""怎么考?""大家可以随便报一个整数,我不通过计算就能很快判断它是否能被3整除。"学生不太相信,纷纷举手报数,85,111,135,2016,5988,3100……不管学生报什么数,教师都能一口答出。此时,学生的好奇心被激发出来,产生了强烈的求知欲,喊道:"老师快告诉我们,你有什么妙计?"教师便顺势引入新课。

(三)注重培养学生的发散思维

一切创造劳动都是从创造性思维开始的,而发散性思维又是创造性思维的核心。在教学中,要注重学生发散性思维的训练。首先,教师要善于设疑,引导学生大胆质疑,鼓励他们标新立异,哪怕他们的想法有时是荒唐、幼稚的,学生有疑问,有思考,才会有所创造。其次,要加强学生思维的多向训练性,培养学生多角度分析问题,解决问题,培养逆向思维的能力。在教学中,注重一题多变、一题多解的训练,练习设计要有梯度,除基本练习外,增加发展性练习、开放性习题等,如:学完"亿以内数的读法"后,教师布置这样一道思维型训练题:"用5个0和4个8组成一个9位数,使组成的数符合下面的要求:一个0也不读出来;只读出一个0;读出2个0。"这道题的答案不是唯一的。遇到这种题目,学生相当活跃,各抒己见,想出了很多方法。再如学习了"两位数加减法的口算"时,让学生口算:54+35,学生思考后,得出方法一:54+30=84,84+5=89;方法二:54+5=59,59+30=89;方法三:50+30=80,4+5=9,80+9=89。

(四)培养学生的动手操作能力

探究式教学离不开学生的动手实践操作,学生手脑并用有利于主动参与知识的形成过程,从而更好地进行探究。但小学生的年龄小,观察思考能力、抽象思维能力和分析推理能力还存在着很大局限,因此在小学数学课堂教学中,教师应当着眼于培养学生的动手能力,引导学生真正实现"自主探索、自主学习"。例如,在六年级"图形的变换"一课的教学中,教师在学生完成观察思考后请一位同学来到讲台上,同学在教师的指导下按照要求演示如何画出对称图形,如何对该图形进行平移和旋转,然后要求其他学生在自己的草稿本上按照同样的方式画出自己的图形变换图,让学生思考从这一画图中得到了什么启发,并询问是否可以用其他方法来变换图形。通过这一方式,小学生的动手操作能力得到了较好的训练。此外,在学生动手操作的过程中,教师还要注意培养学生的创新意识。

拓展阅读

探究式教学的思想渊源可以追溯到中国古代教育家孔子的启发式教学思想及古希腊教育家苏格拉底的"产婆术"教育方法。《论语·述而》中说:"不愤不启,不悱不发,居一隅不以三隅反,则不复也。"揭示了启发式教学的意思:教师要在学生主动思考的基础上进行启发式教学,使学生达到举一反三的目的。苏格拉底自创的"产婆术"又称"苏格拉底法",苏格拉底在教学生知识时,并不是直接告诉学生答案,而是通过谈论问答甚至辩论的方式来揭露学生认识中的矛盾,逐步引导学生思考,从而使学生一步一步自己得出正确结论。这是一种学生与教师共同谈论、共同寻求正确答案的方法,能够激发和推动学生思考问题的积极性和主动性。

知识索引

鼓励学生思考的十种教师行为：

1.制作思考的计划。

2.为意义而教学，让每堂课与学生的体验联系起来。

3.进行鼓励思考的提问。如"你怎样知道的""主要观点是什么""我们还能想到什么可选项"等。

4.让学生意识到他们的精神活动过程。

5.频繁地解释自己的思维过程。如"在这盒磁带里，录下了我设计今天的课程的想法。听的时候请找出关于思考技巧的例子"。

6.在学生面前记录数据。如在黑板上或电子显示屏上总结和记录学生的答案。

7.请学生进行解释。如频繁地给学生机会，让他们解释自己理解或者不理解的内容。

8.把可靠性作为一个标准来鼓励。如"这样有意义吗"。

9.持续。对于思考的教学应贯穿每堂课、每一天。

10.耐心。明显的变化至少需要一个学期才能显现。

第二节

参与式教学

一、参与式教学的含义

(一)参与式教学的内涵界定

参与式教学作为一种教学方式,是以学习者为中心,以活动为主,倡导师生平等参与。它是以学生参与课堂教学的行为特征及发展规律为依据,以营造民主、平等、和谐的课堂气氛为前提,以调动学生的学习愿望、唤起学生个体发展需要为核心,以学生在情感、思维、动作等方面积极主动愉悦地参与学习过程为基本特征,让不同层次的学生都拥有主动参与和主动发展机会的一种教学方式。[①]

小学数学参与式教学是指在小学数学课程标准的指导下,以小学生的身心发展特点为基础,由数学老师和学生共同参与教学,以激发学生的数学学习兴趣,增强学生的数学知识、提升学生能力、提高学生的数学素养和培养学生的创造性与协作性精神为目的的一种数学课堂教学形式。[②]

(二)参与式教学的特点

参与式教学要求师生围绕研讨的问题,共同参与寻求解决问题的方法,促进师生共同发展。其出发点是让所有参与者都积极主动参与到学习中,目的是使每个具有不同背景、个性、知识经验的学生都能有效参与。其具有以下特点。

1.主体性

在参与式教学中,学生在教师的指导下积极主动地参与到教学活动中去,通过多种活动自主解决教学过程中的问题,创造性地完成教学目标,充分体现学生的主体性。在这个实践活动中,学生是主体,没有了学生这个主体,学生的学习就无从谈起,整个教学活动就没有了中心,教学就失去了意义,教学活动就无法开展。同时,教师也是参与式教学的主体,指导学生沿着正确的方向学习,没有了教师这个主体,学生的参与将失去方向。因此,参与式教学要求师生都主动参与其中。

2.交互性

参与式教学过程是基于师生之间以交流、对话、合作为基础而共同参与的实践活动的过程,是师生平等交往的过程。教师在各个阶段都需要倾听来自学生的声音,了解学生的看法和意见,不仅在设计参与式教学时需要与学生交流互动来了解学生的情况,在具体实施时更需要师生间、生生间的交流互动、相互协商。因此,师生参与教学的过程,

---

[①] 祁丽娟.参与式教学在小学数学课堂中应用状况的调查研究[D].兰州:西北师范大学,2005:4—6.
[②] 庄宏芳.主动参与式数学课堂教学的实践研究[D].金华:浙江师范大学,2007:4.

实质上就是师生交往的过程。从这个意义上说,参与式教学改变了传统课堂教学中的师生交往模式,师生间的单向交往演变为双向互动,教学成为教师和学生双向互动的过程。

3.开放性

参与式教学通过营造开放式课堂来激发学生参与的积极性与创造性。参与式课堂教学从教室内桌椅、墙壁的布置和教师的行为举止到教学设计的目标、内容、过程等均有相当大的灵活性,留有展示学生个性才能发挥的足够空间。这种教学方式没有固定的模式,学生可以对教师的设计提出自己的看法,教师可以根据学生的需要随时调整教学的内容和方式,根据现实情境、师生间以及生生间的讨论与交流情况等现实需要而动态变化。

4.合作性

学生在参与式教学法的实施过程中,仅凭自己的能力难以解决的问题需要通过小组和集体的智慧,创造性地解决问题,因此,参与式教学往往以分组合作学习的形式开展。合作性学习为学生提出问题、开展讨论、尝试错误、听取别人意见、提出建议及总结他人的成果提供了良好的组织形式,有利于学生之间经验的交流与分享,它为每一个同学提供了成功的机会和发展创造性思维的空间,为参与式教学法的开展提供了保障。因此,合作性是参与式教学不可或缺的特点。

二、参与式教学的意义

(一)有利于激发学生内在的潜力,培养实践能力

参与式教学作为鼓励学生参与教学全过程的教学方式,体现了师生两个主体在教与学之间相互参与、相互激励、相互协调、相互促进的和谐关系,为学生内在潜力和创造力的激发提供了前提条件。不论何种形式的参与,其参与过程的每个环节都以培养学生能力和提高素质为着眼点,培养创新意识,提高实践能力,并在此基础上激发学生的创造能力。参与活动还可以延伸到课下,学生通过参与各种社会实践活动,来增强和锻炼他们运用科学理论分析问题、解决问题的实际能力。

(二)有利于学生发现问题,探究问题

一切问题都是人们在活动中发现并解决的。参与式教学不仅要求学生内部活动积极参与,而且要求人体各主要器官呈活跃状态,使口、眼、耳、手有机配合,产生动作的综合效应。在教学过程中,教师设计各类活动和相应的教学组织形式,使学生的种种学习感官都动起来,有助于学生及早进入学习状态,从中发现问题、研究问题和解决问题,从而为学生能很好地实现探究性学习准备前提条件。

(三)有利于教学信息的及时反馈

要充分了解不同层次学生的学习情况,就要让学生积极参与教学。参与式教学是师生双方基于平等、民主的交流与沟通而形成的一种共同参与教学的过程,学生在积极参与教学的状态下,师生之间的信息流形成了双向反馈的模式。在参与过程中,教师在与学生的交往中获得来自学生的信息,定期了解学生对教学的看法、建议和要求,及时调整教学的进程和步骤,更好地改进教学以满足学生的要求。学生参与教学的面越大,反馈

的信息就越全面、越充分,教学就越能有针对性地面向全体学生。教学过程中师生双向互动交往增加了学生参与的深度,也提高了学生参与的水平,充分调动了学生的自主性,极大限度地发挥了学生的潜能和优势。

(四)有利于促进学生的非智力因素发展

参与式教学将学习放在活动之中进行,使学生对数学产生良好的情感体验,培养学生对数学的学习兴趣,提高学生学习数学的主动性、积极性和持久性。另外,参与也是一种"劳动",这种"劳动"不是一蹴而就的,面对问题,学生不仅需要开动脑筋,积极思考,还需要有顽强的毅力以及克服困难、战胜困难的勇气,学生在参与中经历了困惑、焦虑、喜悦和激动等情感的变化,获得了大量的数学知识、经验,形成了思维能力,丰富和发展了兴趣爱好,在活动中也逐渐养成了良好的思考习惯、顽强意志、科学态度和学习方法。同时,这种参与过程还要求学生之间、师生之间相互沟通,共同合作,也促进了师生之间的互动交流和团结协作。

三、参与式教学的实施原则

(一)遵循学生身心发展规律的原则

小学生生理和心理的发展具有阶段性和顺序性,小学阶段的学生主要是通过具体的操作活动及活动体验对事物产生表象,然后通过语言及具体的行为将其表现出来。因此,在参与式教学活动的设计中,要从学生年龄特征出发,所设计安排的活动内容和形式必须符合学生身心发展规律,能引起学生的共鸣和认同,学生才会兴趣盎然地投入其中。另外,小学生好动、注意力集中时间短,单一的教学方法常常会使他们厌倦,因而在教学过程中教师应采用多种参与式教学方法,如游戏活动、创造性活动等,充分调动学生的多种感官,将习得的知识内化成自己的经验。总之,小学数学参与式教学的设计必须按照学生的身心发展规律进行,才能取得较好的效果。

(二)整体性原则

一方面,在参与式教学设计中,学生应该参与整个教学设计过程,这是一种完整的参与、全程的参与,并不只是其中的一个阶段或者一种象征性的参与。在参与式教学设计前,教师应分析学生的学情,明确学生需求,让学生参与分析教学环境,参与制订教学目标与实施方案;在方案实施中,师生均需做出自己的努力以确保教学方案顺利实施,这需要学生参与创设教学氛围,准备教学材料,参与教学监控等环节;在评价反馈阶段,了解学生是否掌握了所学内容,听取学生的反馈有利于更好地明确教学方案对各个学生所形成的结果,为下一次教学设计的改进与优化提供借鉴。另一方面,学生是整个人参与到教学中,是行为参与、情感参与、心理参与三者的有机统一,而不只是单纯的行为参与。在参与式教学中既有对如何有效参与教学进行思考,对教学中存在的问题进行反思等心理的参与,还有对设计出高质量教学方案的责任感,对教学获得成功的成就感等情感方面的参与。

(三)倾听与反馈原则

参与式教学是师生基于交流与沟通的一种交往互动过程,它不仅需要师生之间的交流沟通,也需要生生之间互相听取建议,共同分享学习经验,因此,倾听和反馈是参与式教学必不可少的原则。不论是在课前还是在课中,教师都要认真倾听每个学生的表达,从中洞察学生的意见和想法,了解学生的收获与疑问,关注学生的感受与经验,形成真正意义上的师生互动;同学之间也要学会倾听,对他人的思想进行批判性的吸收。因此,要重视倾听原则,让教学中的主体能够倾听他人的声音,构建和拓展自己的知识。此外,积极、有效的参与行为必须通过及时的反馈才能得以强化,教师通过反馈了解和评价学生的学习与发展状况,发现学生的优势与不足,并分析相关原因,在此基础上提出合理的改进建议。没有反馈的交往,只能是单向的无效的交往,教师和学生只有在交往中重视反馈,并根据反馈做出调整,才能使教学活动更有针对性,并朝着健康的方向发展。

(四)面向全体与个别指导相结合的原则

在参与式教学实施中,教师既要面向全体学生普及性地传授知识与技能,同时又要对个别学生进行指导。因为参与式教学所面对的学生是千差万别的,每一个学生都有其独特的价值与意义,这是教学的一大资源。教师要注意学生的个别差异,努力开发每一个学生的潜能,尽可能选择能够发挥其特长的教学方法,以适应不同学生的学习需要,切实落实因材施教,促进每个学生的充分发展。另外,还要帮助不同层次的学生,尤其是"学困生",给予他们鼓励以树立其参与的信心。因此,教师在教学中既要注意参与式教学的全员参与,也要注意破除对所有学生整齐划一的做法,给学生"与众不同"甚至是"怪异"的言行以一定存在的空间,并能针对这部分学生给予及时、有针对性的指导和帮助。

四、参与式教学的实施过程

原则上说参与式教学没有固定的模式,它不是在教学开展之前就设定一个模式或操作程式并严格按此程序来开展的,而是根据现实情境、师生间及生生间的讨论与交流情况灵活地开展。这里虽然列出了参与式教学的几个步骤,但仅供参考,在具体的实践过程中需要教师根据学生特点、教学内容、教学环境等做出适当的调整。

(一)设计问题,创设情境

思维通常总是始于疑问或问题,始于疑惑与矛盾。教师在分析教学内容的特点和学生已有知识与能力的情况下,有意识地设置有一定障碍性的认知冲突,提出问题。问题的设计应注意以下几点:一是学生能利用已有知识去"同化"或"顺应"新知识,对原有的认知结构进行扩充或改造、重组,最终达到对新知识的了解;二是问题难度应符合"最近发展区"原则,对学生既提出了一定的挑战,又能通过努力解决问题;三是问题的材料来自学生的实际生活,创设一种吸引学生的情境和氛围,让学生积极主动地参与教学活动。

(二)探究尝试,合作交流

针对上一阶段的问题,教师给予学生充足的机会和时间让学生独立思考、探究,在每个学生都对问题进行了充分思考后,鼓励学生将自己的见解与其他同学交流。这个过程中,教师作为参与者,要主动地参与到学生的讨论中,并适时启发与指导,保证学生的学习是沿着正确的方向在进行。

(三)引导概括,揭示规律

在学生经过自主探究并与同学交流讨论之后,让学生尝试自己解决问题。在学生出现问题时,教师要及时启发和指导,引导学生完成整个推论过程,通过师生、生生之间的共同参与解决问题。在这个过程中,教师要注意捕捉学生的突发奇想,保护学生的思维"火花",鼓励学生创造性地解决问题,这些往往是学生创新意识的萌芽。

(四)引申拓宽,巩固提高

学习新知识后,学生需要通过练习进一步巩固所学的知识。教师可以设计一些能体现课本精华,有典型性、启发性的练习题,使学生通过练习不仅能掌握一类问题的解题方法,加深对相关知识的理解,而且能形成其数学思想。同时,教师也可设计一些课堂小游戏,通过学生的亲身体验,不断地将知识熟练化。无论是练习题还是课堂游戏,教师都要允许学生走弯路,不要等学生还未反应过来就急于提供答案,让学生通过思考或与同学讨论自己得出答案。

(五)激励评价,归纳总结

经过前面四个阶段的学习,教师要引导学生对所学知识、规律、思想方法进行归纳、总结,也可以通过学生之间的相互补充进行总结。在学生归纳、总结的基础上,教师要进行必要的补充、完善和梳理。教学中应过来坚持多元评价,抓住学生的闪光点,努力促进不同层次的学生积极参与到课堂教学之中。

【案例】

"分数的意义"教学片段[①]

一、开课激趣,温故引新

1."同学们,非常高兴能和大家一起度过这愉快而又有意义的40分钟。我知道我们五年级(1)班的同学都是非常聪明的。现在我有一个问题考考大家(语速稍快):一群羊加一群羊,结果是几群羊?"生齐声回答:"两群羊。"师沉默不语,面带微笑地看着学生。一些学生似乎感觉到回答有误,片刻后三三两两地抢答道:"一群羊。"师问:"是吗?让我们看看。"出示课件:一群羊,又来了一群羊,合并在一起还是一群羊。师动情地说:"我们的数学知识真是奇妙!这究竟是怎么回事呢?相信学习今天的知识后我们一定会懂得其中的奥妙。"

2."继续我们的问题。"师板书$\frac{1}{4}$,问:"这是一个什么数?"生齐声答道:"分数。""对于分数,我们已经知道了哪些知识呢?"

生1:我知道"$\frac{1}{4}$"表示把一个物体平均分成4份,取了其中的1份。

师顺势板书"平均分",并强调只有在平均分的情况下,才能直接用分数表示。

生2:我知道分数大小的比较。

[①] 杨东.课堂教学的变革——小学参与式教学实践研究[M].北京:北京师范大学出版社,2010:149—157.

师：请你举一个例子。

生 2：$\frac{1}{4}<\frac{3}{4}$。

生 3：我知道简单的分数加减法，比如 $\frac{2}{4}-\frac{1}{4}=\frac{1}{4}$。

生 4：我知道中间的横线叫作分数线，下面的数叫作分母，上面的数叫作分子。

……

3.师：你们能用老师发给大家的学具表示出"$\frac{1}{4}$"吗？

生（兴奋地）：能！

事先发给学生的学具有长方形白纸、一个正方形图、一条线段图、一块月饼图。学生自主动手操作，教师巡视。完成后在展示平台上展示学生的作品。

生 1：我把一块月饼平均分成 4 份，这其中的一份就是 $\frac{1}{4}$。

生 2：我把这个正方形分成 4 份，这一份就是这个正方形的 $\frac{1}{4}$。

师：你是怎样分成的 4 份？

生 2：平均分成的 4 份。

师：你能完整地叙述一下吗？

生 2：我把这个正方形平均分成 4 份，这一份就是这个正方形的 $\frac{1}{4}$。

生 3：我把这条线段平均分成 4 份，这一份就是 $\frac{1}{4}$。

师：老师建议你把表示的其中 1 份用大括号把它表示出来，好吗？

生 3（点了点头）：好！

……

师：$\frac{1}{4}$ 是不是只能用刚才这些物体分别平均分才能得到呢？

二、合作学习，探究意义

1.师（示范）：4 支铅笔平均分成 4 份，每份是 1 支铅笔，这一支铅笔是其中的 1 份，可以用分数表示为 $\frac{1}{4}$；其中的 3 支铅笔就是其中的 3 份，用分数表示是……

生答：$\frac{3}{4}$。

师（继续示范）：8 支铅笔平均分成 4 份，每份是 2 支铅笔，但这 2 支铅笔也是其中的 1 份，仍然应该用分数表示为 $\frac{1}{4}$。4 支铅笔是其中的 2 份，用分数表示是多少？（生答：$\frac{2}{4}$）你还能从中找到哪些分数？

生1:1支铅笔是$\frac{1}{8}$。

师:再想想,老师刚才把这8支铅笔平均分成了4份,会出现1支铅笔的情况吗?如果想得到这个分数,应该怎么办?

生1(若有所思):应该把这8支铅笔平均分成8份,其中的1支铅笔就是$\frac{1}{8}$。

生2:8支铅笔平均分成4份,6支铅笔就是它的$\frac{3}{4}$。

2.动手分

师:同学们,你们能像老师这样,自己动手画一画、摆一摆、分一分,得到不同的分数吗?

生(兴趣盎然地):能!

(课前给学生提供了学习材料:12根小棒、除去大小王的扑克牌、9粒围棋子、6个苹果图、8只熊猫图、5个正方体图。一个组的每个学生都是一样的)

师多媒体出示活动要求:

A.把准备好的学具动手画一画、摆一摆、分一分,把得到的分数写下来,并在小组内说说这个分数是怎样得到的。

B.注意控制音量,以免影响其他小组的学习。

3.交流学习成果

师:怎么样?差不多了吗?

生:可以了。

师:哪一组同学先上台来汇报?

生(争先恐后):我来,我来!

师:我们请第一组同学先说。

生1:我表示的分数是$\frac{2}{6}$。我把12根小棒平均分成6份,拿了其中的2份,就是$\frac{2}{6}$。

生2:我也是用12根小棒来表示分数,我表示的是$\frac{9}{12}$。我是这样想的,先把12根小棒平均分成12份,其中的9份就是$\frac{9}{12}$。

师:你们小组还有同学也是这样分的吗?表示的分数是多少?

生3:$\frac{1}{12}$。

生4:$\frac{11}{12}$。

……

生5:我把8只熊猫平均分成4份,其中3份就是$\frac{3}{4}$。

生6：我把6个苹果平均分成3份，每份是2个苹果，这2个苹果就是$\frac{1}{3}$。

生7：我把6个苹果平均分成2份，每份是6个苹果的$\frac{1}{2}$。

生8：我把5个正方体平均分成5份，1个正方体就是$\frac{1}{5}$，3个正方体就是$\frac{3}{5}$。

师：这几个同学说得很好，我们赶紧把这些同学表示的分数写出来吧。（板书分数）

师：还有选用其他学习材料表示分数的吗？

生9：我是把9颗围棋子摆成3堆，每堆就是$\frac{1}{3}$。

师：这9颗围棋子是怎么摆的？

生9：每堆的颗数都是一样的。

生10（接过话茬）：就是平均分的。

生11：我把52张扑克牌，按照花色把它平均分成了4份，每种花色的牌就是$\frac{1}{4}$。

……

4.概括总结，揭示概念

师：说得真好！我们看看这些分数，我们表示的时候是把什么来平均分的？

生（争先恐后）：1条线段，1块月饼，一个正方形……

师：这些东西，有一些是物体，有一些……

生：有一些是图形。

师：6个苹果、8只熊猫、12根小棒、52张扑克牌……可以用什么词来表述？

生1：一堆东西。

生2：一个整体。

师：在表示分数的时候，我们是用这些整体来平均分的。我想请同学们给这个整体取一个名字，可以用什么名字呢？

生：一堆东西。

师看着学生沉默不语。

生：我觉得不正确，因为有时是一条线段不是一堆东西。

师：那该取什么名字？

生：一个整体。

师：不错！是一个整体。还有吗？

生：单位"1"。

师：你是怎么想到的？

生：我是从书上看来的。

师：不错，你能预先复习，是个爱学习的孩子。

师：大家同意吗？

生（齐）：同意。

师：单位"1"还可以表示我们日常生活中哪些物体？

生：一个小组的同学，一个班的同学，一所学校的同学，一群羊，10只鸡，5张课桌……

师：现在我们回过头来，刚开始上课时，我们得到了：一群羊加上一群羊，结果还是一群羊。有谁能说说这是怎么回事儿？

生1：单位"1"表示的数量有多有少。

生2：刚开始的一群羊、来的一群羊、合在一起的一群羊都可以分别看作单位"1"。

生3：是啊，刚开始的一群羊是一个单位"1"，来的一群羊又是一个单位"1"，两群羊合并在一起组成了一个新的单位"1"。

……

师：这些分数中，分母表示的是什么？分子表示什么？

生1：分子指拿了几份。

生2：分子表示有几份。

生3：分母表示分了几份。

师（指着板书上的分数）：$\frac{1}{4}$表示什么？

生：$\frac{1}{4}$表示把一个物体平均分成了4份，取了其中的1份。

师："一个物体"我们已经知道可以叫作什么？

生（齐答）：单位"1"。

师：那这句话还可以怎么说？

生：$\frac{1}{4}$表示把单位"1"平均分成了4份，取了其中的1份。

师："$\frac{3}{5}$"表示什么？

生：表示把单位"1"平均分成5份，这样的3份的数。

师：$\frac{3}{()}$表示什么？

生1：这个分数表示把单位"1"平均分成了不知多少份，取了其中的3份。

（全班学生都笑了，生1也不由自主地笑了）

生2：表示把单位"1"平均分成了很多份……

生3：表示把单位"1"平均分成了若干份……

师："若干"是什么意思？

生3：任意的、不确定的份数，可以是2份、3份，也可以是10份……

师：$\frac{()}{()}$表示什么？

生：表示把单位"1"分成若干份，取了其中的若干份的数。

师：连续说了两个"若干"，显得有些重复，也不太符合我们的语言习惯。能换一个说法吗？

生：把单位"1"平均分成若干份，表示这样的几份的数。

师（指着板书上的$\frac{1}{4}$，$\frac{1}{12}$）：一份能说"几份"吗？

生：不能。

师：那还应该怎样改一改？

生：表示这样的一份或几份的数。

师：这就是分数的意义。谁能来把分数的意义完整地说出来？

生：把单位"1"平均分成若干份，表示这样的一份或几份的数叫作分数。

师：说得真好！学习有些累了吧，我们来玩几个数学小游戏，好不好？

三、游戏启思，辨析提高

1.听口令举小棒

（师发出指令，生用小棒举出答案）

师：第一次，举出3根小棒的$\frac{1}{3}$；第二次，举出6根小棒的$\frac{1}{3}$，举出6根小棒的$\frac{2}{3}$；

师：举出"$\frac{2}{3}$"，就是叫我们举2根小棒吗？

生：不是。这个"2"是叫我们举出其中的2份。

师：最后一次，举出12根小棒的$\frac{1}{(\ )}$。能举出来吗？

生一部分说：能；一部分说：不能。

师：请说不能的学生说说为什么不能。

生：因为分母不知道，也就是不知道平均分成了多少份，所以举不出来。

师：你说能，你来说说你的想法。

生：我举出1根小棒，说明这个分数是$\frac{1}{12}$。

（原来这部分学生已经在脑海里确定了分母，因此能举出小棒）

师：按照刚才这个同学的想法，你还能举出多少根小棒？分数是多少？

生1：我举2根小棒，分数是$\frac{1}{6}$。

生2：我举3根小棒，分数是$\frac{1}{4}$。

生3：我举4根小棒，分数是$\frac{1}{3}$。

生4：我举6根小棒，分数是$\frac{1}{2}$。

2.猜一猜

师：老师从第一盒粉笔中拿出1支粉笔，是这盒粉笔的$\frac{1}{5}$；从第二盒粉笔中拿出2支粉笔，也是这盒粉笔的$\frac{1}{5}$；从第三盒粉笔中拿出3支粉笔，也是这盒粉笔的$\frac{1}{5}$；请你猜一猜,这3盒粉笔分别有多少支?

生(几乎都举起了手):第一盒是5支,第二盒是10支,第三盒是15支。

四、巩固反馈,总结深化

1.师:看来,同学们学习得不错。我们来看看书上是怎么说的?

学生自学教材第86页下面两自然段内容。

2.总结反馈

师:通过这堂课的学习,你有什么收获,能与大家分享一下吗?

3.活动结束新课

(指定2名学生起立)

师:请大家用"这2名同学是( )人数的$\frac{2}{(\ )}$"语言叙述出来。

生1:这2名同学是我们这一组人数的$\frac{2}{(12)}$;

生2:这2名同学是我们这一排人数的$\frac{2}{(8)}$;

生3:这2名同学是我们全班人数的$\frac{2}{(49)}$;

生4:这2名同学是我们全校人数的$\frac{2}{(632)}$。

(四川省自贡市富顺县互助镇小学　钟守友)

本案例中,教师能够运用生动形象的问题来引起学生对分数学习已有知识的回忆,并在此基础上让学生动手操作、积极思考。通过小组合作,充分让学生参与到活动中去,并能用游戏激发学生参与的兴趣。最后,通过巩固反馈、总结深化,巩固学生知识的学习。整个课堂气氛活跃,学生参与度较高。

五、参与式教学的实施建议

(一)创设情境,提高学生的参与兴趣

良好的教学情境要能够激活学生原有的认知结构,使学生自觉积极地进入特定的状态。教师在数学教学过程中要注意创设合适的数学教学情境,诱发学生的学习动机,激发学生参与教学的兴趣。情境内容首先要与所教的知识紧密联系,要善于设置悬念,以旧引新。其次,情境创设要使学生明确或初步明确学什么以及为什么学。再次,情境创设要具有直观性和启发性,尽量用形象动听的语言、具体生动的事例或实验导入新知。最后,情境创设要具有教育性和趣味性,使其有一定的思想和艺术魅力。如讲授"两位数加整十数、一位数"时,结合课本提供的插图,教师借助多媒体课件创设了这样的情境:阳春三月,山绿了,花开了,大自然散发着春的气息。通过这样一幅画面,激发学生到大自然中去的欲望,解决"如何去春游?"的问题,更易让学生想到乘车去春游。顺理成章地用课件展示座位分别为45座、30座、7座的三辆汽车为学生游玩服务,结合自己班50名学生的实际情况提出"选哪辆车比较合适"的问题,让学生参与为自己选车的活动。

（二）培养学生的参与意识，提高参与能力

参与意识是学生积极参与教学的基础。积极主动参与的意识表现为：好奇、寻根问底、渴求知识、勇于探讨和发表自己的见解，善于接受他人的观点，尊重不同的意见等。另外，学生仅有参与的意识还不够，还必须具有参与的能力，参与能力的高低直接制约着学生参与学习活动的质量。因此，在数学教学中，教师要从多方面培养学生主动参与的意识，提高其参与能力。首先，要培养学生的问题意识，让学生学会提问，大胆质疑。如在教学"比例尺"一课时，学生可以提问：什么叫作"比例尺"、怎样把如此大的地球画在图纸上、在一张中国的地图上能否算出家乡与首都的距离等。其次，教师要教给学生学习数学的方法，要帮助学生掌握科学的学习方法，使之学会如何参与，让学生"会学"，提高学习质量。最后，教师通过给学生布置调查或查阅性作业以及让学生写调查（实验）报告和小论文等方式，提高学生的参与能力。如教师可以为学生开设数学活动课与教学实验课，组织学生到社会实验基地参加社会实践活动，进行社会调查与实验操作。在此基础上，让学生写调查报告等，通过开展课外实践活动，提高学生的参与能力。

（三）提供参与机会，让学生全员参与

现代教学论认为，数学学习过程是一个认知过程，是新的学习内容与学生原有的数学认知结构相互作用，形成新的数学认知结构的过程。[①] 在这个认知过程中，学生是认知的主体，他们的主动参与是数学认知结构发生变化的内部动因。因此，教师在课堂中一定要为学生提供活动的机会与思维的空间，给学生留有足够的参与时间和空间，让学生去自主学习、思考和讨论，使每一个学生都能广泛参与。同时，教师在教学中要注意不要把学生置于被动状态，这样会抑制学生学习的积极性，阻碍学生强烈的求知欲，课堂教学应营造一个平等、和谐、活跃的气氛，在这种良好的课堂气氛中，全体学生会不自觉地参与到教学活动中来。

（四）正视学生的个别差异，运用多元化评价

首先，教师应了解学生，既要面向全班，又要兼顾差异，使不同水平的学生在学习活动中都能分享到成功的喜悦。如在学习工程应用题后，设计这样的题："一项工程，单独做，甲要10天，乙要15天，丙要12天。"要求学生选择条件，补充问题，并进行计算。学生便可尽自己的水平分别得出：(1)甲、乙合做几天完成？(2)三人合做需几天完成$\frac{1}{2}$？(3)三人合做几天完成这项工程的$\frac{2}{3}$？(4)甲、乙合做这项工程的$\frac{2}{3}$后，余下的丙做，还需几天完成？(5)丙先做2天，余下的工程甲、乙合做，还需几天完成？……这样有"弹性"的习题，使学生根据自己的思维水平，做出不同的回答。其次，教师要采用多元化的评价方式来评价学生的参与学习成果。如可采用书面考试、口试、作业分析、课堂观察、课后访谈、建立"自我成长记录袋"、分析小论文和活动报告等多种形式，将自我评价和学生互评相结合。最后，老师对于不同层次的学生关注的侧重点也要有所不同，有的学生可能

[①] 章建跃.建构主义及其对数学教育的启示[J].数学通报,1998(4):2—7.

掌握了本节课所讲授的知识,有的学生可能学会了如何去发现问题,有的学生可能在参与的过程中提升了对数学的情感态度等。

拓展阅读

参与式课堂教学需要实现"八大转化":

1.课程理念:从"课程是知识"转化为"课程是活动,是经验"。

2.价值取向:从"以知识为中心"转化为"以学生发展为中心""以学生能力建构为中心"。

3.师生关系:教师从"重管"转化为"重理",从重教师尊严转化为重学生尊严。学生从被动转化为主动,从服从转化为尊崇。

4.课程目标:从单一的知识性目标转化为"三维目标"的有机统一。

5.课程内容:从以教材为中心的单一书本知识转化为以教材为轴线,以活动为纽带,与现实生活紧密联系的多元化教学内容。

6.教学方法:从"书中学,听中学"的填鸭式教学转化为"做中学"的学生自主性学习。

7.课程评价:从以知识水平为中心的甄别性、标准化的结果性评价转化为发展性、激励性、开放性、多样化的过程性评价。

8.教师角色:从知识的传授者转化为学生自主性学习活动的设计者和组织者。

第三节

讨论式教学

一、讨论式教学的含义

(一)讨论式教学的内涵界定

讨论式教学是指为了实现一定的教学任务,经过预先的设计与组织,在教师的指导下,学生以小组或全班为单位,围绕中心问题,通过讨论或辩论活动,相互启发,取长补短,充分发表见解,激发思维碰撞,产生思想火花,达到获得知识或巩固知识的一种教学方式。它是在教师主导下的以生生、师生讨论为主要教学手段的一种教学活动,具有如下特征。

1.学生的主体性

学生作为讨论式教学的主要参与者,要充分发挥其主体地位。数学学科与实际生活联系紧密,因此讨论的主题一般都来源于生活、寓于生活中。开展讨论式教学前,学生可以通过网络、书籍等方式搜集相关的资料。课堂讨论时,教师虽然也参与在教学过程中,但教师的角色不再是权威的知识灌输者,而是学生学习的指导者。同时,教师应营造和谐、平等的课堂氛围使学生有机会在课堂上发表自己的观点,反驳不同的看法,总结他人的经验,获得自己的认知等,充分发挥学生的主体地位。

2.信息的多向交流性

讨论式教学的核心在于师生的共同参与,它要求充分发挥学生的主体作用和教师的主导作用,在讨论过程中形成师生之间、生生之间信息多向交流的反馈结构。在讨论式教学中,首先,学生的讨论要通过反馈使教师及时掌握学生的学习情况并做出指导,促进学生的进步,同时学生的讨论也能引发教师的思考,对于改进教师的教学有重要的作用。其次,讨论中也要有生生之间的交流与沟通。某个学生发表自己的见解,其余学生倾听他的想法并给予反馈,这个学生听到其余学生的讨论也认识到他们的看法,结合自己的观点形成对所讨论问题的新认识,达到生生之间互相启发、共同发展的目的。因此,讨论式课堂教学的信息交流呈现多层次、多渠道、多方位的特色。

3.思维的灵活多样性

在数学学科中,一个问题的提出和解决往往会涉及其他问题。在解决问题过程中,很多关键信息并不是显而易见的,需要学生仔细寻找,反复推敲,逐个攻破,最终才能解决问题。在这个过程中,学生的思维发展往往很难笔直向前地达到最终目标,一般需要分几个阶段,有时甚至需要循环往复才能抓住问题解决的关键。另外,对于许多数学问题,其解决方法不止一种,同样的问题,从不同的角度出发,利用不同的方法和公式,也可以得到相同的结果。针对这一特点,需要学生具有良好的求异思维和发散性思维,即依据一定的知识,灵活而全面地寻求对问题的各种可能的解答。

(二)讨论式教学的形式

1.根据参与人数的多少,可以将讨论的形式分为小组讨论、全班讨论和混合形式结合讨论

小组讨论就是把全班学生分成若干小组进行讨论。小组可以是2人组、4人组,也可以是学生自愿组成的6人组或更多人数的小组,学生由原来的大集体转入小集体。由于每组人数较少,讨论的时间相对宽裕,每位学生都能充分地表达自己的观点并能得到及时的反馈,有利于激发学生的参与意识。

全班讨论也就是集体讨论,是以全班为单位进行讨论,参与讨论的人数多,能集思广益,能更好地锻炼学生的思维能力和应变能力。但是这种讨论形式加大了教师引导讨论的难度,不易控制,而且在课堂短短的40分钟内不能保证每个人都有发言的机会。

混合形式结合讨论就是结合上面两种讨论形式,一般是先小组讨论后全班讨论。教师预先准备若干问题,让各组从中选择一题,各组分别进行讨论,问题可以相同也可不同,然后在全班汇报本组对这个问题的见解,从而达到互相交流、取长补短的目的。这种讨论一般可由各小组选派一个同学发言,同时小组其他成员可进行补充。

2.从讨论式教学与其他教学方式的关系来看,可以分为全程讨论和穿插讨论两种形式

全程讨论就是在整个课堂教学中,将讨论式教学作为主导方式独立进行的一种教学形式,一般在高年级学生中使用。这一形式要求学生要有一定的知识基础和经验积累,且有灵活的思维和清晰的思路,讨论过程逻辑性较强,涉及面广,信息容量大,跳跃性强,事先需要教师和学生都要做好充分的准备,比较耗时。

穿插讨论就是在运用其他教学方式中穿插运用讨论式教学,讨论式教学在其中不占主导,只是起辅助性作用。由于是穿插运用,因此需要教师灵活自如地收放讨论节奏。这种讨论规模较小,时间不长,一般不需要学生进行专门的准备。

二、讨论式教学的意义

(一)有利于培养学生的质疑精神和创新意识

在讨论式教学中,学习不再是单纯的知识传递过程,而需要通过师生间、生生间相互讨论、共同协商达成共识。教师不再是课堂中的权威,而是要营造平等、自由、信任的学习氛围,对于学生的奇思妙想不妄加评论,而是让他们通过讨论,与其他同学一起分享,集思广益,丰富认识,形成新思路。同时,讨论式教学的课堂也是一个充满矛盾的课堂,每个学生的能力和思维存在着差异,都有自己独特的观点和不同的见解,因此在讨论中,学生既要批判、质疑他人的观点,也要包容、接纳他人的见解。而当自己的观点受到质疑时,要使自己从常规、呆板或带有偏见的思维方式中解脱出来,探求新的解决办法去补充、修正自己的观点。这一过程拓宽了学生的思维,使学生体会到思维的灵活多样性,学会从不同的角度、方面去思考问题,有助于培养学生的质疑精神和创新意识。

(二)有利于培养学生分析和解决问题的能力

数学学科鼓励学生能够提出质疑、大胆假设、小心求证,着重培养学生的分析、综合、批判、归纳等能力。讨论式教学法让学生参与教学实践,有利于培养学生的各种能力。

首先,讨论式教学中讨论的问题一般都具有一定的难度,学生需要对这些问题进行反复咀嚼,层层分析才能透彻认识问题,并将书本知识和实际问题紧密结合才能找出这类问题的解决方案,这样,学生运用知识解决问题的能力便得到了提高。其次,学生在参与讨论的过程中,不仅加深了对知识本身的理解,深刻领会了知识的内涵,提高了比较、鉴别和分析的能力,而且师生、生生间讨论要求学生具有敏锐的观察力、敏捷的思维力、较好的综合分析能力,长期这样的训练能有效地提高学生理论联系实际的能力。

(三)有利于培养学生的合作精神和语言表达能力

通过小组合作讨论可以解决原本解决不了的问题,达到目标。有时为了整个集体的利益,讨论小组需要力求达成共识,但这并不是只要接受所有人的观点就可以,而是要每个人都积极发言、争论,通过成员的共同努力才能达到,这要求同学之间必须具有合作精神和团队意识。事实上,当小组内部的争议较激烈时必须通过共同协商来完成,需要部分学生放弃或修正自己的观点,这有助于建立组员间融洽、和谐的关系,培养学生的大局意识和合作精神。讨论式教学也为学生训练口头表达能力提供了舞台,小组讨论为每个学生提供了一个语言交流的平台,讨论中需要学生把自己的观点通过口头语言的形式清晰准确、言简意赅地表达出来,学生在阐明自己观点、驳斥对方观点的一系列活动中,其语言表达能力也得到了锻炼和提高。

(四)有利于促进教师的专业化发展

一方面,讨论式教学关注学生主体意识的发挥,要求调动学生学习的积极性和创造性,而教师是学生学习的组织者、引导者、促进者和合作者,在学生的讨论学习中起辅导、帮助、引导作用。教师的角色不再是传统的课堂支配者和控制者,应向新课堂所倡导的方向转变。另一方面,讨论式教学的顺利开展需要教师的精心设计。如教师要根据教材结合学生的特点精心设计讨论的问题,并初步设计出如何进行讨论,如何激发学生的学习动机,对讨论的形式、讨论的展开、讨论的深入、讨论的归纳等都要做到心中有数。这对教师提出了很高的要求,需要教师不断提高自己的素质。

三、讨论式教学的实施步骤

本书结合教育理论及实践,提炼了讨论式教学方法的基本实施步骤。这一过程只是粗线条式的概括,并非机械操作,可根据教学内容和学生学习实际情况灵活安排,合理调换各步骤的顺序。

(一)引入讨论

引入讨论,就是把要学习的新知识设置到具体的、有意义的问题情境之中,通过情境的创设,激发学生的好奇心,启发学生组织有效的讨论。教师在引入部分要注意做好学生学习新知必备的知识基础和思维方法的铺垫,根据新知识的生长点找准学生的"最近发展区"[①],同时注意给学生提供充分的感知素材,以引起学生的认知冲突,设置讨论情

---

① 方学法.搭建讨论平台 培养数学能力——新课程小学数学讨论式教学方法的研究[J].教育研究与评论(小学教育教学版),2009(12):30-31.

境。如在"认识乘法"一课中,首先引导学生观察课本中的主题图,发现鸡有3+3+3+3=12(只),兔有2+2+2=6(只),使学生初步感知有些实际问题是相同数的连加;接着让学生按要求摆小棒并列出求和算式:(1)摆3堆,第一堆1根,第二堆2根,第三堆3根;(2)摆3堆,每堆3根;(3)摆3堆,第一堆1根,第二堆2根,第三堆3根;(4)摆3堆,每堆4根。在板书加法算式后,教师让学生观察这两组加法算式的区别并进行分类,让学生讨论当几个加数相同时,是否还有另一种更简单的算法。

(二)讨论交流

讨论阶段是讨论式教学的中心环节,要求师生全身心地投入,教师要引导学生合作讨论,分析问题,在讨论中使问题一步步最终得以解决。在这一过程中,教师首先要向学生传达讨论的纪律,用以规范和引导学生的言行。其次,教师要注意归纳指导,引导、启发学生思考问题,使学生从多个角度进行深入思考与探索,形成多元回答,生成丰富而有个性的策略,碰撞出新的思想火花。再次,教师要调控好整个讨论进程,以确保讨论能够顺利进行。如果发现有的学生跑题或偏题,教师要及时提醒或是以适当的问题把话题拉回来。这一阶段一般是先进行小组讨论,之后再进行全班交流,每个小组都可以发表自己的观点,可以选派一名代表发言,也可以多人合作展示成果,其他组的同学不仅可以从中取得借鉴,而且也可以反驳、质疑和提出问题,在充分讨论的基础上进而解决问题,掌握新知识。

(三)巩固总结

讨论中由于学生的发言零散,结论可能不明确,因而教师要及时总结讨论的结论,对所学内容进行归纳整理。经过讨论解决问题之后,教师还要引导学生举一反三,进行知识的整合与迁移,巩固新知识。教师可以通过设计一些数学习题,帮助学生进一步巩固、深化所学知识。如在六年级学习"可能性"后,教师出示了下面的问题:某商场开展有奖购物活动,购物满300元即可抽取一张奖券。本次活动商场一共推出10000张奖券,其中一等奖10张,二等奖100张,三等奖200张。完成表3-1中的填空。

表3-1

整个活动	摸到一等奖的可能性是( ),二等奖的可能性是( ),三等奖的可能性是( )	
第一天摸出3000张	摸到3张二等奖,67张三等奖	剩余的奖券中,摸到一等奖的可能性是( )
第二天摸出3000张	摸到5张一等奖,40张二等奖,89张三等奖	剩余的奖券中,摸到一等奖的可能性是( )
第三天摸出4000张	摸到( )张一等奖。摸到二等奖的可能性是( ),三等奖的可能性是( )	

(四)反馈评价

教师要在充分肯定讨论成果的基础上对讨论中的不足做出评价,表扬讨论中有见地的同学,对于讨论中出现的错误观点,教师要分析其根源,澄清模糊认识等,还可以通过学生自我评价及小组成员互相评价来对讨论过程进行总结。另外,适时反馈也很重要,包括学生对自己的表现、对讨论主题及对教师组织讨论的满意程度的反馈。

【案例】

讨论探索,有目的的指导
——"列方程解应用题"的教学片段①

一、创设情境,收集信息

(多媒体演示食堂的钱阿姨去菜市场的情境)

师:请同学们细心观察,注意收集有关的数据,并要及时地记录下来。(生交流收集到的信息)

生:钱阿姨带了 2500 块钱去菜市场买菜。

生:瘦肉每千克 16.00 元。

生:钱阿姨买了 50 千克瘦肉。

生:还剩 1700 元。

……

二、讨论交流

1.改编信息

师:你能从中选择一些信息作为条件,把其中的一个信息改成问题,编出一些两步计算的应用题吗?(4 人小组讨论)

师:谁来交流一下你们编的题目是怎样的?

生:钱阿姨带了 2500 元钱去菜市场买菜,瘦肉每千克 16.00 元,买了 50 千克瘦肉,还剩多少元?

生:钱阿姨带了一些钱去菜市场买菜,瘦肉每千克 16.00 元,她买了 50 千克瘦肉,还剩 1700 元。钱阿姨带了多少元去买菜?

生:钱阿姨带了 2500 元钱去菜市场买菜,买了 50 千克瘦肉后,还剩 1700 元,每千克瘦肉多少元?

生:钱阿姨带了 2500 元钱去菜市场买菜,瘦肉每千克 16.00 元,她买了一些后,还剩 1700 元,钱阿姨买了多少千克瘦肉?

2.讨论探索

(师指名交流第 1 题的解题方法,并重点研究第 2 题)

师:请同学们先尝试解答这道题,用不同的方法列式。(师生交流)

师:谁来说说你列的式子?(生回答,师板书)

生1:用算术方法解第 2 题:16×50+1700。

---

① 余文森.小学数学:名师抽象问题艺术教学[M].重庆:西南师范大学出版社,2010:123-125.

生2:用方程解第2题:设钱阿姨带了 x 元钱去买菜,$x-16\times 50=1700$。

生3:用方程解第2题:设钱阿姨带了 x 元钱去买菜,$x-1700=16\times 50$。

师:先请用算术方法解的同学来说说是怎样想的?

生:瘦肉的钱数+还剩的钱数=所带的钱数。

师:我们重点来研究用方程解的方法,这也是我们今天这堂课要学习的内容。(揭示课题:列方程解应用题)

师:请用方程解的同学说说是怎么想的?

生1:方程解方法1为所带钱数-买瘦肉的钱数=还剩的钱数。

生2:方程解方法2为所带钱数-还剩的钱数=买瘦肉的钱数。

(生总结列方程解应用题的步骤)

3.巩固练习

师:请同学们用自己喜欢的方法解答第3题。

(指名用不同方法的同学板演)

师:同学们说说自己是怎么想的?为什么喜欢这种方法?

师:通过练习,你觉得在列方程解应用题的步骤中,哪一步是关键?

师:请同学们用合理的方法解答第4题。

(生谈论交流)

4.实践应用

(多媒体继续演示钱阿姨在菜市场的情境)

钱阿姨想用余下的钱再买一些别的菜,她看到菜市场里的鲫鱼是每千克8.00元,带鱼是每千克12.00元,白菜是每千克1.60元,蘑菇是每千克6.00元,豆腐干是每千克3.20元,豆芽是每千克1.00元……可钱阿姨犯难了,除了买菜外,还得留下200元钱买水果。

师:小组讨论一下,汇报可以怎么买。

三、总结新知,评价反馈

师:通过今天的学习,你想说什么?想提什么问题?

小结:讨论法是一种可以活跃课堂气氛,有利于提高教学效率的教学方法。它是一种群体立体式交流过程,也是一种内涵丰富、有挖掘潜力、能互补智慧、集思广益的方法。它像一把课堂活力的钥匙,可以打开学生智慧的大门,帮助学生获取丰富的知识。通过讨论,学生各抒己见,互相评价、启发、补充,发现疑问,解决问题,从而对知识获得比较完整、深刻的认识。

(江苏省常熟市谢桥中心小学 邓美琴)

四、讨论式教学实施中的常见"误区"

(一)师生讨论准备不足,使讨论式教学陷入困境

从某种程度上来说,讨论式教学能否顺利实施在很大程度上取决于师生是否在讨论前做了充分准备。对于教师来说,由于学生特点不同,在不同的班级开展相同的讨论式

教学,从班级纪律、学生参与度、讨论内容到总结反馈都有所不同。教师在教学中常出现对教学情况设想不足,致使教师处于被动地位,拖慢讨论式教学的进度。在学生方面,由于讨论式教学需要学生在课外通过上网或者翻阅书籍来获取信息,但是很多学生对于这类非书面形式的作业往往不够重视,准备不足致使其难以融入到讨论中,严重影响了讨论式教学的开展。有时谈论的问题一经确定,教师不引导学生深入思考,就立刻组织小组讨论。学生没有经过深思熟虑,匆忙展开讨论,要么坐享其成,要么人云亦云,对小组内的不同见解无法提出真正意义上的赞同或反对,也无法做到吸取有效的成分修正自我的观点。

(二)教师欠缺必要的课堂调控技能,课堂秩序混乱

我国普遍的班级人数众多,规模大,不易管理。再加之讨论式课堂教学过程中有很多不确定的因素,教师如果对小组学习缺乏必要的计划、调控等组织技能,会致使课堂教学中出现一系列不良现象。如由于班级人数众多,教师在进行指导时不能面面俱到会造成有相当一部分学生"浑水摸鱼";学生讨论时,七嘴八舌的发言容易引起课堂教学秩序的混乱,不仅教师听不清学生探讨的问题,而且学生之间相互的交流也会受到影响,导致教学目标难以实现。由于缺乏教师的有效引导,有的学生看似在争论,实则早已离题千里;而有些学生只是一味倾听别人的观点,缺乏自己的思考等。综上所述,讨论法教学虽然活跃了课堂气氛,但如果控制不好,将会产生负面效果,让整个课堂陷入混乱。

(三)教师失去主导作用,沦为课堂教学的附庸

长期以来,我国教师已经习惯了传统的师生关系以及教师角色,教师是课堂教学的绝对权威,而讨论式教学重视学生主体作用的发挥,要求教师调动学生参与讨论的积极性。面对这种新型的师生关系,很多教师感到无所适从,难以拿捏课堂教学的开放度。有的教师认为讨论就是学生的事情,应该让学生自主参与,把讨论的问题完全抛给学生,自己变成了旁观者,要么站在讲台上,要么在教室里走来走去,有的甚至留给学生讨论时间后去忙自己的事情。这样一来,部分教师在进行讨论式教学中,不能很好地掌控讨论的内容边界,对于讨论也未能进行适当的指导,教师变成了课堂教学的附庸。

(四)学优生主宰小组讨论,"学困生"处于从属地位

在小组讨论中,优等生常常处于主宰地位,承担了主要的职责,而"学困生"则处于从属地位。较之"学困生",学优生往往成绩较好,讨论学习的知识基础与能力也较强,再加之教师的器重,往往成为小组内的活跃分子,通过讨论能进一步发挥自己的潜能。而一些"学困生"因为学习基础差,参与讨论的能力不足,导致其缺乏参与讨论的主动性,总是落后于优等生,这样无形中失去了思考、发言和表现的机会,在一定程度上被变相剥夺了学习的权利。全班学生发言机会不均等,"学困生"参与度不高,经常出现只有少数的几个优等生发言的情况,而更多的学生只是沉默不语,气氛尴尬。学习成绩优秀的学生占据了小组讨论学习的主动权,而那些学习成绩差的学生受到抑制,这违背了讨论式教学法的初衷。

(五)讨论过程缺乏内涵,形式主义严重

有不少教师在运用讨论式教学法时,只注重外在的讨论形式,而不重视讨论内容及

讨论过程是否有效,看似气氛活跃的一堂课,其实没有实质性的内涵。还有的教师一到公开课就采用讨论式教学法,为的是让课堂气氛显得更活跃,至于讨论内容及讨论过程则不是关注的重点。有时候课堂讨论的时间过短,学生还没有进入讨论的状态就草草收场,教师也不管学生讨论过程如何,仍将自己的结论传授给学生。有时讨论的时间又过长,学生整堂课都在讨论,表面上看课堂气氛活跃,实际上学习效果微乎其微,浪费了学生的时间。有时为了让学生能有广泛的参与,一有问题就要学生讨论,似乎只有通过讨论才能解决问题,使学生逐渐失去了讨论学习的兴趣。同时,一些问题过于简单,没有讨论价值,浪费教学时间;有时问题又太难,超出学生认知范围,多数学生不知如何讨论。

五、讨论式教学的实施建议

(一)合理组建讨论小组,正确处理学优生与"学困生"的关系

小组讨论要力求使每个学生都能参与学习过程,要处理好学优生与"学困生"的关系,不能让学优生完全主宰小组讨论。为此,教师在讨论前要合理组建讨论小组,根据学生的知识水平、学习能力、表达能力、性格等不同因素,合理地将优生与"学困生"均衡搭配编组,以实现互补,互相学习,提高全班整体素质。如在教学用简便方法计算"25×48"时,让学生通过动手操作并讨论,得出几种解法:"$25 \times (40+8)$","$25 \times 4 \times 12$"等,可能有的"学困生"一种方法也未想出,这时可以让不同的学生说说是怎样想的,让"学困生"仔细聆听。这样使学生的能力在相互交流中不断提升。

另外,教师还要做好"学困生"的思想工作,鼓励他们大胆发言,敢于说出自己的意见,在小组代表发言时,可特意安排他们优先发言。在讨论中,教师要重点指导"学困生",了解他们的学习思维状况,给予其更多的指导。

(二)灵活运用多种讨论方式,教给学生讨论方法

目前,讨论式教学中比较常用的是同桌讨论、小组讨论、全班讨论的方式。一般来说,同桌讨论适合于较简单的问题,学生之间稍作启发就可以解决。小组讨论比较灵活,组内的每个学生都有参与学习、表达自己观点的机会,这种方式也是目前课堂讨论中最常用的一种方式。全班讨论规模较大,常用于解决重难点问题或存在争议性以及一些没有固定答案的问题,全班学生可各抒己见,言之成理即可。当然,讨论方式不是一成不变的,教师要根据讨论问题、内容及学生的实际而灵活选择。同时,教师要教给学生不同的讨论方法,让学生学会讨论,如:如何清晰、明确地表达自己的意见;如何质疑、辩论不同的意见;小组负责人如何组织组员围绕问题进行讨论;如何集中意见在班上汇报等都要教师组织训练,学生掌握要领后才能较好地进行讨论。

(三)精心设计讨论问题,及时把握讨论时机

讨论问题的设计直接关系到课堂讨论的质量。教师在设计讨论问题时要注意首先讨论的内容要紧扣教学的重难点,要针对学生在学习中产生的疑点及易错易混淆的内容。其次,并不是所有的问题都适合讨论,教师设计的讨论问题要能够启发学生的思考,具有思维价值。再次,讨论的问题要符合学生的"最近发展区",既要在学生的知识水平范围之内,又要有一定的难度。另外,教师要把握讨论的时机,具体来说,当学生的思考

出现困难,无法独立完成学习,或学生意见发生分歧,又或学生在学习之后产生疑问并主动提出有探讨价值的问题,再或是解决问题的方法不止一种时,教师最好能及时安排学生进行讨论。如学习"化简"后,一位学生提出:"既然比可以化简,为什么乒乓球比赛时不把比分16比8化简成2比1呢?",学生在此处产生了疑问并提出了问题,这时就是难得的讨论机会。

(四)重视讨论的组织和指导,合理调控讨论过程

为了确保讨论活动的有效开展,教师必须对讨论过程进行必要的提示、点拨、指导和调控。尤其是每小组由于成员不同,各有特点,有时讨论中还会出现一些"意外",因此教师应成为课堂进程的调控者,掌握一定的技能技巧,采用适当的策略,调控好讨论的进程,使讨论有效地进行。当讨论小组面临问题时,教师要能够辨别、分析,并帮助学生;当学生在讨论中受到其他因素的干扰时,教师要通过加强要求、分级检查等形式,保证讨论活动的效率。另外,在讨论前,可事先列一个提纲让学生按一定程序进行讨论,使讨论进程有序而快速地进行。在学生讨论时,教师要加强巡回指导,及时掌握学生讨论的信息,适时予以引导,使学生的思维向着有利于解决问题的方向发展。

思考讨论

思考:实施讨论时,怎样的空间安排最有利于促进学生之间的互动?你能想出什么可行方案吗?画一张可行的空间安排草图。

小组讨论的空间安排

在一间大教室里,小组讨论的最佳空间安排可能包含若干个讨论中心。教师可以用书架或者折叠的工具来分隔房间,稍微分开各个中心。另一个更简单的方法就是搬动桌子,让同组的学生面对面交流而不受其他组的影响。通过把教室分解为数个中心,教师可以在各中心开展不同的活动而不受干扰。

拓展阅读

讨论小组组长的作用

1.发起。保证小组讨论的进行,尤其当其停滞不前或者脱离原来的思路走入死角时。

2.协调。控制讨论的节奏。

3.通告。向小组通告新信息。

4.支持。让组员更便于对小组做出自己的贡献(通过调和对抗的观点、表达小组的感受、改变成员在小组中的座位、帮助成员彼此熟悉等)。

5.评价。帮助小组评价过程目标(通过测试意见的一致性或观察小组在某领域的进步)。

第四节
活动式教学

一、活动式教学的含义和意义

(一)活动式教学的内涵界定

所谓活动式教学主要指在教学过程中以构建具有教育性、创造性、实践性、操作性的学生主体活动为主要形式,以鼓励学生主动参与、主动探索、主动思考、主动实践为基本特征,以实现学生多方面能力综合发展为核心,以促进学生整体素质全面提高为目的的一种新型的教学方式。① 它既是坚持"以活动促发展"为基本教学指导思想的教学,也是倡导以主动学习为基本学习方式的教学。

数学活动式教学是指在数学课堂教学中,教师针对教学内容的特征和学生认知水平,精心设计完整的教学活动,引导学生通过动手实践、交流研讨等活动主动探索、主动构建以获取知识,发展能力,提升数学素养。② 这些活动既可以是课堂教学中的一个环节,也可以是一节课的活动或者是一个单元结束后的拓展和实践活动;既可以是课内活动,也可以是课外活动。

(二)活动式教学的特征

1.情境性

任何活动的开展都需要在一定的情境中进行,学生通过特定的情境去感受、验证、理解并应用知识,这个过程需要学生多种感官的协同作用来共同参与学习活动之中,良好的情境能够积极推动学生的学习活动,使学生达到最佳的学习状态。如在教"6以内加法"时,由于学生之前已较好地掌握了5以内的加法,教学时就将重点放在含义的教学上,在师生共同完成例题后,开个"加法故事会",调动学生将生活中遇到的有关加法的故事说一说,将所学知识融入开故事会的生活情境中。由于一个个"加法的故事"中融入了学生们生活中经历过的情境,加法的动态画面在学生们的脑海中生成,学生对"加"的含义理解就更透彻了。

2.操作性

"活动"是活动式教学的核心,教师在教学中根据教学目标精心设计的活动需要通过学生的动手操作才能完成学习任务,所以活动式教学强调让学生在实践活动中获得直接经验,从而扩大视野、增长知识、训练技能和发展各种能力,这使得活动式教学具有很强的实践性。教师在设计活动时要从学生的生活入手,设计如游戏、手工制作、绘画等活

---

① 陈佑清.素质教育之活动教学观探析[J].中国教育学刊,1997(5):21—24.
② 谢慧.初中数学活动式课堂教学的实践研究[D].沈阳:沈阳师范大学,2007:6.

动,并留给学生充足的时间和空间操作活动道具或学具,引导学生亲自参与,自己动手解决问题,体会知识产生的过程,掌握和运用知识。如教学"1亿有多大"一课时,教师可以通过让学生自己动手量一量100张纸的厚度,再去推算出1亿张纸大约的厚度;或者先称出100粒米的质量,再算出1亿粒米大约的质量等。

3. 开放性

活动式教学无论是从活动时间和空间方面还是学生的思想和行为方面都体现出开放性。在活动时空上,学生的学习时间不再以课堂教学的40分钟为限,学生可以不受书本束缚,走出课堂和学校,家庭、社区、大自然都是学习空间。学生可以采用多元的学习方式和途径,增加直接体验。同时,更为重要的是活动式教学需要教师创设一种为学生所接纳的、无威胁的、宽松合作的、开放的师生氛围,这样学生才能自由地活动。另外,活动式教学也是对学生感官的全方位开放,解放学生的脑,让其自由思考;解放学生的口,让其自由表达;解放学生的手,让其自由操作。

4. 发展性

促进学生的发展是活动式教学的出发点和归宿。"以活动促发展"是活动式教学精髓的高度概括,是活动式教学的理论基础和实践切入点。① 活动式教学重视活动的独特价值,强调活动在人的发展中的作用,主张活动是实现发展的必由之路。对学生的发展而言,学生主体活动是学生认知、情感、行为发展的基础,无论是学生思维、智慧的发展,还是情感、态度、价值观的形成,都是通过主体与客体相互作用实现的,而主客体相互作用的中介正是学生参与的各种活动。② 可见,活动为学生发展提供了最佳途径和手段,发展只有在一系列的活动中才有望实现。

二、活动式教学的意义

(一)有利于学生更好地掌握知识

学生在学习中将知识学习与主体活动相结合,通过多次反复的自主操作、活动体验、思维探究才能真正掌握知识。活动式教学为学生提供了与客观事物近距离接触的机会,在活动中,学生通过多次、反复的实践活动可以缩短同具体事物的距离,身临其境,多角度地全面了解知识形成的过程,有利于探索事物的发展规律,使学生的学习更具科学性。因此,通过丰富多彩的实践活动,加强了学生生活与社会实际之间的联系,学生在发现、探索中积累了更多的个人知识和直接经验,随着直接经验的丰富和广泛,学生对知识的认识将更全面、更完善、更深化。如在讲授"百分数的认识"一课时,教师课前可以布置学生到各大商场进行调查,收集和百分率有关的商品信息,为学生在课堂上进一步学习提供丰富的资料。学生通过独立阅读教材、小组讨论等学习探索过程,学会了商务活动中的一些新名词(如打折、折扣率等),同时也领会了其中的数学含义。

(二)有利于学生能力的形成与提高

活动式教学强调课程内容与学生实际生活和现实社会的联系,让学生积极地投入到

---

① 夏甄陶.人:关系 活动 发展[J].哲学研究,1997(10):6-15.
② 田慧生.关于活动教学几个理论问题的认识[J].教育研究,1998,19(4):46-54.

生活实践中去,在实践中锻炼能有效地提高学生调查、分析、解决问题的能力,而且有助于学生关注社会,培养其社会参与能力。另外,活动式教学要求教师创设问题情境,引导学生观察、分析、质疑、归纳和总结,这有助于培养学生的观察能力、思维能力及探索精神。同时,在活动中,学生独立面对新环境和解决新问题时需要自主地思考和采取行动,学会与同伴合作相处。因此,活动式教学对于学生动手操作能力、独立思考和解决问题能力、合作交往能力的养成和提高具有重要的意义。如在人教版数学教科书一年级上册"我们的校园"一课中有学生在校园开展的跳绳、赛跑、拔河等游戏活动,教师引导学生在开展活动的过程中,把其中包含的数学问题如数数、对序数的理解、20以内的加法、统计等知识贯穿其中。学生通过亲身积极参与这一系列活动发现和理解了问题,体验和感受了生活,提高了实践能力和创新能力。

(三)有利于构建新型师生关系

活动式教学改变了传统教学中学生处于被动接受、绝对服从教师的师生关系。因为在活动式教学中,教师必须创设一种轻松愉快的气氛,以减轻学生的心理负担,让学生在宽松、民主、友善的氛围中进行自主的活动。教师只在活动中起引导的辅助作用,不再是课堂的主宰者,活动越充分,学生的自主性就越强。这样,伴随着教学的活动化,民主、平等、和谐的新型师生关系就建构起来了。这种新型的师生关系在质疑活动、讨论活动中更能体现出来,如教师会鼓励学生大胆发言,创新求异,重视学生的不同见解,平等对待每一个学生。这种良好的师生关系,既能达到师生互动、教学相长的教学效果,又能在生动、活泼、平等、民主的学习中使学生的潜能和个性得到发展。

三、活动式教学的操作程序

(一)预设活动计划

在活动开始之前,教师要对开展的活动进行导向性设计,即教师要对学生活动的目的、思路和方式等进行一个总体的规划,并提出相应的策略和建议,有时甚至还需对活动过程中可能出现的情况或事件做出预想,并提出解决的方案,但这种提前的设想只具有指导性和参考性,在活动时可做参考和借鉴。因为在活动中,解决问题的条件、方法都不是现成的,需要学生综合运用自己所学,主动地创设、生成,且解决方法往往也不是既定的、唯一的,而是多元的、多通道的,需要去分析、发现。因此,这种初步的设计要因时、因人、因环境和问题的变化而进行相应的调整和变通。

(二)创设活动情境

良好的活动情境能激发学生的学习兴趣,促使学生主动参与,强化学生的感受。教师根据小学数学学科与具体教学内容的特点,尽量利用各种手段创设一个真实的活动情境,让学生在活动中通过观察、提问、设想、动手实验、交流等手段亲历知识的形成过程来激发学生的学习兴趣。这些活动情境既可以是真实的课外环境,也可以是实验室里的实践操作活动、教室里学生的角色扮演活动、小组合作表演活动等。如在教学"9加几"时,设计一个"穿过果园是我家"的活动情境——小白兔要回到果园那边的家中,途中遇到许多水果娃娃向小白兔提问,教师出示一些水果的图引出一道道9加几的算式,然后让学生分组探究如何计算,可以用学具摆一摆,让学生们用自己的知识帮小白兔解决问题,使其顺利回家。

(三)活动教学的实施

这是活动式教学的实质性阶段,是在教师的指导下学生从活动中发现数学问题,自主思考、自主操作、自主获得知识的过程。小学数学的教学内容具有一定的逻辑性和抽象性,而小学生知识、经验水平有限,其思维能力往往停留在具体形象的水平上。因此,教师应为学生提供动手实践操作的机会让学生动手操作,多安排学生参加动手画画、剪剪、拼拼、量量、摸摸、数数等活动,让学生通过操作获取知识,发展空间观念,建立数形之间的关系。如在教学"7 的分与合"时,教师提问:"把 7 根小棒分成两堆,一共有几种分法?"学生通过摆一摆、分一分等操作活动,能很快得到 6 种不同的分法,再经过师生共同的分析、综合,概括出 6 的分解与合成,以此类推,总结出数的分解与合成的方法。

(四)活动结果的总结与评价

在活动结束后,教师要对整个学习过程、结果进行总结和评价。在这一阶段,教师要根据学习目标,运用多种评价方式,对学生活动学习的过程、结论进行评价,包括学生活动时是否认真投入,师生是否配合得当,学生是否提出问题或找出解决方法等。这样有利于学生全面认识活动,认清活动中的自己与他人,可以使下一次的活动教学更有效,同时可以使学生在总结提高中逐步学会学习。

【案例】

操作活动　形成表象——"克和千克"的教学[①]

一、在生活情境中探究

师:前几天,同学们随家长去超市购买了一些物品,还收集调查了一些常用物品的质量,我们一起交流一下好吗?

生:我妈妈买的牙膏是 30 克。

生:我买的蛋卷是 75 克。

生:火腿肠一根是 45 克。

生:我的体重是 31 千克。

生:一袋茶叶是 450 克。

生:一袋大米是 25 千克。

……

师:同学们说了那么多,你们有什么发现吗?

生:有的物品单位是"克",有的是"千克"。

生:比较轻的物品都用"克"作单位,比较重的用"千克"作单位。

师:同学们说得非常好,今天我们就一起来研究"克和千克"。要知道我们购买物品的轻重,可以用什么方法?

生:用秤称。

---

① 余文森.小学数学:名师抽象问题艺术教学[M].重庆:西南师范大学出版社,2010:83—86.

师：我们一起来认识一下几种常用的秤。（多媒体课件展示）你们在什么地方见过这些秤？

生：在超市买东西用过电子秤。

生：我跟妈妈买菜时，见过杆秤、盘子秤。

生：我舅舅卖米用的是磅秤。

生：我姥爷卖药材用的是天平。

师：同学们见识真广！现在我们一起来认识一下"天平"。（师介绍天平的组成及用法）

二、在活动中体验感悟

师：今天老师给大家带来了一个小客人。瞧！是什么？

生（齐）：一只小蜗牛。

师：想不想知道它有多重？（生脸上洋溢着喜悦，齐声说"想"）那么我们选什么秤来称呢？

生：天平。

（师示范操作，生纷纷围观）

师：瞧！游码的左端停在刻度几？

生：1。

师：对！这只蜗牛重1克，1克究竟有多重呢？请你们用手掂一掂，然后猜一猜1枚2分硬币有多重？（生兴趣很高，纷纷掂量、猜测）

生：1克。

生：2克。

师：到底是几克呢？请各小组称一称，看看谁估量的最准。

（生动手操作）

生：耶！我们猜对了！重1克。

师：老师真为你们感到高兴！我们一起来掂一掂，感受一下1克的质量，你有什么感受？

生：好轻哟！

师：1克真的是好轻。大自然中像这样轻的物体还有好多呢，你能说出生活中大约重1克的物品吗？

生：一小块橡皮。

生：2粒黄豆。

生：1粒扣子。

生：1个小发卡。

生：2个石子。

生：（马上站起来补充）必须是小石子，大石子1个就够了。

师：同学们真棒！举了这么多例子。大家桌上有一些物品，请同学们先掂一掂、估一估有多重，然后用天平称一称。如果称量结果多一点或少一点，请你取整数。（生纷纷称方便面、数学书、文具盒……)

三、在操作交流中明理

师:请同学们从学具袋中拿出一袋盐,掂一掂,估一估一袋盐有多重。

生:300克。

生:比300克多,好像是350克。

师:到底是多少克呢?我们一起来看看质量标注,是500克。一袋盐重500克,那两袋呢?

生:1000克。(师板书)

师:请同学们再来掂一掂1000克重的盐。(生掂量)如果我们再来称一称这两袋盐的重量,用天平合适吗?

生:不行!盐太重了。

师:今天我们还带来了弹簧秤,谁知道弹簧秤的用法吗?

(生做简单介绍)

师:来!将两袋盐放进方便袋里用秤称一称,看看有多重?

生:1千克。(师板书)

师:还是这两袋盐,计算得到的是1000克,用秤称是1千克,你发现了什么?

生:(纷纷站起来,异口同声地)1000克等于1千克。

师:对!也就是说1000个1克就是1千克。你能从你的材料袋里称出1千克重的物品吗?请各小组同学互相合作完成。(生有的称,有的忙添物品,也有的在换物品)

师:大家真棒!请你先掂一掂自己小组称的1千克物品,再掂一掂别的重1千克的物品。(生互相传递,掂一掂,感受1千克的重量)

师:掂过了1千克的物品,你有什么感受?

生:1千克有点重。

生:拎1千克的物品时间长了胳膊有点酸。

生:它们大小虽然不一样,但都是一样重。

……

四、在实践活动中巩固运用

师:请各小组同学拿出自己的书包、课本,先估计一下有多重,再来称一称。(小组活动,并记录下估计的重量和称出的重量)

(湖北省枣阳市第一实验小学 邓华阳)

《课程标准(2011年版)》指出:学生的数学学习内容应当是现实的、有意义的、富有挑战性的,这些内容要有利于学生主动地进行观察、实验、猜测、验证、推理与交流。数学活动必须建立在学生的认知发展水平和已有的知识经验基础之上。教师不再像传统教学中那样"教教材",而是主动寻找教材中的教学知识与学生熟悉的生活情境能够有机联系的切入点,从学生所获得的丰富信息出发,灵活地开展教学。案例中的这位教师非常重视让学生通过丰富的操作活动,真正亲历知识形成的全过程,并使学生在自主学习、自主活动的乐趣中升华对"克和千克"的理解。

四、活动式教学在实施中的常见"误区"

（一）活动的浅表化

在新课程改革轰轰烈烈进行的背景下，很多教师热衷于推崇新课程改革的理念，但往往只重形式，而不得精髓，再加之听课、评课的教师重点关注教学中是否开展了活动，对学生的"动"不加分辨与思考的褒扬，一定程度上造成了课堂教学就要追求"动"的假象。因此，有的教师认为学生"动"得越频繁越好，在课堂教学中盲目追求热闹，强调肢体的"动"，导致学生不断地挪动桌椅，满教室走，大声谈论，课堂非常"闹腾"。有的教师在课堂教学中滥用多媒体技术，课件中穿插着图画、录音、录像、影视欣赏等，要求学生一会儿看视频，一会儿听音乐……令学生眼花缭乱、目不暇接。甚至有的课堂教学尤其是有教师听课时，为营造震撼人心的效果，教师努力调动各种手段虚张声势，频繁表扬，动辄鼓掌，殊不知过犹不及，过度的"动"不但使学生身心俱疲，更有甚者产生了厌学情绪，这些看似热闹的活动却与教学的本真相去甚远。

（二）活动的狭隘化

很多教师将活动式教学的内涵狭隘化，在课堂教学中局限于某一种教学方式。如有的教师认为活动就是学生的自主讨论，在课堂教学中或让学生小组交流，或组织班级活动，一味地进行讨论，甚至将其固化为定法——讨论教学法；有的教师认为活动就是教师问学生答，问得多就有活动气氛，导致课堂教学中为活动而问答、无疑而问、问答泛滥；还有的教师认为活动就是学生质疑，质疑就是主动学习，并将其强化为定法——问题教学法；甚至还有教师认为教师应退出讲台，教师在课堂中的讲授占用了学生活动的时间，于是不敢讲，尽量少讲，无视学生的需求和教学内容的独特要求，使一些需要教师讲解的内容在喧闹嘈杂中被遮蔽，流失了应有的教学价值。

（三）活动的非体验化

活动式教学强调教师要为学生创造一个活动情境，学生从已有生活经验出发自主经历活动过程，在活动中主动建构知识，同时体验和感受知识形成的过程，获得自身体验。然而正如前文所提到的，目前的活动式教学在具体的实践中只追求活动形式，不关注实质，忽视学生在活动中的体验与内心知识的主动建构。如有的老师在教学中设计表演、实物演示、学生游戏等各种活动，一堂课下来，学生都沉浸在活动中，甚至不需要翻阅课本，在一阵哄闹中把教材中需要深入理解、深切体会的知识浅薄化、感性化、庸俗化，教师只关注学生是否进行了活动，却不关注学生在活动中的意义建构，忽视了学生的体验。

五、活动式教学的实施建议

（一）明确活动目标，制订活动计划

活动式教学没有固定的教学模式，但为确保活动顺利开展并达到预期的效果，在活动开始之前，教师要对如何开展活动教学做一个总体的规划。首先，教师应根据小学数学课标的要求明确本次活动的目标，这是活动式教学顺利开展的前提，也是评价活动成效的依据。其次，教师还应对活动内容和形式做出基本的安排，不是所有的教学内容都

适合活动式教学,也并不是所有的活动方式都能激发学生的学习热情。因此,教师应在全面了解学生和分析教材内容的基础上,恰当地选择符合学生的年龄、心理特征、知识能力水平及已有经验的教学内容和能够激发学生参与活动兴趣的教学方式。最后,教师在设计活动时还应注重整合各种课程资源。小学数学的应用性较强,教师可以将活动延伸到课外甚至校外,打破课堂教学与学生课外活动的壁垒,把课内外及校内外各种可利用的教育资源整合起来去设计、组织学生活动,这样不仅可以增加学生的见识,也可以培养学生的实践能力和创新精神。

(二)创造良好的活动氛围

良好的活动氛围能激发学生的学习兴趣,促使学生主动参与教学活动,强化学生在活动中的体验和感受。在教学中,教师首先要创建新型的师生关系,即师生之间是民主、亲密、平等、和谐的关系,师生双方以对话、平等、包容的关系相处,积极主动配合,既可以发挥教师的主导作用,又可以发挥学生的主体作用,这是实现学生主动参与活动教学的前提。另外,教师要创设一种和谐宽松、富有活力的教学氛围,使学生感到没有外界压力,从而获得一种心理上的安全感。教师也可以设置与学生现实生活相类似的情境,以解决学生在现实生活中遇到的问题为目标,来激发学生参与活动的兴趣。

(三)给予学生充足的活动时间和空间

教师要给予学生充分的活动时间和自由的活动空间,才能更好地实现学生的自主活动,达到活动式教学的目标。因此,教师在开展课堂活动中,应尽量减少对学生活动的限制和规定,使学生可以根据自己的意愿参与各种教学活动。教师要保证学生有足够的活动时间,根据教学内容尽量少讲、精讲,留给学生充裕的时间去自主活动,要适当对学生放手,增加学生的自主学习时间,让每一个学生都有自主学习的机会。同时,教师还要为学生提供自由进行活动的空间,学生可以根据自己获取的资料,进行充分的想象,尽情地表现自我,让学生能充分自由地发挥。如"走进数据,聚焦'九五'"是一节信息技术与数学学科的整合课,它以"百分率应用题"和"统计图、统计表"的数学知识为支撑,借助信息技术提供网络资源来组织学生学习。课前,教师留给学生充足的时间及空间要求学生以小组为单位分工协作,对"九五"期间全国主要行业的发展数据进行收集和整理,在课上要求学生将收集到的信息制成PPT进行演示并谈谈具体感受,学生通过浏览网页了解其他小组的数据和信息,并共同进行数据的计算、比较与分析。

(四)发挥教师的指导作用

活动式教学虽然强调学生的自主活动,但教师作为整个活动的设计者、参与者、组织者、调控者及引导者,具有不可或缺的重要作用,尤其是对于各方面还不成熟的小学生,教师更应该及时给予指导。一方面,学生的主体活动要以教师的指导为前提,教师要对学生的自主活动提出明确具体的要求和任务,向学生解释、说明、示范如何活动,指导学法,如如何进行小组讨论及自主探究等技巧,帮助学生解决在探究过程中遇到的困惑和问题,并对学生的学习活动进行宏观调控,确保活动的教学质量。因此,教师适时适度的引导是非常必要的。另一方面,尽管教师应留给学生充足的时间和空间自主活动,但一味地"放"难免会导致学生漫无边际地胡思乱想。因此,需要教师及时引导做课堂小结,把感性认识上升到理性认识。

拓展阅读

活动式教学中常见的活动形式：

1.认知型活动。这是数学基本的学习活动，是以提高学生的认知为核心，以学生的自主学习为主要特征的学习活动。

2.操作型活动。通过学生的动手操作来完成某一项学习任务，启迪思维，感悟知识。

3.体验型活动。指学生通过特定的情境去感受、验证、应用，从而发现知识、掌握知识和解决问题。

4.讨论型活动。就是在活动中学生彼此提问或回答问题，并且对彼此的回答做出反应，或者对同一问题发表自己看法的活动。

5.探究型活动。学生在教师指导下通过实验、调查、信息搜集与处理、表达及交流等探索活动获得知识与技能，发展情感与态度，培养探索精神和创新能力。

6.实践型活动。这类活动要求学生通过学校、社区和社会的调查和参观访问收集相关材料，形成调研报告或活动总结，并将其成果在全班进行交流及展示。

本章小结

对教师而言，在日常的教学实践中，其教学过程的顺利展开及教学目标的有效达成，都离不开教学方式的选择与运用。本章主要从内涵、特点、意义、实施原则、实施步骤、实施中出现的问题及实施策略等几个方面分别介绍了新课程所倡导的四种教学方式，在每种教学方式的阐述中都辅之以小学数学教学的案例，帮助小学教师更好地理解这几种教学方式。本章的重点在于教师在实际教学中能够熟练运用不同的教学方式，这是本章所有内容的最终落脚点与归宿。当然，这里重点介绍了四种新型教学方式，但也不是要求教师在教学中完全排斥传统的教学方式，更不是要求教师在教学中一定要一以贯之地运用某一种教学方式，教师在教学中应该根据学生的实际情况和具体的教授内容将几种教学方式有机地整合，以达到教学的最优化效果。

复习思考

1.试探讨不同类型的教学方式之间的内涵差异并评价不同的教学方式。

2.根据你的日常教学经验，请你分别就在小学数学教学中如何运用参与式教学、讨论式教学、探究式教学及活动式教学进行阐述与分析。

3.你认为教师在教学中选择与运用参与式教学、讨论式教学、探究式教学及活动式教学四种教学方式时应考虑哪些方面的因素？在你的课堂中，你是如何根据学生及教学内容的不同来选择与运用教学方式的？

4.试分析现代教学方式与传统教学方式相比具有哪些特点,并从自身教学经历出发谈一谈应当如何在具体教学实践中体现这些特点。

5.从小学数学教材中选择一个内容主题,制订一个活动式教学的活动方案。

6.案例分析题。

"带分数乘法"教学片段。

师导入谈话:我们已经学过了分数乘整数知识中的一个整数乘分数的乘法,实际生活中还会出现"带分数乘法"(板书课题)。这一节课我们就来一起研究学习。

师:黑板的长和宽各是多少米?4个小组各派一个代表上来测量。

其结果是:长2.5米,宽1.2米。

师:如何用分数表达长和宽的数值?($2\frac{1}{2}$,$1\frac{1}{5}$),请大家根据黑板的长和宽,求黑板的面积。(列出算式:长×宽=$2\frac{1}{2}×1\frac{1}{5}$)如何计算?

算式一出现,教师就立即组织各个小组交流算法。

其中一个组在小组交流时,在其他同学还没有想出方法,一位同学反应较快,向其他3位同学讲解了3种解题方法:①$(2+\frac{1}{2})×(1+\frac{1}{5})$,②$2.5×1.2$,③$\frac{5}{2}×\frac{6}{5}$。其他同学拍手叫好。

本案例主要采取了什么教学方法?有什么样的好处与不足?

7.案例分析题。

"小数乘法"教学片断:

课始,教师提供了一组题:

(1)$125×3=375$

(2)$12.5×3=37.5$

(3)$1.25×3=3.75$

(4)$0.125×3=0.375$

请学生比较第(2)(3)(4)题与第(1)题之间有什么联系?旨在渗透积的变化规律,并试图沟通小数乘法与整数乘法之间的联系。然后在谈话中创设了一个生活情境:一本数学练习本的价格是0.52元,每位同学开学的时候都买了4本数学练习本,请你算算每个人一共需要付多少钱。提出要求:怎样列式?为什么可以这样列?(0.52+0.52+0.52+0.52 或 0.52×4 或 4×0.52)这样做的目的是让学生明确:小数乘以整数的意义与整数乘法的意义相同,都是求几个相同加数的和的简便计算。

而后,教师提出挑战:你能算出0.52×4或4×0.52结果是多少吗?请你来动笔算一算。(学生开始尝试计算)先做好的上来板演,下面的同学如果有与黑板上不一致的,也可以上来把你的解题过程展示出来。(学生一个接着一个上来)看来情况真的很复杂,列举一下:

生 1	生 2	生 3
0.52 × 4 ――― 2.08	0.52×100＝52(元) 52×4＝208(元) 208÷100＝2.08(元)	0.52 × 4 ――― 2.08

在巡视的过程中,发现主要就是这三种做法。接下来教师就让学生陈述理由。

生1:我们刚刚学过的小数加减法就是相同数位对齐,我就把4和0对齐,然后按照整数乘法的法则计算。

师:那积里面怎么会有一个小数点呢?

生1:我把0.52看成了52,扩大到了原来的100倍,所以积要缩小到原来的$\frac{1}{100}$倍,这样才能保证积的大小不变。

生2:我把0.52元扩大了原来的100倍后成了52分,52分×4＝208分,再改写成用元作单位,就要缩小到原来的$\frac{1}{100}$,得到2.08元。

话音刚落。一生马上补充:她的单位错了,前两道的单位名称应该是分不是元。其他同学根据学生的补充也发现了问题,对于她的发言,同学们露出了信任的神情。

生3:……(大概是听了前面的同学说得振振有词,显得很紧张,发言时含糊不清,极不肯定)

师先点评了生2的做法,肯定其想法,然后就指着生1和生3的做法说,现在他们两个人的做法都不一样,你准备支持哪一方的做法呢?请说出你的理由。

学生思考了片刻,陆陆续续开始举手发表自己的见解。之后发表见解的学生越来越多,下面的学生也开始争论,有的重复,有的讲不清,学生在经过很长时间的辩论之后,老师才让学生静下来自己解释。虽然学生开始明确其解法都是把小数乘法转化成了整数乘法,既然按照整数乘法计算,就要遵守整数乘法的法则,4自然要和2对齐,但是此时已经花了近15分钟。

根据新课程改革的思想,当课堂上教师把问题"放"下去之后,该怎么"收"?什么时候"收"?收到什么程度?

本章参考文献

[1]朱欣欣.小学数学案例教学论[M].杭州:浙江大学出版社,2011.

[2]石宁.新课标下初中数学探究式教学方式与实证分析[D].上海:上海师范大学,2012.

[3]张崇善.探究式:课堂教学改革之理想选择[J].教育理论与实践,2001(11).

[4]陆建中.小学新课程课堂教学课例[M].北京:科学出版社,2003.

[5]孔凡哲.中日课堂教学对比诠释及其启示——以小学分数除法课堂教学为例(下)[J].小学教学(数学版),2009(5).

[6]庄宏芳.主动参与式数学课堂教学的实践研究[D].金华:浙江师范大学,2007.

[7]祁丽娟.参与式教学在小学数学课堂中应用状况的调查研究[D].兰州:西北师范大学,2005.

[8]杨东.课堂教学的变革——小学参与式教学实践研究[M].北京:北京师范大学出版社,2010.

[9]章建跃.建构主义及其对数学教育的启示[J].数学通报,1998(4).

[10]方学法.搭建讨论平台 培养数学能力——新课程小学数学讨论式教学方法的研究[J].教育研究与评论(小学教育教学版),2009(12).

[11]余文森.小学数学:名师抽象问题艺术教学[M].重庆:西南师范大学出版社,2010.

[12]陈佑清.素质教育之活动教学观探析[J].中国教育学刊,1997(5).

[13]谢慧.初中数学活动式课堂教学的实践研究[D].沈阳:沈阳师范大学,2007.

[14]夏甄陶.人:关系 活动 发展[J].哲学研究,1997(10).

[15]田慧生.关于活动教学几个理论问题的认识[J].教育研究,1998,19(4).

[16]靳玉乐.探究教学论[M].重庆:西南师范大学出版社,2001.

[17]洪涛清.我的一次尝试及其反思[J].小学数学教师,2003(3).

[18]曾琦.学生的参与及其发展价值[J].学科教育,2001(1).

[19]单春艳.小学数学探究式教学的实践研究:以农村小学数学教学为例[D].南京:南京师范大学,2011.

[20]雷玲.名师课堂DNA解码 小学数学卷[M].福州:福建教育出版社,2012.

[21]郭景扬,练丽娟,陈振国.课堂教学模式与教学策略[M].上海:学林出版社,2009.

[22]胡明忠."参与—发展"型课堂教学的实践研究[M].兰州:甘肃文化出版社,2004.

[23][美]Stephen D.Brookfield,[美]Stephen Preskill.讨论式教学法——实现民主课堂的方法与技巧[M].罗静,褚保堂,译.北京:中国轻工业出版社,2002.

[24]夏青峰,郑美玲.小学数学名师名课,珍珠篇[M].北京:教育科学出版社,2011.

[25]汪霞.小学课程与教学论[M].上海:华东师范大学出版社,2011.

第四章 小学数学教学设计

◆ **本章学习目标**

1. 知道什么是小学数学教学设计。
2. 了解小学数学教学设计的运作程序。
3. 掌握小学数学教学目标、内容、策略的设计。
4. 能正确选用小学数学教学手段。
5. 能对小学数学教学设计做出评价和调整。

【案例】

"8、7、6加几"教学片段[①]

[教学内容选自《义务教育课程标准实验教科书 数学(一年级上册)》(人教版)]

在一个全市的公开课上,教师在教学"8、7、6加几",学生在对题目"8＋5＝?"进行讨论时,有同学回答了把"5"分成2与3,把2与8凑成10,再加3的方法,和把8分成3和5,5和5凑成10,再加3的两种方法后,却有同学提出,把8分成4和4,4加5先凑成9,再9加4等于13。在教师眼里这样的思考有点不可思议,下面许多同学也开始笑他,可老师略一迟疑后,还是请他来回答。听了这位同学的想法,你就会明白,原来他们刚学了9加几的加法,所以对"9加4"的题目很是熟练,再说"9＋4＝13"就写在黑板上,拿来用就可以了,"10加3"与"9加4"一样一眼就可以看出来。得到老师的肯定,学生的情绪很是高涨,但课堂上偏离了老师预设,无法按预定的设计进行下去,可同学们所学习到的不仅是一种"凑十法"。

同样是这节课的教学,老师出示的小鸟图,左边一幅图上有8只小鸟,右边一幅图上有4只小鸟,问可以提什么样的问题。老师教学的内容是8加几的加法,可有一个同学提出:本来有8只鸟,还剩下4只,飞走了多少只?因为这位同学的问题不是老师所希望得到的,所以老师也没听仔细,理解成是8只,飞走了4只,还剩多少只,然后自答一下,草草收场。对呀,老师本节课要教学的是加法,可这样的问题也完全可以提。可能这位老师的课堂在听课老师的眼里是完整的,成功的,可对这位同学来说,就不一样了。

(浙江省桐乡市濮院小学 杨志杰)

[①] 杨志杰.数学课中的真实,淡淡中的精彩[EB/OL].(2011－6－9)[2014－9－12].http://www.pep.com.cn/xxsx/jszx/xslw/201106/t20110609_1048869.html.

◆ 问题聚焦

　　这是一个关于小学数学课堂教学中教师预设与教学实践生成问题的案例。教学设计是教师对教学过程的"预设",数学新课程倡导在教学中注重"预设"与"生成"的关系,从而对教学设计提出了新的要求。在长期的发展过程中,人们对教学设计的概念、教学设计的模式、教学设计的运作程序等都有了一定程度的研究。本章旨在透过教学设计的一般原理,对小学数学教学设计的概念、设计过程和实施过程等问题加以探讨。

第一节
小学数学教学设计概述

教学是有目的地培养人的活动,课堂教学是教师、学生、教学内容、教学环境等因素相互影响、相互作用的过程。因此,教师需要做好每一堂课的教学设计,才有可能有效地完成教学目标。本节我们对小学数学教学设计的内涵、原则,新课程小学数学教学理念加以探讨,从而为后续的教学设计工作奠定基础。

一、小学数学教学设计的内涵

(一)教学

纵观教学概念的衍义历程,无论是"统一活动说""广义狭义说",还是"交往说",教学过程中教师如何有计划、有目的地对学生施加影响并提高其有效性都是教学的核心问题。也就是说,教学是教师在教育过程中有计划、有目的地安排学习经历以使学生学习更加有效的过程。教育不仅包括学校教育中的知识传播,也包括家庭教育、个人自学等,而教学作为教育的重要组成部分,目的性、计划性是其区别于其他内容的显著特点。

(二)设计

"设计"一词源于工程学。广义上来讲,人类一切有目的的活动都涉及设计,为了达到目的,人类需要对即将发生的行为做出安排与规划,寻求达到目的的途径,而这个过程就是设计。《现代汉语词典》对"设计"的解释是:"在正式做某项工作之前,根据一定的目的要求,预先制定方法、图样等。"[①]从中可以对设计概念的要义加以归纳:一是设计是工作未实施前的预设与构思,其实施结果带有未知性;二是设计有目标指向,设计工作总是朝向其预先的要求;三是设计有问题指向,设计产品是为解决问题提供一系列的行动方案与步骤。而设计过程顺利进行的关键,在于对即将发生的行为的组织与规划。

(三)教学设计

综上教学和设计的概念要点,教学设计就是教师事先对教学系统进行的有目的、有计划的组织与规划。传统的教学很少使用"教学设计"这一概念,对教学的组织和规划更多的是一种教学计划,往往仅是教师的"备课"行为,传统备课方案关注的重点是教学内容,描述的是教师的教学行为,即教师依靠自身对教学材料的理解与自身的经验对其教学过程加以预设。美国教育家杜威最先提出要建立一门介于教育理论与教育实践的"桥梁科学",这是教学设计的雏形。教学设计理论是由美国教育心理学家加涅首先提出的,他在1988年出版的《教学设计原理》一书中提出,教学设计是一个系统化规划教学系统的过程,教学系统本身是对资源和程序做出有利于学习的安排。之后,各个学者从不同角度,不同侧面对教学设计进行了研究。尽管目前对教学设计还没有形成统一的定义,

---

① 中国社科院语言研究所词典编辑室.现代汉语词典(第6版)[Z].北京:商务印书馆,2012:1147.

但对于教学设计的概念也达成了一些共性的认识。①

(1)教学过程是一个系统,这一系统包括了教师、学生、资源、学习方法、条件、情境等要素。教学设计就是要创设这样的一个系统,并运用系统科学的方法去解决教学中的问题。

(2)教学设计以学习者的学习目标为出发点,确定学习者的需求和教学活动中需要解决的问题,并提出满足学习者需求和解决问题的方法和步骤。

(3)教学设计需要以现代教学理论和学习理论为依据,转变传统的备课观,体现教育主体和学习主体的相互作用。

与传统教学计划相比,现代教学设计关注的不单是教学内容,而是教学系统的整体。现代教学设计指向于学习过程而非教授行为,教学设计的成效注重的是学生行为,包括学生在教学过程之后的外在的行为表现以及内在的认知建构。现代教学设计以传播教育理论和学习理论为基础,应用系统理论的观点和方法,对教学系统进行最优化的组织与规划。

(四)数学教学设计

数学教学设计是针对数学学科的特殊性而进行的教学设计,是对一般教学设计的具体和深化。具体来讲,数学教学设计是以数学学习论、数学教学论等理论为基础,运用系统方法分析数学教学问题、确定数学教学目标,设计解决数学教学问题的策略方案、试行方案、评价试行结果和修改方案的过程。②

数学教学设计体现科学性。科学性的真谛在于求真,在于对科学规律的揭示。为保证数学教学设计的科学性,数学教学设计必须在数学科学理论的指导下加以进行,遵循数学教学和数学学习过程的一般规律,从而建立合理的数学目标、内容、方法等的策略体系,运用系统方法对数学教学系统的要素进行最优化的组织和规划。

数学教学设计体现艺术性。艺术的生命在于创造。数学教学设计,是教师根据数学学科特点和学生的数学实际进行的创造性劳动,受数学教师教学理念、教学功底、教学知识水平和教学实践能力等因素的制约和影响,使得数学教学设计带有明显的个性特质。另外,数学教学设计的艺术性体现在其美感价值。优秀的数学教学设计不仅内容丰富、富有成效,而且在内容和形式上求善求美,给人以极大的美感享受。

数学教学设计体现实践性。数学教学设计作为数学教育理念与数学教学实践的中介,最终要运用于数学教学实践当中,因而数学教学设计具有可行性和操作性。倘若没有条件或没有办法付诸实践,再好的教学设计也是"一句空话"。同时,数学教学设计在数学教学实践中接受检验,从而使得数学教学设计得以改进和完善。现代数学教学设计是一个讲求教学的生成性作用并不断完善的过程。

小学数学教学设计既遵循教学设计的一般规律,又具有数学教育的特殊规律,还要符合小学生的认知规律。应用系统的思想和方法分析小学数学教学需求和实施过程,根

---

① 张昕,任奕奕.新课程教学设计[M].北京:北京理工大学出版社,2004:8.
② 奚定华.数学教学设计[M].上海:华东师范大学出版社,2001:1.

据小学数学教学目标探索小学数学教学过程中诸要素的相互关系和各种教学方法、教学媒体的合理组合,是小学数学教学设计的应有之义。

二、小学数学教学设计的原则

(一)继承性与创新性相结合的原则

教学设计的显性化结果是形成教学方案,这里指单个课时的教学方案。教学方案的形成要坚持继承性与创新性相结合的原则,主要有三个层面的含义:

一是对国家义务教育数学课程标准的继承与创新。课程标准是国家教育部门制定的指导性文件,义务教育数学课程标准是义务教育阶段数学课程的统领性文件,小学数学教师的教学设计应遵循课程标准的理念与要求。但课程标准只能发挥导向性作用,教学方案要真正落实到一节节课时中,就需要教师能够针对本地区、本学校、本班级的具体情况,对课程标准进行创新,形成适合自己本课时教学的具象化方案。

二是对数学教材和数学教学指导用书的继承与创新。数学教材以及教学指导用书是教育部门为教师配备的教学工具书。但不可避免的是,教学工具书很难顾全各个地区学校的差异性,而差异性的存在是必然的,即使是同一学校的不同班级依旧存在差异性。因此教师的教学设计不应是简单对数学教材或教师教学指导用书的照搬或翻版,而是继承教材和教参的思想,结合自身及所教班级学生的实际,进行创新性的教学设计。

三是对他人及自身以往教学设计的继承与创新。教师进行教学设计时借鉴他人以往的相关教学设计是可以的,同样,也可以参考自身以往的教学设计。但需要注意的是,要时时推陈出新,体现新的教学理念和学习理念,并考虑教育对象的差异。一些有着多年教育经验的老教师更要引起注意,老教师对于教学内容以及教学过程的把握已达到相当熟练的程度,因而往往容易导致"固步自封"。因此,教师需要特别注意对以往教学设计的选择与创新。

(二)具体性与抽象性相结合的原则

小学数学教学设计既要遵循数学的教学原则,也要符合小学生的认知特点和思维特点。对于整个小学阶段的儿童来讲,学习活动代替他们幼儿时期的游戏活动,成为他们的主要活动形式。在学校教育的影响下,小学儿童的认知能力、思维能力都在不断地发生变化。发展心理学的研究认为,小学儿童思维的基本特点是以具体形象思维为主要形式逐渐过渡到以抽象逻辑思维为主要形式,但这种抽象逻辑思维在很大程度上仍然是直接与感性经验相联系的,仍然具有很大成分的具体形象性。[1] 故而,小学数学教学设计应符合小学儿童思维发展规律,坚持具体性与抽象性相结合的原则。

小学数学教学设计的具体性原则要求小学数学教学设计应利用小学生的生活实际,将抽象的数学素材转化为小学生认知范围内的、可接受的事物,同时采取直观形象的教学手段。由于数学本来就是一门抽象的科学,小学数学教学设计的具体性诉求,并不能完全"隔离"了数学的抽象性本质。在小学数学的教学设计中贯穿抽象性原则,注重小学

---

[1] 林崇德.发展心理学[M].北京:人民教育出版社,1995:286.

生数学思维品质的养成,才能使其更好地理解数学,以至将来能够应用其所学的数学知识解决现实生活中的问题。

(三)数学知识的掌握与数学思想方法的渗透相结合的原则

《课程标准(2011年版)》中,与以前的版本相比很大的变化是将数学教学基本要求的"双基"目标拓展为"四基",分别为基础知识、基本技能、基本思想和基本活动经验;将数学的六个核心词增加为十个核心词,在原来的数感、符号感、空间观念、统计观念、推理能力、应用意识的基础上,增加了几何直观、运算能力、模型思想和创新意识。从中可以更加明显地看出,新课程标准要求对数学要有整体性的把握。当然,小学数学的教学设计也不能过度强调小学生数学知识的掌握而忽视数学思想方法的引导,或者过度注重小学生数学思想方法的训练而忽视数学知识的掌握。小学数学教学设计要坚持数学知识的掌握与数学思想方法的渗透相结合的原则。

《课程标准(2011年版)》中对小学数学内容做了明确的要求。其中将小学阶段分为两个学段:第一学段(1~3年级)、第二学段(4~6年级),每个学段又分别从数与代数、图形与几何、统计与概率、综合与实践四个方面做了详细的阐释,这是对小学数学知识的硬性要求,也是最起码的要求。教师在数学教学中要注意数学思想方法的渗透,"授人以鱼不如授人以渔"。小学生学到的数学概念、数学公式等随着时间的推移,往往会遗忘,而使他们真正受益的正是数学思想方法,方法的掌握是数学学科的特殊要求。贯彻数学知识的掌握和数学思想方法的渗透相结合的原则,一方面,可以在熟练掌握数学知识的基础上,在解题实践中提炼出数学解题策略,领悟数学思想;另一方面,可以设计专门的数学思想方法的教学,诸如分类、类比、联想、演绎、归纳、数形结合方法、数学建模方法等。

三、新课程小学数学教学设计理念

(一)数学化设计理念

数学化是由著名的数学家和数学教育家弗赖登塔尔提出来的,他把"数学化"作为数学教学的重要原则。弗赖登塔尔说过,与其说是学习数学,还不如说是学习"数学化";与其说是学习公理系统,还不如说是学习"公理化";与其说是学习形式体系,还不如说是学习"形式化"。在他看来,所谓的"数学化",是指人们在观察、认识和改造客观世界的过程中,运用数学的思想和方法来分析和研究客观世界的种种现象并加以整理和组织的过程。[1] 顾名思义,数学化设计理念就是要在数学教学中突出数学的本质,呈现数学特有的"教育形态",使学生切实感受到数学本身的价值和魅力。

数学化设计理念是相对于生活化设计理念而提出来的。近年来,随着新一轮数学课程改革的推进与深入,小学的数学课堂也发生了变化。主要体现在,教师开始改变传统的以讲授为主的教学方式,注意创设一系列与小学生生活相关的情境,让学生在"剪一剪""拼一拼""做一做""猜一猜"等活动中发现和学习数学。然而一些调查显示,这种教学方式的变革也并非尽如人意,不少教师指出,这种人为化的情境创设,偏离了数学,过

---

[1] 曹一鸣.数学教学中的"生活化"与"数学化"[J].中国教育学刊,2006(2):46—48,58.

于表面化，走向了形式化。在数学教学中如何在"生活化"与"数学化"间找到一个契合点成为关键，在强调数学要贴近学生生活的同时，亦要关注"数学化"。实际上来讲，数学化是一个渐进的过程，学生学习数学也应先从情景层次开始，逐渐使自己的知识系统化并把策略运用于具体情景中，然后再用具体的模型去代表特定的数学对象，再次完成一般化，最后实现形式化。① 也就是说，生活化与数学化是相辅相成的，紧扣学生的生活实际，进行数学化教学设计，是新一轮数学课程改革对数学教师的要求。

（二）问题化设计理念

《课程标准（2011年版）》中，将"问题解决"作为课程目标的一个独立方面加以阐述。该部分强调要使学生体会数学知识之间、数学与其他学科之间、数学与生活之间的联系，运用数学的思维方式进行思考，增强发现和提出问题的能力、分析和解决问题的能力。② 问题意识是培养数学应用意识和创新意识以及实践能力的关键。透过这些方面，足以看出问题在数学教学中的重要性与必要性。

问题化设计理念就是把问题贯穿于数学教学的始终，将数学的教与学置于一系列的问题情境中，用问题驱动数学教学。在问题设计的方法上，一些专家学者们的研究成果在增加问题设计的可操作性方面起到了重要作用，其中有学者认为由我国教育技术专家祝智庭教授和闫寒冰博士根据国际上著名的4MAT教学模式提出的"五何"问题设计方法对数学问题设计非常有意义。

（三）活动化设计理念

自2011年《义务教育数学课程标准（修订版）》把"基本的数学活动经验"列为数学教学的基本要求之一，把原有的"三基"扩充为"四基"，数学教育指导思想再次迎来了一次新的转型。为了使"四基"的要求落到实处，数学活动引发了师生关注。

数学活动化设计理念的指导思想是充分发挥学生在数学课堂上的主体地位，使学生充分参与到数学课堂上来。活动化设计理念的要义就是"使学生动起来"。对小学数学课堂而言，将静态的小学数学内容设计成师生互动的活动内容、将传统意义上的"纸笔方式"设计成小学生的动手操作过程等都是贯穿了活动化的设计理念。新课程标准中，"综合与实践"内容的设置可以更好地实现数学教学的活动化。

［拓展阅读］

李政道的导师费米（诺贝尔奖得主）每周花半天时间与他交谈，话题很广。有一次，师生之间发生了如下谈话：

费米：太阳中心的温度是多少？

李政道：1000 ℃左右。

---

① 曹一鸣.数学教学中的"生活化"与"教学化"[J].中国教育学刊，2006(2)：46—48,58.
② 中华人民共和国教育部.义务教育数学课程标准（2011年版）[S].北京：北京师范大学出版社，2012:8.

费米:怎么知道的？

李政道:文献上查到的。

费米:你自己算过吗？

李政道:没有,算起来很复杂。

费米:那你怎么能够就轻易地接受别人的结论呢？你起码要自己思考一下,估计一下,看它是不是合理。

于是,师徒俩动手做计算尺,花了两天的时间验证了文献上的数据是对的。

第二节
小学数学教学设计的内容

现代教学理论把教学的成效定格在学习者所发生的变化上。目前,对现代教学设计的理论探讨和实践模式的研究有很多,教学设计作为教学理论与教学实践的中介和桥梁,有其自身的思路和运作程序。

数学教学设计是一项系统过程,一般认为,数学教学设计通常包括数学课程设计和数学课堂教学设计两种类型。在这里,主要探讨数学课堂教学设计,在数学课堂教学设计上主要研究数学课时教学设计,以下简称"数学教学设计"。小学数学教学设计是数学教学设计在小学阶段的运用。下面,依照对教学设计模式已有研究的提炼,充分考虑小学数学的特点,形成如图 4-1 所示的框架图。本节主要介绍小学数学教学设计的目标设计、内容设计、策略设计以及教学手段的选用。小学数学教学设计的评价和调整将在第三节加以阐述。

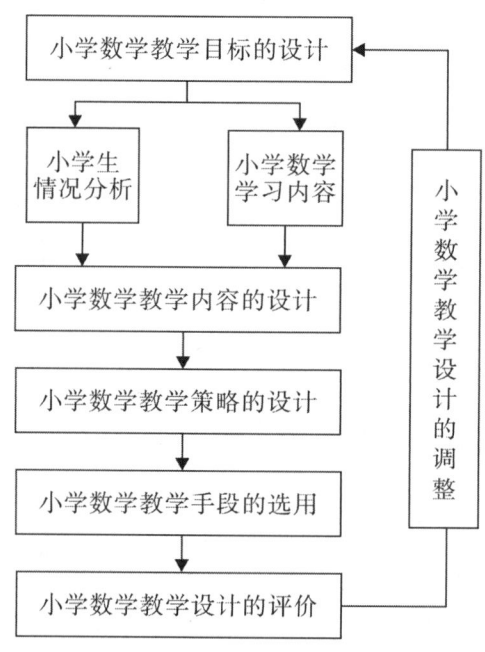

图 4-1　小学数学教学设计流程图

一、小学数学教学目标的设计

教学目标是预期学生在教学活动后所产生的效果,是教学活动的起点和归宿。教学目标的设计是教学设计的重要环节,是整个教学设计的出发点,主要解决"为了什么而教"的问题。

(一)确立小学数学教学目标的依据

新理念下的小学数学课程目标从知识技能、数学思考、问题解决、情感态度四个方面加以阐明。新理念下的小学数学教学目标设计要充分着眼于小学数学的课程目标,从分析小学生情况和小学数学学习内容入手。对小学生的情况分析主要包括:①小学生的起点分析,分析小学生的基础知识和能力是否具备;②小学生的心理状态分析,包括小学生学习数学的兴趣和动机等;③小学生的经验基础分析等。对小学数学学习内容的分析主要包括分析小学数学教材的编写意图,小学数学教材的组织和呈现方式以及本节课在整个课程、整个学期、整个单元中的地位等。

(二)数学教学目标的表述

对小学数学教学目标进行分析之后,还要对其目标进行具体化确定和描述。按照新课程改革的精神,义务教育数学课程目标包括结果目标和过程目标。结果目标,即采用结果性目标的方式,明确告诉人们学生的学习结果是什么,采用的动词要求明确,可测量,可评价,如"了解""理解""掌握""运用"等。过程目标,即采用体验性或表现性目标的方式,描述学生自己的心理感受、体验或明确安排学生表现的机会,所采用的行为动词往往是体验性、过程性的,如"经历""体验""探索"等。有学者对数学教学目标进行了分类,具体如下:①

(1)数学教学目标的内容可分为以下八类:数学事实、数学概念、数学原理、数学问题解决、数学思想方法、数学技能、数学认知策略、数学认知态度。

(2)数学教学目标的水平可分为以下四种:了解、理解、掌握和灵活运用。

对小学数学教学目标的编制可以借鉴这样的分类方法,从而能够对教学目标的表述形成大概的方向。

教学目标的表述方式以 ABCD 法较为普遍:

(1)A(Audience),即教学对象,是教学目标表述的行为主体。需要注意的是,教学目标陈述的行为主体必须是学生,而非教师,因为教学目标要反映的是学生的学习效果有没有达到,而不是评价教师的工作。故此,小学数学教学目标表述的行为主体为小学生。

(2)B(Behavior),即行为,反映学生在教学活动之后的行为。小学数学教学目标的行为表述要突出小学生的数学知识技能的掌握、小学生的数学思考、小学生的数学问题解决、小学生的数学情感态度。

(3)C(Condition),即条件,说明行为在什么状态下产生。

(4)D(Degree),即标准,明确上述行为的标准。

---

① 奚定华.数学教学设计[M].上海:华东师范大学出版社,2001:67.

【案例1】
一年级上册"11～20各数的认识"教学目标①
[教学内容选自《义务教育课程标准实验教科书 数学(一年级上册)》(人教版)]
1.知识技能
能够正确数出数量在11～20的物体个数,知道这些数的组成,掌握20以内数的大小和顺序。
2.数学思考
经历计数单位"十"的产生过程,通过猜一猜等方法培养初步的数感。
3.问题解决
借助尺子上的数,初步培养学生提出问题的能力。
4.情感与态度
初步体会到生活中处处有数学,并且从中品尝到学习数学的乐趣。
本教学目标的设计遵循了数学新课程倡导的目标理念。其一,从数学课程的知识技能、数学思考、问题解决、情感态度四个方面,对教学目标加以阐述。其二,"数出""知道""经历""体会"等动词的使用符合了新课程对数学教学目标表述的要求。

二、小学数学教学内容的设计

教学内容是教学活动的直接载体,是师生互动的直接媒介,主要解决"教什么"的问题。数学新课程致力于"人人都能获得良好的数学教育,不同的人在数学上得到不同的发展",数学新课程的内容处处体现着"以生为本"的价值取向。新理念下的小学数学教学内容的设计,主要从小学数学新课程的内容标准设计和小学数学教学内容的选择两方面加以阐述。

(一)小学数学新课程的内容标准设计

《课程标准(2011年版)》中的内容标准部分是针对3个学段分别展开的,其中小学阶段囊括了前两个学段:第一学段(1～3年级)、第二学段(4～6年级)。在每个学段,又分别从"数与代数""图形与几何""统计与概率""综合与实践"4个领域加以说明,如下表。

表4-1 小学数学新课程的内容标准

学段	第一学段(1～3年级)	第二学段(4～6年级)
数与代数	数的认识 数的运算 常见的量 探索规律	数的认识 数的运算 式与方程 正比例、反比例 探索规律

---

① 娄亚文.新课程教学设计精编(小学卷)[M].呼和浩特:内蒙古人民出版社,2007:230.

续表

学段	第一学段(1~3年级)	第二学段(4~6年级)
图形与几何	图形的认识 测量 图形的运动 图形与位置	图形的认识 测量 图形的运动 图形与位置
统计与概率	分类	简单的数据统计
简单数据统计过程	随机现象发生的可能性	
综合与实践	实践活动	实践活动与综合应用

从中可以看出,一方面,数学新课程内容标准注重学生对数学基础知识、基本技能的理解和掌握。数学知识技能既是小学生数学发展的基础性目标,又是实现小学生更高的数学水平发展的载体。另一方面,数学新课程内容部分标准不仅包括数学的结果,也包括数学结果的形成过程和蕴含的数学思想方法。

(二)小学数学教学内容的选择

新理念下数学的课程教学资源丰富多样,主要包括文本资源——如教科书、教师用书,教与学的辅助用书、教学挂图等;信息技术资源——如网络、数学软件、多媒体光盘等;社会教育资源——如教育与学科专家、图书馆、少年宫、博物馆、报纸杂志、电视广播等;环境与工具——如日常生活环境中的数学信息,用于操作的学具或教具,数学实验室等;生成性资源——如教学活动中提出的问题、学生的作品、学生学习过程中出现的问题、课堂实录等。[①] 与传统的数学课程相比,现代数学课程资源表现出明显的优势,而如何整合这么多的数学课程资源,使其协调、有效地发挥作用,这就是数学教学内容的选择问题。在进行小学数学教学设计时,教学内容的选择要考虑以下一些问题:①小学数学教学内容的素材应贴近学生现实。新课程标准中指出,学生现实主要包括学生的生活现实、数学现实和其他学科现实。②小学数学教学内容设计要体现过程性。体现数学知识的形成过程,反映数学知识的应用过程,逐渐培养小学生的数学思维意识和应用意识。③小学数学教学内容设计要有一定的弹性。数学新课程要使"不同的人在数学上得到不同的发展",数学教学既要面向全体学生,还要考虑学生发展的差异。④适时地介绍有关数学的背景知识,如数学史料、一些数学概念产生的背景材料、数学家介绍、数学在现代生活中的广泛运用等,从而使学生了解数学的发生与发展历程,激发学生学习数学的兴趣。同时,挖掘数学学习的人文价值,以符合数学课程对学生人文精神培养的诉求。

三、小学数学教学策略的设计

教学策略设计主要指教学过程的流程安排、教学方法的选择与使用等方面的设计,

---

① 中华人民共和国教育部.义务教育数学课程标准(2011年版)[S].北京:北京师范大学出版社,2011:67.

主要解决"如何教"的问题。新课程改革要求改革学生的学习方式和教师的教学方式,基于此,新课程理念下教学策略的设计着力于改变传统单一的教学方式,确立在课堂中教师的主导地位和学生的主体地位,建立自主、探索、发现、合作的学习机制,从而推动新型师生互动关系的确立。下面,主要从数学概念、数学规则、数学问题解决三方面对数学教学策略的设计原理加以说明。

(一)数学概念的教学策略设计

概念是对事物固有的、内在的、本质的属性的概括,数学概念是对现实生活中的数量关系和空间形式的数学概括。数学概念的教学是数学教学的基础和前提。小学数学概念包括数的概念、量的概念、运算概念、比和比例的概念、几何概念、简单的统计概率概念等。鉴于小学生的年龄特征和思维特点,小学生对概念的学习主要是由例证或已形成的概念出发,从而概括新概念的本质属性。

【案例2】

"角的初步认识"教学片段[①]

[教学内容选自《义务教育课程标准实验教科书 数学(二年级上册)》(人教版)]

通过让学生观察教师手中的实物(扇子、三角板、钟面、活动角、一些图形等),从这些东西的共同点——生活中的角导入数学中的角。

1.初步认识角

(1)让学生找一找身边有哪些东西是有角的。

师:同学们,除了刚才老师给你们看的那些角外,你还知道哪些角吗?

生:红领巾的角,红旗的角,课本的角……

(2)师生一起用纸折成大小不同的角。

师:现在我们拿出一张圆形纸张,一起来折角,大家跟着老师一起来折。

(3)教师拿出小棒,让学生到黑板上用小棒组成一个角。

(学生上讲台演示)

师:同学们,你们看看,这几个同学谁做得对?

(师启发引导学生找出角的特征)

2.认识角各部分的名称

教师先在黑板上画一个角。

(1)指着顶点问:这个叫作什么呢?

答:顶点。

(2)指着边问:这个叫作什么呢?

答:边。

(3)问:你们看看,角的两条边是直的还是弯的?

答:直的。

(4)问:那你们数数,角有几个顶点几条边?

---

① 曾超益.小学数学教学理念与教学示例[M].广州:华南理工大学出版社,2003:74—75.

答:角有一个顶点两条边。

(5)问:谁能把角指出来?哪个部分才是角呢?

(学生试指,教师根据学生的表现做出反馈)

师:大家注意,角不是边也不是顶点,它是两条边和顶点夹的中间的这个部分。我们可以用角的符号把它标出来。(教师在角的图形上用角的符号把角标出来)

小结:角是由两条边相交于一个点组成的,它有一个顶点和两条边,而且两条边是直的。

本教学片段的设计符合小学生的年龄特征和思维特点。从小学生熟悉的生活中的事物引入"角"的概念,并通过学生的活动参与,引导学生概括"角"的本质属性。

(二)数学规则的教学策略设计

数学规则是两个及两个以上数学概念之间的关系的叙述,包括数学公式、法则、定律等。小学数学规则有计算公式、四则运算法则、运算定律与性质等。规则的教学并不仅仅是使学生能够说出规则的内容,而是学生能够了解数学规则的推导过程,并能把规则灵活运用进而解决相应的问题,这才是数学规则掌握的要义。数学规则的教学是一种程序性知识的教学,数学规则的教学依赖于学生对各种数学概念之间关系的理解,主要有归纳式和演绎式两种教学策略。

【案例3】

"长方形的面积"教学片段①

[教学内容选自《义务教育课程标准实验教科书 数学(三年级下册)》(人教版)]

引导学生推导长方形的面积公式。

1.学前激趣

(1)屏幕显示一个长方形(由10个面积为1平方厘米的正方形构成)。

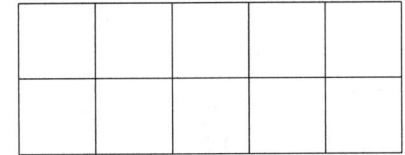

师:你能说出这个长方形有多大吗?怎么看出来?

生(口答):10平方厘米,因为由10个面积为1平方厘米的正方形构成。

(2)再显示一个长方形:

师:你能说出这个长方形有多大吗?你怎么测量?

一学生动手用自制的学具(面积为1平方厘米的正方形)上台测量。

---

① 曾超益.小学数学教学理念与教学示例[M].广州:华南理工大学出版社,2003:87-88.

(3)显示图片:一个操场。

师:你们说用上面的测量方法来求出操场的面积,方便不方便?

生:不方便。

(从而引导学生认识到学习长方形面积公式的必要性)

2.小组操作

(1)用自制的边长为1厘米的正方形摆出3个不同的长方形,然后根据实际情况填表格。

长方形	长(cm)	宽(cm)	面积(cm^2)
1	8	3	24
2	5	4	20
3	6	1	6

(2)用12个边长1厘米的正方形摆成不同的长方形,能摆出几种不同的长方形呢?将所摆的长方形的情况填入表格。

长方形	长(cm)	宽(cm)	面积(cm^2)
1	12	1	12
2	6	2	12
3	4	3	12
…			

3.观察探索规律

4.发现证明

长(厘米) × 宽(厘米) = 面积(平方厘米)

12 × 1 = 12

6 × 2 = 12

4 × 3 = 12

……

(每排有几个小正方形 ×排数=面积)

(排数×每排有几个小正方形=面积)

长方形的面积= 长 × 宽

本教学片段是基于一种归纳式的教学策略,引导学生对长方形面积公式规则的掌握。从学生已知的正方形面积公式,利用事实认知,通过规律探索,"由下而上",引导学生发现长方形面积公式的规则。

【案例4】

"梯形的面积"教学片段

[教学内容选自《义务教育课程标准实验教科书 数学(五年级上册)》(人教版)]

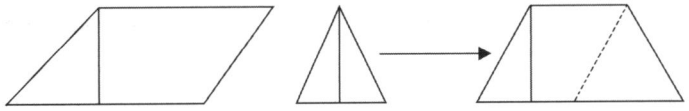

本教学设计是由平行四边形和三角形的面积公式推导梯形的面积公式,是基于演绎式的教学策略。利用学生已知的平行四边形和三角形的面积公式,通过梯形的图形变换,从而推导出梯形的面积公式,再求解。

(三)数学问题解决的教学策略设计

数学问题解决,就是通过数学思考,运用已有的数学知识和方法寻求问题答案,使问题从初始状态到达目标状态的一种活动过程。数学问题解决的教学实际上是一种策略性知识的教学。数学新课程把"问题解决"作为一个独立的数学目标加以阐述。

1.第一学段(1～3年级)

(1)能在教师的指导下,从日常生活中发现和提出简单的数学问题,并尝试解决。

(2)了解分析问题和解决问题的一些基本方法,知道同一个问题可以有不同的解决方法。

(3)体验与他人合作交流解决问题的过程。

(4)尝试回顾解决问题的过程。

2.第二学段(4～6年级)

(1)尝试从日常生活中发现、提出简单的数学问题,并运用一些知识加以解决。

(2)能探索分析和解决简单问题的有效方法,了解解决问题方法的多样性。

(3)经历与他人合作解决问题的过程,尝试解释自己的思考过程。

(4)能回顾解决问题的过程,初步判断结果的合理性。

从数学新课程的问题解决的目标要求出发,针对小学生的年龄特点和数学学科的性质,小学数学问题解决的教学策略设计主要考虑以下一些问题:①贴近小学生实际的问题情境设计,使学生能够理解其面临的问题是什么;②培养学生将实际问题转化为数学问题的能力;③解决问题方法多样化的探究。

【案例5】

"解决问题"教学片段[①]

[教学内容选自《义务教育课程标准实验教科书 数学(三年级上册)》(西师版)]

教师出示1块巧克力和1袋旺旺饼,并介绍:1块巧克力3元,1袋旺旺饼1元,老师买了一些巧克力和旺旺饼,刚好用了10元钱。猜一猜,我买了多少块巧克力?多少袋旺旺饼?

---

① 宋乃庆,李光树.数学教学参考书 四年级(上)[M].重庆:西南师范大学出版社,2004:170-171.

学生大胆猜测,并说明理由。

教师呈现自己买的巧克力和旺旺饼。

小结:虽然有的同学猜对了,有的同学猜错了,但大家都能运用数学知识解决问题,今天我们就继续运用数学知识,进一步学习解决生活中的具体问题。(板书课题:解决问题)

二、探究体验

呈现例1情境(课件)。

师:从情境中你获得了哪些数学信息?你能根据这些信息提出数学问题吗?

师:如果要算"46人每人买1支笔,至少要多少钱?",你认为应怎样购买呢?

小组讨论,组长整理记录。

全班反馈交流,说明购法,教师导评(学生不一定列出下面的算式,只要能说出想法就行)。

方法一:$3×46=138$(元);方法二:$25×4+3×6=118$(元);方法三:$25×4+3×2=106$(元)。

重点导评方法三:这种方法可行吗?为什么?

如果学生不能呈现方法三,教师可做如下引导:老师有一种想法,大家来帮忙参考一下,看看可行吗?再出示第三种方法。

小结:在解决问题时,我们要充分关注一些优惠的信息,做到既省钱,又能把事情办好。

三、活动运用

1.出示第75页第1题,学生观察。

师:从图中你获得了什么信息?能提出哪些数学问题?

学生独立解决后交流,可能有如下解决办法(学生不必说出综合算式,只要对解法进行合理解释就行):

(1)$372÷6×(6+12)=1116$(米);(2)$372×(12÷6+1)=1116$(米);(3)$372+372×(12÷6)=1116$(米)。

师:同学们真不错,从多角度思考,运用我们学习的乘除法和加法的知识找到了这么多办法来解决问题,继续努力。

2.合作解决第76页第2题。

教师以谈话的方式引出第2题,学生分组合作解决后交流。

3.小结。

师:通过学习,大家都在解决问题上有了新的感受,能说一说吗?

本课的教学设计,以"猜一猜"活动入手,借助贴近小学生生活实际的巧克力和旺旺饼引入话题,既能够调动学生的积极性,又能使学生直观感受数学所能解决的具体问题。同时,还充分展现了学生提出问题、分析问题、解决问题的全过程,并通过学生的分组合作,引导学生探究解决问题的多样化方法。

四、小学数学教学手段的选用

小学数学教学手段是在小学数学教学过程中教师和学生相互传递信息的媒体、工具或设备,解决"用什么教"的问题。小学数学教学手段主要包括常规教学手段和现代教学手段两类,常规教学手段有教材、板书、简单的教具和学具等,现代教学手段是现代信息技术发展在数学教学中的运用,如幻灯、投影、录像、多媒体教学手段等。教学目标、教学内容、学习者的特点、媒体自身的特点、现实的经济条件等都会影响教学手段的选择。数学新课程鼓励师生尽可能使用计算器和计算机,将现代信息技术与数学课程进行充分整合。小学数学教学手段的选择和使用,既要考虑直观性要求,又要对现代教学手段使用其他方面的策略进行优化。

数学新课程强调了在数学课程教学中对现代信息技术的运用,对使用现代信息技术和教学手段多样化的关系做了说明,小学数学教学手段应随之发生变革。当前,多媒体教学也成为小学数学教学中广泛使用的教学手段,但同时也产生了一些问题:一是教师形成了对多媒体的依赖心理。一方面,数学科目因其自身的特殊性对数学多媒体教学课件的制作有着较其他学科更高的要求,诸如数学的一些特殊数字、特殊符号,还有数学图形的变化演绎等在多媒体制作上都有更高的技术要求,这使得一些数学教师因自身能力和精力的有限而过分依赖一些现成的课件,削减了自身的能动性;另一方面,数学教师对多媒体的依赖使得其放弃了其他常规教学手段的使用,而影响了教学的实效性。二是速度问题。采用多媒体课件上课可以在短时间内呈现大量的信息,但它的特点就是"做慢放快",教师应注意协调屏幕信息量与自身讲解信息量的均衡,留给学生思考和记录的时间。对于小学生来讲,这一点显得尤为重要。

第三节
小学数学教学设计的实施

一般认为,教学设计的实施主要包括内容组织、教学实践和评价实施三个重要环节。我们也将尝试按照这种思路对教学设计的实施加以探讨。整体上说,教学设计的内容组织主要就是教学设计的内容设计,因前一节已做过说明,这里不再赘述。关于小学数学课堂教学设计的实施,主要从小学数学教学设计实施的教学要求和小学数学教学设计的评价和小学数学教学设计的调整三个方面论述。

一、小学数学教学设计实施的教学要求

在理念和具体操作上切实优化数学教学是新理念下数学课程改革的重要特点。小学数学教学设计的实施,应遵循数学新课程对数学教学的一些要求。

(一)关注数学课程整体目标的实现

新理念下数学教学不仅要使学生获得数学的知识技能,而且要把知识技能、数学思考、问题解决、情感态度四个方面的目标有机结合,实现课程整体目标。数学教学方案的实施不仅要重视学生对基础知识和基本技能的理解和掌握,而且要激发学生的学习兴趣,使学生感悟数学的基本思想,引导学生在参与数学活动的过程中积累活动经验,帮助学生形成认真勤奋、独立思考、合作交流、反思质疑等良好的学习习惯。对于小学生而言,数学知识技能、数学基本思想和数学基本活动经验的整体协调显得尤为重要,这将影响他们之后的数学学习。

(二)关注学生现实

数学教学设计的实施要充分考虑学生的认知特点和活动经验。换句话说,就是要在新理念的指导思想下,使数学教学设计在反映数学本质的前提下尽可能地贴近学生的现实。《课程标准(2011年版)》明确指出,学生的现实主要包括生活现实、数学现实和其他学科现实。

对小学生而言,数学教学方案的实施要充分考虑小学生的认知规律、小学生思维的发展特点、小学生的数学基础知识和方法等。

(三)注重学生数学应用意识和创新意识的培养

按照《课程标准(2011年版)》的精神,应用意识包含两个方面的含义:一方面是用数学眼光认识现实生活中的问题,解决现实问题;另一方面是将现实问题转化为数学问题,并用数学的方法加以解决。应用意识的培养是一个渐进的过程,而综合实践活动是一个很好的载体。从《课程标准(2011年版)》中"综合与实践"部分的设置可以看出,小学低年级阶段主要关注小学生实践活动的经历和感受,小学高年级阶段则明显渗透了小学生数学应用意识的训练。如果说应用意识是要使学生能够发现和提出问题,那么创新意识的培养就是要使学生能够用多样化的方法分析和解决问题。而问题是创新意识培养的

基点,因此,教学设计的实施过程应注重问题情境的创设和数学思想方法的渗透。

二、小学数学教学设计的评价

广义上来讲,对教学设计的评价包括对教学设计中教学的评价和对教学设计成果的评价。对教学的评价将在后面的章节中加以阐述,这里主要探讨对教学设计成果的评价。

(一)小学数学教学设计成果的评价

对小学数学教学设计成果的评价就是对小学数学教学方案的评估。一方面是教师对其教学方案在数学教学过程中被实施之后是否达到预期的一种判断,是对"想要发生的"与"实际发生的"之间的差距的一种评估。另一方面,是对数学教学方案优劣的评估。一个数学教学方案的优劣,必须通过数学教学实践,从教师的数学教学和学生的数学学习两方面加以评价。

1.与教师的数学教学有关的评价指标

其一,与教师的教学过程有关的指标。可以从数学教学活动中评价教师的教学组织能力和教师的课堂管理能力,观察其讲授内容的精确性与严谨性、对教学过程的协调能力以及对学生反应的敏感程度和调整能力等。

其二,与教师的教学策略有关的指标。判断教师选择的教学策略和方法是否符合小学生的特点,是否能够维持小学生的注意和兴趣,是否有利于小学生的数学理解,是否注意对小学生数学思维方法、数学思考能力、数学实践能力和创新能力的培养等。

其三,与教师的教学内容有关的指标。判断教师对数学背景知识的挖掘是否能够保证所选择的教材内容与其教学目标的一致性,选材是否符合小学生的生活实际和数学兴趣,是否体现数学内容的层次性,重难点是否突出等。

2.与小学生的数学学习有关的评价指标

从学生在课堂上的表现来分析学生对教学方案实施的反应,如从表情上分析学生对讲课内容和速度的适应性;从课堂提问中分析学生对课程的理解程度;从课堂秩序上分析学生对学习的注意或投入程度,如学生是否有学习的需要和要求;学生是否乐意在教师的指导下学习等。[①]

除教师因素和学生因素外,评价一个小学数学教学方案的优劣,还要考虑时间因素,如教学方案用于教学所需的时间、教师的教学时间、学生的学习时间、学生完成作业所需的时间等。

(二)数学新课程对数学教学设计的评价的基本要求

现代的评价观强调预设与生成的关系,对教学设计的评价也包括了对教学设计在教学实施过程中生成的非预期状态的反思。对小学数学课堂教学设计的评价是现代教学设计观在小学数学教学中的具体运用,在数学新课程理念下,可以归纳出对小学数学教学设计实施评价的一些基本要求。

---

① 何克抗.教学系统设计[M].北京:北京师范大学出版社,2002:140.

1.以教学设计的目标和内容标准为依据

《课程标准(2011年版)》对教学目标和各个学段的内容标准做了详尽的说明。对教学设计的评价,要以教学目标和内容标准为导向,判断学生是否达到教师预先设定的教学目标,是否完成了教学的目标任务,关注学生对数学基础知识和基本技能的掌握情况,如学生的数学思考能力、学生学习数学的兴趣与课堂参与度等。

2.关注教学设计的实施效果和实施过程

现代数学课程评价强调结果性评价和过程性评价,对教学设计的评价同样关注教学设计的实施效果和实施过程。数学学科有其自身的特殊性,不仅需要关注数学知识的获得,更需注重数学过程和方法,再加上小学生的认知水平和语言表达能力有限,小学生的思维发展也处于一个从具体形象思维向抽象逻辑思维水平渐进的过渡阶段,因而小学数学课堂教学设计的结果性评价和过程性评价尤为必要。

3.教学设计评价方式的多样化

由于小学生的年龄特点和认知能力的特殊性,小学课堂的活跃性是相对高的,小学生又比较容易受同辈群体的影响,喜欢"人云亦云",因而对小学数学课堂教学设计的评价,教师不能完全依靠小学生外在的表现,这样评价方式的重要性自然就突显出来了。评价方式的多样化体现在多种评价方法的运用,小学数学教学设计的评价方法主要包括书面测验、口头测验、课堂观察、课后访谈、课内外作业、成长记录、教师同行相互评价等。

三、小学数学教学设计的调整

新理念下的教学设计是一个不断学习的过程,也是一个不断调整和完善的过程。教学设计的调整是对教学设计本身和教学设计的执行过程进行监控和调整,以使教学朝着最优化的方向发展。监控和调整的主体大多就是教师本人,教师对自己的教学设计和教学设计的执行过程进行审批、控制和调节。教学设计的调整并不只是体现在教学设计的实施过程之后,它贯穿在教学设计的始终。这里,将在教学设计调整的一般原理的指导下,对小学数学教学设计的调整加以论述。

1.小学数学教学设计调整的依据

小学数学教学设计调整的依据问题,来源于对小学数学教学设计本身和对小学数学教学设计的执行过程的监控。

对小学数学教学设计本身的监控,主要是对教学设计过程的反思,可以从以下方面进行:

(1)教学目标的制订是否符合小学数学课程标准的要求;

(2)所教的数学内容是否符合小学生的数学学习需求,是否有利于激发小学生的数学学习动机;

(3)学生起点水平与教学起点是否匹配;

(4)数学教学目标的从属目标系统是否合理;

(5)衡量小学生数学业绩水平的标准是否合理、具体;

(6)教学策略是否有利于教学目标的达成,是否与学生的个性特点相匹配。

对小学数学教学设计的执行过程的监控,主要是对小学生的数学学习状况和教师的

教学效果的反思,可以从以下方面进行:

(1)学生对所学数学内容的总体掌握情况以及各个部分的掌握情况;

(2)学生掌握不好的原因;

(3)哪些错误是典型的,哪些错误不具有普遍性;

(4)学生对所学数学内容的掌握情况能否与数学课程标准要求一致;

(5)所学数学内容是否促进了小学生的数学学习效果。

2.小学数学教学设计是否需要调整和怎样调整的问题

通过对教学设计本身和教学设计的执行过程的监控,收集到关于教学设计的调整的反馈信息之后,需要对所收集到的信息进行分析,主要可以从以下两方面进行:

(1)在监控过程中发现的问题是否是由教学设计本身引发的;

(2)倘若是由教学设计引发的,是否具有调整和解决的可能性。

确定了教学设计需要调整的部分后,由教师对其教学设计进行修改或再设计,方法上可以有反思自身、与同行的交流合作、请教专家等。对教学设计的调整是一个复杂的系统工作,需要依据实际教学情况和现实的教学条件而定,量力而行。

【案例】

"0~10各数练习"教学设计①

[教学内容选自《义务教育课程标准实验教科书 数学(一年级上册)》(人教版)]

课题名称:"0~10各数练习"

教材分析:本课复习的主要内容是10以内的数及加减法和数的比较,是学生进一步学习所有数与计算的基础。

教学目标:

1.通过各种游戏复习10以内数的加减法及数的大小比较。

2.在游戏过程中,初步培养学生认真观察、善于思考的习惯,发现计算结果的变化规律。

3.在愉快的活动中培养学生学习数学的兴趣和积极、主动的学习态度。

教学重点、难点:

通过各种游戏复习10以内数的加减法及数的比较。

教学方法:

实践法、探究法、合作法。

教学准备:

课件、扑克牌等。

教学过程:

(一)创设情境,引入主题

同学们,你们想不想去"数学小山村"? 那里有许多有趣的问题等着我们去解决,让我们出发吧!

---

① 刘黎明.新课程教学改革策略:小学数学教学设计及评析[M].北京:新华出版社,2009:1—3.

(二)练习过程

1.活动一:口算小屋

a. 7+1　　5+3
　　7-1　　5-3

b. 3+6　　9+1
　　6+3　　1+9

c. 10-1　　10-2　　10-3　　10-4……
　　1+3　　 2+3　　 3+3　　 4+3……

要求:先口算,再想一想,每组题有什么规律?

学生口算后讨论交流。

(设计意图:a.培养学生的审题能力和口算能力。b.渗透了函数的意义,感悟计算结果变化的必然趋势。c.养成先观察数的特点再计算的学习习惯。)

2.活动二:魔术小屋

师:老师新学了一个小魔术,想不想让老师表演一下?

(1)师生共同合作完成:师分给各小组一叠扑克牌,每叠36张(每种花色的"1~9"9张牌)。让每组小组长任意抽出一张牌藏起来,其余35张打开整理,把能凑成10的两张牌挑出来,最后每组仅剩一张,交给老师。这时老师根据学生送上来的牌很快猜出每组藏起来的牌是几。

(2)学生很惊讶,展开热烈的讨论。

明白剩下的一张和藏起来的那张也能组成10。

(3)师:同学们真了不起,在这么短的时间里就找到了魔术的秘密。如果现在让你做"猜牌游戏",你有没有更快更好的方法整理这些牌?

生:我把1和9看成一对好朋友,2和8是一对好朋友,3和7是一对好朋友……这样就能很快地把牌整理好了。

师:这个同学的方法好不好?有哪些好处呢?(引导学生说出有序查找的好处为"不重不漏")

(4)根据纸牌列式。

1+9=10　　2+8=10　　3+7=10　　4+6=10　　5+5=10
9+1=10　　8+2=10　　7+3=10　　6+4=10

(5)学生模仿教师做"猜牌游戏"。

(设计意图:在探究过程中,更好地掌握10的组成和10的加减法,培养学生有序思考的思维习惯。)

3.活动三:算式小屋

以接力赛的方式进行比赛:每名同学写5个算式,第一个算式的得数作为下一个算式的开头数,每组最后一个算式的结果都为"5"。然后集体评比。

如:3+4=7　　7-5=2　　2+8=10　　10-4=6　　6-1=5

(设计意图:在紧张愉快的氛围中,激发学生的学习热情,培养学生的注意力和发散思维能力。特别是要培养学生良好的数感:要使计算结果为5,应该选择哪些数,才能既保证写出5个算式又能保证结果为5,使学生能有目标地计算。)

4.活动四:小商店

老师出示几种商品让学生猜价钱。学生如果一下子猜不出来,可以问比多比少的问题,老师只回答"是"或"不是"。如一条毛巾8元,学生可以问:"比1元多吗?"师答:"是。"学生问:"比5元少吗?"师答:"不是。"学生问:"比10元多吗?"师答:"不是。"让学生根据同学的提问及老师的回答逐步缩小答案的范围,最后猜出准确价钱。

师:为什么有的同学只猜两三次就能猜出正确价格,而有的同学要猜四五次或更多次才能猜出正确价格呢?

生:小组学生交流讨论。找出又快又好的解决问题的方法。

(设计意图:联系生活实际,感觉数的大小,在游戏中初步培养学生的数感。)

(三)全课总结。

师:在"数学小山村"中,我们用到了哪些数学知识?

师:通过游戏,我们知道数学是从生活中来的,我想同学们一定会想出更多更有趣的数学游戏,大家回去想一想,以后我们再一起玩,行吗?

(设计意图:留给学生一个想象的空间,激励他们关注生活中的数学问题,把学习数学的兴趣延伸到课外。)

板书设计:　　　0~10各数练习

根据纸牌列式:$1+9=10$　　　$2+8=10$　　　$3+7=10$

$5+5=10$　　　$9+1=10$　　　$8+2=10$

$6+4=10$

算式接力:$3+4=7$　　　$7-5=2$　　　$2+8=10$　　　$10-4=6$　　　$6-1=5$

本节课的突出特点在于:其一,丰富生动的教学情境的创设。小学一年级学生活泼好动,喜欢游戏,该课以"数学小山村"的话题贯穿始终,以"口算小屋""魔术小屋""算式小屋""小商店"活动依次推进,能够激发学生课堂参与的积极性,引导学生在活动实践中逐步掌握、复习"10以内的加减法及数的比较",实现教学目标。其二,给予学生进行探究的情境和空间,促使学生进行数学思考。"口算后猜规律""猜牌游戏""算式接力赛""猜商品价格"等环节,都留给学生思考和交流的空间,在这些看似简单的算式中,培养了学生有序思考的思维习惯。

本章小结

俗话说:"凡事预则立,不预则废。"教学设计就是教师课堂教学的"预",是影响教师课堂教学的关键,也是反映一个教师的业务素质和教学创新能力的基本功。小学数学教学设计,既遵循教学设计的一般规律,又具有数学教育的特殊规律,还要符合小学生的认知规律。小学数学教学设计秉承义务教育数学新课程下的数学化理念、问题化理念和活动理念,坚持继承性与创新性相结合的原则、具体性与抽象性相结合的原则、数学知识的掌握与数学思想方法的渗透相结合的原则,优化小学数学教学过程,提高小学数学课堂教学的效果。

新理念下的小学数学课堂教学设计是一个不断学习与完善的过程,主要内容包括了小学数学教学目标的设计、小学数学教学内容的设计、小学数学教学策略的设计、小学数学教学手段的选用以及小学数学教学设计的评价和调整过程。其中各个部分相互作用、相互影响。小学数学教师应着力提高自身的教学设计能力和教学实践能力,充分发挥小学数学课堂的功能,从而全面提高小学生的数学素养。

复习思考题

1. 如何理解教学设计的概念?
2. 举例说明新课程小学数学教学设计理念。
3. 简述教学设计的运作程序以及小学数学课堂教学设计的基本内容。
4. 举例说明不同类型数学知识的教学策略设计。
5. 小学数学课堂教学设计的实施应该注意哪些问题?
6. 以"分数的初步认识"为题,设计一个课堂教学的导入情境。

本章参考文献

[1](美)加涅,等.教学设计原理[M].皮连生,庞维国,等译.上海:华东师范大学出版社,1999.

[2]周玉仁.小学数学教学论[M].北京:光明日报出版社,1990.

[3]孙可平.现代教学设计纲要[M].西安:陕西人民教育出版社,1998.

[4]张玉英.小学数学教学论要旨[M].北京:中国商业出版社,2002.

[5]周小山,严先元.新课程的教学设计思路与教学模式[M].成都:四川大学出版社,2002.

[6]刘黎明.新课程教学改革策略:小学数学教学设计及评析[M].北京:新华出版社,2009.

[7]中国社科院语言研究所词典编辑室.现代汉语词典(第6版)[Z].北京:商务印书馆,2012.

[8]张昕,任奕奕.新课程教学设计[M].北京:北京理工大学出版社,2004.

[9]北京师联教育科学研究所.新课标通用创新教学设计案例精选——小学低年级数学[M].北京:学苑音像出版社,2004.

[10]陈晓慧.教学设计[M].北京:电子工业出版社,2005.

[11]盛群力,等.教学设计[M].北京:高等教育出版社,2005.

[12]谢利民.教学设计[M].北京:中央广播电视大学出版社,2004.

[13]庞维国.数学学习与教学设计(小学卷)[M].上海:上海教育出版社,2005.

[14]王升.教学设计法[M].石家庄:河北人民出版社,2005.

[15]马云鹏.小学数学教学论[M].北京:人民教育出版社,2006.

[16]孙秀萍.数学课程的发展与课堂教学设计[M].哈尔滨:哈尔滨地图出版社,2006.

[17]张晓霞,李建萍.小学数学课程与教学论[M].成都:四川教育出版社,2006.

[18]叶立军,方均斌,林永伟.现代数学教学论[M].杭州:浙江大学出版社,2006.

[19]郭要红.数学教学论[M],合肥:安徽人民出版社,2007.

[20]奚定华.数学教学设计[M].上海:华东师范大学出版社,2001.

[21]于永昌.教学设计论[M].沈阳:辽海出版社,2007.

[22]曹艳荣.小学数学课程与教学论[M].郑州:郑州大学出版社,2007.

[23]陈清容.小学数学教学活动设计[M],北京:北京大学出版社,2008.

[24]宋乃庆,张奠宙.小学数学教育概论[M].北京:高等教育出版社,2008.

[25]丁家永.小学教学心理与教学设计[M].苏州:苏州大学出版社,2001.

[26]田晓莅.小学数学教学技能导练[M].上海:复旦大学出版社,2011.

[27]林崇德.发展心理学[M].北京:人民教育出版社,1995.

[28]曹一鸣.数学教学中的"生活化"与"数学化"[J].中国教育学刊,2006(2).

[29]中华人民共和国教育部.义务教育数学课程标准(2011年版)[S].北京:北京师范大学出版社,2011.

[30] 娄亚文.新课程教学设计精编(小学卷)[M].呼和浩特:内蒙古人民出版社,2007.

[31] 曾超益.小学数学教学理念与教学示例[M].广州:华南理工大学出版社,2003.

[32] 宋乃庆,李光树.数学教学参考书 四年级(上)[M].重庆:西南师范大学出版社,2004.

[33] 何克抗.教学系统设计[M].北京:北京师范大学出版社,2002.

第五章
数与代数的教学

◆ 本章学习目标

1. 掌握第一、二学段数与代数的课程内容。
2. 明确第一、二学段数与代数的教学要求。
3. 掌握数与量的概念教学。
4. 掌握数的运算的教学。
5. 掌握式与方程以及正反比例的教学。

【案例】

"认识小数"教学片段①

师：同学们，先请大家听一段录音，听完后，说说你听到了什么。

（课件播放商品信息：钢笔每支9.8元；书包每个10元；电饭锅每个125元；收音机每台28元；铅笔每支0.9元）

师：谁来说说你听到的商品价格？

学生说。

师：在这些数中你已经学习过了哪些数？

生：10，125，28。

师：你们知道这些数叫什么数吗？

生：叫整数。

师：哪些数是没有学习过的呢？

生：9.8，0.9。

师：这些数有什么共同的特点？

生：这些数中间都带有一个点。

师：知道这些数叫什么吗？

生：叫小数。

师：对，今天我们就来认识小数。（板书课题）

师：关于小数，你已经知道了什么？你在哪里见过小数？

---

① 曾荣茵.追寻真实自然的高效课堂——特级教师徐斌《认识小数》教学片段赏析[J].广西教育A（小教版），2014(9):60—61.

生：商品的标价上有小数。
生：自动铅笔的笔芯上有小数。
……

（江苏省苏州市工业园区实验小学　徐斌）

◆ 问题聚焦

这一教学片段中老师以展播商品信息为切入口，让学生联系生活和自己所学内容进行学习。数与代数的知识是人们工作和日常生活离不开的知识基础，是人们解决问题的重要工具。数与代数部分也是小学数学课程的重要内容，在小学数学学习中所占比例最大，更重要的是这部分学习内容是整个数学学习和其他学科学习的基础。为实现教学过程中数与代数这部分知识的有效性、提高教师教学质量，本章以问题为出发点为大家介绍数与代数的内容设置及相关教学建议。

第一节
数与代数的教学意义、课程内容及教学要求

一、数与代数的教学意义

在小学阶段,数与代数的内容主要包括数的认识、数的运算、常见的量、式与方程、正反比例以及探索规律等。它是研究现实世界数量关系和变化规律的数学模型,可以帮助学生从数量关系的角度更准确、清晰地认识、描述和把握现实世界。因而,数与代数的学习对学生有着极强的现实意义。

(1)能使学生体会到数学与现实生活的紧密联系,认识到数、符号是刻画现实世界数量关系的重要语言,方程、不等式与函数是现实世界的数学模型,从而认识到数学是解决实际问题和进行交流的重要工具,从中感受到数学的价值,初步学会运用数学的思维方式去观察、分析现实社会,去解决日常生活和其他学科中的问题,增强应用意识,培养初步的应用能力。

(2)对现实世界中数量关系及其变化规律的探索,数的概念的建立、扩充以及数的运算,公式的建立和推导,简单方程的建立和求解、探究等活动,有助于促进学生对数学学习的兴趣,提高解决问题的能力和自信心,培养学生初步的创新意识和发现能力。

二、数与代数的内容编排

(一)数的认识

1.整数的认识教学内容安排(参考人教版课程标准实验稿编写的教材)

表 5-1

教材分册	教学内容
一年级上册	20以内数的认识,认识符号<、=、>的含义
一年级下册	100以内数的认识,知道个位、十位的意义
二年级下册	万以内数的认识,近似数
四年级上册	大数的认识,十进制计数法
六年级下册	负数

2.小数的认识教学内容安排表

表 5-2

教材分册	教学内容
三年级下册	小数的初步认识
四年级下册	小数的意义和性质

3.分数的认识教学内容安排

表 5-3

教材分册	教学内容
三年级上册	分数的初步认识
五年级下册	分数的意义和基本性质
六年级上册	百分数

(二)数的运算

表 5-4

教材分册	教学内容
一年级上册	10 以内加减法,20 以内进位加法
一年级下册	20 以内退位减法,100 以内的加法和减法(一)
二年级上册	100 以内的加法和减法(二),表内乘法
二年级下册	表内除法,万以内的加法和减法(一)
三年级上册	万以内的加法和减法(二),估算,有余数的除法, 多位数乘一位数,分数的简单计算(分母小于 10)
三年级下册	除数是一位数的除法,两位数乘两位数,一位小数的加、减法
四年级上册	三位数乘两位数,除数是两位数的除法
四年级下册	四则运算,运算定律与简便运算,小数的加法和减法
五年级上册	小数乘法,小数除法
五年级下册	分数的加法和减法
六年级上册	分数乘法,分数除法

(三)常见的量

表 5-5

教材分册	教学内容
一年级上册	学会看整时、半时
一年级下册	认识元、角、分,并了解它们之间的关系; 会读、写几时几分,知道 1 时＝60 分
二年级上册	认识米和厘米
二年级下册	克和千克;进率及单位换算
三年级上册	认识时、分、秒,知道 1 分＝60 秒,认识分米和毫米
三年级下册	认识年、月、日,了解它们之间的关系;认识面积单位
五年级下册	认识体积单位

(四)式与方程

表 5-6

教材分册	教学内容
四年级下册	用字母表示数,用字母表示计算公式,用字母表示数量关系
五年级下册	方程的意义,等式和等式的性质,运用等式的性质解答一步计算的方程,用方程解决一步计算的实际问题
六年级上册	运用等式的性质解答两步计算的方程,用方程解决两步计算的实际问题

(五)探索规律

表 5-7

学段	教学内容
第一学段	发现给定的事物中隐含的简单规律
第二学段	探求给定事物中隐含的规律或变化趋势

纵览"数与代数"的整体编排概况,老师们能对"数与代数"的整体内容有所了解,在教学过程中强化知识之间的联系,克服"孤立"的低效教学行为,把握教学内容的尺寸。

三、数与代数的内容标准与教学要求

(一)第一学段(1～3 年级)数与代数的内容标准与教学要求

在本学段中,学生将学习万以内的数、简单的分数和小数、常见的量。在学习的过程中体会数和运算的意义,掌握数的基本运算,探索并理解简单的数量关系。教学中,教师应注意引导学生联系身边具体、有趣的事物,通过观察、操作、解决问题等丰富的活动,感受数的意义,体会数用来表示和交流的作用,初步建立数感;应重视口算,加强估算,提倡算法多样化;应减少单纯的技能性训练,避免繁杂计算和程式化地叙述"算理"。

1. 数的认识

(1)在现实情境中理解万以内数的意义,能认、读、写万以内的数,会用数表示物体的个数或事物的顺序和位置。

(2)能说出各数位的名称,理解各数位上的数字表示的意义;知道用算盘可以表示多位数。

(3)理解符号<、=、>的含义,能够用符号和词语来描述万以内数的大小。

(4)在生活情境中感受大数的意义,并能进行估计。

(5)能结合具体情境初步认识小数和分数,能读、写小数和分数。

(6)能结合具体情境比较两个一位小数的大小,能比较两个同分母分数的大小。

(7)能运用数表示日常生活中的一些事物,并能进行交流。

本学段学生思维的特点是以形象、直观为主,教师要以学生实际生活经验为背景,让学生感受数的意义,体验数的概念的形成过程,体会数用来表示和交流的作用。对于数的运算应提倡算法多样化,减少单纯的技能性训练。在认识和比较数的大小时候,可以先给学生呈现具体的实物,从实物抽象到数,这样的认识和比较更显直观。

2. 数的运算

(1)结合具体情境,体会四则运算的意义。关于乘法:3个5,可以写作3×5,也可以写作5×3。3×5读作3乘5,3和5都是乘数(也可以叫因数)。关于除法:不给出"第一种分法""第二种分法"等名称。

(2)能熟练地口算20以内的加减法和表内乘除法,能口算简单的百以内的加减法和一位数乘、除两位数。

(3)能计算两位数和三位数的加减法,一位数乘两位数和三位数的乘法,两位数乘两位数的乘法,两位数和三位数除以一位数的除法。

(4)认识小括号,能进行简单的整数四则混合运算(两步)。

(5)会进行同分母分数(分母小于10)的加减运算以及一位小数的加减运算。

(6)能结合具体情境,选择适当的单位进行简单估算,体会估算在生活中的作用。

(7)经历与他人交流各自算法的过程。

(8)能运用数及数的运算解决生活中的简单问题,并能对结果的实际意义做出解释。

本学段数的运算的学习,是学生由对生活中的事物进行直观的数数,到用数学符号进行运算的初始阶段。因而,教师的教学要联系学生身边具体、有趣的事物,引导学生感受、体会四则运算的意义。重视口算、加强估算,提倡算法的多样化。例如,学生初步掌握了基本运算以后,教师可以出示一个算式,让学生进行口算抢答,并让学生分别讲讲自己的运算方法,不仅可以让学生掌握到更多自己没想到的运算方法,还能让学生在比较的过程中感悟什么情况下用什么方法更好。

3. 常见的量

(1)在现实情境中,认识元、角、分,并了解它们之间的关系。

(2)能认识钟表,了解24时记时法;结合自己的生活经验,体验时间的长短。
(3)认识年、月、日,了解它们之间的关系。
(4)在现实情境中,感受并认识克、千克、吨,并能进行简单的单位换算。
(5)能结合生活实际,解决与常见的量有关的简单问题。

在教学过程中,要从现实生活情境的操作、实践中体会常见的量之间的关系。例如,认识质量单位的时候,教师可以呈现一些实物,让学生去感受1克、1千克的重量,再引出1000个1千克就是1吨,并列举1个重约1吨的实物,让学生去想象,让学生对质量单位有更直观的感受并能促进单位换算的学习。

4.探索规律

第一学段所要求的探索规律指的是探索简单情境下的变化规律。数学是模式的科学,寻找和发现周围事物之间的关系以及事物的变化规律构成了数学学习的重要内容。同时,发现关系和规律的过程也是发展学生探索能力的过程。因此,《课程标准(2011年版)》将"探索规律"作为数与运算独立的内容,其目的是加强这方面教学的力度。

(二)第二学段(4~6年级)数与代数的内容标准与教学要求

在本学段中,学生将进一步学习整数、分数、小数和百分数及其有关运算,进一步发展数感;初步了解负数和方程;开始借助计算器进行复杂计算和探索数学问题,获得解决现实生活中简单问题的能力。教学时,应通过实际问题的解决进一步培养学生的数感,增进学生对运算意义的理解;应重视口算,加强估算,鼓励算法多样化;应使学生经历从实际问题中抽象出数量关系,并运用所学知识解决问题的过程;应避免繁杂的运算,避免将运算与应用割裂开来,避免对应用题进行机械的程式化训练。

1.数的认识

(1)在具体情境中,认识万以上的数,了解十进制计数法,会用万、亿为单位表示大数。
(2)结合现实情境感受大数的意义,并能进行估计。
(3)会运用数描述事物的某些特征,进一步体会数在日常生活中的作用。
(4)知道2,3,5的倍数的特征,了解公倍数和最小公倍数;在1~100的自然数中,能找出10以内自然数的所有倍数,能找出10以内两个自然数的公倍数和最小公倍数。
(5)了解公因数和最大公因数;在1~100的自然数中,能找出一个自然数的所有因数,能找出两个自然数的公因数和最大公因数。
(6)结合具体情境,理解小数和分数的意义,理解百分数的意义;会进行小数、分数、百分数的转化(不包括将循环小数化为分数)。
(7)会比较小数的大小和分数的大小。
(8)在熟悉的生活情境中,了解负数的意义,会用负数表示一些日常生活中的量。

本学段要求学生不仅能从熟悉的生活中感受大数、小数、百分数的意义,还能进一步运用所学的数来表示生活中的一些事物,并能进行交流。例如,用百分数去描述盐水的浓度、描述衣服的含棉率、描述牛奶中各营养成分所占的百分比等。

2.数的运算

(1)能计算三位数乘两位数的乘法,三位数除以两位数的除法。

(2)认识中括号,能进行简单的整数四则混合运算(以 2 步为主,不超过 3 步)。

(3)探索并了解运算律(加法的交换律和结合律、乘法的交换律和结合律、乘法对加法的分配律),会应用运算律进行一些简便运算。

(4)在具体运算和解决简单实际问题的过程中,体会加与减、乘与除的互逆关系。

(5)能分别进行简单的小数、分数(不含带分数)的加、减、乘、除运算及混合运算(以 2 步为主,不超过 3 步)。

(6)能解决有关小数、分数和百分数的简单实际问题。

(7)在具体情境中,了解常见的数量关系,如总价=单价×数量、路程=速度×时间,并能解决简单的实际问题。

(8)经历与他人交流各自算法的过程,并能表达自己的想法。

(9)在解决具体问题的过程中,能选择合适的方法进行估算。

(10)能借助计算器进行运算,解决简单的实际问题,探索简单的规律。

本学段数的运算是第一学段的发展,也是进一步建立数感的阶段。在教学中,教师要减少学生机械重复的运算练习,应让学生多在实际问题中理解运算的意义,并能用运算的意义来解释生活中的一些问题。例如,给学生出示一个超市的场景,告诉学生苹果 6.5 元 1 千克,买 5 千克,给 40 元,让学生计算营业员还得找多少元回来。这样一个真实的场景不仅加深了学生对数量关系的理解,同时强化了学生的运算能力。

3.式与方程

(1)在具体情境中能用字母表示数。

(2)结合简单的实际情境,了解等量关系,并能用字母表示。

(3)能用方程表示简单情境中的等量关系(如 $3x+2=5, 2x-x=3$),了解方程的作用。

(4)了解等式的性质,能用等式的性质解简单的方程。

式与方程内容是代数的初步知识,能使学生不但在数的概念上有所扩充,而且能更简明地表达日常生活中数量关系的一般规律。教学中,教师首先要从学生熟悉的生活中选择一些典型数量关系,引导学生用"字母表示数",再引导学生用字母去表示实际生活情境中的等量关系,进而解决生活中的实际问题。

4.正比例、反比例

(1)在实际情境中理解比及按比例分配的含义,并能解决简单的问题。

(2)通过具体情境,认识成正比例的量和成反比例的量。

(3)会根据给出的有正比例关系的数据在方格纸上画图,并会根据其中一个量的值估计另一个量的值。

(4)能找出生活中成正比例和成反比例关系量的实例,并进行交流。

这一部分只需要学生对正反比例有一个初步的掌握,与学过的数量关系、公式相结合能够判断成正比例、反比例的量,能够将成正比例关系的值在图标上描出来,能够估计出量。例如：正方形的周长＝边长×4，学生要能够判断出正方形的周长与边长成正比例关系，当告诉任意边长的长度，学生能给出周长的量。

5.探索规律

第二学段所要求的探索规律指的是探索给定事物中隐含的规律或变化趋势。同时，本学段对学生探索规律部分有了双重要求：第一是让学生要通过运用不同的方法自己来寻找给定事物的规律。第二是让学生在探索规律的过程中，掌握给定事物的变化趋势。这都是在为函数思想做铺垫。教学中不能仅满足于规律的探索，还要逐步引导学生发现变量与变量之间的关系，为后续的学习打下基础。

第二节
数与量的概念教学

关于数与量的概念,《课程标准(2011年版)》指出:教学中,要引导学生联系自己身边具体的有趣的事物,在具体情境中通过实际操作与解决问题等丰富的活动,感受数的意义,体会数用来表示和交流的作用,逐步建立数感。我们据此来研究数与量的概念的教学。

一、教学中的常见问题

(一)数的概念教学中的常见问题

"数的概念"认识贯穿于整个小学阶段,整个认识过程反映的既是数范围不断形成与扩大的生成发展过程,也是数概念不断建构与完善的认识超越过程。对于"量的概念"教学则是从不同计量单位的掌握和运用中体会不同的量。然而,在教学的过程中仍然存在着许多问题,大致有散点化、割裂化、活动化三大问题。

首先是数概念教学的散点化现象。由于数的概念包括整数、分数、小数、负数等,基本概念较多,加之教材采用"螺旋式上升"的编排原则,把"数的基本概念"分解到了6个年级的12册书中,以一个个知识点的方式呈现这些概念,比如仅是整数的认识就分散到了一年级上册、一年级下册、二年级下册、四年级上册、六年级下册这5册书中,这就使得教学容易出现知识点"多、散、杂"的状态,容易形成学生"只见树木不见森林"的局面,从而使学生对数的认识和理解呈现出碎片式的散点化状态。

其次就是数概念教学的割裂化现象。在小学阶段,仅是整数的认识就有5个认识循环,分数的认识有3个认识循环,而在每个循环中又分别包括数位的认识、读写认识、组成认识等,这些表面看来是一次又一次的强化认识,实则割裂了数认识中各个基本概念之间的联系,从而模糊了数概念认识的形成,使得学生在理解上容易产生偏差。比如有的学生就误以为有小数点的数就是小数。

再次就是数概念教学的活动化现象。数的认识一次次重复出现,使得数的认识越来越单调,越来越枯燥,学生在不自觉中就会产生学习的倦怠感。因此,很多老师为了调动学生的学习积极性,吸引学生的注意力,常常会使出浑身解数设计各种游戏、组织各种活动,以期学生能够在各种游戏活动中学得轻松愉快,并美其名曰"寓教于乐"。于是各种猜一猜、折一折、涂一涂、画一画的活动充斥在课堂之中,课堂气氛活跃了,学生"动"起来了,教师"笑"起来了。殊不知,这些活动在不知不觉中掩盖了学生不断重复同一认识水平的学习状况,掩盖了学生学习过程中思维被动的局面。

总之,无论是数概念教学的散点化现象,还是割裂化现象,以及由此派生而来的数概念教学的活动化现象,都会给学生数的认识带来一定的负面影响,使得学生不仅缺乏整数认识的结构,而且无法在认识整数的基础上主动运用其结构来认识小数和分数,同时,还使得学生缺乏对整数、小数、分数之间内在关联性的沟通,很难提升思维的认识水平。

(二)量的概念教学中的常见问题

对于常见量的描述包括结果目标和过程目标两个方面。结果目标主要是对常见量的"认识"和"了解",如认识元、角、分,年、月、日等。过程目标包括体验时间的长短,如感受克、千克等。教学中应把握两类目标的不同要求,为学生提供丰富的活动体验,使学生在现实情境中认识和理解有关的量,获得有关数与量的活动经验。学生在学习中主要存在两个方面的问题。

(1)学生在做"选择合适的单位填空"的题目时感觉困难。在教学中,我们发现学生在选择合适的单位填空时错误频出,特别是质量单位,甚至会出现许多笑话。为什么会出现这样的困难呢?究其原因主要在于教师对"理解常见的量"这一具体目标落实不到位。计量单位虽然时常出现在学生周围,他们经常会接触到,然而学生对于计量单位的经验积累意识却是比较薄弱的,学习中的很多体验活动仅停留在看一看、听一听、掂一掂等直接体验的层面,学生的思维参与度不高,体验也不深刻,在用的时候就会感觉到困难。

(2)学生容易混淆时间和时刻两个概念。在时间单位的学习中,学生分不清楚哪个是表示时刻的,哪个是表示一段时间的。教学时,我们可以联系学生的生活经验,举例说明。如:×点×分是开始上课的时刻,×点×分是下课的时刻,两个时刻之间经过了40分,就是一节课的时间。也可以借助线段图,使学生看到时刻好比直线上的点,时间好比两点间线段的长,借助线段帮助学生理解时刻和时间的区别。

量的概念教学出现的问题更多的是脱离实际和实践。量的学习对于小学生来说相对比较抽象,如果仅仅是以讲解的形式呈现,学生很难掌握其实质,仅仅对其进行机械的记忆,这样的记忆不可能牢固。随着后期量的认识的增加,关于量的一个知识框架会越显混乱。

二、教学策略初探

(一)数概念的认识

数概念是学生学习数学的基础,是数学基础知识的重要组成部分,更是学生认识、判断、理解和解决数学问题的基础。新课程改革根据儿童已有的经验、心理发展规律,对数概念的编排呈现出从易到难、螺旋上升的编排特点,优化了知识结构,强调了数感的培养。现就二年级下册第五单元"万以内数的认识"教学内容,谈一谈数概念教学的有效途径和方法。

1.精心设计数概念的引入:形象直观地引入

所谓形象直观地引入概念,就是通过学生所熟悉的生活事例,提出问题,引入概念;或者采用教具、模型、图表、课件演示等让学生动手操作增加学生的感性认识,然后逐步抽象,引入概念。现代心理学认为,实际操作是儿童智力活动的源泉。通过学生的实际操作引入概念,可以使抽象的概念具体化。例如在教学"1000以内数的认识"时,教师让学生估一估照片上一个班的春游人数,再估一估一个年级的春游人数、全校的春游人数,从而直观地引入大数的概念,让学生对较大数有了感性认识;也有的教师从让四人小组的学生数 100 根小棒的实践活动入手,感知 100 数量的多少,再将几个小组的小棒合并,建立几百的数量感性认识,为后面数概念的教学打下基础。

(1)在学生原有概念的基础上引入。

有些概念与学生原有的旧概念联系十分紧密,可以从学生已有的概念知识基础上加以引申,导出新概念。这样,既巩固了旧知识,又学了新概念,还有利于精讲多练。同样是教学"1000 以内数的认识",有的教师就从复习 100 以内数的组成入手,数十根小棒捆成一捆,复习 10 个一是 1 个十,再由学生自己演示出 10 个十是一百的数学概念,为后面探索 10 个一百是一千建立了思维的初步模型。

(2)创设情境引入。

马克思曾经说过,激情、热情是人强烈追求自己对象的本质力量。所以,教师在课堂教学中,要注意运用具体事例创设生活情境,去激发学生的求知欲,为学生创设乐学的前提条件,同时消除学生对数学概念学习的枯燥感,把数学概念教学植根于一个现实需要的问题情境之中,让数学问题变得十分鲜活。例如,教师通过玩排队猜数的游戏,引入 100 以内数的数数复习,同时不断变化已知的号码,让学生在游戏情境中数出 1000 以内比 100 更大的数。这一思维过程,使学生产生了迫切寻求解决问题的办法的强烈愿望和数学思考,激发了学生探索数的概念的学习兴趣和操作动机,为学生顺利地掌握数的概念起到奠基的作用。

2.把握数概念的形成过程

《课程标准(2011 年版)》指出,有效的数学学习活动不能单纯地依赖模仿与记忆,动手实践与合作交流是学生学习数学的重要方式。在概念的形成过程中,要让学生积极参与,充分发挥教师的主导作用和学生的主体作用,让学生参与形成概念的分析、比较、归纳、综合、抽象、概括等一系列思维活动,学生的学习积极性就会很高,而且对形成的概念记忆深刻,理解透彻。

(1)动手操作,让学生在活动中探索。

在整个小学阶段,由于数学概念的抽象性与学生思维的形象性存在着固有矛盾,造成学生认知的障碍性和不稳定性。教学时,教师要尽量从学生熟悉的生活事例或已有的知识经验出发,尽可能通过直观的具体形象,充分让学生经历猜测、推理、操作、验证等思维过程,逐步建立起事物的一般表象,帮助学生抽象、概括出所学概念的本质属性,形成数学概念。把静态的教材转化为动态的可让学生操作探究的过程,培养学生的操作能力和抽象思维能力,初步形成概念,进而引导学生在分析、比较中归纳出概念的本质,让学生在探究概念的过程中,亲身经历研究问题的过程,体验成功的愉悦,感受自主探究的乐趣,同时也掌握探究数学问题的一般方法。例如,在教学"1000 以内数的认识"时,数接近整百整千数的拐弯数是一个难点,这时要让学生先用计数器拨一拨,形象地理解十进制,建立个位满十向十位进一、十位满十向百位进一、百位满十向千位进一的概念,再拿走计数器,让学生在脑海中抽象地数出拐弯数。这样学生对数的概念就从感性理解升华到了抽象认识。

(2)小组讨论,让学生在交流中探究。

数学概念教学应多为学生提供交流的机会,组织学生进行小组讨论,合作交流,让学生充分陈述自己的观点和思考过程,并分享他人的探究成果,在彼此交流、思想碰撞中实现思维的拓展与整合。通过同学间的相互交流,学习他人的长处,修正自己与他人的错误,找出不足和弥补遗漏,找到探究的最优方法,归纳总结并概括出概念的本质属性,从而对概念的理解从感性上升到理性,形成科学、严密的数学概念。例如,学生在探索如何数较大数量的事物,数 100 根以上数量的小棒时,教师让学生以小组合作学习为主,小组长先分好工,跟小组同学商量好怎么数才能达到以下要求:数的速度快、数的数量准确、数的结果别人能马上看得明白。通过小组合作数数,学得快的同学帮助理解得慢的同学认识到,满 10 根、满 100 根就要捆一捆,这样建立了数概念的感性认识,为后面的概念抽象奠定了形象基础。

(3)对比分类,让学生在辨析中探究。

数学知识前后联系密切,系统性强,但受小学生思维发展水平和接受能力的限制,有些知识的教学往往是分几课时或几个学期来完成,这样难免在不同程度上削弱了知识间的衔接。因此要以旧知识为着眼点,提供探究的时空,发挥学生的创造性思维,激发学生自己去主动探究,经过多层次的反复的比较、概括、分析与综合,初步建构数学概念。但此时并不等于学生已经牢固掌握和切实理解了概念,还需要教师及时引导学生对一些相关概念进行对比、分类,揭示概念之间的内在联系,找出它们的本质区别以及它们所共有的本质属性,以便让学生在理解的基础上掌握概念,帮助他们加深对概念的理解,这样有利于知识内化形成过程,使概念系统化。教师还需要引导学生对概念进行系统的梳理与分类,明确概念间的相同点和不同点,以及它们之间的联系与区别,使学生对所学概念有更清晰的理解,构建完整的知识网络和良好的认识结构,形成概念系统。

3.多种形式强化数概念的巩固

从认识的过程来说,形成概念是从感性认识上升到理性认识的过程,即从个别的事例总结出一般性规律。巩固概念则是识记概念和保持概念的过程,是加深理解和灵活运用概念的过程,即从一般到个别的过程。巩固概念一般采用熟记、应用和建立概念系统等方法来进行。熟记,就是学生在理解的基础上通过反复感知、反复回忆等手段对一些概念的定义达到熟练记忆。应用,则是指学生在应用概念中,达到巩固概念的作用,其主要形式是多层有效的练习。

(1)应用新概念的练习。

在讲解新概念后,紧接着安排直接应用新概念的练习,以达到及时强化记忆、巩固概念的目的。在建立了十进制的概念后,教师应引入数位顺序表的巩固练习,让学生完成填空题:在数位顺序表里,从右边起,第一位是( ),第二位是( ),第三位是( ),第四位是( ),第五位是( )。这一组练习的特点是:针对性强,内容较单一。

(2)对比练习。

《课程标准(2011 年版)》指出,对于一些容易混淆的概念或法则等,可以用对比的方法进行辨析,帮助学生弄清它们之间的区别和联系。例如,学习了读写数后,教师出示

804和480这两个数,让学生说一说数中间和数末尾的"0"能不能不写并解释原因,以及在读法上这两个"0"有什么不同。

(3)判别性练习。

学生学了某些概念后,教师可出一些题让学生判断正误,这样的练习既有助于概念的巩固,还发展了学生的辨别能力。

(4)改错练习。

选择学生做错的实例,让学生改正,可使学生更准确地掌握概念,提高学生的鉴别能力。

(5)建立概念系统的练习。

在学生理解和形成概念之后,引导学生对学过的概念进行归纳整理,把有关的概念联系起来,形成知识网络,使其系统化。

4.构建数概念的同时,关注数感的培养

在整个小学阶段,数概念教学是数学概念教学内容中所占比例最大的部分。加强数感的培养是当前数概念教学改革的一个重要理念,数感的建立是提高学生数学素养的重要标志。《课程标准(2011年版)》将培养学生的数感作为一个重要的目标,并在不同的学段提出了明确的要求。《课程标准(2011年版)》指出,建立数感主要表现为理解数的意义,能用多种方法表示数;能在具体的情境中把握数的大小关系;能用数来表示和交流信息;能为解决问题选择适当的算法,能估计运算的结果,并对其合理性做出解释。通过数概念教学培养学生的数感是使学生逐步建立数感的最直接途径。因此,在教学时,教师一定要在学生构建好概念后,用估一估、测一测、议一议等方法,培养学生的数感,让概念教学更加完善,让学生充分感知数学、亲近数学、体会数学的价值,从而提高学生的数学素养。正如教师在教学了"1000以内数的认识"后,出示实物1000粒米,1000颗红豆、500张打印纸、千字文等,让学生感受数量是1000的事物到底有多少,从而激发学生学习的兴趣,培养学生的数感,并在生活和数学之间搭建桥梁,让学生真切地感受到生活和数学有着密切的联系,只要做有心人,生活中处处都能找到数学。

(二)量概念的认识

通过合作、实践以及解决问题可以增强数感。例如,"千克的初步认识"的教学可安排学生完成以下操作活动:

(1)让学生把大米装在塑料袋里,并称出1千克的大米,让学生掂一掂,初步感受1千克有多重。

(2)学生分别掂一掂自带的物品(如重500克的袋装食盐、重250克的味精等),比较并体会不同质量物品带来的感觉差异。

(3)发给每组3个质量不一装有大米的塑料袋(其中有一袋重为1千克),让学生分别掂一掂,找出重1千克的袋子,看谁找得准。

(4)让学生拿出若干的课本和练习本,先用手掂一掂,并通过增减,估计一下是否有1千克,再用秤验证,然后推测出2千克、5千克的总本数。在实践操作中体会1克的物体能吹得动,1千克的物体能掂得动,强化学生的数感。

数学知识经历了从形象到表象、从表象到抽象两个过程。而这两个过程，也是两次提升，在提升的过程中，合作交流起到了非常重要的作用。小组合作学习有利于学生人人参与学习全过程，它不仅能发掘个人内在的潜能，还能培养集体合作精神，这样人人可以尝试成功的喜悦。同学之间的语言最容易理解，数感也能得到进一步加强。比如在"9加几"教学中，教师在指导学生动手操作体会"凑十法"后，学生的思维停留在具体形象的层面，学生更多是对活动本身的喜欢，而不是对数学的热爱。若学生活动经验的积累只停留在这个层面，那么这样的教学很容易流于热闹的形式，根本没有深入到数学的本质。动手、动口、动脑都是活动经验积累的方式，然而只动手是远远不够的。我们应在这个环节及时组织学生回顾、交流操作过程，让学生通过"在头脑里摆学具"获得完整的操作过程的表象，并试着让学生把表象的过程表现出来，也就是留下学生思考的痕迹。接着，结合算式引导学生利用表象思考 9+4 可以怎样算，从而使学生明白：为了先凑成十，就把 4 分成 1 和 3，先算 9+1=10，再算 10+3=13，并在交流、对话中完成计算过程。然后告诉学生，这种算法是将 4 分成 1 和 3，先把 9 和 1 凑成 10，再加剩下的 3，这样算就会很方便，这样的方法就是"凑十法"。帮助学生根据动作过程抽象并认识"凑十法"，这样，学生的数感在讨论和观察中得到了进一步的发展。

当学生把所学知识应用到生活中去时，他们才能更好地掌握知识，内化知识。估算是解决问题的一种重要方法，老师们应该特别重视起来。比如学生在认识 10 以内的数后，在认识 20 以内、100 以内的数时，教师可以通过估一估、数一数具体实物等活动帮助学生形成对十、百等数量大小的感觉，如数 100 粒黄豆、100 根小棒，估计教室里的学生人数，估计一堆水果的数量，等等。我们还可以就同一个数在实际生活中的多种意义所表现的数量来加强学生对数的感知。比如 1200 张纸大约有多厚，你的 1200 步大约有多长，1200 名学生站成做广播操的队形需要多大的场地，等等，类似这样的问题可让学生举一反三。

总之，培养学生数感的过程是循序渐进的。培养学生的数感，可以使学生有更多的机会接触社会，体验现实，表达自己对问题的看法，用不同的方式思考和解决问题，这无疑会有助于学生创新精神和实践能力的提高。随着数感的建立、发展和强化，学生的整体数学素养也会有所提高。

三、教学范例

"认识整百数"教学片段①

[教学内容选自《义务教育课程标准实验教科书　数学（二年级下册）》（苏教版）]

一、情境创设——自然引入

师：同学们肯定都很喜欢玩玩具吧，平时都玩过哪些玩具呢？（学生自由说）

师：玩过魔方吗？（玩过）

师（课件出示 1000 个小方块拼成的大立方体）：瞧，今天老师带来了一个超大的神奇

---

① 王琴.《认识整百数》教学设计[J].新教师,2013(1):36—38.

"魔方",猜一猜,这个超大"魔方"里一共藏有多少个小方块?(学生各抒己见)

师:同学们说了这么多答案,究竟谁猜得更准呢?让我们一起来认数——认识整百数。(板书课题:认识整百数)

二、直观演示——深刻理解

1.知识梳理。

(1)复习。

师:神奇"魔方"变变变!(课件出示一个小方块)看,现在有几个小方块?(1个)

教师每次增加1个小方块,学生同时跟着数:2,3,4,…,10。

师:刚才我们一个一个地数了几个"一"?(10个一)

师:一共有几个小方块?(10个)

师:那么,10个一就是——(十)。

(师板书:10个一是十)

师:现在,请同学们看着大屏幕十个十个地数。(课件依次增加10个小方块)

生:10,20,30,…,90。

师:90再增加1个十是几个"十"?(10个十)

师:10个十是——(生齐:一百)。

(师板书:10个十是一百)

(2)迁移。

师:我们已经知道,一个一个地数,10个一是十;十个十个地数,10个十是一百。现在请同学们一百一百地数,数一数图中一共有多少个小方块。

师:先看第一幅图,有多少个小方块?(师指名生回答:三百个)

师:你是怎么数的?(一百、二百、三百)

师:这儿一共有几个一百?(3个)

师引导小结:3个一百是三百。

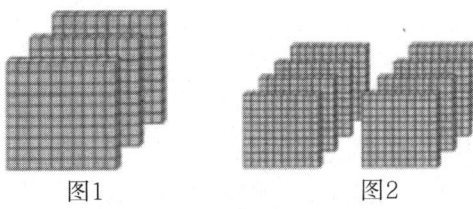

图1　　图2

师(出示图2):再看第二幅图,共有多少个小方块呢?

师:你会数了吗?(师指名生数:八百个)

师:一起来数一数,一百、二百……八百。

师:八百有几个一百?(8个一百)

生小结:8个一百是八百。

师(出示图3):八百增加1个一百是多少?(九百)

师:再增加1个一百呢?(一千)现在一共有几个"一百"?(10个)

师:那我们可以说,10个一百是一千,一千里有10个一百。

(师板书:10个一百是一千)

师:还记得神奇"魔方"开始的样子吗?再来看一看(出示图4)。

师:其实,它就是由10个一百组成的。

师:现在,你知道它里面藏了多少个小方块了吧?(一千)

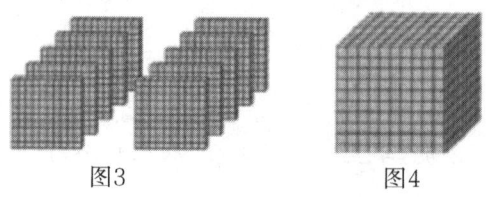

图3　　　　　图4

……

(江苏省盐城市第二小学　王琴)

本案例从学生感兴趣的话题切入,拉近师生距离,聚焦课堂教学,自然过渡至学习内容,情境创设更增添几分神秘感,唤起学生的探究欲望,为后面教具的出场埋下伏笔。"知识梳理"这部分,是在学生已经具备了"10个一是十"和"10个十是一百"的知识基础后,通过课件的直观演示,激发学生利用已有的知识经验深刻理解并掌握新知识——"10个一百是一千"。知识迁移的过程中,注意层层递进,复习"旧知"精简得当,掌握"新知"水到渠成。最后,注意情境呼应,给学生在新课开始的"猜一猜"一个交代。这样巧妙的安排能够充分调动学生学习的主动性,引导学生积极思考,从而达到良好的教学效果。

第三节
数的运算的教学

一、教学中的常见问题

数的运算是小学数学教学的重点内容,也是课程改革的重点。《课程标准(2011年版)》对于数的运算教学,提出:重视口算,淡化笔算,加算估算,提倡算法多样化。然而在实际的教学中却潜藏着诸多的问题。

首先,问题情境的开放,偏离了目标要求。数的运算都是将解决问题作为运算学习的自然组成部分。但在教学中,当教师呈现主题图让学生提出问题时,往往由于问题情境的开放,学生游离在情境之外,要探讨的运算迟迟无法引入,影响目标的达成。例如有位老师在"两位数减两位数"的教学中,教师出示主题图,让学生观察感受北京申奥成功的喜悦,然后引导学生看相关的统计表,提出数学问题。学生提出:北京和多伦多共得到多少票?北京比多伦多超出几票?多伦多和巴黎共得几票?多伦多比巴黎多几票?一节课花了近一半时间提问题和解决问题,而算法的探讨匆匆而过,并未达到预期的目标。

其次,对算法多样化的追求,影响了技能掌握。提倡算法多样化,是计算教学改革的一个基本理念。但在教学实践中,往往出现一方面教师一味追求多样化的算法,花了不少时间,另一方面学生在选择自己喜欢的算法时,感到眼花缭乱,无所适从,找不到最优算法,从而影响基本计算技能的掌握的现象。练习时,教师发现很多学生仍用自己熟悉的方法,有的"学困生"甚至不知用何方法计算。算法并非多多益善,倡导算法多样化的目的是促进学生个体的发展,尊重学生的独立思考。教学时不能停留在引出多种算法,而必须关注优化。当然,优化的过程是学生不断体验与感悟的过程,而不是强制的过程。

再次,流于形式的练习,影响了教学实效。在数的运算的教学中,教师不仅要关注学生对"双基"的掌握,更要关注学生在情感、态度、价值观等方面的发展。因此,为激发学生的学习兴趣,调动练习积极性,创设一些喜闻乐见的练习活动是必需的。不过,要重视课堂上学生的思考与练习,对"双基"的培养与训练只有形式而无实效的热闹是不可取的。如口算一道题,采用4人小组合作完成没有必要;摘苹果游戏活动,题量不多,但有速度要求,这种竞争机制的练习,常常是优等生在参与竞争,"学困生"在一旁观望,这种练习没有多少效果。在口算练习中可将视算与听算相结合,教材给出的口算题都是可以看到题目的,如果总是视算,学生有了依赖性,对提高计算速度不利,因此还要加强"听算",即教师口述题目学生在本子上写结果,这使得中上水平的学生能有效提高计算速度。

二、教学策略初探

（一）计算教学应注重情境创设的巧妙性

数学情境创设是指把生活中的实际问题提出来，让学生产生认知冲突，进行探索，将实际问题逐步抽象成数学问题。

在计算教学中创设一定的情境很有必要，《课程标准（2011年版）》明确指出：让学生学习生活中的数学，感受数学与生活的密切联系，并且能用数学知识解决生活中的实际问题，但创设的情境一定要符合学生的年龄特征、贴近学生生活。我们要通过创设与学生生活紧密相关的生活情境，使学生感受到数学与现实世界的紧密联系，激起学生对数学的兴趣。主题图要紧扣学生情况与教学实际进行适当处理。主题图的选择必须符合学生学习的实际情况，教师在教学设计时要仔细斟酌教材中的主题图。当教材中的主题图不吻合学生生活实际时，教师要灵活进行处理，把整堂课自然地串成一个生活情境，营造良好的学习氛围。德国教育家第斯多惠指出，教学的艺术不在于传授的本领，而在于唤醒、激励、鼓舞，创设教学情境，也是唤醒、激励、鼓舞的一种艺术。而近代心理学研究也表明：学生课堂思维是否活跃，主要取决于他们是否具有解决问题的需要。所以课堂上，教师应调动起学生的求知欲望。此时，创设问题情境犹如一块石头投入学生的脑海，必会激起思维的浪花。可见，创设问题情境是教学的一种重要手段。

（二）计算教学应注重多样化与最优化的灵活性

在计算教学中，既然计算方法存在着多样化，那么学生找出了自己的方法后，并认为那种方法最适合自己，就应允许他使用。一种算法不是上完一节课就被搁置，对于自己找到的方法，学生有一种积极的情感，在解决问题时，学生喜欢用自己的算法，学生在解决问题的过程中会不断地反思，可能会发现原来的方法又不适合自己，对自己的方法进行改进，从而找到最好的，这本身就是一个发展能力的过程。所以，在呈现算法多样化时，教师不必急于硬性给学生灌输最优化的方法，让学生在自己的摸索过程中得出符合认知规律的最优化的方法，如 $101×45$，有的学生是这样做的：$101×45=(100+1)×45=100×45+1×45$；而有的学生是这样做的：$101×45=101×(40+5)=101×40+101×5$，教师应让学生能根据实际情况，选择最优化的方法去进行计算。当然，计算方法多样化也要遵循学生实际和教学内容的不同，当学生只能想出一种计算方法而且这种计算方法也是比较合理的方法时，教师不必为了追求多样化而生硬地要求学生继续思考还可以怎么计算。

（三）计算教学应注重练习形式的多样性

数学计算教学还有一个重要组成部分是巩固练习。这是学生对所学知识的巩固，是形成技能、技巧的重要途径，而且可以发展学生的思维能力和创造能力，也是检查学生掌握新知识情况的有力措施，同时使学生及时了解自己练习的结果，品尝成功的喜悦，提高练习的兴趣，并且及时发现错误，纠正错误，提高练习的效果。

传统的计算教学只追求量不考虑形式，使学生在枯燥的练习中熟练掌握计算技能。而在课改初期，重探究轻练习的教学模式一定程度上会造成学生计算能力不扎实的问题。计算教学的理性回归需要巩固练习,而且需要考虑学生个体的不同形式的练习。

计算课与应用题课、几何课比较相对枯燥,练习的设计既要顾及知识的积淀,又要考虑学生的兴趣。授课之后,教师应紧紧围绕教学目标,根据学生年龄特点精心设计多种形式的习题让学生尝试算法的运用,通过练习、比较发现错误,这时教师应及时指导,矫正补缺,从而提高学生计算正确率和计算速度。在教学中安排不同的练习形式,如学生独立算、同桌对口令、开小火车、抢答、学生自己编题等,可以提高学生的学习积极性,促进学生创新意识的提高。

三、教学范例

"探究平均分的方法"教学片段①

[教学内容选自《义务教育课程标准实验教科书　数学(二年级下册)》(人教版)]

1.教师课件出示书中主题图

师:小明是个懂事的孩子,他正在给同学分橘子呢,你知道有几个橘子吗?他想怎样分呢?

生:小明要把15个橘子平均分成5份。

师:对,同学们帮帮他,想一想怎么分。

2.动手操作,展示平均分的方法

师:大家拿出15个水果图片和5个盘子,动手分一分,边分边说自己是怎样分的。

(生分橘子,师参与其中,生最后汇报并展示不同的分法)

生:一个一个地平均分在5个盘子里,每盘分3个橘子。

生:我先拿2个放在1个盘子里,再拿2个放在第2个盘子里,再拿2个放在第3个盘子里……还剩下5个,我在每个盘子里再放1个。

生:任意拿几个,不一样多,再把多的拿出来放到少的盘子里。

生:我是每次拿3个放在一个盘子里,再拿3个放在另一个盘子里。

师:你分得很快,谁是这样分的?(生举手,班里大概有1/3的同学是这样分的)能说说你是怎样想的吗?

生:我想口诀三五十五,我就知道每个盘子里放3个。

生:我想到乘法算式3×5=15,一个盘子里就是3个。

生:我会用除法,15除以5等于3,一个盘子里就是3个。

师:你们想得太好了,善于动脑,找到了简捷的方法。刚才同学们可真了不起,帮着小明想出了这么多分橘子的方法,但是,不论怎样分,最后的结果都是一样的,每个盘子里都是3个橘子,是平均分的。

3.再次操作,强化平均分

师:如果把这15个橘子平均分成3份,每份是几个?你还会分吗?

(生动手操作,展示分法,最后评价)

(福建省福州市鼓山新区小学　陈舜鸾)

---

① 余文森.小学数学:名师抽象问题艺术教学[M].重庆:西南师范大学出版社,2010:59-60.

本案例通过引导学生动手操作,在平均分物的实践中,把生活与教学联系起来,让学生在感受"同样多"的基础上概括出什么叫作平均分,在头脑中形成"平均分"的表象,为认识除法积累丰富的感性认识。在教学过程中,有的放矢地为学生创设活动的情境,让学生动手操作,能够提高教学质量,并能吸引学生主动参与到数学活动中去,积累一定的数学活动经验。

第四节
式与方程以及正反比例的教学

我国著名数学家吴文俊教授说:"对于鸡兔同笼之类的许多四则难题,你若用代数方法来做,就会变得非常容易。更重要的是,尽管这种四则难题制造了许许多多的奇招怪招,但是你跑不远、走不远,更不能腾飞……可是你一引进代数方法,这些东西就都变成了不必要的,平平淡淡的。你就可以做了,而且每个人都可以做……所以四则难题用代数取而代之,这是完全正确的,对于数学教育这是非常重要的。"在第二学段,学生开始接触一些代数的内容,主要包括"式与方程""正比例、反比例"。"式与方程"包括用字母表示数、方程两部分。这部分内容是学生学习数学的重要转折点,即从算术的学习转向代数的学习,从对"数量"的理解转向对"关系"的探讨,它们是学生后续学习数学的重要基础。算术思维和代数思维的区别有以下几点:(1)从具体到抽象,运用符号可以进行一般性的运算和推理。(2)从单纯的数字计算到类型计算,以前每次只解决一个问题,而现在一下子可以解决一类问题。(3)从关注按程序计算出结果到关注关系和结构。例如"5+3"从算术思维角度关注的结果是8,而从代数思维角度关注的是"5+3"与8相等的关系。代数思维的基本特征是用符号表示规律,表示量与量之间相等、不变和变化的关系;通过符号与符号之间的运算来"一类一类"地解决问题,进行一般性的运算和推理。

一、教学中的常见问题

小学数学教科书中编排适当的代数初步知识,经过近20年的实践,证明这样做有利于巩固已学的基础知识,能加深学生对所学知识的理解;有利于开阔学生的思路,提高他们分析问题与解决实际问题的能力;有利于培养学生的抽象思维能力与概括能力,为学生今后进一步学习中学数学知识打下良好的基础。但是,由于代数初步知识对于小学生来说,仍然是很抽象的内容,教师在实际教学中把握不准,常常出现一些错误和问题。

(一)字母表示数

人类从用符号表示"特定的数",发展到有意识地、系统地用字母表示数,经历了1000多年。如果说个体的成长往往会以某种形式重复人类发展的历程,那么学生对字母表示数的理解或多或少也要经历类似的跌跌撞撞的过程,才能在比较抽象的水平上形成对新的数学对象"一般的数"与它的符号表示的认识。因此,教学从下面三个维度层层推进:一是让学生亲历用字母表示数的抽象概括的过程;二是让学生理解含有字母的式子既表示结果,也表示关系;三是用代数语言表示数学关系,让学生体会数学的符号化思想。

固然,抽象概括的过程与代数语言的认识有难度,但从教学的情况来看,相对还是较容易理解的,只是对含有字母的式子既表示结果,又表示关系的理解很困难。有的学生不能自觉将字母作为数学对象,更不能将字母视为广义的数,认为已知的只是字母,列成的式子不是结果,无法解决问题,还有的学生则忽略字母的存在。显然,这是学生在认识上的断层,从算术思想到代数思想的转变需要经历一次飞跃。

(二)代数式及其运算

学生对有理数及有理数的运算有了一定的基础,在教材第一节中对于字母表示数已具有一定的认知水平,并且学生从小学开始就已经和字母有了接触,从小学到初中的数的运算实质就是代数式的运算,在此基础上导入代数式和代数式值的内容,对教师来说无疑是一个良好的时机。但由于代数式的运算比较抽象,对小学生来讲,无疑是一个巨大的挑战。

(三)方程

简易方程教学中经常存在以下问题:

1.代入公式求值计算的结果要不要求写上单位名称问题

关于代入公式求值计算的结果,原义务教育课程标准实验教材不要求写单位名称,现课标教材要求写单位名称。这种改变的原因一是为了与中学统一,二是考虑到代入公式求值的结果应与以前学习的直接列式计算的结果统一。另外,代入求值时,课标教材先写出公式是为了便于学生更好地记忆和应用(事实上,如果没有明确要求,可以不写出公式,用已知数据直接写出算式)。

2."等式的性质"的教学问题

以往的教材是利用四则运算各部分间的关系来解方程,新课程标准要求"会用等式的性质解简单的方程"。为了减轻学生的记忆负担,课标教材没有给出"等式基本性质"的名称,也没有用文字概括出等式的性质,只是通过天平平衡的实验帮助学生理解天平保持平衡的道理,以此渗透等式的性质。而由于"天平平衡的道理"只停留在直观层面,没有与等式直接联系起来,也就是没有概括出等式的性质,而解方程又必须利用等式的性质,即"方程(或等式)两边加上或减去同一个数,左右仍然相等",所以现在教学解方程,仍要借助天平演示。有的老师认为不如直接给出"等式的性质",并概括两条性质的内容,这样教学解方程时,就不用再借助天平演示的图示而直接利用等式的性质去求解。我们认为这样处理也是可以的。在教学"天平保持平衡的道理"时,可以结合天平和等式来概括"等式的性质"。当学生观察出天平两边同时加上(或减去)相同的数量的物品依然保持平衡"时,教师可以对照天平,结合直观的等式说明"等式就像平衡的天平,在平衡的天平两边加(或减)同样的数量的物体,就相当于在等式两边加(或减)同一个数,等式仍然相等",比如用"当左边=右边时,左边$+a=$右边$+a$"这样的式子帮助学生理解。在此基础上,教学解方程就可以直接利用"等式的性质"求解。

(四)正反比例

正反比例的课堂教学虽能顺畅地朝前推进,但学生对正比例和反比例含义的认识仍然浮在表面。学生的问题主要表现在两个方面:一是判断两个量是否成正比例或反比例时,列表法呈现效果较好,但用语言叙述类似"圆柱体的体积一定,底面积和高……"的问题时学生的错误率就非常高,有些学生甚至无从下手;二是当面对可以用比例方法解决的问题时,许多学生往往看不出题中两种量的比例关系,不是用正、反比例的意义特点去分析数量关系,而是完全运用方程的思想去列出等式。这充分说明学生对成正、反比例的两种量的特点、变化规律的认识不是很清晰,以致实际解决问题时就暴露出问题来了。

首先,对意义的揭示过程是由定义来教定义,忽视对两种量变化规律的深入体验。教材中对正反比例的意义用下定义作了描述,有些教师在教学正、反比例的概念时就只让学生体会定义中提到的"两种相关联的量,一种量变化,另一种量也随着变化"和"这两种量相对应的两个数的比值一定"。然而这样的教学并不能帮助学生更好地理解,也不利于学生建立比例概念的表象。

其次,在运用正、反比例的意义判断是否成正反比例的过程中重结论的机械运用,忽视两种量变化规律的动态体验。正、反比例的意义渗透了函数思想,从事物运动变化的角度研究两个变量之间的关系,而"变量"的"变"是通过数据来说明的,离开数据来研究量之间的关系,那就是空谈。为什么学生面对用列表法呈现的两个变量时能轻而易举地正确判断是否成正(反)比例,而用表述法呈现时却错误率非常高,甚至无从下手?因为列表法呈现时表格中有数据罗列,"变"的过程可以通过数据的变化看得很清晰,学生可以依托数据的变化情况作出判断,而表述法呈现时只有文字,没有数据的变化情况来帮助支撑学生的思考,有些学生就觉得无从下手了。

二、教学策略初探

(一)字母表示数

每个学生在数学学习的历程中,"字母"的出现都是一次认识上的飞跃。在"字母表示数"的教学中,教师肩负着帮助学生从算术思维向代数思维过渡的重任。学习"字母表示数"的过程是学生建立数感与符号意识的重要过程,同时也是为学生今后继续学习代数式、整式、分式和根式等一系列概念及相关运算打下基础的重要过程,具有非常重要的意义,需要引起高度重视。

首先,让学生体会字母表示数的"概括"作用。字母表示数是符号表示的开始,用符号可以进行一般性的运算和推理。其次,让学生认识到字母不仅可以表示任意数,还可以表示一种关系。再次,让他们初步感受字母的取值范围。最后,教师一定要关注学生在学习中的困难。例如唱儿歌——《数青蛙》:

一只青蛙一张嘴,两只眼睛四条腿。

两只青蛙两张嘴,四只眼睛八条腿。

三只青蛙三张嘴,六只眼睛十二条腿。

……

让学生边拍手边有节奏地哼唱,与此同时课件不断显示更多的青蛙,直到多得数不清。这时老师可以问:还能唱吗?学生感到有困难了,于是教师发给学生每人一张小纸条,试着写一写。

生 1:无数只青蛙无数张嘴,无数只眼睛无数条腿。

生 2:a 只青蛙 b 张嘴,c 只眼睛 d 条腿。

生 3:a 只青蛙 a 张嘴,b 只眼睛 c 条腿。

生 4：a 只青蛙 a 张嘴，aa 只眼睛 $aaaa$ 条腿。
生 5：a 只青蛙 a 张嘴，$2a$ 只眼睛 $4a$ 条腿。

学生的发言与交流，展现了学生不同的结论及不同的思维层次，例如，生 1 还没有达到"用字母表示数"的水平，停留在用语言来描述数量及关系的层次；生 2 虽然达到了"用字母表示数"的水平，但没有表示出数量关系；生 3 走近了"用字母表示数"，有了一定的数量关系，但是不全面；生 4 走近了"用字母表示数"，明白数量关系，但是表示不准确，有待教师的引导；生 5 真正走进了"用字母表示数"，既用字母表示出了数，又准确地表示出了数量之间的关系。

这个例子通过学生喜欢的、生动的"说儿歌"活动，让学生在数的过程中感受到"数"的具体，并由此产生寻求更简洁、更具概括作用的表示数的方法的需求。这个过程既是新知识的学习过程，更是学生由原有的算术思维水平不断向代数思维水平迈进的过程，既完成了从数的具体到字母抽象的过渡，又让学生体会了字母可以表示一种关系。

总的来说，为有效地帮助学生架设认知的桥梁，根据学生使用字母水平的不同，教学预设应分为三个层次：学生曾接触过的用字母表示特定的数、用字母表示变化的数、用字母表示一些数学关系。从教学的实际效果看来，教学策略的选择应注意以下几个方面才能达成预期的教学效果。

1. 创设情境，注重感悟

教学时，注意联系生活实际创设情境，而且要注意情境的趣味性，如儿歌"数青蛙"就能很好地激发学生探索新知的愿望。学生在情境的引导下，主动实现对数学知识的认识和理解。

2. 关注生成，着眼发展

教学的交往互动，是师生之间、生生之间相互交流、相互沟通、相互启发、相互补充的共同活动，是一个动态的、复杂的过程，具有许多的不确定性。课堂中，学生在亲历用字母表示数的抽象过程后，产生的想法是多样的，学生的认识是不同的，"a"与情境的联系也是多样的。这些都需要教师遵循学生发展的需要，发挥教学机智，灵活调整教学活动。

3. 优化语言，多样评价

正如比利时学者德朗舍尔说："在我们的教学形式中，教师的口头语言行为表示了他所做的全部事情和他要学生做的全部事情。"因此，教师的教学语言必须优化，使教师成为学生学习的激励者。激励的评价语言，可给学生以努力的方向，比如："猜测是科学发现的前奏，你们已经迈出了精彩的一步。"赞赏性的评价语言，可引导学生学会学习，比如："你创造了用字母来概括表示数的方法，老师为你感到骄傲。"教师教学语言的优化，必定会使课堂教学充满活力。

在教学中，如果有个别学生不能自觉使用含有字母的乘法简写形式，教师一要给足学生自学与交流的时间进行适时的小结，增加简写的训练；二要理解学生，包容学生。这种省略乘号的写法学生以前没有接触过，虽然通过"用字母表示数"的学习，知道了如何简写，明白这种写法的简洁，但仍觉得不习惯，因此不能自觉运用。但是随着学习时间的推移，学生一定会非常乐意选择简写，也会熟练、自觉地进行表达和运算。

例如：女孩有 6 支笔，男孩比女孩多 a 支，男孩有几支？($6+a$)有的学生问：男孩到底有几支？学生总感觉"$6+a$"表示的是一个运算过程，而不是一个结果，这是正常现象。的确，小学生的思维在相当长的时间里是以算术思维为主的，但伴随着学习的不断深入，从算术思维过渡到代数思维是每一个学生必须面对的。这个飞跃对于大多数学生而言都会存在不同程度的困难，都将是一次挑战。这个过渡是个过程，而且这个过程的长短对不同的学生而言也会存在差异，我们在教学中应对不同的学生给予不同的关注和辅导，允许一部分学生在经历一段时间的学习和积累后渐渐达到要求，完成过渡。

(二)代数式及其运算

教学内容直奔教学主题——代数式的意义，降低了教学的难度，有效地克服了学生的心理障碍，并结合上一节的内容很自然地引入了代数式值的意义，再通过具体的情境来列代数式并求其值；然后通过反问代数式还能表示哪些实际意义，将教学活动引向高潮，激发学生的联想、类比，进一步拓展学生的思维，同时也进一步调动了学生学习的积极性；最后教材提供了一个刻画有趣现象的经验公式——蟋蟀叫的次数与温度的关系，既使学生感悟了数学建模的思想，又使学生在轻松愉快的环境中加深了对代数式和求代数式值的理解。

教学中要充分利用实际的背景，争取让学生主动参与，通过丰富有趣的活动让学生经历符号化的过程，以及运用它推断代数式所反映规律的过程，同时也可以借助多媒体辅助教学来提供更多的实际背景，从而拓展学生的思维。在从语言到代数式、从代数式到语言转化的过程中，要注重培养学生正确运用数学语言进行表达和交流的能力。

根据以上分析，确定本节课的教学目标如下：

(1)让学生进一步理解字母表示数的意义，能结合具体情境给字母赋予实际意义；理解代数式和代数式的值的意义，能解释一些简单代数式的实际背景或几何意义；在具体情境中能求出代数式的值。(知识与技能)

(2)通过创设实际背景和引用符号，让学生经历观察、体验、验算、猜想、归纳等数学过程，体会数学与现实世界的联系，增强符号感，发展运用符号解决问题的意识和数学探究意识。(过程与方法)

(3)让学生在解决问题的过程中体验类比、联想等思维方法，体验数学美，增强学习自信心。(情感与态度)

(三)方程

简易方程是小学数学中代数初步知识教学的主要内容，目的是使学生掌握、运用代数方法解决实际问题，使数学贴近现实生活。教学的关键是让学生在理解"等式""含有未知数的等式"这两个概念的基础上，进而理解方程、方程的解和解方程等概念。教师可先借助天平创设"平衡"的情境，让学生真正理解"等式"的含义。然后，在天平的一边加入一个已知质量的砝码，使天平不平衡，再在天平的另一边加入不知质量的砝码，使天平重新平衡，这个不知质量的砝码，就是含有未知数"x"的砝码，这样就可以建立起"含有未知数的等式"的概念，而"含有未知数的等式，就是方程"。在此基础上，引导学生分析寻找出"x"砝码的质量，寻找的过程就是"解方程"的过程，寻找的结果就是"方程的解"。

这样,学生也就易于理解这一系列有关概念的含义了。通过这样的教学,不仅加深了学生对简易方程的理解,而且调动了学生的学习兴趣,提高了学生的分析观察能力,使他们开始形成用代数方法解题的思维习惯。

对式与方程这部分内容,课标有如下教学目标:

(1)能用方程表示简单情境中的等量关系(如 $3x+2=5$,$2x-x=3$),了解方程的作用。

(2)了解等式的性质,能用等式的性质解简单的方程。

下面是我们远程研修数学组共同讨论的问题,我们一起来分享。

1.方程的意义

在教学这部分内容时,我们习惯让学生记忆"含有未知数的等式叫作方程",其实概念的理解与定义的记忆并不一致,对于方程的意义更重要的是本源性的理解:方程是刻画等量关系的模型,用等号将相互等价的两件事情联立起来,在刻画的过程中,把未知数看成和已知数同等的地位。了解了方程的作用,就不需要再讨论 $x=5$ 到底是不是方程了。

2.列方程

了解了方程的意义后,我们就开始列方程。列方程要经历两次转化:第一次将情境中蕴含的等量关系转化为用自然语言表达的等式(直观描述);第二次将自然语言表达的等式用数学符号加以表达,转化为方程(符号表达)。

这里强调的是寻找等量关系,可以通过画图、语言描述、操作模拟等手段再现等量关系。我们讲这部分内容的时候,必须把等量关系板书到黑板上,再通过等量关系列方程。四年级期末考试卷中有这样一道题:先写等量关系,再列方程。我们发现很多学生方程列对了,等量关系却不对,这确实要引起注意。第二次转化我们已经相当重视了,以后我们需要关注直观描述。

3.提早渗透关系

学生从算术思维向代数思维过渡需要孕伏,那么这样的孕伏就不应该仅仅是高年级老师的教学任务。各年段的教师都应该善于捕捉恰当的内容,善于寻找恰当的时机,选择恰当的方式,及时训练学生的代数思维,让学生在活动中有所感,有所悟。学生不愿意列方程解决问题一个很重要的原因是学生不习惯代数思维,不习惯将等号看成相等关系的符号。因此,在低年级阶段要提早设计一些问题,如:5+( )=8,4+6=3+( ),鼓励学生逐步关注问题中的关系,这样做的目的是在日常教学中帮助学生不断理解等号的意义,特别是等号既表示得到的结果,又表示相等的关系。其实代数思想之前就已经渗透,教师不要抑制其自然萌发的状态。

4.解方程

以前小学阶段的解方程,其基本依据是加与减、乘与除之间的逆运算关系,现在主要提倡利用等式的性质。运用等式的性质其实体现的是代数的思维,关注的是方程的结构和关系,与中学解法一致,直接与中学衔接。《课程标准(2011年版)》明确要求:在小学里学习解方程也是利用等式的性质,这样中学学习不再是另起炉灶。小学里解方程的教学,与中学数学教学的衔接,不仅仅表现为解方程方法的一致,更有价值的是思考问题的方法趋向一致。根据四则运算的互逆关系解方程,属于算术领域的思考方法;用等式性质解方程,属于代数领域的解方程。两者有联系,但后者是前者的发展与提高。这样,在解方程的学习中,学生将逐步接受并运用代数的方法思考、解决问题,思维水平得到提高。

(四)正反比例

在小学数学教学中正比例和反比例一直是一个重要的内容,这部分内容同样肩负了帮助学生完成一次认识上飞跃的重要任务。学生将从大量对"常量"的认识经验中逐步认识"变量",这是函数思想渗透的重要契机。在课标中,这部分内容的教学目标是:在实际情境中理解比及按比例分配的含义,并能解决简单的问题;通过具体情境,认识成正比例的量和成反比例的量;会根据给出的有正比例关系的数据在方格纸上画图,并会根据其中一个量的值估计另一个量的值;能找出生活中成正比例和成反比例关系量的实例,并进行交流。从"数与代数"内容的发展来看,本质上可以从两个角度理解:第一,从数的扩充角度,从常量到变量;第二,从关系的角度,从数量关系到等量、不等、变化关系。

在教学中渗透函数思想。在有关正反比例的教学中,我们常说要渗透函数思想,但"函数"并不是小学的学习内容,可这并不代表小学阶段不能有机渗透函数思想。正比例和反比例的关系本质上是函数关系,小学阶段并不出现函数的概念,但要让学生感知两个量之间的关系。一是使学生对数量关系的认识和理解更加丰富,二是为第三学段进一步学习正比例函数和反比例函数以及学习一般的函数知识做准备。教学中应与实际情境紧密联系,用学生可以理解的具体的方式呈现这些内容,引导学生从数量关系的角度,以及两个量之间变化的规律的角度来理解并掌握这些内容。多维教学目标的达成离不开教师对数学核心概念的清晰认识和准确的把握,这就需要教师对教学中每个内容有深入的分析,挖掘其背后的价值,为学生长远发展奠定重要的基础。

三、教学范例

"成正比例的量"教学片段①

教学过程:

一、观察比较,认识两种相关联的量

1. 出示 4 个同样烧杯,装有不同体积的水。

(1)提问:实验桌上有什么呢?你看到了什么?

(2)学生汇报:4 个大小相同的烧杯,从左往右看水的体积不断增加,水的高度也不断增加。

2. 提问:水的体积与高度有关吗?

---

① 何小红.《成正比例的量》教学设计及反思[EB/OL].(2012-3-7).http://www.430xx.com/readnews.asp? newsid=7556.

3.小结:像这样一种量变化,另一种量也随着变化,这两种量我们称为"两种相关联的量"(板书)。

二、探索交流,归纳正比例的意义

1.师:在科学研究及分析问题时,常常用数据来说明。下面就请同学们以小组形式,通过实验完成表格中相应数据的填写。

(1)认识1格水的体积是多少毫升。

(2)学生分组实验,填写数据。

高度/格								
体积/mL								

2.观察变量。

(1)根据上面统计表,小组讨论:它有哪几种量呢?体积和高度这两种量有变化吗?体积和高度的变化有什么规律?

(2)汇报:水的体积增加,高度也相应增加。水的体积减小,高度会相应降低。

3.引导研究定量。

(1)思考:看着统计表的这两种量,你还能想到什么?

(2)体积与高度的比值都是25,是一定的,这个比值表示什么意思呢?

板书:体积÷高度=底面积(一定)

4.认识成正比例的量。

通过实验,我们进一步认识到了:高度增加,体积随着增加;高度减小,体积随着减小,体积和高度的比值一定。我们就说:体积和高度这两种相关联的量是成正比例的量,它们的关系叫作正比例关系。

小组内说一说:水的体积和高度有什么关系?水的体积和高度为什么叫作成正比例的量?

5.揭题:今天我们一起研究了成正比例的量。(板书课题)

6.进一步认识成正比例的量。

出示"做一做"情境图,问:图中有哪两种量?这两种量成正比例吗?为什么?

7.比较、归纳。

水的体积与高度、路程与时间都是成正比例的两种量,比较它们的共同点,你能说说什么样的两种量成正比例吗?

出示定义,齐读概念。

出示字母公式,问:你能说说这个式子的意思吗?

三、引导举例,强化认识

1.举例:想一想,生活中还有哪些成正比例的量?

2.讲述:日常生活和生产中有很多相关联的量,有的成正比例,有的虽然相关联但不成比例。判断两种相关联的量是否成正比例,要看这两个量的比值是否一定,只有比值一定,这两个量才成正比例。

四、巩固练习,拓展提高

1.东东看图书《水浒传》的时间和页数如下表。

看的天数/天	1	2	3	4	5	…
看的页数/页	20	40	60	80	100	…

(1)表格中的(　　)和(　　)是两种相关联的量,看的页数的多少是随(　　)的变化而变化。

(2)看的页数与看的天数这两种量中相对应的两个数的比值是(　　),这个比值实际是指(　　　　　　　　)。

(3)因为每天看的页数一定,所以看的页数和天数成(　　)比例关系。

2.因为 $a:b=8.5$,所以 a 和 b 成(　　　　　　)。

3.如果 $m \cdot n = p$ (m,n,p 均不为0),当 m 一定时,p 和 n 成(　　　　　　　　)。

4.已知 x 和 y 成正比例关系,填写下表。

x		10	20		40
y	1		4	5	

5.判断下面每题中的两种量是否成正比例,并说明理由。

(1)罗力的身高和体重。

(2)长方形的长不变,长方形的面积与宽。

(3)作业本总页数一定,使用的页数和剩余页数。

(4)圆的面积与它的半径。

(5)圆的面积与它的半径的平方。

6.挑战智慧:同一时间同一地点,树高和影长成正比例吗？你是依据什么做出判断的？(中午12时除外)

五、畅谈收获

这节课你有什么收获？你对自己满意吗？六(3)班的总人数一定,满意的人数和比较满意的人数成正比例吗？为什么？

六、拓展延伸

想一想,我们把例1的实验结果在坐标系中表示出来,正比例关系的图像会是什么样的呢？

(湖南省株洲市八达小学　何小红)

本案例重在让学生感受、体验概念的"形成过程"。形成概念的教学是整个概念教学过程中最重要的一步,一般也是一节课的新授的主要例题。概念的形成是通过对具体事物的感知、辨别而抽象、概括出概念的过程,因此学生形成概念的关键就是发现事物的本质属性或规律。案例中,教师首先设计了通过初步观察、实验、计算感知概念的过程,让学生初步感知两种相关联的量,再实验、计算,让学生进一步感受"一个量增加,另一个量也随着增加"以及比值不变,为后面学生发现水的体积和高度的变化规律提供了充分的心理准备。课堂上学生的表现也证明了这一点,学生发现、归纳规律所需的时间短了,语言组织也比较到位。因为学生喜欢动手操作,喜欢有挑战性的问题,稍微改变一下学习方式,学生就能够积极主动地投入到学习中,效果明显。其次,通过强化认识,正确建模,把做一做"路程和时间"这道题作为前一个教学内容的延伸,进一步帮助学生准确理解正比例的意义。在学生理解意义的基础上,拓展延伸了正比例图像。最后,找准把握概念的"关键词",深化认识。为使学生能更好地理解、把握、运用概念,概念归纳出来后,引导学生找准把握概念的"关键词"非常必要,而且有效。如提出"要判断两个量是不是成正比例的量,要具备哪几个条件"这个问题来加深对概念的理解并对后面概念运用做有利指导(①两种相关联的量;②一种量变化,另一种量也随着变化;③比值一定)。

| 第五节 |

数与代数的教学建议

提升课堂教学的有效性是每一位教师共同的职责和心愿,在此,本书结合有效教学的概念、基本要求,提出一些教学建议。

西南大学宋乃庆教授认为有效教学就是教师遵循教育规律,特别是学生认知规律,激发学生学习兴趣,促进学生主动学习,使学生在最短时间内获得更多的学习和发展,完成三维目标的过程。有效教学的基本要求是:促进学生的学习和发展,"减负提质",这是有效教学的根本目的,也是衡量教学有效性的基本标准;激发和调动学生学习的主动性、积极性和自觉性,变"要我学"为"我要学",这是有效教学的出发点;提供和创设适宜的教学条件,促使学生有效地学习,是实施有效教学的条件。

为此,在小学数学数与代数内容的讲授过程中,教师要把握以下几点:第一,整体把握,"胸有成竹";第二,明确教学内容的作用和地位;第三,强化教学目标意识,注重教学目标的有效落实;第四,遵循认知,激发兴趣,"减负提质",有效提升;第五,把握教学策略,凸显教学个性。

一、发挥数与代数教学目标功能,使教学过程更加突出有效性

教学目标具有导向功能、激励功能、发展功能、调控功能和评价功能。[1] 只有更好地发挥教学目标功能,才能促使教学过程更加突出有效性。

我国义务教育数学学科当前实行的教学目标,从纵向分有:总体目标、学段教学目标、学期教学目标、单元教学目标和课时教学目标。这些教学目标中,高级目标包括低级目标,低级目标是高级目标的基础。从横向分有:知识与技能目标、过程与方法目标(数学思考目标、解决问题目标)和情感态度目标。可以说每个教学单元时间(指每一课时教学时间、每一单元教学时间、每一学期教学时间或每一学段教学时间)的教学质量都是纵向教学目标和横向教学目标之间相互交集联系、相互作用的结果。

教学过程是在教学目标指导下开展有效教学的过程,同时也是有效落实三维目标的过程,是学生思维训练的过程,同时也是体现教学效益,提高教学效率,展现教学效果的过程。

二、加强互动,体现数学教学过程是"教师和学生之间互动的过程"的教学理念

数学教学是数学活动的教学,是师生之间、学生之间交往互动与共同发展的过程。数学课程标准明确指出:动手实践、自主探索、合作交流是学生学习数学的重要方式。这

---

[1] 李光树.小学数学教学论[M].北京:人民教育出版社,2003:65-68.

为我们体现数学教学过程是"教师和学生之间互动的过程"的教学理念指明了方向。

师生的互动不是简单的一问一答,而是数学思想的互动,教师要向具有一定深度的方向进行引导。

三、树立整体教学观念,提升数学教学的内涵

"整体功能=各部分功能+关系功能"这个关系告诉我们,要树立整体教学观念,必须既要注重"各部分功能"的效率,又要注重"关系功能"的效果。例如,进行"小数加减法"的教学时,首先是注重联系整数加减法的一般方法,让学生清晰地认识到整数加减法与小数加减法的关系,从而在计算过程中掌握小数加减法的一般方法并明确算理。其次是注重在引导学生探索数量关系、建立数学模型过程中体会问题解决的多样化,习得数学活动的经验,感受数学思想,培养数学能力。如解决"环城自行车比赛路段全长 483.4 千米,共分 5 个赛段进行,第一赛段 39.5 千米,第二赛段 98.8 千米,第三赛段 165 千米,第四赛段 80.7 千米,第五赛段 99.4 千米。第二赛段结束后,自行车运动员还要骑多少千米?"这个问题,学生在合作探讨的过程中学会了问题解决的方法可以有 $165+80.7+99.4$,$483.4-(39.5+98.8)$,$483.4-39.5-98.8$ 等多种方法。在这个过程中,老师不应该是简单地为解决问题而解决问题,而是先引导学生观察、思考和交流,让学生真正明白 $165+80.7+99.4=483.4-(39.5+98.8)=483.4-39.5-98.8$ 的含义。当学生真正明白了这些算式相等是"剩下的路程相等"这个道理时,这个解决问题的过程已经不是"单打独斗"的线条,而是"相互联系"的网络整体。因为,此时学生不仅明确了算理、掌握了算法,而且还真正体验了问题解决的多样化,感悟了数学的变换思想,培养了良好的整理信息、灵活思考问题的习惯。更加重要的是,这个问题解决的过程让学生初步体验了"用灵活的方法做出数学判断"的重要思想,既获得了"知识技能"的基础,又获得了"数学思考""解决问题"的"活动经验",当然也丰富了数学学习的"情感态度",提升了数学教学的内涵。

四、把握学段教学的要求,提升教学效果

由于受年龄、见识、经验及认知等因素的影响,不同阶段的学生在认知水平和发展趋势上存在着许多明显的差异。因此,《课程标准(2011版)》将小学阶段分为两个学段:第一学段(1~3年级)、第二学段(4~6年级),并且提出了明确的学段目标和教学要求。

学段目标体现了不同学段学生的认识发展过程,体现了目标的有序发展过程。以"数的运算"为例,课程目标和教学要求都体现出明显的层次性。

第一学段课程目标为"经历从日常生活中抽象出数的过程,理解万以内数的意义,初步认识分数和小数;理解常见的量;体会四则运算的意义,掌握必要的运算技能,能准确进行运算;在具体情境中,能进行简单的估算"。

第二学段课程目标为"体验从具体情境中抽象出数的过程,认识万以上的数;理解分数、小数、百分数的意义,了解负数;掌握必要的运算技能;理解估算的意义;能用方程表示简单的数量关系,能解简单的方程"。

第一学段教学要求:(1)结合具体情境,体会四则运算的意义;(2)能熟练地口算 20

以内的加减法和表内乘除法,能口算百以内的加减法……

第二学段教学要求:(1)能计算三位数乘两位数的乘法,三位数除以两位数的除法。(2)在具体运算和解决简单实际问题的过程中,体会加与减、乘与除的互逆关系。(3)会分别进行简单的小数、分数(不含带分数)的加、减、乘、除运算及混合运算(以两步为主,不超过三步)……

可见,第一学段是注重结合"具体情境"进行计算教学,引导学生明确算理;第二学段的教学不仅引导学生明确算理,而且还要引导学生发现算式的运算规律,并抽象概括出运算的一般方法。例如,在第一学段的"整十数加减整十数"的教学中,教师要注重结合"数小棒""数铅笔"等方式进行教学,让学生在"具体情境"教学中,体会"数位对齐"的含义,而在第二学段的加减法教学中,教师可以运用"现实素材"引导学生明确算理并总结出小数加减法的一般方法。

对于"数与代数"其他知识,也要把握好阶段性要求。例如第一学段中"创设情境"的教学,应该选择学生"身边的""熟悉的"情境。这就要求教师要创造性地使用教科书中的一些教学情境,将一些学生不熟悉的情境进行加工改造,尽量让学生在熟悉的情境中学习。由于学生在熟悉的、有趣的情境中学习,因而,会比较轻松地达成"通过学习让学生认识数"的目标。对于第二学段的"创设情境",就要注重引导学生在"现实生活"的"情境"中学习。因为经过三年的学习,学生对"数"已经积累了一些知识和经验,他们初步学会了运用"数学思想"去思考一些现实生活中的事件,在学习中建立了简单的数量关系,能解决生活中的一些数学问题。

学生在这样的"现实生活"情境中,一是拓宽了对"数"的视野(如表示总价不仅可以用整数,还可以用小数等);二是学会了从情境和表格中搜集和整理信息,从这些数量关系中构建了"数量、总价和单价"的数量关系(建立数学模型),有效培养了处理信息的能力;三是提高了学生从具体的问题情境中提出数学问题的能力,并通过语言表达等方式,体会到了数学在生活中的价值和数学的优化思想。

可见,老师只有尊重学生的认知规律,准确地把握学段教学的要求,才能真正提升教学效果。

观察上述课例的教学过程,发现我们所强调的一些细节与老师们平时的教学可能存在一点点的差异,然而也就是这一点点的差异,就能更加完善整个教学设计,更加突出教学个性,更加体现数学教学的本质内容,从而有效提升整个课堂教学的内涵。同时,在相同的教学时间内,学生不仅学到了一般的解题、明理,而且还学到了问题解决的活动经验,感受到了数学思想、数学价值,这就是整体教学观的魅力,当然也是高效率、高收益和高效果的体现。

本章小结

在日常生活中,物体的个数以及顺序位置都离不开数与代数,感受生活情境中的整数、小数、分数等的运用,对于小学生而言具有十分重要的意义。同时,数与代数的初步知识也是运用数学语言表达的基础。数的认识、数的运算、等式与方程、正比例与反比例等内容都是小学阶段学生学习的重要内容,同时也是基础内容。教师在教学过程中,要把握学生认知发展规律,树立整体教学观念,准确把握教学目标,理清小学分段目标的要求,加强课堂互动,以生动形象而又贴合实际的内容来展开适当的教学。

本章复习题

1. 小学阶段数与代数的教学意义有哪些?
2. 《课程标准(2011年版)》规定的数与代数的内容标准与教学要求有哪些?
3. 在数的运算的教学过程中会出现哪些问题?
4. 数与代数的教学要注意些什么?

本章参考文献

[1]金成梁.小学数学课程与教学论[M].南京:南京大学出版社,2005.

[2]计算教学存在的问题及改进策略[EB/OL].(2014－10－9).http://www.360doc.com/content/14/1009/10/19741428_415449960.shtml.

[3]余文森.小学数学:名师抽象问题艺术教学[M].重庆:西南师范大学出版社,2010.

[4]李光树.小学数学教学论[M].北京:人民教育出版社,2003.

第六章 图形与几何的教学

◆ 本章学习目标

1. 掌握图形与几何的课程内容。
2. 明确图形与几何的教学要求。
3. 掌握图形的认识的教学。
4. 掌握图形的测量的教学。
5. 掌握图形的运动与位置的教学。

【案例】

"射线、直线、角"教学片段①

1. 借助想象,认识射线与直线

师:请同学们说说红外线灯射出的红外线是从哪里到哪里,并上台指一指。(教师把红外线灯照在黑板上)

生:红外线灯射出的红外线是从灯口到黑板。

师:请同学们想一想,这射出的红外线有什么特点呢?

生:这条线是直的。

生:这条线应该可以量出长度的。

师:同学们对这条线的描述非常好,我们暂时称它1号线。老师将红外线灯从窗户射出去,(师演示)假如窗户外没有任何物体遮挡,一直射出去,请同学们说说这射出的红外线是从哪里到哪里呢?

生:红外线射出的地方仍旧是灯口,最后射向远方。

师:如果射出的红外线没有任何物体遮挡,请同学们想象一下,会射到哪里呢?

生:如果没有任何物体遮挡,那就射向无限远的地方。

师:无限远是什么意思,你能想象得出来吗?

生:无限远就是没有尽头,一直这样射出去。

师:对呀,同学们想象得出,如果窗户外没有任何遮挡物,这红外线将一直射出去,射向无限远的地方,我们暂时称这种线为2号线。

(师演示:红外线从两端射出去)

师:假如两端都没有任何物体遮挡,请同学们想象一下,射出去的红外线将会怎样?

---

① 余文森.小学数学:名师抽象问题艺术教学[M].重庆:西南师范大学出版社,2010:187-189.

生：两端射出的红外线将从两个方向一直射向无限远的地方。

师：真聪明，那这种线我们暂时称它为3号线。

2.借助想象，比较异同，加深认识

师：同学们，我们一起来研究这3种线，它们分别叫什么线呢？它们有什么相同点和不同点呢？先来研究1号线叫什么，有什么特点。

生：1号线叫线段，它有两个端点。

生：它的长度能够量，不能延长。

（师板书：线段，两个端点，不能延伸）

师：2号线叫什么好呢？它跟1号线相比又有什么特点呢？

生：2号线是由灯口射向远方，就叫射线吧。

生：它只有一个端点，可以射向无限远的地方。

生：也就是不能量出它的长度。

（师板书：射线，一个端点，向一端无限延伸）

师：说得真好，这种线就叫作射线。它只有一个端点，不能测量它的长度，可以向一端无限延伸。可以向两端延伸的线我们把它称为直线。它跟线段与射线相比又有什么特点呢？

生：直线可以说是一条笔直的线，它没有端点，可以向两端无穷无尽地射出去。

生：这三种线都是笔直的，直线也不能量出它的长度。

（师板书：直线，没有端点，向两端无限延伸）

师：说得不错，同学们能举出生活中的射线与直线的例子吗？

（生举例，略）

师：说得太好了，生活中没有真正意义上的射线和直线，它存在于人们的想象之中。数学是一门充满想象的科学，我们要善于展开想象的翅膀，想象射线与直线的样子。

3.借助想象，画线段、射线与直线（略）

（浙江省嵊州市城北小学　裘迪波）

◆ 问题聚焦

图形与几何是小学数学学习阶段的主要内容之一，它研究现实世界中几何图形的形状、大小、位置关系及其变换，是帮助学生生存并促进其发展的重要基础，也是帮助学生形成创新意识、发展数学思维所必需的土壤。因而，在图形与几何的教学中，应帮助学生建立空间观念，培养学生的几何直观和推理能力并积累几何活动经验。

空间观念是指根据物体特征抽象出几何图形，根据几何图形想象出所描述的实际物体，能够想象出空间物体的方位和相互之间的位置关系，能够根据语言描述或通过想象画出图形等。

几何直观与推理是图形与几何学习中的两个重要方面。几何直观是指利用图形描述几何或者其他数学问题，探索解决问题的思路，预测结果。在许多情况下，借助几何直观可以把复杂的数学问题变得简明、形象。几何直观不仅在图形与几何的学习中发挥着不可替代的作用，并且贯穿在整个数学学习中。推理是数学的基本思维方式，也是人们学习和生活中经常使用的思维方式。因此，与几何直观一样，推理也贯穿在整个数学学习中。推理一般包括合情推理和演绎推理。合情推理是从已有的事实出发，凭借经验和直觉，通过归纳和类比等手段推测某些结果，是由特殊到一般的过程。演绎推理是从已有的事实（包括定义、公理、定理等）出发，按照规定的法则（包括逻辑和运算）验证结论，是由一般到特殊的过程。在解决问题的过程中，合情推理有助于探索解决问题的思路、发现结论；演绎推理用于验证结论的正确性。

第一节
图形与几何的教学意义、课程内容及教学要求

在小学阶段,图形与几何的主要内容有:认识空间和平面的基本图形,图形的平移、旋转、轴对称,图形的周长、面积、体积的计算以及用数对来描述图形的初步体验。该领域的主要目的是培养学生的空间想象能力,发展学生的空间观念。

一、图形与几何的教学意义

图形与几何领域主要分为 4 个部分:图形的认识、图形的测量、图形的运动、图形与位置。学习和应用相应的图形与几何的有关知识和数学学习方法,对于学生更好地认识、理解生活图形,更好地生存和发展有着重要的现实意义。

1.培养学生初步的图形观念

发展学生的图形观念是《课程标准(2011 年版)》中的一个重要目标,也是图形与几何学习的核心目标之一。学生图形观念的形成是建立在观察、感知、操作、思考、想象等的基础上,特别是对于低年级的学生,实际观察和操作是发展图形观念的必备环节。

2.提高学生运用知识解决简单实际问题的能力,增强应用数学的意识

几何知识来源于生产劳动,在生活、生产中有广泛的应用。

3.有助于培养学生学习数学的兴趣,促进学生形成科学精神和科学态度

在拼一拼、量一量等大量的实践活动中,可以使学生体验研究数学的乐趣,积累数学活动经验,逐渐形成科学精神和科学态度。

4.培养和提高学生的审美情趣,发展数学直觉

《课程标准(2011 年版)》把数学定义为理性的艺术。数学不仅有利于发展学生的逻辑思维,而且有利于学生创造才能的发展。

二、图形与几何的内容编排

表 6-1　图形与几何的内容编排表

一年级	二年级	三年级
长方体、正方体、圆柱和球的直观认识; 长方形、正方形、三角形和圆的直观认识	直线和线段的初步认识; 角的初步认识,直角	长方形和正方形的认识和周长; 平行四边形的直观认识; 面积的含义,长方形、正方形的面积

续表

四年级	五年级	六年级
直线的测定,测量距离(工具测、步测、目测); 射线,直角、锐角、钝角、平角、周角; 垂线、平行线及其画法; 三角形的特征、分类与内角和	平行四边形和梯形的特征; 平行四边形、三角形和梯形的面积,组合图形; 长方体和正方体的特征和表面积; 体积的含义,长方体和正方体的体积	圆的认识,圆周率,画圆; 圆的周长和面积; 扇形的认识; 轴对称图形的初步认识; 圆柱的认识,表面积和体积; 圆锥的认识和体积; 球和球的半径、直径的初步认识

各年级的几何初步知识的教学内容如上表所示。纵观沪教版小学数学一至五年级教材,各年级的几何初步知识的教学内容与上述内容不完全一致,主要教学内容梳理如表 6-2 所示。

表 6-2　沪教版 1～5 年级几何初步知识内容

一年级	二年级	三年级
第一学期: 　①长方体、正方体、圆柱体和球的直观认识 　②长方形、正方形和圆的直观认识 　③上述图形初步的分类(删除了三角形) 第二学期: 　①位置:左与右、上中下、左中右的相对位置关系 　②度量:长度单位的认识(米、厘米) 　③量物体的长度 　④线段的初步认识和线段的度量,画线段	第一学期: 　①角的初步认识,直角 　②正方体、长方体的初步认识 　③长方形、正方形的初步认识 第二学期: 　①位置:东南西北的相对位置关系 　②角:分类(锐角、直角、钝角) 　③三角形与四边形的初步认识 　④三角形的分类(按角分)	第一学期: 　①长度单位的认识:千米,米与厘米,分米 　②轴对称图形 　③三角形的分类(按边分) 　④面积的含义 　⑤长方形与正方形的面积及计算 　⑥面积单位的认识(平方米) 　⑦图形的拼嵌 第二学期: 　①树叶的面积 　②面积单位(平方厘米、平方分米) 　③面积计算(简单组合图形) 　④周长的含义 　⑤长方形、正方形的周长及计算 　⑥周长与面积的关系 　⑦长方形周长与面积的最大值与最小值

续表

四年级	五年级	
第一学期： ①圆的初步认识（用圆规画圆） ②线段、射线、直线 ③角的认识 ④角的度量 ⑤角的计算 第二学期： ①垂直 ②平行 ③垂直与平行 ④用多功能三角尺画垂线与平行线	第一学期： ①平行四边形的认识 ②平行四边形的面积 ③三角形的面积 ④梯形的认识 ⑤梯形的面积 ⑥上述图形的面积计算及简单组合图形的面积计算 第二学期： ①体积的含义 ②体积单位的认识及换算（立方厘米、立方分米、立方米） ③长方体与正方体的体积 ④组合体的体积 ⑤正方体、长方体的表面积 ⑥体积与容积 ⑦表面积的变化 ⑧体积与重量	

从上表中不难发现，随着年级的递增，几何部分的知识也愈加丰富。

三、图形与几何的内容标准与教学要求

根据不同学段学生的不同生理和心理特征，《课程标准（2011年版）》对第一学段、第二学段学生的图形与几何领域的知识所要达到的目标有着不同的要求。

（一）第一学段（1~3年级）图形与几何的内容标准与教学要求

在本学段中，学生将认识简单几何体和平面图形，感受平移、旋转、对称现象，学习描述物体相对位置的一些方法，进行简单的测量活动，建立初步的图形观念。同时，根据学生的特点，教学中应多从学生的生活经验出发，让学生从生活中去观察、操作以此获取关于简单几何体和平面图形的直观经验。

1.图形的认识

(1)能通过实物和模型辨认长方体、正方体、圆柱和球等几何体。

(2)能根据具体事物、照片或直观图辨认从不同角度观察到的简单物体。

(3)能辨认长方形、正方形、三角形、平行四边形、圆等简单图形。

(4)通过观察、操作，初步认识长方形、正方形的特征。

(5)会用长方形、正方形、三角形、平行四边形或圆拼图。

(6)结合生活情境认识角,了解直角、锐角和钝角。

(7)能对简单几何体和图形进行分类。

此学段学生的思维基本处于形象、直观阶段,他们的几何初步知识基本属于直观几何。根据该阶段学生的特点,教师在教学过程中对于几何物体或图形的选取应从学生的实际生活或活动经验出发,使学生获得对简单几何体和平面图形的直观经验,逐步认识简单几何体和平面图形的形状、大小、位置关系等,形成图形的认识结构。例如:呈现一个具体的实物几何体,首先让学生去发现里面包含了哪些平面图形,再把平面图形加以分类。

2.测量

(1)结合生活实际,经历用不同方式测量物体长度的过程,体会建立统一度量单位的重要性。

(2)在实践活动中,体会并认识长度单位千米、米、厘米,知道分米、毫米,能进行简单的单位换算,能恰当地选择长度单位。

(3)能估测一些物体的长度,并进行测量。

(4)结合实例认识周长,并能测量简单图形的周长,探索并掌握长方形、正方形的周长公式。

(5)结合实例认识面积,体会并认识面积单位厘米^2、分米^2、米^2,能进行简单的单位换算。

(6)探索并掌握长方形、正方形的面积公式,会估计给定简单图形的面积。

测量的内容实际上是对图形的计算。测量的教学要让每个学生动手实际操作,从自己身边的物体开始进行测量,体验测量的过程,加深对量的实际意义的理解。测量部分非常重要的知识点是长度单位的学习,它稍显抽象,教师一定要在实际操作、活动中让学生去感知。例如,认识厘米可让学生观察刻度尺,认识米可用米尺,再列举一些长度为1厘米和1米的实物,让学生感知它们之间的差别,有一个直观的印象和感知。在对具体图形的测量有一定掌握之后,引导学生在测量的过程中探索周长与面积公式,这也是学生测量能力的进一步提升,同时能够让学生对周长与面积公式掌握得更加牢固。

3.图形的运动

(1)结合实例,感知图形的平移、旋转、轴对称现象。

(2)能辨认简单图形平移后的图形。

(3)通过观察、操作,认识轴对称图形。

平移、旋转、轴对称是图形变换的基本形式。教师要引导学生去发现和感受这三种运动所呈现的美,由美引出它们各自所具备的特征。在掌握各自特征的基础上,让学生在生活的实例中认识这些现象,并能够用恰当的语言刻画和描述生活中的这些现象。

4.图形与位置

(1)会用上、下、左、右、前、后描述物体的相对位置。

(2)给定东、南、西、北四个方向中的一个方向,能辨认其余三个方向,知道东北、西北、东南、西南四个方向,会用这些词语描绘物体所在的方向。

图形与位置的教学可加深学生对现实空间的认识。认识物体的相对位置,是学生空间观念的基础;辨认空间中的方向,则可以建立学生的空间方向感。比如:教师可以通过创设学生熟悉的生活、活动情境来促使学生能够用自己的语言描述物体的相对位置和物体所在的方向。例如,把学生带到操场上,让他们说一说早晨的太阳在什么方向。让学生面向东站好,告诉他们背对着的方向是西;再让学生伸开两臂,左手指的方向是北,右手指的方向是南。从而利用学生已有的前、后、左、右的方位知识与东、南、西、北建立起联系,帮助他们认识这四个方向。

(二)第二学段(4～6年级)图形与几何的内容标准与教学要求

在本学段中,学生将了解一些简单几何体和平面图形的基本特征,进一步学习图形变换和确定物体位置的方法,发展图形观念。在教学中,应注重使学生探索现实世界中有关图形与空间的问题;应注重使学生通过观察、操作、推理等手段,逐步认识简单几何体和平面图形的形状、大小、位置关系及变换;应注重通过观察物体、认识方向、制作模型、设计图案等活动,发展学生的图形观念。

1.图形的认识

(1)结合实例了解线段、射线和直线。

(2)体会两点间所有连线中线段最短,知道两点间的距离。

(3)知道平角与周角,了解周角、平角、钝角、直角、锐角之间的大小关系。

(4)结合生活情境了解平面上两条直线的平行和相交(包括垂直)关系。

(5)通过观察、操作,认识平行四边形、梯形和圆,知道扇形,会用圆规画圆。

(6)认识三角形,通过观察、操作,了解三角形两边之和大于第三边、三角形内角和是$180°$。

(7)认识等腰三角形、等边三角形、直角三角形、锐角三角形、钝角三角形。

(8)能辨认从不同方向(前面、侧面、上面)看到的物体的形状图。

(9)通过观察、操作,认识长方体、正方体、圆柱和圆锥,认识长方体、正方体和圆柱的展开图。

本学段图形的认识包括:平面图形的认识和空间图形的认识。平面图形的认识包含点、线、角的认识。能够区分直线、线段、射线各自不同的特点;理解不同角之间的联系;了解平面上两条直线的平行和相交的关系;能够根据三角形角、边的特征对三角形进行分类。对于空间图形,要引导学生理解面、棱、顶点这三要素,并探索其联系与区别。

2.测量

(1)能用量角器量指定角的度数,能画指定度数的角,会用三角尺画$30°$、$45°$、$60°$、$90°$的角。

(2)探索并掌握三角形、平行四边形和梯形的面积公式,并能解决简单的实际问题。

(3)知道面积单位千米^2、公顷。

(4)通过操作,了解圆的周长与直径的比为定值,掌握圆的周长公式;探索并掌握圆的面积公式,并能解决简单的实际问题。

(5)会用方格纸估计不规则图形的面积。

(6)通过实例了解体积(包括容积)的意义及度量单位米^3、分米^3、厘米^3、升、毫升,能进行单位之间的换算,感受1米^3、1厘米^{3}以及1升、1毫升的实际意义。

(7)结合具体情境,探索并掌握长方体、正方体、圆柱的体积和表面积以及圆锥体积的计算方法,并能解决简单的实际问题。

(8)体验某些实物(如土豆等)体积的测量方法。

教师要按画法步骤给学生展示用量角器画角和用三角板和直尺画平行线的方法,让学生明白正确的操作。对于三角形、平行四边形和梯形的面积公式一定要给学生展示公式的形成过程,加深其理解。而圆的周长和面积公式一定是在学生掌握圆的特点,在理解圆的周长和圆周率的意义基础上进行推导。而对于不规则物体的面积测量,教师要引导学生把不规则图形转化为近似的规则图形。

3.图形的运动

(1)通过观察、操作等活动,进一步认识轴对称图形及其对称轴,能在方格纸上画出轴对称图形的对称轴,能在方格纸上补全一个简单的轴对称图形。

(2)通过观察、操作等,在方格纸上认识图形的平移与旋转,能在方格纸上按水平或垂直方向将简单图形平移,会在方格纸上将简单图形旋转90°。

(3)能利用方格纸按一定比例将简单图形放大或缩小。

(4)能从平移、旋转和轴对称的角度欣赏生活中的图案,并运用它们在方格纸上设计简单的图案。

本学段主要是强调学生的动手操作能力,增强学生的实际感受和现实体验。通过实际的动手操作确定轴对称图形的对称轴,体会图形变换中的相似,更加深刻地理解轴对称图形的本质和图形运动的变与不变。

4.图形与位置

(1)了解比例尺;在具体情境中,会按给定的比例进行图上距离与实际距离的换算。

(2)能根据物体相对于参照点的方向和距离确定其位置。

(3)会描述简单的路线图。

(4)在具体情境中,能在方格纸上用数对(限于正整数)表示位置,知道数对与方格纸上点的对应。

比例尺是本学段图形与位置学习的基础和关键。实际生活中经常需要把地图和平面图的距离换算成实际的距离。因而教师在教学过程中应更多地从生活中的实际运用出发,让学生能够真正读懂比例尺的实际意义。在理解的基础上,教师则要引导学生自己主动地将比例尺运用于生活,去解决生活中一些实际的问题。

第二节
图形认识的教学

一切图形都可以看作是"点的集合"。如果图形中所有的点都在同一个平面内,那么这个图形就叫作平面图形;如果图形中的所有的点不是都在同一个平面内,那么这个图形就叫作空间图形。

在小学数学中认识的平面图形有:线段、直线、射线、角和直角,垂线和平行线,长方形和正方形,三角形,平行四边形和梯形,圆,等等。空间图形有:长方体、正方体、圆柱、圆锥和球等。

一、教学中的常见问题

(一)空间和平面的基本图形

(1)如何在观察、操作中认识图形,抽象出图形特征,发展空间观念。

(2)如何以图形的测量为载体,渗透度量意识,让学生体会测量的意义,认识度量单位及其实际意义,掌握测量的基本方法,并在具体问题中进行恰当的估测,从而发展学生的空间观念与推理能力。

(二)图形的性质和分类

新教材在编写过程中的一个突出特点是逐步渗透、螺旋上升,很多教师对几何与图形各个学段的目标、各册知识的分布了解不够透彻,没有顾及各册教材中图形与几何知识之间的联系,导致教学"不适度",不能很好地把握教学的重点、难点。

1.教师在图形与几何教学中存在的主要问题之一是教具、学具使用欠缺

一是教师为了节省教学时间,教学时忽略了学生的操作活动,只是让个别学生进行操作,其他学生观察,导致了学生学习上的局限性。二是教师的课堂教学设计缺乏创意,教学形式比较枯燥,激不起学生的学习兴趣,教师在利用多媒体教学时也存在欠缺和局限性。三是图形与几何内容在教材上展示的都是静态平面图,而实际上大多数的知识则是动态立体图,如果一些立体图形呈现不出来,一些动态过程的课件做不出来,将不利于学生的学习。

2.学生在图形与几何学习中存在的问题

小学生操作能力比较差,眼高手低的现象普遍存在;学生对知识的理解不够,只是死记硬背了公式,稍变换题目就不会运用;学生缺乏图形想象能力和图形观念,即使课堂教学中学生进行了操作,但没有将操作过程在头脑中形成表象,从而难以形成图形观念。

归纳学生出现这些问题的原因有:

(1)学生生活体验有限;

(2)学生图形识别力有差异;

(3)学生图形形象感知力有差异。

针对以上问题,研究者应从小学数学图形与几何的课堂教学创意与教学策略两个方面进行探索与研究,为一线教师在图形与几何教学中提供可借鉴的、充满新意的、有个性的、带有一定创造性的教学设计,使教师能构想教学过程,在教学方式上体现创新,教学内容上具有独特性,教学风格上体现个性化,重视学生的需求和感受,能激发学生主动学习和参与知识探索的能力,培养和发展学生的图形观念,帮助学生真正理解和掌握数学基础知识,训练数学基本技能,从而领悟数学基本思想和方法,积累数学基本活动经验。

二、教学策略初探

构成小学数学课程中的几何体系与构成数学科学体系的几何知识是有区别的。虽然,小学数学图形与几何内容知识点之间具有紧密的联系,但并不是一个严格的公理化体系,仅属于直观几何或实验几何的范畴。这些内容是建立在小学生的经验和活动基础之上的,小学生对几何图形的认识是通过操作、实验而获得的,即使简单的几何推理也以操作为基础。例如,平行四边形面积公式不是通过严密的逻辑推理,而是通过割补法的操作方式获得并被大家理解的。小学生的几何思维具有具体性和抽象性相结合的特点,所以,经验是儿童学习图形与几何的起点,操作是儿童构建空间表象的主要形式。为此,我们在教学过程中要采取与之相适应的策略。

(一)空间和平面的基本图形

对一些基本图形的认识无疑是图形与几何领域中的重要内容。在丰富的现实背景中通过观察、操作、比较、概括等体验常见图形的性质并运用它们解决实际问题;在观察物体、拼摆图形、设计图案等活动中建立空间观念;欣赏丰富多彩的图形世界并体会图形在现实世界中的广泛存在。

1.经历从现实情境中抽象出图形的过程,采用从立体图形到平面图形的方式展开学习

由于在日常生活中学生最先接触的是各种各样的物体,如在孩子们玩的积木中有许多正方体、长方体、圆柱体;他们见到的楼房、砖头、纸盒、箱子、书等更是给他们长方体的形象;他们从小玩的皮球给了他们球的直观形象。因此,图形的学习是从认识立体图形开始的。例如:在北师大版一年级上册"认识图形"单元中,呈现给学生熟悉的多种物体,让学生进行分类,在分类活动中学生将抽象并直观地认识长方体、正方体、圆柱、球等立体图形;在北师大版一年级下册"有趣的图形"单元中,通过"画出立体图形的某个面"的活动,得到了正方形、长方形、三角形、圆等平面图形。这种安排从具体到抽象,从实物到模型,从整体到局部,符合儿童的生活经验,也初步揭示了立体图形与平面图形的关系。

2.精心设计观察物体等内容,更好地发展学生的空间观念

发展学生的空间观念是图形与几何课程的核心目标。整个小学阶段数学教材设计了"观察物体"的系列内容,从观察身边的物体入手,使学生认识到一个物体从不同的角度观察到的图形可能是不同的,这是从三维空间到二维平面的过渡。多种的观察角度和丰富的观察活动,为培养学生的空间感奠定了良好的基础。

例如,在北师大版四年级下册"观察物体"单元中,教材设计"搭一搭"的活动,体现了

立体图形与相应的平面图形的转化过程,是一个充满观察、实践、思考、想象、交流的丰富多彩的活动过程,是一个充满挑战性和趣味性的活动过程。在这个过程中,学生不仅可以获得对空间的理解,而且在数学思考、情感态度等方面都将获得发展。

3.经历观察、操作、思考、想象、交流等活动,在活动中体验基本图形的基本性质

学生空间观念的发展、活动经验的积累、图形性质的体验等都是在数学实践活动中进行的。因此,教材设计了大量观察、操作、思考、想象、交流等活动,使学生在有挑战性的、充满想象和富含思考的过程中,体验图形的性质。例如,在人教版四年级下册"平行四边形、三角形、梯形"的相关内容中,教材安排了用七巧板中某些板分别拼平行四边形、三角形、梯形的活动。又如教材中通过一组实物图片,分别抽象出线段、射线、直线的模型,再在思考交流的基础上,引导学生形成对图形的认识,把握各自的特点,并学会用符号表示。这些都是实践性较强、思考空间较大、综合性的活动,学生在探索和交流自己的方法和观点的过程中,将进一步体会图形的基本特征,发展空间观念。

(二)图形的性质和分类

图形与几何部分是培养空间观念的主阵地。说到空间观念,我们总是觉得熟悉又陌生。图形观念到底指什么?《课程标准(2011年版)》是这样描述的:指根据物体特征抽象出几何图形,根据几何图形想象出所描述的实际物体;想象出物体的方位和相互之间的位置关系;描述图形的运动和变化;依据语言的描述画出图形等。由此可见,空间观念的培养贯穿于图形与几何的整个教学过程中。

1.建立空间观念需要关注生活现实模型与数学模型间的联系

我们生活在一个模型的世界里,学生从小就开始接触各种生活模型,他们对于生活中物体的形状有一定的认识基础,这些现实生活中丰富的生活现实模型是发展学生空间观念的宝贵资源。因此,在研究圆柱这一内容时应该先让学生观察生活中的大量现实模型(呈现的种类要丰富),再从现实模型中抽象出数学模型。

2.建立空间观念需要全方位、多角度地观察图形

全方位、多角度的观察是促使学生建立和发展空间观念的主要途径之一。通过整体观察、不同的图形辨认、细致观察圆柱特征、不同角度观察外形等活动,促使学生逐步建立圆柱的表象,明确圆柱的特征,从而促进学生空间观念的形成。

3.建立"空间观念"需要加强动手操作

空间观念的形成,只靠观察是不够的,教师还应该引导学生进行动手操作活动。如:通过圆柱侧面剪开前后的比较,测量圆柱的高,画圆柱的立体图,转动小棒体会圆柱的形成过程,制作圆柱模型等活动,调动视觉、触觉、听觉等多种感官,促进空间观念的形成和发展。

4.建立"空间观念"需要给学生思考的空间

在促使学生空间观念形成的过程中,要注意给学生思考的空间。例如,在讨论圆柱分成两部分后截面的形状问题时,不要立刻就采用操作、验证的方法,先让学生想一想、猜一猜,然后动手试一试。让学生有充分的时间去体验,调整自己的认识,不断地超越自己,才能更好地建立空间观念。

三、教学范例

"图形的认识"教学片段①

1. 创设情境

师：同学们，请你们说一说我们每个人一出生所面对的这个世界是平面的还是立体的呢？

生：平面的。（一少部分）

生：立体的。（多数）

生：我们住的房子是立体的。

生：电视也是立体的。

……

师：能不能再说说在我们周围还有哪些你熟悉的立体图形呢？

生：数学书、洗衣机、衣柜……

师：我这也有一些。（从讲台里"变"出长方体的实物）其实我们很早就认识了长方体，今天我们进一步来学习它。

2. 认识长方体

师：长方体是由什么组成的？用手摸一摸，同桌互相说说感受。

生：我一摸就摸到了面，很平，非常光滑。

生：除了面，我摸到的是一些边，它们有些硌手。

师：你们和他的感受一样吗？我们学习平面图形时，的确称之为"边"，但长方体是立体图形，它们有自己的名字：棱。你能用自己的话说说吗？

生：我知道最尖的这部分叫顶点。

生：如果使劲按它很扎手。

师：你们能自己来数一数它们的个数吗？最好按一定的顺序来数。大家自己先试试，也可以同桌互相数，一会儿请几位同学到前面来数，看谁数的让大家一看就觉得不错、清晰！（几位同学来数，方法各不相同，师鼓励、肯定）

师：棱的个数的确不太好数。请大家看屏幕。（微机演示：动态表现12条棱分成3组，每组相同方向的4条棱长度相等，彩色闪动）

师：我们已经知道了长方体的组成部分，下面再具体看看它们各自还有什么特点。你可以选择其中的一个来研究。（提示学生考虑面的大小、棱的长短）

（生小组合作，每个人都参与活动。一些同学开始用尺测量，也有选择用手测量的方式，并交流各自的结果和体会）

小结：长方体的6个面都是长方形，相对的面完全相同，相对的棱长度相等。

师：猜一猜，这个物体是什么体？（只露出一个有正方形的面）

生：长方体、正方体。

---

① 陆建中.小学新课程课堂教学课例[M].北京:科学出版社,2003:51—55.

(一点点露出,形成一个正方体;再接着出示整个物体)

生:长方体。

师:对,它也是长方体,与我们刚才学的有区别吗?(生经过讨论得出,长方体也可能有两个相对的面是正方形的特殊情况)

师:生活当中见过这种较特殊的长方体吗?举例说明。(略)

师:(利用可分拆的长方体学具)长方体有12条棱,如果把它们分类,你想怎样分?

生:我是这样分的:4条长,4条宽,4条高。

生:我把长宽高分为一组,共4组。

师:你说的长宽高是怎么回事,能给大家说说吗?(生说,其他人补充)

师:请你们指一指手中学具的长、宽、高。把数学书平放,说说它的长、宽、高,估测一下它们的长度。(对估测准确率较高的给予鼓励)

同桌互相说说手中学具的长、宽、高的长度大约是多少,再自己验证估测的准确率。

师:关于长方体的知识我们已经有了进一步的了解。请你们闭上眼睛……脑海里是否能浮现出一幅长方体的画面呢?也可以是你熟悉的生活中的长方体。

师:(手中拿一个稍大些的长方体药盒,站在讲桌前)现在请大家快速回答一个问题,但要实事求是。你看见了几个面?

生:2个。

生:1个。

生:6个。

师:你能看到6个面?

生:不能。我能看到2个面。

师:再来。(走到教室门口,再举起教具)这次你能看到几个面?会不会多一些?

师:(走到同学们中间)这回呢?你们需要想一想我站在不同的位置,你从不同的角度所看到的面的个数一样吗?你发现了什么?同桌说说看。

生:我们不可能看到6个面,除非是透视眼。

生:每次我看到面的个数是不一样的,有1个的,也有2个的。

师:那么你最多能看到几个面呢?能看到4个面吗?

生:不会。最多只能看到3个面。

师:看来有3个面就能表现出长方体的特征。我们在生活当中看到的、感受到的长方体都是立体的,在平面的纸上你能试着画出立体的图吗?你们至少需要画出几个面?一个面行吗?两个呢?(师生共同完成此透视图)

师:请大家用红笔画出顶点,并标明一组长宽高。

师:今天我们共同学习了长方体的一些知识,那么在我们的生活当中长方体究竟有没有用呢?请你们设想一下:如果我们的生活中没有了长方体,可不可以?会是什么样子?

生:离不开它,我们的教室是长方体的,家也是。

生:所有的书都是长方体,水果箱也是。(同学们说了很多离不开长方体的理由,最

后达成共识:如果这个世界没有了长方体,将不堪设想)

4.小结(略)

本案例中,教师在上课伊始提出问题唤起了学生对过去、对生活经验的回忆,引起他们想说的欲望,并在头脑中快速出现许多立体事物,包括长方体,由此自然引出课题。除了利用已有的经验,观察是学生获得初步空间观念的主要途径之一,但只靠观察是不够的,还需要在老师的引导下进行操作活动,在活动中自己去感受面、棱、顶点的不同之处,能够并愿意用自己的语言描述真实的体验。在操作活动过程当中,往往会因为观察角度、教具学具本身的固定性、局限性造成一些学生看不清楚、想不明白的现象,所以在条件允许的情况下,可以适当利用多媒体进行演示,并力求简洁、直观、有效。本案例充分考虑到数学与生活的联系,并关注到学生的学习方式和学生思考的空间。

第三节
图形测量的教学

测量是把待测定的量同一个作为标准的同类量进行比较的过程,它使物体的属性具有了量化的特征,有助于学生更深刻地理解物体可测量的属性,如周长、面积、体积等。可以说,测量为数与空间几何之间架构起了一座桥梁。同时,测量的实施过程和结果表述也提供了联系、应用其他重要数学概念的机会,如分数、几何图形特征等。因此,测量一直是各国小学数学教育中的重要内容。

一、教学中的常见问题

小学阶段图形的测量主要包括以下几部分内容:长度的测量,长度单位的认识与换算,角的度量,图形的周长、面积与体积,图形的面积单位,体积单位的认识与换算,实物的测量等。在图形的测量的教学中也存在着诸多的问题。

1. 长度测量的教学

长度测量的教学中典型的教学目标就是认识长度单位,会进行长度的简单计算,会求长方形、正方形和圆的周长。长度单位的认识常以抽象的方式呈现,很少让学生在真实情景中去感受。长度测量的教学模式大多是先给出标准的长度单位,然后以此为基础进行单位换算和周长计算,这很容易使教学的关注点集中于记忆长度单位以及单位换算和周长计算结果的正确与否,从而导致学生对长度单位以及周长含义的理解存在一定程度的局限。例如,在做"一张床长2( ),一个文具盒长2( ),一本书厚2( )"之类的练习时,不能正确选用适当的长度单位。

2. 角的度量的教学

对于角的度量的教学,有的教师直接按照教材中所呈现画角的三个基本步骤(先画一条射线,使量角器的中心和射线的端点重合,零刻度线和射线重合;再在量角器相应刻度线的地方点一个点;最后以画出的射线端点为端点,通过刚画的点,现画一条射线)进行教学,并让学生按照步骤画角。然而学生并不明白为什么要这样画,只是进行机械的记忆和操作,自然其画法也就不容易掌握。

3. 图形面积与体积的教学

在教学过程中,教师对面积、体积公式推导并没有花大量的时间进行透彻讲解和说明,在学生还处于似懂非懂的状态时便让他们开始进行有关面积与体积的大量练习。在练习过程中学生只是重复机械地对公式加以记忆,并未理解面积和体积公式的实质,这也就导致在题型稍做变化后,学生丝毫没感觉出差别,依旧套用背下来的公式的现象出现。

二、教学策略初探

（一）长度测量教学

1.创设真实情景进行长度测量的教学

长度单位对于学生而言是一个相对比较抽象的概念，要使学生对其有正确的了解就应通过创设真实有效的场景，让学生在情景中通过摸一摸、跳一跳、看一看等环节去进一步感知长度单位，并对其有直观的了解。同时，通过操作与体验，还能促进学生对测量过程的掌握，进而提高学生解决实际生活中测量问题的能力。

2.长度单位的教学顺序应顺应学生的认知

对于长度单位的教学顺序，目前的教学基本都是按照"直接比较——运用非标准长度单位测量——运用标准长度单位测量"的模式进行。但儿童的标准测量不一定要严格按照此模式进行，因为他们只需要用一把尺子就能进行正确测量，然而非标准的长度单位测量需要学生关注单位的大小、数量以及二者的关系等因素，这就远比用尺子测量复杂得多。因此，单位长度的教学，不是永远拘泥于一种模式，而应该考虑学生的认知水平，灵活选择教学顺序。但无论选择哪种教学顺序，教师都要让学生明白长度单位统一的原因和过程，让学生在更广阔的视角下认识长度单位统一的伟大价值。

（二）角的度量的教学

在角的度量的教学中，学生一定得按照步骤逐次进行深入透彻的学习。

第一，学会认识量角器。学生观察量角器，并与同学交流自己在量角器上有哪些发现，这样能够让学生对量角器的组成部分以及各部分的用途有一个深入的了解和感知。

第二，理解量角器内圈和外圈的用意并学会使用。首先让学生明白如果量角器只有单向刻度，量不同朝向的角的大小会异常烦琐。其次，让学生自己探索内外圈使用的方法并进行全班交流，再予以引导和总结。

第三，学生尝试量角，自己先去探求量角的方法。让学生自己先尝试摸索量角的方法，最后教师引导总结量角的方法：中心对准角的顶点，零刻度线对准角的一条边，用另一边认刻度，并且要分清内外圈。

（三）面积与体积的教学

对于学生来说，面积与体积的概念相对比较抽象，因而要想使学生深入地了解，在教学过程中就要创设真实的生活情景，让学生在真实情景中去感知面、感知物体所占的空间，在感知中去比较，进而促进理解和掌握。

给学生探索的时间。对于这一相对抽象的概念的学习，教师不能仅仅是把知识传递给学生，而是应该提供真实情景，让学生在情境中去探索和交流，自己去感悟知识。例如，在教学物体的表面积时，不是直接告诉学生有几个面，把这些面加起来，而是给出物体，让学生分组摸索和讨论来得到物体的面数以及得出物体的表面积就是几个面的表面积的和的结论。只有让学生主动地参与到学习过程中，才能让学生对知识有更深入的了解，这样也就不需要死记硬背公式，而是可以灵活地运用。

三、教学范例

"角的度量"教学片段①

[教学内容选自《义务教育课程标准实验教科书 数学(四年级下册)》(人教版)]

教学过程:

一、创设运动会情境,谈话导入

师:喜欢运动会吗?

师:运动会上,我们可以与其他同学比赛为班级争光,还可以看到许多精彩的场景。

师:不知道大家记不记得我们学校的棍术表演,为了在今年的运动会上给大家带来更多的惊喜,我们学校的学生已经开始练习棍术表演了。(出示全体表演图片)

师:那么多人在一起表演,如果动作做不到位就会不整齐,这样就不好看了。

二、用正方形创造测角工具,初步把握量角要点

1.寻找工具测量直角

(1)出示棍与地面成直角图片。

师:大家看这个动作,如果做得标准,棍应该与地面成什么角?

(预设:直角)

(2)指名摸一摸直角的顶点在哪,边在哪。

(3)如何判定这个角是不是直角呢?

(预设:三角板、量角器)

(4)如何运用这张正方形纸去测量呢?

指名回答、指名测量,并说一说过程。

(预设:顶点和边要与所测角的顶点、边重合)(板书:重合)

2.改造工具测量直角的一半

(1)出示棍与地面成直角一半图片。

师:这个角要比刚才的直角( )。体育老师说要想做好这个动作,棍要与地面成的角大约是直角的一半。

(2)怎样去验证这个角大概是不是直角的一半呢?(预设:对折)

师:我们这个角是什么角?能用它检验吗?为什么?

(3)指名验证并说一说要注意什么。(预设:顶点和边要与所测角的顶点和边重合)

(4)指名测量,边测量边说出过程。

3.改造工具测直角的 $\frac{1}{3}$

(1)出示棍与地面成 $\frac{1}{3}$ 直角图片。

师:大家再看这个动作,如果要把这个动作做标准,棍与地面所成的角大概是直角的 $\frac{1}{3}$。

---

① 任善军."角的度量"教学设计与反思[J].黑龙江教育(小学),2012(12):18—20.

(2)示范折出直角的 $\frac{1}{3}$。

(3)指名验证。

4.简化工具,三合为一

(1)讨论:如何才能让量角工具使用起来更方便?

预设:将三个测角工具合在一起。

教师演示三合为一的过程。

5.改良工具,适应不同需求

(1)出示反向动作图片,怎样才能测量开口向左的角呢?

(2)演示左右合一的过程,明确新工具的用途。

(3)数一数新工具上直角、$\frac{1}{2}$ 直角、$\frac{1}{3}$ 直角各有多少个。

(4)说一说它们的顶点有什么共同特点。(预设:都集中在一起)

师:我们把这个点叫作中心点。

三、优化量角工具,认识量角器,初步感受量角方法

1.细分量角工具

师:如果老师要测 $\frac{1}{5}$ 直角、$\frac{1}{9}$ 直角怎么办?(课件演示平均分过程)

师:如果要测量比 $\frac{1}{9}$ 直角还要小的角呢?(课件演示:将直角平均分 90 份)

2.认识 1 度角

(1)师揭示:当把一个直角平均分成 90 份时,其中 1 份所对角的大小就是 1°。

师:度就是我们计量角大小的单位。

(2)指导写法,说一说小圆圈写在哪儿。(预设:右上方)

(3)师:这个角是 1°,这个角呢? 这个角还是 1°。整个半圆工具上有多少个 1°角?(180 个)(课件演示:将左面平均分的过程)

3.认识几度角,理解量角的含义

(1)在量角工具上出示几个连续的 1°角,将其组合在一起后是几度? 为什么? 再加上 5°呢? 再加上 10°呢?(逐渐累加)

(2)找到 90°角的位置,说一说从哪儿到哪儿是 90°。91°呢? 我们可以在这个工具上找到最大角是多少度? 你是怎么知道的?

4.认识内外刻度线

(1)读一个角的度数,运用多媒体演示角旋转的过程。

师:这样测量角的度数麻烦吗? 怎么办才能一下子就看出这个角是多少度呢?(预设:标上刻度)

(2)学生给量角工具标上刻度,产生简化标数的需要。

(3)美化量角工具,课件演示长方形量角工具变成半圆量角工具的过程。

(4)量两个开口方向不同的角,使学生产生再标一圈刻度的需求。

（5）完整介绍量角器。

师：内圈的0°在哪里？（生指）它所对的这一条线叫作内圈零刻度线。外圈的0°在哪里呢？（生指）它所对的这一条线叫作外圈零刻度线。

四、练习量角，进一步明确量角的方法要点

1.读角的度数专项练习，区分内外圈刻度的使用。

师：同学们，量角器上有两圈刻度，到底读哪圈的刻度呢？你会读吗？一起来读几个。

每读一个角要让学生说清用哪圈刻度，为什么？

2.学生独立量角

分别出示一个62°（开口向右）、45°（开口向左）角，先用手势比画旋转过程，再说出运用哪圈刻度值读数。

3.展示错例，明确方法

4.总结量角方法

五、全课总结（略）

（黑龙江省哈尔滨市王岗中心小学　任善军）

"角的度量"这一内容历来是小学数学教学的难点，数学概念多（如中心点、零刻度线、内刻度线、外刻度线都是一些抽象的纯数学语言），知识盲点多，几乎没有旧知识做铺垫，操作程序复杂，尤其是对于动作不够协调的四年级学生来说，更是一次关于手与脑的挑战。

该教师在本堂课的教学设计中首先通过创设运动会情境进行导入，在心理上降低学生的学习负担。随后通过有效的引导，折出角再去度量直角、直角的一半、直角的三分之一的大小，激发学生已有的量角经验，注意"点重合，边重合"，这实际上是用量角器量角方法的雏形，有利于学生的后续学习。再通过对越来越小角的度量，让学生感受到细分半圆量角工具的必要性。在初步感受量角的方法上，通过度量角让学生认识到读数的不便，引出内圈刻度，再由内圈刻度读数仍然还有不便引出外圈刻度。通过一个又一个问题的探索与解决，一个完整的量角器便呈现在学生面前。最后一个环节对量角方法进行强化巩固。通过读两个开口方向不同的角，巩固学生对内外圈刻度的正确选择；量边不在零刻度线的角时，让学生感到读数的不便，从而认识到量角时"零线对一边"的便捷性；在量一个顶点与中心点未重合的角时，强调"中心对顶点"的重要性。

| 第四节 |
图形的运动与位置的教学

《课程标准(2011年版)》在课程目标中对"图形的运动"的要求是:使学生感受平移、旋移和对称,能对简单图形进行变换,在图形的变换和图案的设计中进一步发展空间观念。对于"图形与位置"的要求是:通过图形与位置的教学,使学生能够用"上、下、左、右、前、后"以及"东、南、西、北"等词语来描述物体的相对位置,理解用方向和距离或有序数对来确定物体位置的方法,掌握识图和制图的初步技能。

一、教学中的常见问题

(一)图形的运动

平移、旋转和轴对称是最基本的三种图形变换方式。

平移是将一个图形沿着某一方向进行平行移动,平移过程中,各对应点平移方向和距离相同。旋转是一个图形绕着某一个定点旋转一定的角度。平移和旋转都不改变图形的形状和大小且各对应点之间的距离保持不变,这样的变换又叫保距变换。平移的要素有3个:基本图形、方向和距离。旋转的要素有4个:基本图形、旋转中心、方向和旋转角度。轴对称虽然保持变换前后图形的形状和大小不变,但变换前后对应点位置发生了变化。轴对称的要素有2个:基本图形和对称轴。这三种图形变化,都要关注其运动过程,也就是说要看这个图形是经过一个什么样的过程变换到另一个位置的。那么,教师就要让学生体会不同图形变化过程中的要素。当然要让学生充分体会不能仅仅是教师操作、学生观察,而是应该让学生自己去操作并思考,教师加以引导,在引导的过程中强调各要素的作用,让学生明白各要素的意图,也就能够让学生有较明确的认知结构,效果也就更好。

(二)运用坐标描述图形与位置和图形的运动

如何通过学习"确定图形位置"的方法,发展学生的空间观念和推理能力?

小学数学几何的推理主要是在图形的转化中得到发展的,而并不仅仅是符号的推理。在传统的小学几何教学中,人们往往只停留于静态地观察图形的阶段。目前,图形的变化成为重要的内容。如学习长方形、正方形和平行四边形以后,学生可以利用自制的由4根小木条钉成的长方形框架进行操作,把宽边慢慢往里移,成了正方形,再往里移又成了长方形,从而悟出正方形是长方形的特例。然后又把长方形的宽固定,用手拉住长方形木框的两对角,向相反方向拉动,无论怎么拉都是平行四边形,只有当对角是90°时,才是长方形,从而又得知长方形是平行四边形的特例,不同的地方在于角的大小。这样,正方形、长方形、平行四边形的逻辑关系就十分清楚地被学生掌握了。

但学生常常无法自发独立地完成上述几何推理过程。几何中的分类,也是一种重要的思维活动,例如,对生活中常见物体的几何形体进行分类。

二、教学策略初探

要从小学数学图形与几何教学中确定这一部分内容的总体教学策略,问题情境是教学切入点,以形成图形观念;学生经验是教学的基础,以发展图形观念;实践操作是重要形式,以培养图形观念;实际应用是良好的土壤,以运用图形观念。由于图形与几何部分新增设的内容中图形的运动和图形与位置这两个部分争议和困惑较多,现分别以这两个部分和平面图形基本性质证明为例对几何教学的策略进行探究说明。

(一)图形的平移、旋转、轴对称、相似和投影

小学阶段图形与变换的教学目标是:积累感性认识,形成初步表象,学生能识别、会画图。教师应该准确把握各个学段的不同要求,准确把握各个学段的教学重点,从学生的实际情况出发,把教学目标定在学生的最近发展区内,关注全体学生的发展。

1.从数学知识出发,根据学生的年龄特点、生活经验和已有知识,制订便于学生操作的教学策略

《课程标准(2011年版)》指出:数学教学活动必须建立在学生的认知发展水平和已有的知识经验基础之上。因而教师教学时要从学生已有生活经验和已有知识出发,并把它们当作一种学习资源,帮助学生找到新旧知识的"生长点"。教师应从生活中的典型实例入手,借助具体的生活现象来唤醒学生的经验,让学生感知生活中的对称、平移、旋转现象,使这些现象成为学生学习图形变换的感性认识。

2.引导学生学会观察和回归生活的教学策略

学生初步观察与学习了图形的变换后,可指导学生通过观察寻找生活中的对称、平移、旋转的实例,抽象并概括出平移、旋转、对称的特点。这样不仅能使学生从图形变换的角度和用数学的眼光去观察生活,而且有助于学生去了解图形之间的联系,从中发展他们的图形观念,感受数学与现实世界的联系。

3.引导学生实际操作,形成初步表象的教学策略

小学生眼高手低的现象普遍存在,教师教学时应加强实际操作。难度大的操作可由教师先示范再让学生实际操作,如移一移、用剪刀剪纸和折纸、转一转、拼一拼等。

4.指导学生画图,渗透数形结合思想的教学策略

数形结合思想是数学中的一种重要方法,数形结合思想在解题中具有直观性、形象性、简洁性的特点,有利于将学科知识转化为能力,有利于提高学生灵活运用数形结合思想解决问题的能力。教师应先讲清在方格纸上画对称图形、平移图形、旋转图形的具体方法,再让学生去画图,并对学生提出规范画图的要求。

(二)运用坐标描述图形与位置和图形的运动

设计图形与位置的教学策略,教师要明确图形与位置教学的两条基本线索。一条线索是用类似第几排第几个的方式,确定具体情境中一些物体的位置,然后逐步发展到用数对来确定位置;另一条线索是学习用方位词或方向词描绘物体的相对位置或方向,然后结合比例尺来绘制并描述简单的路线图。现以"位置与方向"一课的教学为例谈谈图形与位置教学的策略。

1.创设教学情境,让学生判定并准确找到物体或图形位置的教学策略

一年级教学"位置与方向"时,对于学生来说,东、南、西、北等方位概念的理解比较困难,掌握起来是比较抽象的,因为学生缺乏大量的感性支柱和丰富的表象积累。教学时可以创设如下教学情境:教师创编儿歌"早晨起来,面向太阳,前面是东,后面是西,左面是北,右面是南",从而引出新知识的学习,然后结合学生学过的数学知识,让他们面对东方,告诉学生他们背对的方向是西,再让学生伸开两臂,左手指的方向是北,右手指的方向是南。

2.从学生已有的知识基础和生活经验出发,让学生在具体生活场景中理解确定物体位置的教学策略

一年级下册第一单元"上下、前后、左右"的教学,可以用学生的学习用品作为辅助工具,使学生在生活场景中进一步体会"上下、前后、左右"的位置关系;也可以让学生看看桌面上有哪些学具,让学生利用所学的"上、下、前、后、左、右"知识来整理,并把它摆在合适的位置,摆完后能用自己的语言(含有上、下、前、后、左、右)来表达。

3.引导学生从现实生活回归到数学实际问题中的教学策略

引导学生由实际生活动态场景的表象,向数学教材平面图过渡。在教学"东南西北"一课时,学生通过学习,有了一定的辨别方向的知识经验,这时教师可引导学生明白:只要我们留心观察,会发现生活中处处充满了数学知识。这时教师向学生提问:如果你在野外,你还有其他辨别方向的方法吗?先让学生小组讨论与交流,然后汇报。最后教师让学生观察实物教具,告诉他们树叶稠密的一面是南面,树叶稀疏的一面是北面;或出示木桩教具让学生看年轮,他们发现年轮密集的一面是北面。学生对南北的方向有了清楚的认识后,教师可指导学生从现实生活回归到数学,与绘制校园平面图结合起来,让学生根据已经获得的方位知识和已经形成的表象来绘制校园平面图,实现生活情景向平面图转化。

总之,小学数学图形与几何教学创意和教学策略的探索和研究能够更好地服务于课堂教学,发展学生的图形观念,激发学生的学习热情,进而提高学生图形与几何学习的效率。

三、教学范例

"平移和旋转"教学过程设计[①]

[教学内容选自《义务教育课程标准实验教科书 数学(二年级下册)》(人教版)]

一、看图引入

1.引导学生观察动画课件,说说图上的物体是怎样运动的,同时用动作进行模仿。

2.引出课题:平移和旋转。

3.说一说,图片上的运动现象哪些是平移?哪些是旋转?(如果有学生认为海盗船不是旋转,可暂时放一放)

---

① 徐英飞.《平移和旋转》教学设计[J].教学与管理,2013(14):63—64.

二、探究特征

1. 让学生用课本在桌面上玩一玩平移和旋转。

2. 指名不同的学生到黑板上来做平移,教师把平移情况画下来,让学生感知平移有上下平移、左右平移和斜线路径的平移。

3. 教师做平移(平移的线路是弯曲的),让学生感知平移是可以沿曲线运动的。(因为这种平移方式学生一般想不到,所以由教师示范。)

4. 在对各种平移方式的比较中初步感知平移的特点。(师:这样是平移,那样也是平移,同样是平移,你觉得有什么相同的地方和不同的地方?)

5. 根据学生的回答,板书平移特点。(比如:是移动的,平移的路线可以是直的也可以是弯曲的,课本的方向是不变的,等等。)

6. 指名学生到黑板上来做旋转,教师画出旋转情况。

7. 教师根据学生的旋转情况做不一样的旋转方式并画下来。

8. 观察思考:老师做的旋转跟同学们做的旋转有什么不一样?你认为旋转又有些什么特点?

9. 根据学生的回答板书旋转特点。(比如:是转动的,有旋转中心,书本的方向是会变的,旋转角度可以是不满一周的。)

10. 结合平移和旋转,说说两者又有何不同。(从总体上感知平移和旋转的本质特点。)

三、整合判断

1. 出示主题图——游乐园,让学生找一找平移和旋转现象。

2. 每找到一种现象,都要说说自己判断的理由。(重难点:摩天轮上的吊篮、秋千和跷跷板。摩天轮上吊篮的运动路径是曲线形的,但吊篮的方向是一直朝上的,所以是平移;秋千晃动时,有旋转中心,木板或上面的人在不断地改变方向,所以是旋转;跷跷板也有旋转中心,木板或上面的人在不断地改变方向,所以也是旋转。)

3. 回到先前的海盗船,说说它的运动方式。

四、回归图形

1. 图形变换1。

(1)思考:周围小树可以通过怎样的运动方式与中间的小树重合?

(2)引导学生用完整规范的语言进行描述,比如③号小树先怎样旋转,再向什么方向平移,最后向什么方向平移就能与中间的小树重合。教师根据学生的描述用小树教具在大屏幕上做演示。

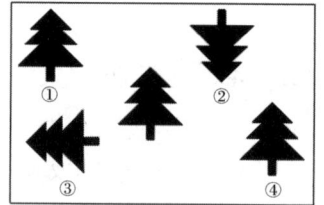

2. 图形变换2。

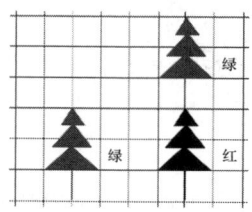

分别说说绿色小树向（　）平移（　）格才能与红色小树重合。

五、全课总结

说说这节课的收获。

（浙江省桐乡市崇德小学　徐英飞）

教师在进行本案例的教学过程设计时，首先通过看图引入，把"左右平移、上下平移、斜线路径的平移、曲线路径的平移、顺时针旋转、逆时针旋转、不满一周的旋转"等典型的运动现象汇集在一起，让学生初步感知生活中的平移和旋转现象及两者的不同之处。然后在探究特征上，设计几个环节，用课本在桌面上交替着玩"平移和旋转"，使学生直观地认识到二者的区别；学生到黑板上做平移和旋转，教师适当补充、拓展并让他们对比思考，能使学生清晰地认识到平移和旋转的本质特征。在最后的整合判断中，使"平移和旋转"两种运动现象由生活回归到数学，让学生感悟到平移和旋转是数学中两种基本的图形变换形式。

第五节
图形与几何的教学建议

在图形与几何的教学中教师应该用多种方法帮助学生认识现实生活中的几何图形的特征、大小、位置关系和变换,使学生能够更好地认识、描述生活空间并能够对几何图形进行有效的交流。教师可以引导学生认识简单的几何图形,感受平移、变换、对称等现象,学习描述物体相对位置的一些方法,并引导学生进行简单的测量活动,在此基础上,进一步认识一些几何图形的基本特征。教师组织学生通过观察、操作、推理等手段,逐步掌握简单的几何图形知识,让学生在多种多样的学习活动中发展他们的空间观念。在学习过程中,教师还要组织引导学生进行表达与交流。同时,也要避免周长、面积等繁杂的计算。总的说来,图形与几何的教学可以从以下几个方面来展开。

一、图形与几何的教学应凸显现实性

弗赖登塔尔说过,数学来源于现实,高于现实,用于现实。小学生年龄虽小,但在生活中积累了一定的生活经验,形成了不少的数学表象。教师在教学中应利用学生已有的生活经验,引导学生把课堂中所学的知识和方法应用于生活实际中,让学生运用所学知识解决生活问题。这样既可以加深学生对数学知识的理解,激发学生将头脑中已有知识"再加工",又能让学生切实体验到生活中处处有数学,同时也锻炼了学生的思维,培养了学生的创新意识和实践能力。

如教学"圆的认识"一课时,在学生探究发现并掌握了圆的基本特征后,紧接着创设学生熟悉的投篮游戏,提出"玩投篮游戏时同学们应站成什么队形?为什么?"这样一个问题让学生思考。学生根据生活经验和学到的新知,回答:"站成圆形,因为这样公平,每个人离篮筐的距离相等。"接着教师又问:"车轮为什么都要做成圆形而不是三角形、正方形、椭圆形呢?"学生结合圆心到圆上的距离相等的知识推理出:用圆形做车轮,车子行驶时平稳,而三角形、正方形、椭圆形的中心到边上的距离不等,车子行驶时不平稳。这一案例把学生生活中所熟悉的事例作为数学素材,紧密联系学生的生活实际,反映学生身边的数学,使学生感到亲切、自然、有趣,增强了学生对数学的理解和应用数学的信心,使他们学会运用数学的思维方式去观察、分析现实社会,去解决现实生活中的问题。

二、图形与几何的教学应注重操作性

新课标突出了将"'过程'作为数学课程内容的一部分",非常注重"让学生在观察、操作活动中获得直观的经验,在丰富多彩的探索活动中经历过程与体验实例",强调了数学知识的来龙去脉,强调了对数学知识的自主建构。

空间观念的形成,只靠观察是不够的,教师还必须引导学生进行操作实验活动,让他们自己比一比、折一折、剪一剪、拼一拼、画一画等。学生或许会相信你所告诉他们的,但他们更愿意自己去经历，去实践，因为他们希望自己是一个发现者、探索者，更希望自己是一个成功者。所以，教师要为学生提供一切创造探索的机会。如教学"体积和体积单位"时，为了让学生更好地感受1立方米的大小，教师可以用3根1米长的铁丝借助墙角搭建一个1立方米的图形，让学生蹲到里面感受一下大小。钻进去两个学生，孩子说里面空间还很大，最后里面容纳了六七名学生。学生在体验中自然感受到1立方米的大小。1立方米的空间大约能容纳六七名学生的情境将深深地在孩子的心里扎根，帮助他们形成关于1立方米的表象。

再如，"角的度量"的学习对学生来说是个难点。因为这部分内容数学概念多，没有学过的知识可以运用，并且操作程序复杂：顶点和中心点重合，零刻度线和角的一边重合，看另一边在量角器上的刻度，还要分清内外刻度（尤其是反向旋转的和不同方位的角）。

找到解决难点的关键就是要弄清造成难点的原因。学生分不清内外圈，找不对数的方向，是因为把角看作是静止的图形，他们将角的两边孤立地量度，以为像量线段、看钟表一样，只要把一边对准0°，另一条指着几就读几。如果学生能把静态的角想象成从0°开始，慢慢打开，而度数随之增加的动态过程，问题就能迎刃而解了。由此，应采取"变静态为动态"的教学策略，并通过三个层次的活动来实现。具体实施如下：

活动一：伸展运动。教师可以带着学生把两手臂伸开，当作角的两条边，把身体当作角的顶点。学生跟着教师从两臂重合开始，一臂不动，另一臂慢慢展开，并一起读：0°，1°，2°，3°，4°，5°，10°，20°……到90°时停下来感受一下。然后继续：100°，110°，…，180°，…，360°，最后引导：我们可以这样想象，所有的角都是从0°慢慢张开的。

这个活动学生很感兴趣，通过自己的肢体语言感受到角从0°张开的过程。虽然所指度数并不精确，但为后面在量角器上想象角的动态变化奠定了最直观的基础。

活动二：穿针引线。刚才的肢体动作只是粗线条的感受，而第二个活动则开始进入精细化的认识了。学生已经在课前预习了量角器的外部特征，学生汇报后教师拿出一张白纸，在上面画出一条射线，再用一根带黑线的针从射线的端点处穿出。这样，纸上的射线和穿出来的黑线就能形成动态的角了。从0°开始，师问："这时角的边所对应的刻度有两个：0°和180°，该读哪一个？往下数的时候数内圈还是外圈？"学生很聪明，立即回答说："读0°，该读外圈。"学生在动态中进一步感受到角的度数的变化过程，并明白了当选择不同方向为0°时，读数方向也随之改变的原理。这一活动为学生度量静止的角奠定了表象基础。

活动三：笔尖指路。这一活动则是测量完全静止的角。呈现一个完整的角，提出问题"这个固定的角，你能想象出它是怎样展开的吗"，学生有两种意见，一种是把右面的边视为0°，慢慢展开，另一种是把左面的边视为0°而慢慢展开，同学们认为都是可以的。于是按不同的展开方向，共同确定0°所在的圈，并从0°开始，用笔尖顺着数据增加的方向慢慢移动，边移动边读出整五，整十的数，直到接近角的另一条边，将度数准确读出。

结束了三个活动后，教师问学生："量角的时候，要特别注意什么？"学生回答说："一定要从0°开始顺着数下去。"这正是量角的关键。聪明的孩子掌握原理后很快就能找到最接近整五、整十的刻度并进行加减;学习比较困难的学生则乖乖地从0开始,顺着方向将可见的度数一一读出,虽然速度会慢了些,但方法掌握了,熟练后就会快起来。

三、图形与几何的教学应重视探究性

著名数学家波利亚说过:"学习任何知识的最佳途径是由学生自己去发现。因为这种发现,理解最深,也最容易掌握其中的内在规律和联系。"教师无法代替学生自己的思考,教师直接的知识传递并不能够让学生更好地掌握知识,而是让他们变成了记忆的工具。教师应该鼓励引导学生主动参与,根据自己的知识和经验去探索和发现,实现知识的再创造过程。这样学生不仅能够理清知识的来源,同时也能获得学习的方法,为后续的学习提供更多的帮助。教师应根据学生原有生活经验和知识,为学生创设数学活动和数学交流的机会,鼓励学生动手操作和实践,让学生在自主探索的过程中理解和掌握基本的数学知识和技能、数学思想和方法,获得广泛的数学活动经验,在操作实践中发展图形观念。

四、图形与几何的教学应注意把握数形结合

"图形的放大与缩小"是新旧教材在"比例"这一内容上的最大不同之处。它是属于图形与几何领域中图形与变换方面的内容,而比例的知识属于数与代数领域。新教材将"图形的放大与缩小"纳入到比例单元中,将两条线交织在一起。这体现了数形结合的思想,使知识形成和发展的基础更加扎实。

对于图形的放大与缩小,学生具有一定的生活经验,有自己的认识。但这些认识是基于自身的经验和理解,是感性、模糊的,学生不能清楚地用数学的语言表述变化的关系。教师要清楚学生脑中并不是一片空白,要把学生原有的经验作为教学的基石。

总之,"图形与几何"教学内容要与学生的实际生活紧密联系,将抽象的知识直观化,使学生能够感知、体验于其中。

五、重视现代信息技术的应用

现代信息技术的广泛应用正在对数学课程内容、数学教学、数学学习等方面产生深刻的影响,信息技术工具的使用能为学生的数学学习和发展提供丰富多彩的学习环境和有力的学习工具。重视现代信息技术的使用也正是本套教材的特点之一。

在图形与几何这一章,利用信息技术工具,展现丰富多彩的图形世界,丰富学习资源,有助于学生从中抽象出几何图形。图形的动态演示,连续变化所形成的众多画面变换,有助于学生在大脑中形成图形空间变化的印象,帮助他们认识空间图形与平面图形的关系,建立空间观念;帮助他们在动态变化的图形中寻找不变的位置关系和数量关系,发现图形的性质。因此,有条件的地方应尽可能地使用信息技术工具帮助学生进行数学学习。

本章小结

在小学阶段,学生初步接触线段、直线、射线、长方形和正方形、三角形、平行四边形和梯形等平面图形以及长方体、正方体、圆柱、圆锥和球等立体图形。学生通过认识空间和平面的基本图形,图形的平移、旋转、轴对称变换,图形的周长、面积、体积的计算以及用数对来描述图形,获得有关图形与几何的初步体验。该领域的主要教学目的是培养学生的空间想象能力,发展学生的空间观念。同时,测量一直是各国小学数学教育中的重要内容,也是学生日常生活所必备的技能,然而在实际教学过程中,教师的教学仍存在诸多问题。教师要重视教学的操作性、探究性,恰当地把握数形结合,重视现代信息技术在教学中的应用。

复习思考题

1. 小学阶段图形与几何的教学意义有哪些?
2. 《课程标准(2011年版)》规定的图形与几何的内容标准与教学要求有哪些?
3. 图形与几何的教学要注意些什么?

本章参考文献:

[1] 陆建中.小学新课程课堂教学课例[M].北京:科学出版社,2003.

[2] 任善军."角的度量"教学设计与反思[J].黑龙江教育(小学),2012(12).

[3] 徐英飞.《平移和旋转》教学设计[J].教学与管理,2013(14).

[4] 小学数学公开课《平移和旋转》优秀教案及教学反思[EB/OL].(2011-5-31)(2016-6-8).http://www.lspjy.com/thread-122829-1-1.html.

[5] 杨刚,卢江.小学数学课程改革的研究与实践[M].北京:人民教育出版社,2007.

第七章
统计与概率的教学

◆ **本章学习目标**

1. 掌握统计与概率的课程内容。
2. 明确统计与概率的教学要求。
3. 掌握统计的教学。
4. 掌握概率的教学。

【案例】

分类问题教学过程设计①

[教学内容选自《义务教育课程标准实验教科书　数学(二年级下册)》(苏教版)]

教学过程:

创设情境,激起统计需要。

师:今天森林里的小动物们在举行运动会,让我们一起去瞧瞧。(课件演示小动物们在运动场上的情景)

师:厨师长颈鹿要给小动物们准备好吃的,每种小动物的口味是不一样的,为了让每种小动物都吃到想吃的东西,我们该知道哪些信息呢?

学生的可能回答有:(1)每类小动物各有多少个。(2)小动物一共有多少个。

师:这是按动物的种类进行统计的。为了使别人知道我们是按什么标准统计的,需要在统计表前面标明统计标准是什么,另外还要标明小动物一共有多少个,因此要在统计表里安排"合计"这一栏。

出示下面的统计表。

动物种类	总计	狗	兔	猴
数量/个				

师:你能根据这幅图进行一下统计吗?

学生自行统计填写,展示出学生的统计结果:

动物种类	总计	狗	兔	猴
数量/个	13	5	2	6

师:你能向厨师长颈鹿汇报一下要准备多少份食物吗?

---

① 瞿运胜.《按不同的标准统计》教学设计[J].教学与管理,2009(14):60—61.

生可能回答:准备 5 份小狗的食物,2 份小兔的食物,6 份小猴的食物,一共需要准备 13 份食物。

课件演示——裁判长熊猫问:"今天我做裁判,我需要知道哪些信息呢?"

生可能回答:需要知道长跑的有多少个小动物,跳高的有多少个小动物,一共有多少个小动物。

师:这是按比较的项目进行统计的。为了使别人知道我们是按什么标准统计的,因此需要在统计表前面标明统计标准是什么。另外也要标明一共有多少个小动物,所以也安排"合计"这一栏。出示:

项目	合计	跳高	长跑
数量/个			

学生自行统计,展示学生的统计结果:

项目	合计	跳高	长跑
数量/个	13	5	8

师:谁来把你统计的结果向裁判长熊猫汇报一下呢?

生可能回答:熊猫裁判长,参加跳高的有 5 个小动物,参加长跑的有 8 个小动物,一共有 13 个小动物参加比赛。

师:比较这两次统计标准,有什么不同呢?

生可能回答:第一次是按动物种类统计的,第二次是按比赛项目统计的。

师:比较这两个统计表,有什么相同呢?

生可能回答:统计的标准虽然不同,但最后的合计都是 13 个。

师:观察这两个统计表,你还可以知道什么呢?

生可能回答:(1)参加比赛的小猴子的个数最多。(2)参加比赛的小兔子的个数最少。(3)参加长跑的小动物最多,参加跳高的小动物最少。(4)参加长跑的比参加跳高的小动物多 3 个。

(江苏省邳州市八义集镇中心小学 翟运胜)

◆ **问题聚焦**

本案例通过三个卡通形象,引起学生的统计需要,使学生经历数据的整理过程,感受到统计的实用价值,并使学生能初步体会到相同的数据可以用不同的标准进行统计,并能对整理出的数据进行初步分析。新世纪以来,随着计算机的快速发展和广泛使用,各种信息量正在以几何倍数增长,面对大量纷繁复杂的信息,人们需要做出恰当的判断和选择。为了认识世界、理解世界,学生必须学会处理各种各样的信息,尤其是数据信息。其中不可避免需要涉及的正是大量与统计、概率有关的数学知识。基于以上的认识,《课程标准(2011 年版)》将统计与概率作为单独的领域,并在具体的目标中,对其内容也做了较大的调整,可见《课程标准(2011 年版)》对统计与概率内容的重视。

第一节
统计与概率的教学意义、内容设置及教学要求

一、统计与概率的教学意义

小学阶段,统计与概率的内容主要包括:数据统计活动初步、不确定现象、简单数据统计过程、可能性等。它的主要目的是培养学生能以随机观点来理解现实世界的能力,初步掌握数据收集、整理、描述和分析的方法,逐步形成统计的观念。

1. 有利于学生统计观念的形成

学习一些有关数据的收集和整理的知识,并对统计结果进行描述和分析,有利于学生体会数据在信息社会中的作用,促进学生逐步形成统计观念,并掌握一定的统计方法。统计观念的形成和统计知识的掌握,又能切实提高学生收集、整理和分析信息的能力,以适应信息社会对学生的要求。

2. 有利于提高学生解决问题的能力

统计与概率的内容与日常生活紧密相连,因而学习这一内容的实质就是学习解决生活中的实际问题。问题的解决还需要综合其他知识,解决问题的过程不仅可以培养学生灵活运用知识的能力,还可以增强学生的数学应用意识和运用所学知识解决实际问题的能力。

二、统计与概率的内容设置

统计与概率内容的设置,分为"主要内容"和"结构形式"两个部分,并且分学段进行阐述,具体内容如表 7-1 所示。

表 7-1　统计与概率的内容设置

内容概述	主要内容		结构形式	
	第一学段	第二学段	第一学段	第二学段
统计与概率主要研究生活中的数据和客观世界中的随机现象,它通过对数据的收集、整理、描述和分析以及对事件发生可能性的刻画,来帮助人们做出合理的推断和预测	简单的数据收集、整理、分析	简单的数据统计分析,初步了解和计算平均数,认识和制作三类统计图(条形统计图、折线统计图、扇形统计图)	数据统计活动初步	简单数据统计过程
	对数据进行简单分析,能初步学会用统计图和统计表对结果进行描述	了解随机现象,体会事件发生的可能性大小并能做出简单的推断和预测	数据统计活动初步	随机现象发生的可能性

三、统计与概率的内容标准与教学要求

每个学段对于统计与概率的教学内容与要求的侧重点不一样,但是第一学段的学习须为第二学段做铺垫,第二学段的学习建立在第一学段的基础之上,不可孤立地看待二者的关系。

(一)第一学段统计与概率的内容标准与教学要求

(1)能根据给定的标准或者自己选定的标准,对事物或数据进行分类,感受分类与分类标准的关系。

(2)经历简单的数据收集和整理过程,了解调查、测量等收集数据的简单方法,并能用自己的方式(文字、图画、表格等)呈现整理数据的结果。

(3)通过对数据的简单分析,体会运用数据进行表达与交流的作用,感受数据蕴涵的信息。

本学段统计与概率的难度比之前有所下降。学生只需要能够对数据进行简单的整理和分类,以自己的方式呈现结果并将其与同伴交流。因而教师不需要对学生有过高要求,只要他能以自己的方式表达清楚数据本身所传递的信息就可以了。

(二)第二学段统计与概率的内容标准与教学要求

1.简单数据统计过程

(1)经历简单的收集、整理、描述和分析数据的过程(可使用计算器)。

(2)会根据实际问题运用简单的调查表,能选择适当的方法(如调查、试验、测量)收集数据。

(3)认识条形统计图、扇形统计图、折线统计图;能用条形统计图、折线统计图直观且有效地表示数据。

(4)体会平均数的作用,能计算平均数,能用自己的语言解释其实际意义。

(5)能从报纸杂志、电视等媒体中,有意识地获得一些数据信息,并能读懂简单的统计图表。

(6)能解释统计结果,根据结果做出简单的判断和预测,并能进行交流。

本学段的简单数据统计过程的教学内容主要有:经历数据处理的全过程;通过实例,进一步认识统计图表以及选择合适的统计图表有效地表示数据;理解不同统计量的基本特征;能从生活中有意识地获得数据信息并能做一些简单的判断和预测。

2.随机现象发生的可能性

(1)在具体情境中,通过实例感受简单的随机现象;能列出简单的随机现象中所有可能发生的结果。

(2)通过试验、游戏等活动,感受随机现象结果发生的可能性是有大小的,能对一些简单的随机现象发生的可能性大小做出定性描述,并能进行交流。

本学段的学习主要是让学生能对一些简单事件发生的可能性大小做出刻画,即能用自己的语言描述简单的随机现象中可能发生的结果,以及对发生的可能性大小做出定性描述,并进行交流。

第二节
统计的教学

小学数学统计的教学,必须注重儿童的日常经验,必须从儿童的生活出发,在儿童充分熟悉活动的基础上,在一个具体情境中去体验,去认识,去建构。因此,不能将这部分知识的学习,单纯当作统计量的计算、统计图表的制作以及概念的识记等活动来组织。

一、教学中的常见问题

随着新一轮课程改革的推进,统计教学的任务不仅仅是教会学生统计的方法,还要培养学生统计的观念,让他们在生活中自觉养成统计的意识,培养他们统计的能力。在查阅现有的研究文献、分析课堂教学的基础上,我们发现教师们在把课程标准落实到实际的统计教学活动中时仍存在着诸多问题。

(一)对教学目标的定位不够准确

学生能够选择恰当的统计方式处理和分析数据以及了解统计的全过程,应当成为统计初步知识教学所追求的目标。学习统计教学的核心目标是发展学生的数据分析观念,可部分教师对教学目标的取向窄化,对目标的把握还不明确,仅仅以获得统计的结果为目标,忽视学生信息搜集、数据处理的过程经历,不关注学生参与数据调查的体验和依据数据做出决策的科学精神的培养。这样对教学目标的不恰当把握,不利于学生统计概率的深层学习。

【案例1】
"平均数"教学片段①

一、情境导入
师:黄浦江上有哪几座大桥呢?
生:略。
师:让我们一起欣赏一下这些壮丽的大桥吧!(课件演示南浦大桥、杨浦大桥、奉浦大桥、徐浦大桥、卢浦大桥的图片及长度)
二、探究新知
师:你们知道这5座大桥中哪座最长?哪座最短吗?
生:略。
师:黄浦江上这5座桥的平均长度是多少呢?
组织学生交流讨论,最后小组汇总:
$(8346+7658+2202+6017+8700)\div 5=32923\div 5=6584.6$(米)

---

① 范燕.小学数学统计教学的问题与策略研究[D].上海:华东师范大学,2012:9—15.

答:5座桥的平均桥长是6584.6米。

师:请同学们比一比求出的数据与5座大桥的实际数据,有什么发现吗?

师:这5座大桥桥长的平均数6584.6是一个"虚拟"的数,是"假设"黄浦江上的这5座桥同样长,不是指每座大桥实际的长度。

师:计算平均数,我们需要知道什么条件呢?

生:计算平均数,要知道所有数的总和,还有数的个数。

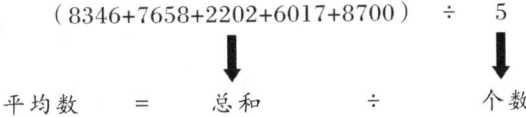

$$(8346+7658+2202+6017+8700) \div 5$$

平均数 ＝ 总和 ÷ 个数

小结:用一组数据的总和除以数据的个数,可以算出这组数据的平均数。

(上海市某小学教师执教的日常课)

平均数在小学教材的"数与代数"部分中是以应用题数量关系教学来进行内容呈现的。透过上面平均数的教学片段,可以看出教师在课堂上落实的仍是平均数是什么以及怎样计算的教学内容,还是更多地将算术平均数作为算法,而不是从一种统计学的角度,从统计的集中趋势的思路引进和理解这个概念。教师的情境创设没有触及所研究问题的数学本质,学生对"平均数"或"一般水平"这个统计量概念缺乏认识过程的体验与理解,这对今后"众数""中位数"等概念的认识也会产生影响。这样教学的结果是学生或许并非缺乏程序性知识,他们的计算方法也显得"很数学",但在表征数学关系上没有自己的构建,缺乏对算法的概念性理解。教师以"计算取向"代替了"概念取向",忽视了学生平均数概念的获得过程及其作为小学阶段学生常用的一个统计量的丰富内涵。

(二)教学活动设计针对性与衔接性不强

数学教学要注重知识的结构"生长点"与"延伸点",把每堂课教学的知识点置于整个知识体系中。在观察课例的过程中,我们发现孤立地看一节课的设计,开放而精心,但对照两个年段间同一知识体系的教学设计,学生的知识基础及已有统计的思想方法没有体现出不同年段要求的递进,课的过程设计同出一辙,并没有具体的针对性的调整与衔接。教师应当将知识点置于整个学段甚至整个数学知识体系中进行审视和设计,跳出某一册教材的局限,在不同年段间通过组织有梯度的统计活动来培养学生的统计意识与素养。

【案例2】

关于统计图的两课时的教学设计的对比[①]

环节	五上:复式条形统计图	五下:复式折线统计图
引入	观察两幅单式条形统计图,从图上你知道了什么信息?	观察两幅单式折线统计图,从图上你知道了什么信息?

---

① 范燕.小学数学统计教学的问题与策略研究[D].上海:华东师范大学,2012:9—15.

续表

环节	五上:复式条形统计图	五下:复式折线统计图
质疑	思考:像这样把两个城市各季度的平均气温画在两幅统计图上,不便于比较两个城市各季度的平均气温。同学们能想出更好的方法解决这个问题吗?	思考:两幅折线统计图展示了青岛、昆明这两个城市2003年各月的降水量,但从两幅折线统计图里看不出两个城市哪个月的降水量最接近、哪个月相差最多。你能想办法很快看出来吗?
探究	尝试制作复式条形统计图	尝试制作复式折线统计图
归纳	比较单式和复式条形统计图异同点	比较单式和复式折线统计图异同点

在这两课时案例中,第一课时教学复式条形统计图,教师创设问题情境时将例题呈现方式做了调整,在学生已有的对单式统计图的理解和对刚学过的复式统计表的认知的基础上,抛出问题让学生尝试解决,从而让学生体会当对两组数据进行比较时复试统计图会比较方便,这样的环节设计比较合理。第二课时是下学期的复式折线统计图的教学,教师遵循同样的设计过程,复制同样的上课轨迹,学生的发展点和提升点就不能得到很好的落实。教材内容安排的顺序是复式统计表——复式条形统计图——复式折线统计图,其中在形式上从单式图表引入复式图表蕴含的数学思维过程本质是一样的,所以我们在对这3课时的处理上需要增加联系。教师在教学中往往会比较孤立地看每一个知识点,对年段间的知识衔接、学生已有的知识基础与数学思考考虑得不太充分。

(三)教学活动组织的表面化

一个完整的统计过程包括收集、整理、分析数据并做出决策。学生只有经历了统计活动的全过程,才能真正体会到统计的意义和价值。很多教师教学这部分内容时,已经关注到学生经历统计活动的必要性,但教学过程中多见到学生在自己精心设计的环节中参与统计活动时,一个点一个点地与教师呼应,不能独立地、整体地思考问题,这样的教学无法培养学生全面分析、深入思考问题的能力与素养。同时统计活动脱离现实生活,缺乏真实感,不能激发学生内在的统计需求。

【案例3】

统计图教学片段[①]

师:请孩子们把书包里的书全部取出来。

(学生全部行动)

师:现在请大家把书按照黑板上的要求,用一年级学过的统计知识把书分为3类——课本、学习辅导书、课外读物。

师:这是什么?

---

① 闫炳霞.小学数学"统计与概率"教学中的问题研究[D].重庆:西南大学,2007:35.

生：这是课本。

（此时教师拿起同学的一本《思想品德》书给全班学生看）

（教师把拿起的《思想品德》书放在课本这一类里）

师：这是学习辅导书。（拿起该同学的学习辅导书给大家看）

师：请大家注意，像这种练习册之类的都是学习辅导书。

师：（拿起一位学生的书）这个放错了，这是我们的地方教材，也是课本。

生：老师，老师，我没有学习辅导书。

师：怎么会没有呢？（老师走到那个同学位置边）这位学生把所有的书都放到课本一类里了，不仅仅他是如此，很多学生都放得比较杂。（教师显得比较着急）

师：分好了没有？分好的请举手。（只有$\frac{1}{3}$的学生举手）

师：请大家翻开课本第110页，根据整理结果在格子里涂上颜色。

案例中学生在对"课本""学习辅导书""课外读物"的分类上遇到了很大的困难。这个统计活动并没有体现与学生生活实际的密切关系，且冲淡了本节课教学的主题"制1格表示1个单位的统计图"。这个教学片段虽然体现了统计的活动性，但是缺乏对活动本质的理解。在教学中可以选择更加贴近学生生活的素材，如调查全班学生的年龄情况，来让学生先经历收集数据、整理数据填入统计表、涂统计图的过程。事实上，课堂教学是一个动态的不断发展推进的过程，这个过程具有灵活性和不可预测性，这就要求教师在学生的即时生成状况与自己的预设相差太大时，发挥自己的教学"智慧"。

（四）教学活动评价的偏离

教学评价是教学活动中必不可少的环节。课堂上教师组织学生进行统计活动时往往是联结了情境的，但多是将其作为引子导入后就抛之一边，情境便成为老师的"道具"，是"假问题"。这样的结果一方面是学生没有真正进入问题的解决过程中，无法形成良好的统计观念；另一方面教师在学生得出数据或图表后，也就没有解释的原动力，评价的实效性会大大降低。这就要求教师在教学活动的最后环节结合设计活动的目标做出针对性评价，使评价真正达到检验目标实现、促进学生学习的效果。

【案例4】

统计表教学片段[①]

师：水果店里有苹果、梨、西瓜、草莓，大象爷爷想请小朋友们吃水果呢！大象爷爷不知道哪些水果要多买一些，哪些要少一点，该怎么办呢？

生：可以先进行统计。

师：大象爷爷该怎样统计呢？你打算怎么帮忙呢？

（小组活动后展示统计表）

师：猜猜，我们班喜欢吃哪种水果的人最多？哪种最少呢？

（小组统计表汇总）

---

① 范燕.小学数学统计教学的问题与策略研究[D].上海：华东师范大学，2012：9—15.

生1：我们全班喜欢吃草莓的人最多，有26人。

师：真细心。最少呢？

生2：我们全班最喜欢吃梨的人最少，有9人。

师：其实每一种水果都有很丰富的营养，小朋友正处在长身体的时候，所以每一种水果都得吃，不能偏食。

（江苏省小学教师执教的日常课）

课堂上教师组织了帮助大象叔叔购买水果的统计活动引发兴趣，可怎样对学生得出的统计结果进行分析呢？案例片断中，我们看到教师的评价角度仅仅是结果是否正确和学生的品德，可以看出教师也只是将顺利完成一次统计活动且统计结果是否正确作为评价的标准。类似这样的现象还有很多，但开展一次统计活动的初衷究竟是什么？统计方法的使用是否解决了最初提出的问题？根据统计结果可以做出什么样的决策和预测？评价的导向究竟是什么？教师们往往认为得到数据、制成统计图表后就基本完成了任务，在分析和解释数据时没有方向，仅关注表面的"对与错"而忘却统计用于问题解决时用得"好与不好""当与不当"，很少通过"我们刚才是通过什么样的过程来得到草莓应该多买些"这样的问题，让学生回顾和明白遇到一个新问题时的解决流程和策略，而且案例中教师也没有通过活动评价这个环节体现统计本身的价值。

二、教学策略初探

按新的课程标准要求，小学阶段的学生学习统计知识，从数学活动看，主要应经历如下一些学习过程：初步体验数据的统计活动；解读和制作简单的统计图表；在活动中获得对一些简单的统计量（如平均数、众数、中数等）的意义理解等。在这些内容的教学组织中，一般来说，有如下一些策略可以重点给予关注。

（一）注重学生的生活经验

内容的组织与呈现要充分考虑到学生已有的日常经验与他们的现实生活，使学生在现实的和经验的活动中去获得初步的体验。例如，分类、排列和比较是统计的基础活动，但对初步接触数学学习的学生来说，他们参与这类活动接触到的对象不宜是些抽象的数据，而应是一些具有现实意义的实物。因此，在组织教学的时候，教师应较多地考虑怎样选择合适的情境，能更好地使学生投入到分类、排列和比较等这样的数学活动中。一些比较有效的做法是，向学生呈现一堆杂乱的物品，让他们去尝试进行分类。在分类活动的过程中，他们逐渐学会了如何将这些物品按一定的规则标准进行排列，并逐渐理解了按不同的规则标准就会有不同的分类结果，为今后对数据整理与分析的学习打下基础。

再如，在统计中，描述数据集中趋势特征的一个重要概念是"平均数"，如何来组织这个内容的学习从而帮助学生理解它的意义就显得非常重要。一些比较好的方式是，向学生呈现诸如"小明身高是1.4米，他还不会游泳。那么，他到一个平均水深1.2米的游泳池中，会不会有生命危险？""小强所在的班级平均身高是1.5米，而小明所在的班级平均身高是1.4米。能不能判断小强和小明谁更高些？"等具有现实意义的实际问题，让学生通过多次辨识来真正理解平均数的意义。

(二)强化数学活动

课程所组织的教学要有利于学生的动手操作,使他们在经历一个数学活动的过程中去体验和理解知识的内在意义。因此在教学组织的过程中,不要将一些统计的学习简单地当作对那些表示概念的词汇的识记,或者将它简单地当作一种程序性的技能来反复操练,而要尽可能地用一些活动来增加学生在学习过程中的体验。

例如,统计图表的制作不仅是一个简单的技能问题,更是一个在制作过程中如何体验和理解统计图表意义的问题,即不是一个简单的数据堆砌的过程,而是一个对数据理解的过程。当向学生呈现"调查一下自己出生时到6个月后,每个月体重变化的情况"这样一个问题时,对学生来说,重要的不是如何获得数据而是如何处理这些数据。一个最简单的方法,就是将这些数据列成一张统计表,如表7-2所示。

表7-2　出生6个月的婴儿体重统计表

年龄(月)	0(出生)	1	2	3	4	5	6
体重(kg)	3	9	11	13	16	17	20

然而,这些数据被这样罗列后,只是反映一事实,还不能反映出某种具有规律性的趋势。于是,学生可能就会去进一步尝试将这些数据用条形统计图的方式呈现出来。可是,这样的图虽然直观地反映了自己在不同月份体重的不同,但还是不能反映某种变化的规律性趋势。因而,学生可能就会再进行尝试,将这些数据用另外一种方式呈现出来。就这样通过不断地尝试,在一定的时间段内,自己体重的变化情况被用更合适的方式呈现了出来(折线统计图)。这是因为折线统计图能够明显反映出从出生到1个月,以及从5个月到6个月,是体重增长最快的两个时段。

(三)将知识运用于现实情境

学生对统计知识的学习,重点并不是能记住几个概念,能计算几道习题,能制作几个统计图表,关键是要能学会一些初步的和简单的统计方法和统计思想,能将知识运用于现实情境。因为,一些普通的数学规则(知识)和特殊情境是有区别的,通常在特殊的情境中并不明确显示那些数学的规则性的成分。所以,在现实情境中发展学生的数学素养是一个重要的途径。学生可以在这些问题解决的过程中,有效地获取知识和技能,增进理解;运用数学知识发现和解决一系列现实生活问题;处理其他领域或其他学科提出的问题;对数学内部的规律和原理进行探索研究等。

例如,学生应当了解收集与分析信息的价值,懂得如何去收集信息,如何去解读这些信息,是这部分内容学习的一项任务。因此,可以设计一些实地调查的任务,譬如调查每天上午7:30到8:00这30分钟内,经过学校门口的机动车辆的情况。学生就需要分析,为什么要选择早上的这段时间去调查?如何将这些机动车辆进行分类更能说明问题?要调查多少天才比较合理?得到的数据应如何来整理?从这些调查获得的数据中,可以获得什么样的解释?总之,统计知识的教学重要的并不是一个知识点的讲授,也不是一种技能的训练,而是一种意识、一种思想的滋润。陈希孺先生说:"统计规律的教育意义是看问题不可绝对化。习惯于从统计规律看问题的人在思想上不会偏执一端。"

三、教学范例

【案例1】

"复式统计表问题"的教学片段[①]

初次比较,经历创造"新表"。

师:刚才我们已经填好4个兴趣小组的4张人数统计表,你能从一张表中看出另外一个兴趣小组的人数吗?

生:不能。航模兴趣小组的人数统计表只能反映航模兴趣小组的人数情况,民乐兴趣小组人数统计表也只能反映民乐兴趣小组的人数情况。

师:有办法在一张表中反映两个甚至多个兴趣小组的人数吗?

生1:把它们拼接到一张表中去。

生2:这怎么拼接啊?

生3:就是把民乐小组的统计表贴到航模小组人数统计表的下面。

师:你不妨来试一试。

生3:(把"航模兴趣小组人数统计表"和"民乐兴趣小组人数统计表"贴在一起,如下表1)

表1 统计合表

性别	合计	男	女
人数	14	8	6
性别	合计	男	女
人数	8	3	5

师:大家同意这样拼吗?

生1:这是什么表啊?怎么有两行"性别、合计、男、女"啊?

生2:应该把第三行的文字和格子去掉。

师:是这样吗?(老师将格子剪开,拼接成下表2)

表2 剪切后的表格

性别	合计	男	女
人数	14	8	6
人数	8	3	5

生:对,就这样拼接起来。

师:表中的"8""3""5"表示什么人数呢?

生:"8"表示民乐组总共人数,"3"表示民乐组男生的人数,"5"表示民乐组女生的人数。

师:书法小组与美术小组的表格怎么做?

---

① 范文贵.小学数学教学论[M].上海:华东师范大学出版社,2011:210.

生：还是这样拼接。

师：(将表格拼接成如表3)"7"表示什么人数呢？"10"表示什么人数呢？

表3　整体拼接的表格

性别	合计	男	女
人数	14	8	6
人数	8	3	5
人数	7	3	4
人数	10	4	6

生："7"表示书法小组一共有7人，"10"表示美术小组一共有10人。

师：是因为你们有了先前"数字意义"的印象，所以能知道各个数字表示的意义，但其他班级同学看这张表就不知道各数字所表示的意义了。怎样改才能让别人也能看懂表格呢？

生1：第一行中的"人数"改为"航模兴趣小组"。

生2：那第二行中的"人数"改为"民乐兴趣小组"，第三行改为"书法兴趣小组"……

师："性别"这一格需要改吗？

生1：也应该改一下，改成如表4这样：表头分三栏，分别是组别、人数、性别。

生2：表格的名称要改为"五年级兴趣小组人数统计表"。

表4　五年级兴趣小组人数统计表

组别＼性别＼人数	合计	男	女
航模兴趣小组	14	8	6
民乐兴趣小组	8	3	5
书法兴趣小组	7	3	4
美术兴趣小组	10	4	6

以上案例中教师引导学生对4张单式统计表进行比较，让学生根据每一张统计表所统计的兴趣小组的人数情况，用1张表格反映多个兴趣小组的人数情况，学生由此想到将4张表格进行拼接，然后教师引导学生对"拼接"后的表格进行比较，分析发现"重复"与"欠缺"的地方，逐步创造出"复式统计表"，从而学生获得了丰富的学习体验。新课改在注重教学的工具性功能的同时，更注重将书本上学数学变为在生活中做数学的价值功能。学习数学知识应该从学生已有的生活经验出发，并进行数学实践和应用。教师在教学中，尽量根据学生的实际情况，灵活处理教材，找准教学的起点，才能真正体现学生是学习的主体。

| 第三节 |

概率的教学

"随机""可能""不一定"等词汇，随着新课程悄然进入小学校园，这标志着我们的学生从小学就将进入"随机"世界。在原有的数学教学体系中，要到高二年级才进行概率教学。在中学，概率是作为排列组合的实际应用来进行编排的，重点是学习概率的基本定义与计算公式。当然，小学阶段的概率与中学阶段的概率相比，无论是内容体系、学习方式，还是教学目标等均有着质的区别。因此，必须审视概率在学校教学中的地位与作用，并提出切合小学生实际的教学策略。

一、教学中的常见问题

(一)学生已有的错误观念对概率学习的影响

经过对大量课堂教学的观察，我们发现学生对概率的学习效果不佳的原因之一就是在学生日常生活中已经形成的部分错误观念。以下是在概率学习中老师与学生的对话。

对话1：

(两学生用"石头、剪刀、布"的游戏方式决定输赢)

师：为什么你一定会赢他？

生：因为我有信心。

对话2：

(盒里有4个红球，分别编号为1,2,3,4；还有1个白球，编号为5。在前面的实验中，已经摸到2次3号球，1次1号球，1次5号球。教师摸出一球，让学生猜他手里是几号球)

生1：是2号球，因为刚才没摸到。

生2：是3号球，因为刚才摸到2次3号球。

对话3：

(学生连续两次摸球，每次摸完之后又将球放回盒中，盒中有黄球也有白球)

生：我想这次摸到黄球，下次一定摸到白球。

从以上对话中可以得知，在概率学习过程中学生在日常生活中已经形成的观念会对概率学习产生很大的影响。从对话1可以看出学生认为"因为我有信心，所以我一定赢"，不承认有偶然性的存在；对话2中学生是怀有一种随便猜测的心理，对概率事件没有初步的认识；对话3中的学生认为，事件一定是必然的。类似的案例在实际教学中还有很多。我们知道，学生的错误观念会阻碍其对新知识的学习与掌握，但是学生将已有观念带入课堂学习是不可避免的，因此在教学中如何利用学生的已有观念以及如何转变学生的错误观念，是在实际教学过程中必须重视的问题。

(二)缺乏学生的积极参与与老师灵活的指导

在大部分的概率教学中，学生缺乏活动参与性。首先，在课程教学中老师会让部分同学参与到"摸球"或者"转盘"游戏中,但是往往因为时间关系大部分的学生是无法参与活动的。其次,学生参与的环节仅仅只是游戏活动,往往结论与观点都是老师直接呈现的,对此老师并没有进行灵活的指导。在整个过程中几乎没有老师指导学生去思考发现问题的环节,大部分都是老师呈现了结论后马上进入下一个环节。对于学生的问题和质疑,部分教师不能进行适切的指导。

【案例】

概率的教学片段[①]

师:我请3位同学上讲台上来。一位同学抛硬币,另两位同学一位记下正面朝上的次数,一位记下反面朝上的次数。谁愿意上来?

(学生争先恐后。最后教师让3位个子比较高的学生上来做这个实验。随着实验的进行,正面朝上的累计次数与反面朝上的累计次数并没有出现相同的情况)

师:我们再继续抛,多抛几次。下面的同学请观察,黑板上硬币正面朝上的次数与反面朝上的次数有什么关系呢?

生:抛10次时,正面朝上7次,反面朝上3次。

生:抛16次时,正面朝上10次,反面朝上6次。

师:如果继续抛得更多的话,结果是怎么样的呢?

生:抛20次时,正面朝上13次,反面朝上7次。

生:抛25次时,正面朝上14次,反面朝上11次。

师:同学们的观察结果都很好,也很具体。随着抛硬币次数的增多,正面朝上的次数与反面朝上的次数是不是越接近啊?

生:是。

师:大家的回答非常好。也就是说,当抛硬币的次数足够多时,正面朝上的次数与反面朝上的次数是相同的。由此我们可以知道球赛前,裁判员通常用掷一枚硬币的方法来决定开球的一方,这样做也是公平的。

生:老师,但抛20次时,正面朝上的次数还是远远超过反面朝上的次数。

师:那是意外。我们课后单独讨论这个问题。

该节课中,首先,该教师想通过抛硬币的活动来让学生感受到抛硬币时正面朝上的可能性与反面朝上的可能性是相同的。但此次活动并不能让学生信服,只是形式上的操作,存在较大的偶然性。其次,当学生提出自己的不同意见时,教师采用了"那是意外。我们课后单独讨论这个问题"来结束与这位学生的对话。事实上,教师之所以在课堂上出现这样的问题,是因为教师自身对概率知识的理解不到位,当重复实验进行较多次时,随机事件发生的频率会在某个常数附近摆动,这个常数就称为这个事件发生的概率。频率的稳定状态是通过大量的重复实验体现出来的,实验的次数要尽可能多,否则,就不可能看到这个稳定的状态,也不可能抓住活动的本质。因而,要设计尽可能多的实验,比如,可以让同学们两人一组进行实验,然后把实验的结果汇总起来。通过增大试验的次

---

① 闫炳霞.小学数学"统计与概率"教学中的问题研究[D].重庆:西南大学,2007:36-37.

数对活动进行改进。另外,对于学生提出的问题,教师更不能忽视甚至回避。教师要引导学生真正地从活动中发现问题,独立思考并最终解决问题。

二、策略初探

按《课程标准(2011年版)》的要求,小学阶段的学生学习概率知识,主要应经历如下一些学习过程:体会随机现象,并能对随机现象发生的可能性大小做定性描述;明确指出所涉及的随机现象都基于简单随机事件,所有可能发生的结果是有限的,每个结果发生的可能性是相同的,知道事件发生的可能性有大小,并能体验事件发生的可能性和游戏规则的公平性。在这些学习内容的教学中,一般来看,有如下一些策略可以重点予以关注。

(一)活动的体验性

学生对现实世界的不确定现象是通过大量符合日常生活经验的和有趣的活动来获得体验的。在开始学习这部分内容前,日常生活经验已经支持了学生对一些诸如"肯定""经常""偶尔""不可能"等词汇的理解与运用,一个比较好的教学组织策略就是设计一些有趣的日常生活情境,让学生通过活动去进一步体验这些不确定事件的存在以及这些事件发生的可能性的大小。

例如,组织一些让学生去尝试判断事件发生的可能性的活动,诸如"下周一本地气温下降""小明外语朗诵成绩全班第一""从装满红球的袋子里摸出的都是红颜色的球""天阴沉沉的,马上要下雨了""小明有自己的父母"等来让学生体验有些事件的发生是确定的,而有些事件的发生是不确定的。需要指出的是,在组织这类活动的时候,要注意儿童的经验和已有的知识基础在事件判断时起到了多大的作用,因此,像对"水加热到100℃时就会沸腾"的判断,一个低年级的学生可能就缺乏经验与知识的支持。

(二)游戏的引导性

大量的实践表明,利用游戏来引导学生体验事件发生的可能性以及等可能性是一个非常有效的策略。喜欢游戏是小学生的天性,很多时候,小学生是在游戏中体验与建构数学知识的。因为游戏不仅能激发他们的思维,还能促进他们策略性知识的形成。

例如,设计一个"摸豆"游戏:预先在布袋中放入有色小豆(如3红7蓝),让两组学生来做这种摸豆的游戏。每组在地上划一条长10米的线,等分成10格,上面分别标上1到10。每组分别让一个学生站在格子"5"里面。规则是两个组的参赛学生依次去摸一粒豆,并猜豆子的颜色,猜对的,所在组的那个学生就朝数字大的方向走一格,猜错的,所在组的那个学生就朝数字小的方向走一格,看哪一组先走到10。此外,让每一个组将每一次摸的颜色记录下来,到游戏结束后,再让各组猜袋子里各色豆子的数目,猜对的再进行奖励。这是概率和数据相结合的游戏,它贯穿课改的精神,让学生体验和了解"可能事件""必然事件""机遇"等概念。

(三)方案的尝试设计

所谓方案设计,实际上就是将知识运用于现实情境的一种策略。小学生可以通过这种将知识运用于现实情境的活动,体验知识的内在含义,并进一步体验知识对现实生活的价值。例如,运动鞋厂在元旦的时候想进行一次产品促销活动,他们设想,每一位顾客在购鞋时,每购得一双鞋,都可以参加一次摸彩。考虑到产品的成本以及销售的利润,该运动鞋厂希望顾客在每10次的摸彩中,最多只能有3个人中奖。请你为他们设计一个方案(包括摸彩的用具和方法,如:相同质地但颜色不同的小纸卡,每种用具的个数,转盘等)。

三、教学范例

【案例】

"掷一掷"教学过程设计[①]

(一)课前游戏(1个骰子)

出示一个骰子,掷一掷。

得出:有6种可能,抛出每个点数的可能性是一样的。

(二)2个骰子,提出猜想

1.出示2个骰子,掷一掷。得到一个两个点数的和,如2+3=5。

提问:像这样同时掷2个骰子,掷出的点数之和还可能是多少呢?(学生猜测)

得出:可能是2~12。不可能是1或比12大的数。

2.想一想如果和是5,除了2+3,还有怎样的可能?

3.2个骰子抛出的点数之和为5的情况有4种可能,是不是所有的和都有4种可能呢?你觉得这些"和"出现的可能性一样吗?(学生猜测)

4.如果不停地抛,哪些"和"的可能性大一点?(学生猜测)

(过渡:这些都是你们的猜测,到底是不是这样呢?我们需要来验证一下)

(三)实验验证

1.4人小组合作,用2个骰子掷一掷,完成统计图和统计表。(小组活动)

2.反馈:介绍几组材料。找到共性:总体上都是数字大小在中间的和抛到的次数比较多,数字大小在两边的和抛到的比较少。

提问:大家都是这样吗?(找偶然现象)这是什么原因呢?(初步体验次数少存在偶然性)

3.那体验次数多一点呢?如果我们把全班同学掷的次数都汇总起来,你们觉得会是怎样的趋势?

(生猜测)

汇总各小组的数据。让学生体验数量的变化。

制成统计图就更加清楚了。(出示统计图,说说总的趋势)

在小组实验中,由于次数少,可能会出现一些偶然现象。但抛的次数多了以后,还是符合共性现象。

4.小结。

---

① 陈霞芬.发展与实践:小学数学"综合与实践"领域教学的探索与研究[M].宁波:宁波出版社,2013:154.

(四)理论分析

1.为什么会出现这样的现象呢?你能用数学的方法来解释吗?

2.引导学生把组成每个"和"的算式都写一写。

展示:

2	3	4	5	6	7	8	9	10	11	12
1+1	1+2	1+3	1+4	1+5	1+6	2+6	3+6	4+6	5+6	6+6
	2+1	2+2	2+3	2+4	2+5	3+5	4+5	5+5	6+5	
		3+1	3+2	3+3	3+4	4+4	5+4	6+4		
			4+1	4+2	4+3	5+3	6+3			
				5+1	5+2	6+2				
					6+1					

3.通过探究,你发现了什么?

现在你能解释这个问题了吗?(理论解释)

4.除了用这种方法,我们还可以用其他方法来验证。(出示表格)

师生共同填一填。

5.比较两种方法,你喜欢哪一种?

6.制成统计图,是不是更直观?

刚才,我们的实验结果已经很接近这个结论了(两个统计图比较),如果抛的次数再多一些,会怎样呢?大家看,这是我们整个二年级小朋友掷的情况,更接近数学分析的结果吧!如果不停地抛,抛得次数越多,就越接近数学分析的结果。

(五)总结、揭题

(六)生活应用

1.超市送鸡蛋,小小设计师。

2.摸奖游戏。

《掷一掷》是"统计与概率"领域的综合实践课,虽然没有新的知识点,但在教学中无论是让学生体验2个骰子数字和发生的可能性大小,还是引导学生主动运用组合知识分析统计数据,都需要教师有效引导,合理重组,帮助学生找到知识间的联系,建立数学模型。教师应充分调动学生参与活动与思考的积极性,使学生在真正的思考中内化数学知识,以期用数学知识解决现实生活中的问题。

第四节
统计与概率的教学建议

在以信息和技术为基础的现代社会里,数据日益成为一种重要的信息。为了更好地理解世界,人们必须学会处理各种信息。同时,面对当前复杂多变的信息社会,人们常常还需要从大量零碎的数据中,掘取有用的信息,做出合理决策,这也是每一个公民都应具备的基本素质。而统计正是对数据的收集、整理、描述和分析以及对事件发生可能性的判断,为人们更好地制订决策提供依据和建议。新课程标准将"统计与概率"作为数学教育的四个领域之一,这样的编排体系在我国是第一次出现,这也足以说明它的教育价值所在。但是在实际的教学活动中往往存在一些误区,对此提出如下教学建议。

(一)明确统计与概率教学的正确价值取向

统计的思想是学生进一步学习不可缺少的一种基本思想,也是学生未来生活和工作必须具备的一种基本素养。统计和概率的学习,可以使学生熟悉统计与概率的基本思想方法,以随机的观点来理解现实世界。《课程标准(2011年版)》在总体目标中提出要使学生"经历运用数据描述信息,做出推断的过程,发展统计观念",首次将"发展统计观念"作为义务教育阶段数学课程的重要目标之一。因此,义务教育阶段的数学课程应明确统计与概率教学的正确价值取向,培养学生在面对大量数据和不确定情境时,具有从纷繁复杂的情况中收集、处理数据,并做出恰当的判断和选择的能力,从而制定较为合理的决策,逐步形成统计与概率观念,养成尊重事实、用数据说话的态度,增强数学意识。

(二)正确把握统计与概率教学的基本目标要求

在第一学段重要的是培养学生的统计观念,即让学生亲身经历收集、整理数据的过程,让学生感受到有必要对数据进行整理和分析,能使用简单的统计方法对数据进行整理,能对整理统计结果进行简单的描述。第二学段,学生能学会简单的统计过程,学会用不同的统计方法对结果进行描述并且把所学的统计知识应用到日常生活中,根据统计结果做出简单的判断、预测。同时在概率的学习方面,要求学生能感受到身边的随机现象并能简单预测随机现象发生的结果。在实际的教学过程中教师应该根据不同的学段制订不同的教学目标,既不能过于简单也不能超出学生的能力范围,并且根据学生的掌握情况随时调节教学的难易程度与进度,真正做到以学定教、因材施教。

(三)警惕统计与概率教学中人文关怀的缺失

统计与概率观念的建立需要学生的亲身经历,最有效的方法是让他们真正投入到统计活动的全过程中:提出问题,收集数据,分析数据,做出决策,进行估算与预测,互相交流、评价和改进等。因此,我们要深刻地认识到统计与概率不仅仅是一个知识点,我们不要把它当成单纯的知识点来传授。统计与概率知识也不仅仅是学生的一种技能,不要单纯把它当成一种技能来训练。统计方法、推算技能的掌握固然重要,但培养学生的统计意识,让学生亲自经历观察、收集、筛选数据的过程更为重要,应通过这些过程使学生体会统计与概率的基本思想,认识统计与概率的价值,能有意识利用统计与概率解决一些问题,理智地分析统计数据并做出合理的判断和预测。在统计与概率教学中,应注重学生统计思想和统计意识的养成,让学生经历统计与概率的学习后,能为今后改善和提高生活质量带来益处。

(四)在统计与概率的教学中多开展综合实践活动

观念在活动中逐步形成,能力在活动中逐步增长。学习知识的最终目的是能指导生活并能为生活中所用。在统计与概率的教学中应多开展综合实践活动,鼓励学生积极投入到统计活动中,并注意留给学生动手实践和独立思考的时间和空间,发展其动手解决问题的能力,在此基础上通过与同伴的合作和交流,培养学生合作意识与共同解决问题的能力。《课程标准(2011年版)》将"投入统计活动的全过程"作为各学段统计学习的首要目标,并根据学生身心发展的规律提出了不同程度的要求,从"有所体验""经历"到"从事"。也就是让学生经历做数学的过程,开展综合实践活动是实现这一目的的最佳途径。

【案例】
统计和可能性:比一比教学设计①

[教学内容选自《义务教育课程标准实验教科书 数学(三年级下册)》(北师大版)]

一、游戏引入

师:同学们,以前玩过投篮游戏吗?你们的投篮水平怎么样啊?

(投得多的……哟,真不错,是个投篮小高手;投得少的……不要紧的,多多练习就会越投越准的。投篮是要讲究技巧的。)

二、探索活动

活动一:看懂统计图(课件演示统计图)

三(1)班的同学要选出全班的投篮高手。男生和女生各分成两组举行了投篮比赛,还把两场比赛结果制成了统计图。我们任选其中的一场来观察,说一说从中你看懂了什么。

男生比赛成绩统计图

女生比赛成绩统计图

---

① 宋显庆,陈清容.新课标教案数学三年级下B[M].延吉:延边教育出版社,2006:161—162.

活动二：奖牌给哪组（小裁判）

师：三(1)班的同学想请我们班的同学来当裁判，帮他们评一评每场比赛的奖牌该给哪个组。你们能不能做个公平、公正的小裁判啊？

当好小裁判可要听清以下两点要求：

(1)同桌合作从中任选一场来评；

(2)评的时候看谁观察得仔细，办法想得好，理由说得充分。我们还要给优秀裁判员发奖牌。

(学生同桌讨论，教师巡视、指导)

师：哪一桌小裁判评的是男生？

学生答后教师提问：还有没有不一样的方法？

小结：评出冠军组是第一小组。

师：哪一桌小裁判评的是女生？

师：你们是用什么方法评出的？请这些小组的同学说一说。

师：同学们发现了两组的人数不等是这一场的特殊情况，我们还以总数的多少来决定胜负是不公平的。那怎么样评判才公平呢？请同学们发表自己的意见。(学生自由发言)

(课件出示：移多补少的方法)

(广东省深圳市南山区外国语学校　李皓)

教师将学生带入具体情境中，使学生从活动中获得数学信息，从而提高学生的求知欲，同时又培养学生的观察和判断能力。教师充分认识到学生是学习的主人，要放宽空间，让学生经历矛盾冲突的全过程，为理解学习平均数构筑坚实的基础。通过做小裁判的活动，也有效地激发了学生的探索精神，保证学生自己的评判的公正性。

本章小结

在小学阶段，统计与概率的内容主要包括：数据统计活动初步、不确定现象、简单数据统计过程、可能性等。教学的主要目的是培养学生以随机观点来理解现实世界，初步掌握数据收集、整理、描述和分析的方法，逐步形成统计的观念。小学数学统计的教学，教师必须注重学生的日常经验，必须从学生的生活出发，在学生充分熟悉活动的基础上，在一个具体情境的活动中去体验，去认识，去建构。小学阶段的概率与中学的概率相比，无论是内容体系、学习方式，还是教学目标等均有着质的区别。因此，必须审视概率在学校教学中的地位与作用，并提出切合小学生实际的教学策略。统计与概率的教学需要教师正确把握教学目标、运用适切的方法进行教学。

复习思考题

1. 复式条形统计图与复式折线统计图教学重点分别在哪里？二者教学过程中分别应注意些什么？
2. 你认为概率教学的正确价值取向是什么？
3. 试论述现代信息技术在统计与概率教学中的应用。

参考文献

[1] 翟运胜.《按不同的标准统计》教学设计[J].教学与管理,2009(14).

[2] 范燕.小学数学统计教学的问题与策略研究[D].上海:华东师范大学,2012.

[3] 闫炳霞.小学数学"统计与概率"教学中的问题研究[D].重庆:西南大学,2007.

[4] 范文贵.小学数学教学论[M].上海:华东师范大学出版社,2011.

[5] 陈霞芬.发展与实践:小学数学"综合与实践"领域教学的探索与研究[M].宁波:宁波出版社,2013.

[6] 宋显庆,陈清容.新课标教案　数学三年级下 B[M].延吉:延边教育出版社,2006.

第八章 综合与实践的教学

◆ **本章学习目标**

1. 掌握综合与实践的课程内容。
2. 明确综合与实践的教学要求。
3. 掌握实践的教学。
4. 掌握综合应用的教学。

【案例】

"生日快乐"教学设计①

教学目标：

1. 在实践活动中，综合应用有关年、月、日和统计的知识解决实际问题，感受数学与实际生活的密切联系。

2. 通过实践活动，培养学生学习数学的兴趣和解决实际问题的能力，并在活动中增强学生参与和合作意识，培养学生关爱他人的思想感情。

教学重点：综合应用有关年、月、日的知识。

教学难点：关于生日在某月的倒数第几天的计算。

教学准备：课件、生日帽、统计表。

教学过程：

(一)营造氛围

谈话：今天是（ ）月（ ）日，对于×××来说，是个不寻常的日子。猜猜是什么日子？

揭示课题：

同学们一起来为过生日的同学唱生日歌。

(二)组织活动

1. 猜同学的生日

出示全班同学的名单，请学生任意说说想知道谁的生日。

如：张希阳的生日是第二季度最后一个月的第14天；

冯鑫钰的生日是建军节后的第7天；

罗家琪的生日是教师节前第3天；

王康的生日是四月的倒数第7天。

引导全班学生猜猜计算生日是在倒数第几天的做法并说出理由。

---

① 白玉.小学数学低年段"实践与综合应用"教学策略研究[D].长春：东北师范大学,2006:7－8.

关于倒数第几天的计算,学生通常的做法是:30－7＝23,王康的生日就是 4 月 23 日。教师引导学生观察年历表,发现直接减的话,就把真正的生日也去掉了,这样就多减去了一天。

小结:倒数第几天的算日期方法。

反思:在猜同学生日的时候要注意什么?

2.让同学猜自己的生日

(1)先编一个关于自己生日的谜题。

(2)在小组里交流,猜猜小组成员的生日。

(3)教师巡视指导,选择有代表性的谜题向大家展示。

3.统计

谈话:在你们过生日的时候,老师也想送贺卡表示祝福。

展示一套 12 张的贺卡。(表示分别送给生日在不同月份的人)

提问:老师在购买贺卡的时候,碰到了一个问题,每种贺卡我到底要买几张呢?

引导学生体会到统计的需要。

(1)分小组统计后汇总。

(2)学生改制成条形图。

用实物投影展示后问:看了这个条形图你知道了什么?

(3)填写按季度分类的统计表。

(三)总结反思,课后延伸

每年我们过生日的时候,有人会记得但也有人会忘记,可是这世界上总有两个人会永远都记得我们的生日,那就是我们的父母。那么你们知道自己父母的生日吗?

在自制的贺卡上写出自己父母的生日,等他们过生日的时候送给他们。

◆ 问题聚焦

　　以上案例是学生在具体的问题情境中应用知识去解决问题的综合实践案例。新课改之后,"综合与实践"被作为数学课程一个单独的学习领域呈现出来,它既是数学与外部世界的外在联系,也是数学内容之间的内在联系,它体现了数学在分析和解决问题过程中的综合应用。其中,数学与外部世界的外在联系是指数学与学生生活经验的联系、与社会实践的联系、与其他学科的联系等;数学内容之间的内在联系包括不同领域数学知识(数与代数、空间与图形、统计与概率等)之间的联系,不同数学概念和表达方式(数、式、表格、图形、图像等)之间的联系;综合应用是指应用不同的数学知识、方法、活动经验、思维方式等解决实际问题或探索数学规律。[①] 综合与实践的主要目的是为学生提供发现问题、分析问题、解决问题的机会,让学生运用所学的数学知识,通过实践探索活动来综合解决生活中的数学问题,帮助学生改变传统死板的学习方式,构建新的数学学习模式,使学生能在体验中学习数学,感受数学与生活、世界的密切联系,从而全面地认识理解数学的应用价值,使学生的创新意识和实践操作能力得到提升。

---

① 刘兼,黄翔,张丹.数学课程设计[M].北京:高等教育出版社,2003:259.

第一节
综合与实践的教学意义、课程内容及教学要求

一、综合与实践的教学意义

根据《课程标准(2011年版)》的总目标和要求,在综合与实践部分,教师主要是帮助学生积累数学活动的经验,培养学生应用意识和创新意识。在教学中教师应该努力创设情境,使之与学生所学的知识和生活经验融合,鼓励学生独立思考、合作交流、自主设计解决问题的思路,使学生经历发现问题和提出问题、分析问题、解决问题的全部过程,感悟数学与生活实际、数学与其他学科、数学各部分内容之间的联系,加深对所学数学内容的理解。

1.深刻感受数学与生活的实际联系

学生数学学习的基础是生活经验,综合与实践应用的素材应取之于生活实际,让学生体会数学与生活和实际的联系,运用数学知识解决现实生活问题,形成数学应用意识。

2.学会学习方式的多样化

综合与实践应用可以采取操作实验、自主探索、大胆猜测、合作交流、课题研究等多种学习方式。只有实现数学学习方式的多样化,学生才能真正成为学习活动的主人。

3.促进学生实践、创新能力的发展

综合与实践就是让学生在自主探索、实践的过程中不断思考,努力创新,促进自身更全面的发展。

二、综合与实践的内容编排

内容概述	主要内容		结构形式	
	第一学段	第二学段	第一学段	第二学段
"综合与实践"将帮助学生综合运用已有的知识和经验,经过自主探索和合作交流,解决与生活经验密切联系的、具有一定综合性的问题,以发展他们解决问题的能力,加深对四大领域内容的理解,体会各部分内容之间的联系	初步的数学活动经验	综合运用知识和方法	操作活动	综合应用
	合作交流实践	合作交流		
	实践操作,理解知识	数学活动经验		

三、综合与实践的内容标准与教学要求

实践活动主要是针对第一学段学生,强调与生活经验的联系;综合应用则针对第二学段学生,强调在实践经验和生活经验的基础上,进行综合应用能力的培养。这两个内容从层次上看具有渐进性和阶梯性,是符合小学生数学学习认知能力发展要求的。

1.第一学段综合与实践的内容标准与教学要求

(1)通过实践活动,感受数学在日常生活中的作用,体验运用所学的知识和方法解决简单问题的过程,获得初步的数学活动经验。

(2)在实践活动中,了解要解决的问题和解决问题的办法。

(3)经历实践操作的过程,进一步理解所学内容。

本学段的学生知识比较少,综合思维能力较低,因而综合与实践内容的学习更多地是以实践活动为主。在教学过程中,实践活动一定要与学生生活经验相联系,让学生感受到数学与日常生活的紧密联系。例如,米和千米的单位换算,如果在课堂上仅是用米尺进行演示,学生的感受并不深。假如能让学生绕操场跑道走1圈(400米),学生对400米有一定的印象后,又让学生走3圈。问:"现在共走了多少米?1000米应该走几圈?"通过这样的活动,学生对1000米的认识是极其深刻的。同时要加强学生之间的合作与交流,在这个过程中去探索解决问题的办法。

2.第二学段综合与实践的内容标准与教学要求

(1)经历有目的、有设计、有步骤、有合作的实践活动。

(2)结合实际情境,体验发现和提出问题、分析和解决问题的过程。

(3)在给定目标下,体会针对具体问题提出设计思路、制订简单方案解决问题的过程。

(4)通过应用和反思,进一步理解所用的知识和方法,了解所学知识之间的联系,获得数学活动经验。

本学段对学生不仅有实践的要求,还有综合运用所学知识来解决问题的要求。在教学时,教师应引导学生从不同角度发现实际问题中所包含的丰富的数学信息,探索多种解决问题的方法,并鼓励学生尝试独立地解决某些简单的实际问题。例如包装问题:①有4盒磁带,有几种包装方式?哪种方式更省包装纸?②有8盒磁带,哪种方式更省包装纸?学生虽然凭借自己的经验也可以找到最省包装纸的方法,但教师一定要让学生寻找几种不同包装方式的不同,进而把问题引到物体的表面积上来,让学生对物体的表面积有一个理性的认识,从而更好地去解决生活中类似的问题。

第二节
实践的教学

实践活动是将学生的现实生活、数学知识和其他学科知识联系起来所构成的一个综合的活动整体。我们应从大课程观的角度去审视数学实践活动,数学学科知识(包括数与代数、图形与几何、统计与概率)为实践活动的学习提供了知识基础,学生的现实生活为实践活动提供了真实背景和方法策略基础,其他学科知识的渗透又丰富和完善了学生获取知识的完整性。实践活动的学习借助于研究与反思这一载体,又反作用于其他领域的知识,在这样一个循环往复的实践过程中学生的数学素养得到了有效的培养和提高。小学第一学段主要以实践活动为主,实践活动比较简单,容易发现和提出问题,计算少,概念少,操作也简单,但实践活动仍然非常强调数学与生活和数学与现实世界的紧密联系。由于数学学习是一种抽象的学习过程,因而数学实践应该贯穿于整个数学学习过程中,只有这样学生才能有兴趣,才会积极地去学习,并接受这种抽象的数与形。

一、教学中的常见问题

在当前的小学数学实践活动课程中,虽然教师们按照课改要求已经转变了传统的教学理念和方式,但实际上,综合实践课的现状仍然不容乐观。活动形式多种多样的实践课,看似百花齐放,但大多华而不实,流于形式。虽活动气氛热闹非凡,但热闹过后,学生真正学到了什么?这些所谓的"愉快、开放"式的课堂呈现的只是一堂堂无效的游戏课。具体问题有如下几个方面。

1.教学目标重关注轻落实

在数学实践课上,教师通常只注重提出本堂课的教学目标,而轻视了教学目标的落实。

例如有老师在"认识0"的实践课中,教学目标提到"体会0在日常生活中的运用,初步培养学生用数学的眼光观察事物的意识"。可是,老师在教学时对这一目标的落实只提出一个问题:你在哪儿见到过"0"?针对老师的问题,两三个学生谈了自己在哪儿见到过"0",仅此而已。[①]

从以上案例中可以看出,教师在课堂上仅仅询问学生哪里见过"0",然后再由学生简单回答,从而简单地认为落实了教学目标,但实质上学生并没有体会到"0"在日常生活中的运用,学生用数学的眼光观察事物的意识也没有得到培养。真正要落实目标,建议将教材中有关"0"的内容呈现出来,让学生先观察,说说哪里有"0",再进一步让学生回想在生活中哪些地方也看到过"0",然后让学生进行交流,课后再让学生到生活中去寻找还有哪些地方有"0",这样不断实践和巩固,才能有效落实教学目标。

---

① 严育洪.新课程教学问题讨论与案例分析[M].北京:首都师范大学出版社,2010:24.

2.活动重形式轻教学本质

有些教师对数学实践活动课程的价值和观念等方面没理解到位,认知上存在局限性,认为只要在课堂上开展活动,让学生动起来,就能完成教学目标。实际上这样设计的课堂,除了让学生能够体会课堂活动的乐趣以外,学生得不到任何数学知识上的收获。

例如有的教师在教学"分一分与除法"的活动课时,整个过程设计了4个游戏活动:

游戏活动一:分糖果。每一组12颗糖果,想平均分成几份,在小组内交流分法。

游戏活动二:编故事。用20,4,5三个数,每人编一个数学故事,各小组选一名代表讲故事。

游戏活动三:设计队形。24只小鸭参加体操比赛如何排队?学生画出设计方案。

游戏活动四:玩纸牌。随便抽一张牌,看是几,能否平均分,能提出几种分法就记几分。同桌两人轮流两次,累加分数,得分高的人获胜。

从游戏活动一到游戏活动四,学生交流中没有出现一个除法算式,也未见教师在黑板上板书一个除法算式。[①]

从表面上看,教师精心设计了4个游戏活动,极大地调动了课堂气氛,但整堂课中,不难发现,学生都沉浸在完成游戏任务中,每个游戏活动结束时,教师也没有进行适时的引导和总结,因而在4个活动中,学生的交流中没有出现一个除法算式。显而易见,教师在这堂活动课中,只是仅仅对设计活动本身下了功夫,而忽略了游戏的本质是要提出数学问题,所以通过整堂课的学习学生也就没有对数学问题有深入的认识。

3.活动内容按部就班,忽视结合学生生活与经验背景进行活动设计

教师在进行活动设计时,往往过分依赖教材中的内容,按部就班地带领学生进行活动实践,缺少了对小学生现实生活的关注,因此很难提高学生的活动和学习兴趣。

【案例1】

"圆的认识"教学片段[②]

师:"套圈游戏",你们玩过吗?现在我们班50人要玩套圈游戏,该怎样安排?

生:我们应该先把桌子拉开,腾出空地,排成一队,开始比赛。

生:不对,那么多人会用很多时间,不够快。

师:(比较高兴)那你说一说怎样比较快。

生:我们可以分成5个小组,再排成5队,同时开始。

师:(期待学生说圆形,可惜不出现)还有其他办法吗?

生:我们还可以到操场上进行套圈比赛。(学生的方法还是大同小异,基本上还是排成一队,按顺序来做游戏,最后还是我提出:站成圆形,可以吗?)

由于学生们的思维总是无法进入该教师的预设之中,该教师课后找了几个学生,在谈话中找到了问题所在:学生生活中玩的套圈游戏,都是站在一条警戒线后排成一队,再开始游戏的,确实没有排成圆形玩耍的。

从以上案例中,我们可以看出,学生们有一定的知识和生活经验,教师如果事先没有

---

① 严育洪.新课程教学问题讨论与案例分析[M].北京:首都师范大学出版社,2010:48.
② 严育洪.新课程教学问题讨论与案例分析[M].北京:首都师范大学出版社,2010:62.

对学生的实际生活和个性爱好等基本情况进行了解和调查,盲目地按照课本上的内容进行设计,这样往往会造成课堂教学既达不成教学目标,又与学生脱节,使整堂课的活动在一种混乱的状态下进行。学习不仅仅包括结构性知识,也包括了背景经验,因而教师在活动课的设计中,应注重学生个体生活经验的搜集。

二、教学策略初探

一个实践活动的完成,不仅是对某个知识或某些知识的运用,还需要学生综合地运用所学的知识加深对相关问题的理解。小学低段综合与实践应用主要是以实践活动的形式呈现的。学生通过这些实践活动,初步获得一些数学活动经验,了解数学在日常生活中的简单应用,初步学会与他人合作交流,获得积极的数学学习情感。因而教师在教学中应采用多种多样、灵活的策略。

(一)有意识地创设生活化的教学情境而不是偏离学生经验背景的教学情境

在小学数学实践与综合应用的教学中应注意紧密联系学生生活实际,以帮助学生理解和掌握抽象的数学知识,将所学的数学知识与生活实际、社会实践联系起来,解决一些简单的实际问题,从而达到学以致用的目的。在小学第一学段,由于学生思维处于具体形象的阶段,很难把握好抽象的数学问题,因此需要教师为学生构建一个与其生活经验关联的学习情境。教师在教学中应注意要找准知识的切入点,把握准教学目标,结合课堂实际,为学生创设良好的学习环境,让学生有充分的动脑思考、动手探索的机会,调动学生的学习积极性,使学生在有限的时间内,思维处于高度的运作状态,发挥自己最大的潜能。

【案例2】

"加减法"中的"今天我当家"教学片段[①]

[教学内容选自《义务教育课程标准实验教科书 数学(一年级下册)》(北师大版)]

一、创设情境,激趣设疑

师:小朋友们,你们自己一个人帮妈妈买过菜吗?你们自己想不想当一回"小当家"呢?

同学们兴趣极高,异口同声地说:"想!"

师:今天我们就来做一次小当家,好吗?

(板书课题)

二、小组分工,合作交流

1.小组讨论:作为一个"小当家"需要考虑什么?

2.集体交流:买东西要根据自己的需要,合理安排,不要浪费。

3.小组活动:

(1)活动要求:请你用100元钱为家里准备一顿晚餐,你会怎么买呢?买完后,你能算出用去多少钱,还剩多少钱吗?

---

① 白玉.小学数学低年段"实践与综合应用"教学策略研究[D].长春:东北师范大学,2006:6-7.

(2)活动开始:学生在小组内活动,老师巡视。

(3)汇报:

生1:我喜欢吃鸡肉,我妈妈炒的虾仁也很好吃,所以我买了一只鸡、一袋白菜、一袋虾仁、一袋肉。用去13+28+3+7=51(元),还剩100-51=49(元)。

生2:我家里的人比较多,每个人喜欢吃的都不同,需要买较多的东西。我买一只鸡、一袋肉、一条鱼、一袋香菇、一袋白菜。用去13+18+26+7+5=69(元),还剩100-69=31(元)。

生3:我奶奶喜欢吃鸭,我爸爸晚上不回家吃饭。家里只有我、奶奶、妈妈3个人吃晚餐,正好家里的酱油用完了,所以我准备买一只鸭、一瓶酱油、一袋萝卜。用去19+5+3=27(元),还剩:100-27=73(元)。

生4:我们全家3个人都比较喜欢吃水果,所以菜买得少一些,多买些水果。我买了一袋苹果、一袋哈密瓜、一袋白菜和一条鱼。用去6+9+15+18=48(元),还剩100-48=52(元)。

生5:我想包饺子吃,所以我准备买一袋香菇、一袋肉、一袋虾仁。用去:26+28+7=61(元),还剩:100-61=39(元)。

生6:我们家妈妈在周末已经买了很多菜,所以今天我只想买一袋桃子,用去5元钱,还剩100-5=95(元)。

……

总结:听了刚才同学们的汇报,你发现了什么?做小当家你有什么体会呢?

生汇报:

生1:我这次体会到做"小当家"不容易,还要算计着花钱,以后我可要好好学习。

生2:我知道原来计算买东西花了多少钱时要用加法,计算还剩多少钱时,要用减法计算。

生3:做事情之前要先进行计划,而且买的东西越多,剩下的钱就越少。

……

在本案例中,教师的设计很好地把握了小学低段学生的年龄特征,为学生创造了一个在日常生活中能体验到的情境,并与"加减乘除"数学内容结合起来。数学知识来源于生活,并最终服务于生活。把生活中的问题变成数学学习的对象,有助于提高学生学习数学的兴趣,也有利于培养学生对数学应用价值的初步感悟,帮助他们体会到学好数学在生活中会有很大的作用。

(二)有计划地组织有趣的数学游戏而不流于形式

数学具有高度的抽象性、严密的逻辑性和应用的广泛性。小学生由于缺乏日常生活与社会实践经验,年龄小,往往感到数学很抽象,学起来十分枯燥。因此,采用游戏组织教学活动,使枯燥的知识变得更具趣味性,可以使学生喜欢数学,乐于去解决数学问题,从而使学生认识到数学来源于生活,生活又离不开数学知识,如此学习数学才能学得活,才能激发学生学习和解决数学问题的兴趣,激发学生思考与创造的源泉。总之,有计划地组织有趣的数学游戏,不仅使学生能够从实践中获取感性认识,加深对所学的概念、原理的理解,而且还能运用所学的知识解决实际问题。

【案例3】

"认识物体"片段①

[教学内容选自《义务教育课程标准实验教科书 数学(一年级上册)》(新世纪版)]

(一)创设情境,激发兴趣

师:老师这里有一个魔术袋,你们想知道这里面装的究竟是什么吗?

生:想。

师:现在就请几位同学为大家揭开谜底。(请4名同学上讲台)

师:请你们在袋里随便摸出一个物体,并说出它是什么形状的?如果回答正确,同学们就为他鼓掌。(4位同学分别摸出长方体、正方体、圆柱、球这四种形状的物体,同时教师在黑板上贴出它们的立体图)

师:今天,我们上一节"认识物体"的活动课。(板书:认识物体)

(二)动手摸物,加深认识

师:刚才几位同学摸出物体后,并准确说出了它们的形状。如果告诉你物体的形状,让你摸,你能从这么多物体中摸出来吗?

生(齐答):能。

师:谁愿意和老师做这个游戏?

(其他学生抢着举手,都想做这个游戏。一名同学上来后,闭上眼睛,老师说形状,学生摸物体)

师:下面请同桌两个同学共同做这个游戏,好不好?

生(齐答):好。

(同桌两个学生用自己准备的学具,共同做"摸物"的游戏)

师:谁来说一说你的同桌表现得怎么样?

生1:我觉得他摸得很好,一下子就摸对了。

生2:我的同桌表现得也不错,每次都摸得很准。

生3:虽然他摸得慢了一些,但最终还是摸出来了。

(三)联系实际,深化新知

师:同学们的小手真厉害,摸得这么准。现在,老师还想看看同学们的眼睛是不是也很敏锐。(出示94页图)

师:你能说出图中哪些物体的形状?

生1:笔筒是圆柱。

生2:地球仪、足球是球。

生3:冰箱、书是长方体,魔方是正方体。

生4:电视是长方体。

生5(反驳):电视不是长方体,它后面是鼓的,不是平平的。

---

① 白玉.小学数学低年段"实践与综合应用"教学策略研究[D].长春:东北师范大学,2006:10—13.

师：看来同学们真善于观察,还有吗?

生1：铅笔是圆柱。

(图上的笔是削尖的)

生2(反驳)：图上的铅笔不是圆柱,它的上面尖尖的,不平。

师：怎样才能把它变成圆柱呢?

生：把上面削平。(并做了一个"砍"的姿势)

师：除了图中的物体,在我们生活中,你还知道哪些物体的形状?

生1：我的橡皮是圆柱。

生2：我的玻璃球是球。

生3：我家的药盒是正方体,饮料筒是圆柱。

生4：葡萄是球。

生5(反驳)：圆葡萄是球,长葡萄不是球。

……

(四)拼搭玩具,发展思维

师：大家这么聪明,机器狗也来向你们学习了。(出示机器狗)看到它,你想说什么?

生1：你好,机器狗!

生2：你是由什么图形做成的?

生3：这个机器狗是由长方体、正方体、圆柱、球做成的。

师：那么,这几种不同形状的物体各有几个?请同学们数一数。

生4：长方体有5个,正方体有2个,圆柱有2个,球有2个。

师：你真细心。谁能根据数出的结果,提出几个数学问题,并说出算式?

生1：长方体比正方体多几个? 5-2=3(个)。

生2：圆柱比长方体少几个? 5-2=3(个)。

生3：正方体和球一共有几个? 2+2=4(个)。

生4：再添上几个正方体,就和长方体的个数同样多? 5-2=3(个)。

生5：长方体、正方体、圆柱、球一共有多少个? 5+2+2+2=11(个)。

师：把这4种形状的物体拼起来,还可以做成有趣的玩具,你们想不想亲自试一试?

生(齐说)：想。

师：下面请四人一组共同合作,用学具拼搭一件你们最喜欢的玩具。哪个小组合作得好,搭的玩具与众不同,老师就把这个机器狗送给他们小组。

(学生先商量做什么,然后开始做。教师对合作意识弱、动手能力差的学生进行辅导)

……

师：哪个小组愿意把你们的作品展示给大家,并说一说各用了几个不同形状的物体。

生1：我们小组搭的是汽车,有2个长方体、2个圆柱。

生2：我们搭的是坦克,有2个长方体、1个正方体、3个圆柱。

生3：我们组搭的是一把手枪,有2个长方体、1个圆柱。

……

师:谁来评一评哪个小组搭得好,为什么?

生1:我认为,第5小组的最好,因为他们模仿老师搭的机器狗很像。

生2(反驳):他们小组搭得确实不错,但是,他们是跟老师学的,不是通过小组合作想出来的。

师:我同意这位同学的意见。如果第5小组能够根据你们的想象,搭出一件与老师不同的玩具,是不是更好一些?老师相信你们能够做到。

师:你们认为,哪个小组合作得最好,搭的玩具与众不同?

生:我觉得第2小组的同学合作得特别好,而且,他们小组搭的坦克与众不同。

师:大家同意吗?

生(异口同声):同意。

师:那我就把老师亲手制作的这个机器狗送给第2小组,请同学们为他们热烈鼓掌!

(五)动手捏物,亲自实践

师:看来,小朋友们对这4种不同形状的物体都已经很熟悉了,谁来说一说你最喜欢它们中间的哪一个?

(学生纷纷说出自己喜欢的各种形状的物体)

师:下面,就请大家用橡皮泥捏一个你最喜欢的一种形状。

(放音乐,节奏稍快,学生动手捏。音乐停,学生纷纷展示自己的作品)

师:你们认为哪个同学捏得最好?

(学生众说纷纭)

师:我认为这个圆柱捏得最好。

生1(告状):他是用模子扣成的。

师:他能够借助工具来做这个物体,是个聪明的孩子。

生2(质疑):老师,我没捏。因为我的橡皮泥本身就是圆柱形的,可不可以?

师:可以。你很善于发现,不过,如果是你自己做的,那将会更有趣。

本案例中,为了让学生更好地认识物体,教师先让学生做在魔术袋里摸物体这样的游戏,学生的积极性非常高,并通过手摸物,进一步感受了图形的形状,加深了对图形形状的认识。

(三)有目标地提供开放的学习环境而不是放任自流

综合与实践不同于常规课堂教学,教师应该给学生构建自由开放的环境。这里主要是指时间和空间的开放性。

1.教学空间的开放性——解放学生的学习,让他们去活动

数学课的许多教学内容的教学形式多样,所以在教室内的教学环境中,应注重空间灵活开放。学生桌椅可以根据不同的课型需要和学生的要求进行布置安放。可以是"秧行式""分组式",也可以是"会议式"。由于学生存在活动姿态不同,动作不一,以及方法不同等差异,学生进行操作的体位或站或坐或蹲。因此创设开放式的教学空间有助于学生放开手脚,进行自主的动手活动。

2.教学时间的开放性——解放学生的时间,让其做自己喜欢的事

数学课的技能目标可以通过小制作、小实验和社会调查、实践活动等形式去实现。有些活动项目或研究的时间要求多,教学时间必须延伸到课外,让学生有比较宽松的时间完成课堂中无法完成的学习活动。如"调查家里每周塑料袋的使用情况,并做好记录,说说我们能为环保做些什么?"对于这类活动可以先让学生收集材料,然后再集体交流。可以让孩子利用假期的时间去找生活中的数学,利用课外时间感知、体验、经历学习数学的过程,培养应用数学的意识,增进对数学的喜爱,提高实践的综合性。

总之,对于低段的学生,应注重以培养学生学习兴趣为主,关注学生的身心发展特点。根据学生认知水平精心设计实践活动,让学生与其他同学通过努力能一起完成活动,从而达到促进学生积极思考、充分参与的目的。

三、教学范例

"交通与数学"教学设计[①]

[教学内容选自《义务教育课程标准实验教科书 数学(三年级上册)》(北师大版)]

教学目标:

1.能运用周长、乘除法等数学知识和方法解决实际生活的简单问题。

2.结合具体情境,感受数学知识在日常生活中的应用,获得初步实践活动的经验。

3.在活动中培养学生的合作能力,并适时地进行适当的交通安全教育。

教学重难点:感受数学与交通的联系,并解决简单的实际问题。

教学过程:

一、谈话交流,引出课题

师:谁能告诉老师你们每天上学怎么来到学校的?

生:走着来的。

师:能说说你行走的方向和路线吗?

生:我从家出发向南走,横穿马路进入悦园小区,经过实验一小大门,从一中的北门来到学校。

师:大约用了多少时间?

生:10分钟。

师:这段路程大约有多少米?

生:大约1000米。

师:怎么想的?

生:因为我从家到学校用10分钟。

……

师:你们真聪明,在从家到学校那么短的路程中发现了这么多的数学知识,这些都是日常的交通问题,今天就让我们一起来研究交通中的数学吧。(板书课题:交通与数学)

---

① 滕伟艳,周玉平.数学学习"生活化"——小学数学综合实践课《交通与数学》教学实录与评析[J].成才之路,2007(17):51-53.

二、自主学习，联系生活

师：前两天老师布置了一个实践性作业，谁愿意到前面给大家介绍一下你所画的从家到学校的路线图？

学生1：我家住……我家到学校有（　）条路，如果我爸爸开车接我，我从……走；如果妈妈接我，我们只好步行从……

学生2：我家住……我从家出发向……走多少米到……再向哪走到……

师：这样吧，先不用你来介绍了，我们大家可以一起深入探究一下你的路线图中的数学问题，你同意吗？

学生：同意。

师：我们平时研究问题时一般从哪几个方面来思考？

学生：从三个方面来思考，一是寻找数学信息，二是提出数学问题，三是解决所提出的数学问题。

师：那我们就开始研究吧！

生1：说数学信息（从……到……有多少米）。

生2：他家到学校的路上有哪些建筑物？

生3：我想提个问题：他从家到学校有几条路？

生4：3条路。

生5：我发现从他家到学校这条路最近。（指图）

师：你怎么知道的？

生5：我是用眼睛看出来的，因为……

生6：我不是用眼睛看的，是估算出来的（说出估算的方法）。

生7：我不是估算的，用的是直接计算出得数的方法。

师：谁能提出和他们不一样的问题？

生8：周长。

生9：往返。

争论：乘2还是乘4？（学生解释为什么乘2，为什么乘4）

师：某某同学，你中午是回家还是在"小饭桌"吃饭？

生：中午在"小饭桌"吃饭。

师：所以，在解决生活中的数学问题时，一定要联系实际。

师：大家提出了这么多的问题，我要采访一下了，某某同学，大家说的和你的实际生活一样吗？

生：一样。

师：你每天上学选择的是哪一条路呢？

生：一般情况下走最近的路。

师：几点从家出发？几点到校？

生：7:10出发，7:20到校。

生：老师，我知道他每分钟能走（　）米。

师：你太聪明了，你是怎么计算的？

生说计算过程。

师：小小的一幅图上竟然有这么多的数学知识，那么大家赶紧找一找你们手中的路线图中有哪些数学知识，然后说给你的同桌听，好吗？开始吧！

生进行讨论。

师：有什么问题吗？

生：老师，我刚刚发现从我家到学校有两条一样长的路，哪条路最近我怎么回答呀？（简介）

师：这种情况是存在的，你回答两条就可以了。

师：……学校快乐的一天结束了，他要回家了。这回老师要考考你们了，假设他家在6楼，他每上一层楼要12秒，他在1分钟时间内能从一楼走到家么？

生1：不能。

生2：能。

师：说说你们的理由？

生1：因为上一层楼要12秒，他家在6楼就是6个12秒，也就是72秒。所以不能。

生2：不对，上6楼应该走5层楼梯，是5个12秒，也就是60秒，所以能。

师：他们到底谁说得对呢？让我们一起来看一看吧！（出示课件）

师：（强调）上6楼，只走5层楼梯，我们是从一楼开始的。老师家住30层，需要多少时间？

生讨论并回答。

师评价学生的表现。

三、小组合作，解决问题

师：这学期紧张的学习生活就要结束了，愉快的假期就要到了，在假期里你有什么打算吗？

生1：我妈妈让我去课外辅导班学习。

生2：我要去学游泳。

生3：我要去旅游。

师：哦，旅游，很好的主意，现在老师给你们准备了一条旅游路线和一张火车硬卧票价表（出示旅游路线图），这张票价表谁看得懂？

生看票价表。

师：如果让我们以小组为单位组成一个旅游团，选择一下想要去的路线，找出你遇到的问题并试着解答，好吗？注意：每个小组成员之间一定要统一意见，准备好了么？现在开始。

生汇报。（找两到三组汇报）

师：我也想去你们选择的路线，带500元够么？

生开始计算。

师：旅游是一件很有意义的活动，既能开阔眼界，又能增长知识，但是在旅游中除了要准备好钱物以外，我们还应该注意什么呢？

生：注意饮食卫生，保管好自己的钱物，还要注意交通安全。

师：说得真好，你都知道哪些安全常识？

生：坐车时不能把头伸出窗外；坐小轿车或微型面包车时，如果在前排坐应系好安全带……

生：我还知道一些交通标志。（让学生说说交通标志的形状和表示的意义）

四、总结评价，拓展延伸

师：不论是外出旅游还是平时上学、节假日外出，除了步行，还要骑自行车，乘公共汽车、火车、轮船等，所以安全问题是我们必须重视的。

师：生活中有很多数学知识，请同学们用日记的形式写出生活中的数学，相信你们会做得很好。

……

"交通与数学"这一课体现了新课标中内容体系的一个特色，即在书本知识和实际生活之间架起一道桥梁，让学生在获得对数学事物亲身体验的同时，感受数学在日常生活中的作用，在掌握发现和解决问题的过程中，提高实践能力和创新能力。

以上案例有几点成功之处，首先，创造性地使用了教材，让设计更贴近生活。做到了尊重教材，但没有照搬教材，将课本中的4个部分整合为2个部分，并结合学生生活实际进行了再创造，为完成教学目标奠定了基础。其次，关注了学生的学习过程。这是一节综合实践课，教师事先让学生去实践，画出自己家到学校的路线图。在这个过程中，学生就会切身体验到交通中的数学，同样也会引发他们对数学问题的思考。

第三节
综合应用的教学

综合应用在小学数学阶段主要是综合所学的多种数学知识（知识与技能），用多种方法来解决较复杂的现实问题或新的数学问题。在这个过程中，一些重要的数学概念和数学思想应置于真实的问题情境中理解和形成，并在综合运用中得到提高。这部分内容主要针对有基础实践活动经验的中高段学生，即小学的第二学段学生（4~6年级学生），本学段学生的知识、能力、情感和态度与第一学段的学生相比都有了进一步的发展，教师应该充分利用学生已有的生活经验，引导学生把所学的数学知识应用到现实中去，以体会数学在现实生活中的应用价值。综合应用是培养学生主动探索与合作学习能力的重要途径，教师在教学过程中应培养学生应用数学的意识和综合运用所学知识解决问题的能力。

一、教学中的常见问题

综合应用是指在学生已掌握了基础数学知识以及具备了简单的数学实践操作能力之后将数学知识运用于现实世界的过程，这一部分的教学要求较于实践活动部分显然有所提高，因此，教师在教学时和学生在学习时都会遇到不少问题和困惑。

1. 教学目标的偏离

综合运用旨在引导学生综合运用所学知识，增强学生自主探究与合作的能力，然而在实际教学中，由于时间、空间或应试等各种因素的影响，教学目标发生偏离，比如把综合运用认为是简单的知识复习整理课或者综合练习课，导致课堂上就是一些关于观察、实验的训练，以及直接的与生活实际相关的应用题集训，完全不能达到综合运用所学知识的目的及综合运用的能力标准。

2. 活动内容往往陈旧

有的教师紧扣书本内容，设计的综合实践课程往往不能拓展到课本之外，不能很好地辨别资源，难以选用有效的资源与教学主题。高年级学生生活的体验更丰富，他们综合实践的课程内容不能仅停留在书本知识，这样会缺少数学与数学知识之间"鲜活"内容的联系。总之，综合运用不仅要在数学学科内学习，同时还要和其他学科交叉融合学习，体现出数学学科的现实意义。

3. 综合实践仍是浅层次的技能训练

数学实践活动课依然停留在浅层次的技能训练上，对学生的现实生活、社会实际关注不够，未能从根本上增进学生综合能力，提升情感和价值观念。这主要是因为教师受到应试教育影响，始终不能完全放开让学生发挥，教师仍然在主导着整个活动课，学生只是在接受或者模仿，这样学生的思维及动手能力得不到长足的进步和发展。

二、教学策略初探

（一）教学要明确目标及活动意图

在新课程中，综合应用是全新的教学内容，主要培养学生综合应用能力。因此，在教学过程中，教师应重视综合与实践应用教学，明确课程教学目标，发挥其教育功能。由此，教师需要注意：①培养学生分析与解决实际问题的能力；②引导学生学习课本之外的知识；③注意各知识之间的密切联系。在小学数学教学过程中，数学教师需要认真研读教材，了解教材编写意图，明确活动目的，如活动需要运用哪些数学知识、需要解决哪些问题、学生可得到怎样的体验，安排好课内活动，并巧妙拓展至课外，合理组织课前、课中以及课后的学习内容等，然后精心设计活动内容，优选活动方法，使综合与实践应用学习更具多样性、趣味性与科学性。

（二）设计有意义、新颖的数学问题

第二学段的学生正面临向抽象思维过渡的阶段，他们具备一定的思考能力，因此教师应为学生提供有"生命"的材料，创造"提问"的条件，以激活学生的数学问题意识。有"生命"的材料是指现实的、有价值意义的教学内容，它具有新颖性、探究性等特征。数学课程标准中指出："人人学有价值的数学。"学习有价值的数学从某种意义上说就是要学有用的数学，激发学生学习欲望，学生有了学习欲望，才能积极投入地学。"与其把马拉来让它饮水，不如让它口渴。"如果我们为学生提供有"生命"的教学内容，例如，智力竞赛、图形变换、数列规律、综合变式训练等，学生就会乐此不疲地去探究。教师也要强化数学与其他领域的联系，从而培养学生思维的深刻性、灵敏性，增强学生综合运用知识能力、判断推理与抽象概括能力，提高学生的创造能力。

（三）教学要与现实生活和学生的实际生活紧密联系

综合与实践强调数学与现实生活的联系，因此在教学中，要紧密联系学生的生活实际，引导学生充分利用自己已有知识和生活经验去完成任务。在教学活动中需要创设现实的情境，把数学知识与学生生活环境、知识背景结合起来，引导学生富有兴趣地走进情境中，积极投入实践活动。如何才能使数学与现实生活紧密联系呢？第一，要充分挖掘生活中的课程资源，尤其是结合当时、当地的新资源，开拓教材，丰富教学内容，以丰富学生对数学知识的认识和体验，使他们感受到数学就在身边，体会到数学在生活中的作用，对数学产生亲切感。第二，创设应用的条件，提供实践的机会，帮助学生正确运用数学知识解决日常生活中的实际问题。例如学习了有关图形的面积、体积计算的知识后，让学生计算实际物体的面积或体积，如计算学校操场的面积、到实地计算土石方等，在班上或学校开展的各项活动中，引导学生提出数学问题、设计活动方案等。这样，学生在运用数学知识解决实际问题的过程中，既加深了对数学知识的理解，进一步体会到数学的作用，同时，在分析、解决问题过程中，学生各种思维的碰撞、各种方法的交流，也促进了学生更大的发展，培养了学生创新精神和实践能力。综合应用的一个重要目标，是让学生体会数学与现实世界的联系，树立正确的数学观，在现实生活中尝试从数学的角度运用所学的知识和方法去寻求解决问题的策略。例如北师大版四年级下册结合"小数四则运算"

这一主题单元开发了主题实践活动——"打电话的学问"。电话是现代社会人们生活中一种很重要的通信工具，与每个人生活密不可分，四年级的学生在生活中已经积累了一些与打电话相关的经验，在打电话过程中所遇到的计费方式等问题对他们来说是现实的，有意义的，富有挑战性的。学生通过搜集固定电话的收费标准，运用小数四则运算的知识解决收费问题，有助于引导学生学会运用数学的思维方式去观察分析现实社会，去解决日常生活中的问题，增强应用数学的意识。通过探索解决打电话中的数学问题，提高学生搜集和处理信息的能力，发展学生合作、交流的意识。同时，学生在解决问题的情境中也更加体会到了数学知识的价值所在。

（四）突破教材和学科的限制

现代教育理论认为：教师在挖掘书本知识的同时，也要善于开发社会、自然等各领域的教育资源，将符号化、公式化的知识转化为生活的素质和实际的素材，让学生的生活经验成为教育教学中一个重要的资源、一笔宝贵的财富。① 例如，在教学中设计一个装修房间的实践活动，要求学生先测量房间的长、宽并计算出面积，再到市场上调查地砖的样式、质量、大小和价格，然后计算出所需要的块数，估算总价格，在此基础上，制订一个装修方案，最后比比谁的方案合理并且适用。在这个实践活动中，学生要用到口算、估算等有关计算知识，要涉及面积等概念知识和调查统计方法，同时，这个实践活动与整个生活现实紧密联系在一起，学生在完成方案的过程中，可以了解许多家装的知识，开阔眼界。这样既突出了知识的综合应用，同时也锻炼了学生实际操作的能力，使他们感悟到数学在生活中的价值。

除了突破教材的限制，还应突破学科界限，这样才能以全新的视角全方位地审视社会生活，进而引导学生关注整个生活，使课堂数学成为生活数学、社会数学，从而走出基础教育分科主义的泥沼。例如，对于高年级的学生来说，可以设计一些跟数学有关的文学方面的实践活动，在巩固学生数学知识的同时，还可以培养他们的文学素养。

例如，有教师在教学"文学中的数学"这一课时，是这样设计的：通过让学生欣赏他们在课前收集到的有趣的数字诗词、数字对联、数字成语，领略文学中蕴藏着的丰富的数学问题，体会数学知识在文学中的妙用。如"一去二三里，烟村四五家。亭台六七座，八九十枝花"，勾勒出一幅令人心醉的山村风景画；"一片两片三四片，五片六片七八片。九片十片十一片，飞入草丛都不见"，利用数数，使得全诗妙趣横生；又如，崂山上的一副对联："一蓑一笠一叶舟，一枝竹竿一条钩。一山一水一明月，一人独钓一江秋"，10个"一"字恰到好处地渲染了月夜的幽静，烘托出了无尽的秋思；还可根据成语中涉及的数字写成算式：（　）打碎敲 ＋（　）鸣惊人 ＝（　）望无际，（　）丝万缕×（　）全十美 ＝（　）古长青……②

学生在收集资料的活动过程中，必定会对数学有全新的认识，用全新的视角看待数学，从而喜爱数学。

---

① 康文清.小学数学综合实践活动的探索反思[J].学子(教材教法研究),2012(12):71.
② 康文清.小学数学综合实践活动的探索反思[J].学子(教材教法研究),2012(12):71.

三、教学范例

"超市购物中的数学问题"教学过程设计①

[教学内容选自《义务教育课程标准实验教科书 数学(二年级上册)》(北师大版)]

1. 创设情境

师:同学们都逛过超市吧?逛超市的时候你有没有想过超市里会有哪些数学问题呢?今天这节课我们就来研究一下超市里的数学问题。每次从超市结账之后,我们就会得到小票。(教师出示超市小票)

2. 探究发现

师:你能看懂这张小票上的信息吗?大家可以看自己携带的小票,也可以看展示的小票,小组交流,不懂的地方可以小组讨论。

(小组讨论之后请同学们汇报)

生:我们组发现小票上有超市名称、购物时间、收款员、营业员、部门,通过这些信息我们可以找到是在哪个超市、什么时间购物的。

生:我们还发现有购买商品的名称、商品的单价,每个商品前有都有一长串数字,不知道是什么。

师:谁来帮他解决一下这个问题,这一长串数字是什么?

(同学们都不知道,由老师解决)

师:是商品代码,每个商品都有属于自己的代码,就像我们每个人都有学号一样,我们的学号是唯一的,商品也有自己的身份,也是唯一的。

生:我们还发现小票上有商品数量、合计、支付金额。

生:我们还发现小票上有客服电话、集团投诉电话。

生:我们还发现小票上写着自购物之日起 30 日内开具发票。

师:从一张小小的购物小票我们能得到这么多信息呀,同学们观察得真仔细,大家的表现真棒。一会儿我们也要去超市购物,但是由于条件有限,我们只能自己动手填写购物小票上的信息。

(出示小票)

购物小票样例

商品名称	单价(元)	购买数量	合计金额(元)	付款金额(元)	找零金额(元)	购买人	记录人	本次购买是否成功

师:观察老师制作的购物小票上都有哪些需要填的信息。

---

① 路晓丹.小学数学"综合与实践"教学设计案例研究[D].锦州:渤海大学,2014:19—23.

生：商品名称、单价、购买数量、合计金额、付款金额、找零金额、购买人、记录人、本次购买是否成功。

（师讲解为什么设置购买人、记录人、本次购买是否成功）

师：下面我们就来填一填。（教师讲解填表的注意事项）

师：我买了一支中华牌铅笔，1元一支，我付了5元钱，应该这样填。

填写购买一件商品样例

商品名称	单价（元）	购买数量	合计金额（元）	付款金额（元）	找零金额（元）	购买人	记录人	本次购买是否成功
中华牌铅笔	1.00	1	1.00	5.00	4.00	雯雯	莉莉	是

师：我买了一支中华牌铅笔，1元一支，一块泰迪牌橡皮，2元一块，共付款5元。填表时注意把你所购买的东西放在一个大格子里，是为了表示这些商品是你一次性购买的。

填写购买多件商品样例

商品名称	单价（元）	购买数量	合计金额（元）	付款金额（元）	找零金额（元）	购买人	记录人	本次购买是否成功
中华牌铅笔	1.00	1	3.00	5.00	2.00	雯雯	莉莉	是
泰迪牌橡皮	2.00	1						

师：大家都学会如何填表格了吗？不懂的地方可以提问。

生：都学会了。

师：下面我们就去超市购物，最后汇报你都购买了哪些物品。

3.模拟购物

（1）提出购物要求：

①售货员要求：售货员要文明礼貌待客，在结算时注意要算好账、找对钱。

②购物员要求：购物员要文明购物、注意排队，并且要看好自己的随身物品，避免丢失。

③记录员要求:记录员要认真做好记录,表格的每项信息都要记录清楚,如实记录,如果发现在付款或收款时有钱财错误,可提醒改正。

(2)提出活动要求:

师:分小组购物,要求小组每名成员都要扮演售货员、购物员、记录员。在扮演一次某个角色之后,小组内要互换角色,使每名同学都能扮演到不同的角色,最后汇报交流。

(3)自由购物。

4.汇报交流

(1)全班汇报交流。

师:谁来汇报一下,在刚才的购物活动中你都购买了哪些产品?你在购物时遇到了哪些麻烦或问题?你是怎么样解决的?(根据时间找学生汇报)

生:(带着购物小票进行汇报)

学生填写小票样例。

商品名称	单价(元)	购买数量	合计金额(元)	付款金额(元)	找零金额(元)	购买人	记录人	本次购买是否成功
中华牌铅笔	1.00	1	3.00	5.00	2.00	雯雯	莉莉	是
泰迪牌橡皮	2.00	1						
格尺	1.00	1	1.00	1.00	0	莉莉	明明	是
水彩笔	6.00	1	7.00	10.00	3.00	天天	莉莉	是
图画本	1.00	1						
铅笔	1.00	1	1.00	1.00	0	明明	雯雯	是

(2)颁发奖状。

师:评选出金牌售货员,颁发"金牌售货员"奖状。

要求:售货员注意文明礼貌待客,在结算时能够算好账、找对钱,并能够提醒顾客携带好购买的物品,不限名额。

师:评选出购物达人,颁发"购物达人"奖状。

要求:在购物时没有出错,能够顺利购买到物品,在购物时讲文明懂礼貌,排队购物,不限名额。

师:评选出优秀记录员,颁发"优秀记录员"奖状。

要求:记录员能够认真做好记录,表格的每项信息都能够记录清楚,并且如实记录,不限名额。

5.总结延伸

师:每位同学今天都充当了顾客角色和售货员角色,回家之后与爸爸妈妈分享一下今天的购物感受和当售货员的感受,以后要做爸爸妈妈的小助手,帮助他们去买东西,尽一份自己的力量,大家同时也要明白售货员也是一份值得尊敬的职业。

本案例在课开始时,教师通过出示一张超市的购物小票创设情境,然后询问同学能不能看懂这张小票上的信息,学生小组交流,并说一说都看到了哪些信息,再通过学生的交流与讨论、教师的启发性引导,最后大家都看懂了购物小票,这为以后的生活积累了基本经验。超市购物与实际生活联系紧密,超市购物不但来源于生活而且服务于生活。在购物活动中,学生通过充当顾客和售货员,学会了付钱和找钱,并且体验到了付钱和找钱的方式具有多样性。总之,本堂综合实践课程突破了传统的授课方式,将生活中的购物环节融入到课堂的实施过程之中,通过模拟购物,学生既体验到生活中购物的过程与乐趣,又牢固地掌握了本堂课的所学知识,很好地达到了教学目的。

第四节
综合与实践的教学建议

综合与实践主要突出数学知识的综合性和数学活动的实践性,其实质是以学生的直接经验和体验为基础,密切联系学生的生活世界和社会实践,在以学生自主探究活动为特征的实际操作过程中达到对知识更进一步的理解和综合应用,从而培养学生的数学素养。

1.加强数学与生活的联系,使数学"生活化"

传统的数学课程忽视与学生熟悉的现实生活之间的联系,对数学应用的处理,还是以生拉硬套的方式灌输。而综合与实践活动的设置,主要强调数学在日常实际生活中的重要作用,因此在教学中要设计一些能从社会现实中发现的数学问题,感受数学在日常生活中的重要性,加强数学与生活的联系。这样,小学数学综合与实践活动的开展就能有效地帮助学生在书本知识与生活实际之间架起一座桥梁,使学生切实感受到数学源于生活、寓于生活、用于生活的思想,并学会在现实生活中寻找数学问题,领悟数学的魅力,感受数学的乐趣,体验到数学的价值,从而激发学生学习数学的兴趣和欲望。

2.促进数学知识之间的整合,使数学"整体化"

传统的数学课,例如几何、代数都是按着各自的学科领域,以直线式的结构发展,相互之间的联系不多,较少涉及综合方面的运用。此外,各个学科之间彼此隔绝,缺乏有机的整合与联系,这也将导致学生知识学习的片断化、孤立化,缺乏整体性以及融合性。因此,教师应在综合与实践活动中,有效地促进数学知识之间的整合,使得几何、代数和统计的内容有可能以交织在一起的形式出现,这不仅有利于加强数学学科内各知识的联系,而且也能有效地促进相关学科之间的整合。一个数学综合与实践应用活动往往要涉及许多数学课本内外的知识,这就需要学生综合地利用这些知识。因此,开展小学数学综合与实践应用活动能在一定程度上加强知识间的联系,促进学科的整体化。例如,统计与概率知识中收集数据过程要采用调查法;数据分析和整理中要用到数、式、图形、表格;根据图表信息提出问题中要用到推理或计算;图形与变换中图案的设计要用到绘图的技能和美术鉴赏能力。教师在教学中要有意地揭示蕴涵于活动中各知识的联系点,增强学生综合应用知识的能力,丰富学生对数学的认识和理解。

3.转变学生数学学习方式,让数学学习"主动化"

综合与实践活动重视学生主体性地位,因此要为学生创设一个自由、开放的环境,增强数学问题的探究性、综合性、实践性,由学生自主地、创造性地开展学习活动。在这个活动过程中,学生可以自主地进行探究分析、大胆猜测、调查研究、合作交流、实验论证等多种方式的学习,而且还可以根据自身已有经验、兴趣来选择探究的主题,这对于打破传统被动、机械的记忆,发展接受学习有重大的意义,同时还能帮助学生全面地认识数学、了解数学,使数学在学生未来的职业和生活中发挥重要作用。

4. 转变学习形式,使数学学习"探究化"

探究学习是综合实践学习的一个主要方式,由于自主探究学习更适合已初步具备逻辑思维的高年级学生,在这个阶段,教师应该进一步发展和培养学生的数学思维。小课题研究主要是以活动为线索,以数学为主轴,在综合应用数学知识的同时使用其他学科内容领域的知识来解决实际问题,以发展学生解决问题的能力,促进学生合作、探究、交往能力的提高。要完成这样的研究性学习活动需要学生具备一定的知识基础和学习能力,因此活动研究非常适合第二学段的学生。例如小学六年级的"好大一棵树"活动,就充分体现了综合与实践活动的综合性。"好大一棵树"主要是通过解决一棵树的价值有多大的问题,来研究与大树有关的一次性筷子和废纸的问题。在了解大树价值的过程中,可以围绕树叶释放氧气与人类生存的关系、树木生长周期与维持生态平衡的关系等方面的问题进行研究。在深入了解大树价值的基础上,研究砍伐树木制作一次性筷子的问题、扔弃废纸对树木的影响问题。学生在研究和解决这一系列问题的过程中,需要综合应用学过的数学知识,这些知识涉及"数与代数""图形与几何""统计与概率"三个内容领域,而且在进行实地选材、观察、统计、实验、测算、估算时,要借助面积、比率、方程、统计等方面的知识。学生在完成的过程中需要与同伴合作,与他人交流思维的过程和结果,形成评价与反思的意识。题材的选择体现了数学与生活的联系,引导学生从数学角度提出问题、理解问题,发展学生搜集数据、处理数据的能力,形成解决问题的策略,体验解决问题策略的多样性,发展实践能力与创新精神。

5. 关注活动过程,注重学习的"反思性"

数学学习不仅是一个知识的积累过程,更是一个探索和解决问题的过程。因此,数学综合应用活动更注重学生的实践过程和学生在实践中的体验与感受。教师要认真观察学生在活动过程中的行为、情绪情感、参与程度、努力程度,建立学生实践活动档案,真实记录学生的活动过程及其在活动中的发展状况。随着活动过程的展开,学生的认识和体验逐渐深化,创造性火花逐渐迸发,他们会产生新的问题、新的想法,教师在活动中要善于捕捉和发现这些信息,肯定其存在的价值,并加以运用,将活动引向深入,不要浅尝辄止。反思是发现的源泉,是训练思维、优化思维品质、促进知识同化和迁移的良好途径。弗赖登塔尔强调:"反思是数学的重要活动,它是数学活动的核心和动力。"因此,在数学实践与综合应用活动中,教师要有意识地引导学生自觉地反思自己在实践活动中的思维活动和解决问题的过程,引导学生思考:我是怎样想的?怎么做的?是怎样想到的?这样做对吗?这样合理吗?还有其他方法吗?还有更好的方法吗?让学生养成反思的习惯,通过反思获得经验,形成解决问题的策略,提高元认知的能力。综合与实践活动结束后,教师应该回顾学生在学习活动中的表现,以反思自己的教学行为。由于综合与实践课程是以学生为主体的自主探索与合作交流的活动,学生在学习中会表现出许多有个性和创造性的特点,这也是教师难以预料的,因此,课后反思显得更加重要。

数学综合实践活动课程是一门学习化课程,而不是教学课程;是"可做"的课程,不是"可教的"课程;是实践性、体验性的课程,而不是机械性、被动性的课程。数学综合实践活动隶属于综合实践活动课程,一般包括8个环节:提出问题—确立主题—制订计划—

方法指导—活动实施—展示交流—评价反思—拓展延伸。在教学过程中,教师要真正实现教学方式的转变:从以教为中心向以学为中心转变;从注重学习结果向注重学习过程转变;从仅仅关注知识性目标向关注知识、能力和情感等三维目标转变。对于学生来说,除了课例展示的显性成果外,还有隐性成果,如学生的体验、感悟,社交礼仪,胆量训练,合作学习等,从而真正实现学习方式的转变:由被动、机械性的学习向主动探究性的学习转变;由依赖教师和教科书向关注社会实践、人类经验和信息资源转变;由盲从权威、迷信书本向发展创新精神和创新能力转变;由独立学习向独立与合作学习相结合转变。学生采取多种方式开展活动,如调查采访、网上冲浪、查阅图书资料等,通过这些活动可以从中学到许多课本上学不到的知识。

本章小结

综合与实践这一全新的学习领域对于小学生数学学习能力发展有着独特的作用,也是今后数学学科研究的重点领域。综合与实践活动课能很好地弥补数学课自身的不足,是数学课必要的有益补充。教师在教学过程中要明晰数学综合与实践活动课不是带有随意性的课外活动,不只是面向少数学生、培养尖子生的课外活动,它是小学数学新课程教学计划的重要组成部分,而且在教育思想和培养目标上是适应时代发展要求的,甚至有超前、创新的教育意识。因此,教育者在活动开展过程中,要有组织、有计划、抓落实,要切实开展好教研及评估工作,加强管理,追求特色与实效,促使必修课与活动课优化组合,产生综合效应,推进完整意义上的学科素质教育。

复习思考题

1.《课程标准(2011年版)》对于综合与实践教学的要求有哪些?
2.在综合与实践教学过程中,教师经常会遇到什么样的问题?
3.在综合与实践的教学活动中,如何将教学与学生的生活实际相联系?

本章参考文献

[1]刘兼,黄翔,张丹.数学课程设计[M].北京:高等教育出版社,2003.
[2]严育洪.新课程教学问题讨论与案例分析[M].北京:首都师范大学出版社,2010.
[3]白玉.小学数学低年段"实践与综合应用"教学策略研究[D].长春:东北师范大学,2006.
[4]滕伟艳,周玉平.数学学习"生活化"——小学数学综合实践课《交通与数学》教学实录与评析[J].成才之路,2007(17).
[5]康文清.小学数学综合实践活动的探索反思[J].学子(教材教法研究),2012(12).

[6]黎灿明.小学数学实践活动课程的现状分析及其有效性的实证研究[D].广州:广州大学,2011.

[7]李光树.小学数学教学论[M].北京:人民教育出版社,2003.

[8]陈今晨,张邦友,许福年.小学数学知识大全[M].北京:中国少年儿童出版社,2009.

[9]施良方.学习论——学习心理学的理论与原理[M].北京:人民教育出版社,2000.

[10]马云鹏.小学数学教学论[M].第三版,北京:人民教育出版社,2012.

[11]中华人民共和国教育部.义务教育数学课程标准(2011年版)[S].北京:北京师范大学出版社,2011.

[12]宋占祥.小学数学实践与综合应用教学实施策略研究[D].兰州:西北师范大学,2006.

[13]戴莹,刘东芝,张莉.小学数学课程与教学论[M].广州:世界图书广东出版公司,2013.

[14]郑希美.数学素养的构成与培育策略[J].淮阴师范学院教育科学论坛,2010(C1).

第九章 小学生数学素养的培养

◆ **本章学习目标**

1. 加强对数感、符号意识、空间观念等十个小学生数学核心概念的认识。
2. 掌握数感、符号意识、空间观念等十个小学生数学核心素养的培养策略。

【案例】

行程问题①

甲地到乙地原来运行的是动车,上午8时出发,中午12时到达,运行路程是700千米。现在运行的是高铁,每小时比动车快105千米,如上午8时出发,几时到达?

◆ **问题聚焦**

以上案例中的行程问题属于生活中的实际问题,有关于时间、速度、路程的问题,表面上看信息丰富而复杂,实际上要解决的问题是高铁的运行时间。解决这个问题首先需要理解问题的实际背景,把复杂的情境进行分析和简化,再通过建立数学模型(可以是数量关系式,也可以是图形),最后做出解答。其中解决该题需要运用模型思想,而模型思想又是小学生数学素养的重要内容之一。

在小学数学教学中,除了重视数学概念、法则、公式、性质等显性数学知识的教学外,更应该重视数学意识、数学思想方法、数学思维方式等数学素养的培养,使学生拥有一双能用数学视角观察世界的眼睛,拥有一个能用数学思维思考的头脑,拥有一种能用数学方法解决问题的能力。良好的数学素养将为人一生的可持续发展奠定坚实的基础。小学是学生数学学习的基础阶段,小学数学教育对人的数学素养的形成与发展起着重要作用。本章重点介绍了小学生的十大数学素养,并提出了小学生十大数学素养的培养策略,以帮助数学教师能够更好地理解这十大数学核心素养。

---

① 王永春.小学数学与数学思想方法[M].上海:华东师范大学出版社,2014:88,90.

第一节
数感的培养

2001年颁布的《课程标准（实验稿）》中，第一次明确地把数感作为数学学习的内容提了出来。新颁布的《课程标准(2011年版)》中提出的十个核心概念里数感列于首位，足以看出数学教育对数感培养的重视。弄清数感的含义、掌握培养小学生数感的策略是小学数学教师应具备的基本素养。

一、对数感的认识

关于数感的内涵，目前尚未有统一的认识和理解。本书在前人研究的基础上总结出在小学阶段应培养的数感指的是学生对数的感觉，包括对数的含义、意义、相对大小的理解，以及对数的运算产生的结果的直观认识，对生活中事物有一个数量上的感知等多重含义。[1] 要弄清数感的内涵，还应了解数感包含哪些要素。

1.能理解数的意义

能理解整数、分数、小数、负数的概念，并能将这些概念与它们所表示的实际含义建立联系；还能用多种方法表示数，即能运用数的等价形式表示数。如四年级的学生能根据计数单位和数位的概念从某存折中分析出该存折的相关数据；同样能理解￥5.78在计算器上会以5.78显示。理解数的意义是发展数感的基础，应是小学数学课程的重要任务。

2.能理解数之间的各种关系

包括能判别数之间的相对大小关系和能灵活运用简便方法来对数进行大小比较。如学生可以完全掌握大得多、大一点、等于、小一点、小得多等语言描述数之间的关系；并且知道除了通分的方法还有其他简便方法可以对分数进行大小比较。

3.能估计运算的结果

能运用估算的方法对某些运算的结果进行估计。如在实际问题解决中，不需要得出某运算的精确结果，就需要学生进行估算。

4.能理解运算的意义及它对数产生的影响

学生可以清楚知道加、减、乘、除的作用和四则混合运算对问题结果产生的影响。如：$38×0.97<38$，而$38÷0.97>38$；$25+35÷5$和$(25+35)÷5$的运算结果大相径庭。

5.能选择适当的策略去解决问题并能对结果做出合理的判断和解释

这些策略可以是估算、分解或重组数字、心算等。如要比较$63×12$和$60×12$乘积的大小，学生可以想到$63×12=(60+3)×12$，即将63进行分解。[2]

---

[1] 高洁.小学数学课堂数感教学存在的问题及对策研究[D].长春：东北师范大学，2011：5.
[2] 谢茜.对我国5,6,7年级学生数感现状的调查研究[D].上海：华东师范大学，2006：8.

二、小学生数感的培养策略

数感是一种内隐知识,不是与生俱来而是后天培养形成的。它的建立也不是一蹴而就的,不可能通过某个知识点或单元的学习就得到发展,也不可能在知识习得后自动生成。教师要从内心接受数感的存在,并在教学过程中有意识地引导学生通过各种活动体验和发展数感。

(一)在生活情境中培养小学生的数感

数感的形成是一个循序渐进的过程,这个过程与小学生在生活中的经历和体验密不可分。教师在课堂教学中,要结合学生的实际情况,把学生的生活体验作为出发点,充分挖掘身边与数感相关的教学资源,让他们形成在生活中用数学思维方式去思考问题的习惯,并从数学的角度去经历和体验生活。

例如,在给二年级的学生讲解长度单位"厘米和米"这个知识点时,首先教师可以让学生自己先寻找长度为1厘米和1米的物体,在他们心中初步建立起1厘米和1米的印象;接着让学生分别用"厘米"和"米"作单位在生活中寻找一些实际例子。有的学生发现课桌上橡皮擦的宽是1厘米,文具盒的长度是20厘米;在教师的提醒下有的学生打开视野,说出教室里黑板的长度大约是300厘米,于是有学生反驳说应该用米作单位,大一点的东西都应该用米作单位。大家讨论后得出教室的长也用米作单位等。这个过程,教师让学生自己体会厘米和米两个长度单位,并通过讨论明了哪些东西用厘米作单位比较合适,哪些物体用米作单位更适合。这些例子都来源于学生接触到的实际生活,因此比较容易接受,也更利于学生数感的形成和对知识的掌握。

又如,在讲解二年级知识点"千以内数的认识"时,教师可运用多媒体先呈现10颗瓜子,接着再呈现100颗,最后呈现1000颗,让学生先单纯地在感官上了解、体会1000所代表的数量的多少;再在教师的引导下认识1000,100和10之间是怎样的一个具体关系。而不是在最开始就给孩子们讲解1000里有10个100,有100个10。通过前面这种直观的教学方式,会让学生更深入地体会和感知到数的大小,发展数感。

总之,培养小学生的数感,应将数学知识和学生的实际生活密切联系。从生活情境中找到相应的切入点,把知识融入生活,让学生在真实的体验中增长数学知识,体会数的大小和意义,为数感的发展打好基础。

(二)在动手操作中培养小学生的数感

著名教育家苏霍姆林斯基曾经说过:"智慧之花开在指尖上。"儿童思维的发展从动作开始,并且思维想要得到发展也必须与动作密切相连,具体、形象的思维特点同样决定了小学生知识的积累开始于操作活动。自己动手操作不仅是小学生认识概念、理解法则、掌握新知识的重要途径,而且也是促进他们积极参与认识活动和培养实践、创新精神的重要方法和手段。实践出真知的箴言告诉教师们:只有在动手操作中用数学、做数学,学生才能够真正地增强数感,发展思维,提高数学素养。因此,动手操作是小学生建立并发展数感极为有效和重要的方法。

如在教授一年级知识"我们认识的数"中的"猜一猜"时,有教师便安排了以下几个环节。

(1)数一数：让每个学习小组派一名学生到讲台上抓一把蚕豆，并在小组内数数有几粒。小组汇报得出各组抓起的蚕豆各有 7,9,10,12 粒等，教师和学生讨论后一致认为随手抓一把蚕豆大约有 10 粒。

(2)猜一猜：教师抓起一把花生米，但不数，而是让各组学生猜一猜大约有多少粒，然后汇报。各小组的猜测分别有 10,13,19,23 粒等。

(3)想一想：教师和学生一起数出刚抓的花生米是 20 粒，于是请猜花生米数量为 20 粒的小组同学来说说，为什么他们猜得那么准。有学生回答：他们认为一粒蚕豆的大小和 2 粒花生米差不多，所以猜测为 20 粒。

(4)试一试：老师再让大家抓一把自己课前准备好的黄豆，并估计大约有多少粒。学生估出 50,60,70,80 粒等。老师带领大家数出自己抓的大约有 60 粒时，就请估计出 60 粒的孩子们回答为什么他们会估成这么多。"因为 1 粒花生米和 3 粒黄豆差不多大。"有的孩子说道。学生在这些操作活动中，反复体验不同的数，不仅发展了数感还锻炼了思维能力。

(三)在估算教学中培养小学生的数感

估算在现实生活中的运用很多，培养小学生良好的估算能力是必需的。但是小学生在估算学习中常常出现这样的问题：为了估算而估算，灵活估算意识薄弱等。要想改变这些尴尬的现状，教师就要在教学中让学生明白并理解估算的意义，弄懂为什么要进行估算，哪些情况下可以进行估算，掌握估算的方法，了解哪些估算方法得出的结果更接近实际，知道估算的结果并不唯一，懂得根据具体情境灵活估算，理解什么时候把数估大、什么时候把数估小。在这些过程中，学生不但掌握了估算学习的意义和方法，而且逐渐发展了数感。他们不仅可以顺利完成各类估算的学习，还可以发展数学思维。

如某教师在教授四年级知识"除数是两位数除法的估算"时，首先利用多媒体课件呈现：估算 $842\div24, 842\div26, 842\div29$，然后要求各小组讨论后汇报结果。

小组 1 代表：$842\div24$ 可以用两种估算方法。第一种把它们看成 $840\div24=35$；第二种看成 $840\div20=42$。

教师引导：第一组同学说的两种方法中，大家认为哪一种更好？并说明原因。

生 1：我认为 $840\div24$ 更好，因为这样估算的结果更准确。

教师总结：看来在我们估算时，不仅要考虑计算的速度，还要追求结果的精准性。那另两题其他小组是怎么进行估算的呢？

小组 2 代表：$842\div26\approx850\div25=34$。

小组 3 代表：$842\div29\approx840\div30=28$。

教师继续发问：这三道题的被除数都是 842，但是两个组分别把它看成 840 和 850，有同学知道为什么吗？

生 2：我认为在估算时，可以先根据乘法口诀去想除数的倍数，再看哪一个倍数接近被除数，就把这个倍数作为被除数，这样便会更接近正确答案。如：$643\div7$，把 643 看成 630 比较合适，而不是 700 或 560。

教师鼓励学生总结：谁愿意说一说除数是两位数除法的估算方法呢？

生3：进行估算时，首先让除数不变，去找它的倍数，用最接近被除数的除数的倍数进行计算，这样得出的结果较精准。如在842÷24这个算式里，首先让24不变，再把842看成840，而不是去对除数进行估计。

生4：为了让计算更加简便，可以把被除数和除数都看成整十或整百的数……

以上教学过程中，学生根据自己对估算方法的理解选择了不同的估算策略，其最后的估算结果也有所差异。因此，教师不要用自己的想法去捆绑学生，而是应尊重他们的想法，让他们选择自己认为最合适的估算策略，引导他们展示自己的思维过程，让班上同学充分交流，说出自己的想法。这样的课堂，不仅让学生有浓厚的兴趣，还有利于学生思维的灵活发展，培养学生的数感。

（四）在表达交流中培养小学生的数感

数学作为一门科学语言需要在表达交流中学习，当代社会的大量信息都是把"数"作为载体来进行表述和传递。让学生学会用数来表达和传递信息不仅能使他们体会到数学学习的价值，也在一定程度上体现了数感。内隐、外显知识可以通过内隐学习和外显学习的辩证有机结合的过程而得到转化。数感是一种内隐的程序性知识，它可以通过各种交往活动进行分享，因为在特定的文化氛围中可使各种思维模式、感觉、信念、期望、领悟等得到交换和反馈，以获取对自己有用的信息。

无论是课堂还是课外的表达交流活动，都有利于孩子们发挥集体的智慧，拓宽彼此思路，产生新的见解，更能培养学生之间互助合作和交往的能力。教学中，创设生活情境，让孩子们仔细观察身边的事物，帮助他们学会运用数来表示事物，并且在学习过程中能做到相互交流。感受数在日常生活中的作用，了解数学在现实生活中的应用价值，是增强学生数感的有效策略。

如在教授一年级知识"20以内进位加法"时，首先可以设计一些新颖的练习题，并组织学习小组之间进行合作交流，再引导孩子们交流得出不同的口算方法，比如"凑十法""接数法""点数法""拆大数，凑小数""拆小数，凑大数""交换加数的位置"等方法。通过口算方法的交流，既能帮助学生感知数的相对大小，还能进一步体会算法多样化，发展数感。

（五）在问题解决中培养小学生的数感

赞可夫曾说过："从学生生活经验中举出的例子，将有助于他们把所学习的概念跟日常生活中十分熟悉的事物之间建立起联系来。"要想更好地掌握知识和内化知识，就要把所学知识与生活经验联系起来。因此，培养学生的数感，就要让他们更多地接触和理解现实中的实际问题，引导学生有意识地将这些问题与数学联系起来。在现实中解决问题可以促进数感的发展，一定的数感也可以反过来帮助学生从复杂的现实情境中提出和解决问题。所以教学过程中，教师要让学生多接触实际问题，让他们从问题的提出和解决的过程中发展数感。[①]

如在教学五年级知识"计算花园面积"时，教师并不给学生讲解一个确切的答案，而

---

① 郑锡瑜，赵玉玲.小学生数感培养策略浅谈[J].延边教育学院学报，2010，24(6)：157-159.

是让学生根据自己的想法提出一些测量基本数据的方法。一些学生直接用卷尺量出花园的基本数据,然后把花园看成近似的规则图形,再根据面积公式计算花园面积;一些学生则先测出一块地砖的基本数据,再看看花园的长和宽各包含多少块地砖,用每块地砖的长度乘地砖的块数分别得到花园的基本数据;还有的学生采用步测的方法……学生从不同的角度考虑,设计了许多可行的问题解决方案,并对自己设计的方案做出了合理性解释。学生运用自己掌握的数学知识,根据实际情况提出一系列策略,在解决问题的同时发展了数感。

此外,一些教师还在家庭作业中引入数学日记的模式,让学生在课后的练习中体会数学与生活的紧密联系。这种形式不仅可以激发学生用数学眼光看世界的兴趣,培养数感,还可以让学生更喜爱数学,增强学好数学的信心,为他们的可持续发展奠定基础。学生观察、收集、记录生活中的数学问题和例子后,发挥自己的聪明才智,运用已学的数学知识解决它,这就不再是单纯地背诵和记忆知识,而是实实在在地"问题解决"了。在此过程中,学生解决问题的能力提升了,也学到了一些数学的思想和方法,同时还提高了学习数学的兴趣和信心,把自己的知识与实际生活有效地结合起来,强化了数感。

第二节
符号意识的培养

　　数学是一门高度抽象的科学,其重要特征之一就是具有形式化的符号语言系统,数学符号在数学学科中占重要地位。符号语言是表达数学成果、交流数学思想不可或缺的工具。在小学阶段培养学生的符号意识可以促进学生数学思想的发展。

一、对数学符号意识的认识

　　《课程标准(2011年版)》这样解释符号意识:指能够理解并且运用符号表示数、数量关系和变化规律;知道使用符号进行一般性的运算和推理。

　　通过分析小学生的年龄特征、数学知识结构和数学思维水平,我们认为小学生的数学符号意识主要表现为对数学符号的认识、记忆、运用意识和运用能力四个方面。具体表现如下。

　　1.认识常用的数学符号

　　数学是一个符号化的世界,符号化是现代数学的重要特征之一。在小学数学中,有许多字母符号和运算符号以及关系符号,字母符号如 $s=ab$(长方形的面积=长×宽)等;运算符号如"+""-""×""÷";关系符号如">""<""=""≥"和"≤"等。让学生认识这些数学符号,并对数学符号感兴趣,是培养学生符号意识最基础的一步,也是最为关键的一步。

　　2.理解并牢记常用数学符号及其意义

　　认识常用的数学符号,是小学生形成符号意识的第一步。要真正形成符号意识,还必须清楚理解并牢记这些数学符号及其意义。相关研究表明,只有有意记忆,才能记得牢固。而对数学符号的有意记忆,必须建立在对符号意义的正确理解基础之上。如公式 $s=ab$ 和 $s=vt$,它们有共同的符号字母 s,但所表示的意义千差万别,前者表示面积,而后者则表示路程;再如字母符号 v,在 $s=vt$ 中表示速度,而在 $V=a^3$(正方形体积=边长^3)中,它则表示正方形的体积。学生如果不能正确理解每个数学符号的意义,时间久了,要么记不住公式,要么把字母的意义混淆,张冠李戴。所以,理解并牢记常用数学符号及其意义是小学生形成数学符号意识至关重要的一步。

　　3.运用符号描述、表达数量关系,实现符号间的转换

　　运用符号描述、表达数量关系,实现符号间的转换,不仅是符号意识的重要表现特征,也是培养学生符号意识的重要途径。如在小学低年级中常见类似这样的题目:8只羊的质量,等于4头猪的质量,等于2头牛的质量。如果一只羊的质量是80 kg,猪和牛的质量各是多少?虽然这是一道计算题,但与普通计算题相比,它对小学生的逻辑思维能力要求更高些。如果学生要想思维顺畅,就必须运用符号去进行描述和表达数量关系。于是有学生列出以下等式:

　　　　8只(羊的卡通像)＝ 4头(猪的卡通像)＝2头(牛的卡通像)·····················①

得出：2 只（羊的卡通像）＝1 头（猪的卡通像）……………………………②
1 只（羊卡通像）＝80 kg ……………………………………………………③

这里，学生自己画出羊和猪的卡通像来代替真实的动物，已经是在运用符号了，但仅仅这样是不够的。所以教师抓住这个机会，引导学生用更简洁的符号来代替真实的动物，如分别用 a,b,c 来代替羊、猪、牛，上面的等式就变成了：

$8a=4b=2c$ ……………………………………④
$2a=1b$ ……………………………………………⑤
$1a=80$ kg ………………………………………⑥

至此，学生不仅成功地运用符号描述、表达了数量关系，而且还实现了文字符号到象形符号，再到字母符号的递进。当然教师还需引导学生在读④⑤⑥这 3 个表达式时，回到原题目中去，即"8 只羊的质量，等于 4 头猪的质量，等于 2 头牛的质量。如果一只羊的质量是 80 kg……"这样，就实现了 3 种符号的相互转换。

4. 用符号去简化和表达从具体情境中辨别出的符号信息

相比前面提到的用符号描述、表达数量关系，实现符号间的转换来说，用符号去简化和表达从具体情境中辨别出的符号信息的要求更高。因为前者的符号信息比较外显，较容易发现，具备一定的符号能力便可以了。而后者则要求学生首先能够从具体情境中辨别出符号信息，这时候的符号信息可能是比较隐蔽的，它需要学生具有比较敏锐的符号意识；其次，还要能够用符号去简化和表达从具体情境中辨别出的符号信息，即需要有一定运用符号的能力。如算式 $54+46+46+54+54+46$，有的学生能用 $O+O+O$ 来表示这个算式（$O=54+46$），表明这类学生的符号意识和能力比较强。因为这样不仅简化了运算式子，也简化了运算过程，到了中学甚至大学后，这种符号意识和能力对学生的数学学习有很大的帮助。

二、小学生数学符号意识的培养策略

（一）培养小学生有意识地用丰富的符号语言来表征数学学习对象

《课程标准（2011 年版）》对核心概念"符号意识"明确指出：能够理解并且运用符号表示数、数量关系和变化规律。这是从符号表征的角度对学生的符号意识培养提出的要求。无论在小学的哪个学段，教师都应该创造机会，鼓励学生用自己独特的符号系统表征数学学习中的研究对象。学生已有的生活经验中潜藏着大量的符号经验，如公共场所的各种符号标记等。可以说，现实生活就是一个"符号化"的世界，这些符号被学生以各种途径接触、熟悉进而成为其经验系统的一部分。因此，教师教学应从学生的已有经验出发，给他们提供机会，让学生经历"从具体事物→个性化的符号表示→学会数学的表示"的符号化表征过程。数学学习中，可以用符号表征的内容有很多，如数学概念、定律、法则、规律等的学习与探究。小学一年级数学书上有这样一个练习：在下列横线上填上合适的数字、字母或图形，并说明理由。

① 1,2,2;1,2,2;_____,_____,_____；
② $A,B,B;A,B,B$;_____,_____,_____；
③ △,□,□;△,□,□;_____,_____,_____；

④＿＿＿＿；＿＿＿＿；＿＿＿＿。

通过观察不同形式的习题,第一学段中的学生就能够感悟到:对于有规律的事物,不论是用数字、字母或者是图形都可以反映相同的规律,只是表达形式不同而已。用符号表征数学学习对象要注意两点:一是在整个学习过程中,学生用符号表达数学对象是一个由简单到复杂,由相对具体到相对抽象的过程。所以教师教学必须体现这个发展的过程,从易到难,从具体到抽象。二是数学符号的表达是多样化的,比如关系式、表格、图像等都是表达数量关系和变化规律的符号工具,即使是同一数学对象也可采用多种符号予以表达。所以教师不要束缚学生的思维,让他们用自己可以解释清楚的符号方式来表征数学学习对象。①

(二)教学中加强对数学符号的解释,让学生理解符号的本质特征

对数学符号有深入的理解是学生符号意识形成的基础,而多数学生对符号以及各种符号表达式的来源及意义并不了解,只是机械地记忆。这些数学符号在一些学生眼里只是一种表达形式,并没有其他意义。但是无论是小学接触的"＋""－""×""÷""( )""[ ]"等数学符号,还是初中所要掌握的"∑""∵""⊥""∥""≌""≤",每一种数学符号不仅有特定的意义,而且也都有其来历。教师可以在介绍新符号的同时适当引入一些符号由来的介绍,能使学生更加充分地理解符号的意义,以避免部分学生在接受某一数学符号时,感到这个符号不好记或看起来很别扭,从而导致出现记不牢或者乱用数学符号的问题。同时通过对数学符号由来的引入使学生达到加深记忆的目的。因此,这就要求数学教师具备一定的数学史知识,对小学一些重要的数学符号来源应有一定的了解,以更好地达到小学数学教学所提出的要求。

数学中的每一个符号或由符号组成的代数式都准确地表示一个确定的意思,符号是概念的外在显现,如果学生不了解符号的本质特征,只是一知半解地使用它,就很难灵活掌握和运用自如。因此,教学中必须重视对数学符号本质特征的理解和分析。为此,在课堂上通过教师对数学符号理解过程的展示,让学生从中得到启发;通过学生与学生的交流,使其能学习他人之长;通过学生与教师的交流,以引起学生对符号的理解,进行对比和反思。②

(三)让学生感受符号的优越性,喜欢运用数学符号

数学符号具有直观、简约、通用和转换等特点,所以,教学中要让学生感受到这些特点,他们才会认识到数学符号的好处,才会喜欢上数学符号,才能养成爱用数学符号的习惯。

1.感受数学符号的直观简约

数学符号大多是用象形符号的形状特征来反映概念、数量之间的关系,如用"△""∠""⊥""∥"等符号来代表某些数学概念,这些符号把对小学生来说很复杂的数学概念等进行了转化,以直观简约的方式展现在他们面前,所以教师应经常带领学生感受数学符号的直观与简约。例如教学"比较大小"这一课时,教师首先利用学生熟悉的"＝",让

---

① 李帮魁,吴行鹏.数学符号意识的形成途径[J].教育科学论坛,2012(2):44－45.
② 戴凤明.浅谈增强学生数学符号意识的教学途径[J].教育与职业,2005(35):129－130.

学生逐步体会数学是怎样用符号来表示数量之间关系的,接着变化"="引出">",再联系具体情境把">"变为"<"。学生在主动理解了"="">""<"意义的基础上,更是感受到了符号的直观形象,以及简约的特性。以后学生一看到"="">""<"关系式就知道表达的是什么意思。

2.领略数学符号的通用性

数学中的很多数量关系、数学规律,用字母符号表示,既简单明了,又能概括出数量关系的一般规律,同时在较大范围内肯定了数学规律的正确性。例如"运算定律与简便运算",教材在陈述"乘法交换律"时,除运用日常语言外,还用了数学符号语言,即字母等式"$ab=ba$"。显然,它比用具体的数来表示更加概括、明确,比用日常语言表示更加简明、易记。

3.体验数学符号的转换性

在数学活动中,符号间的转换及其表达方式是数学学习的核心,数学教学中可以选用学生熟悉的或感兴趣的事物为载体,让学生感受符号的转换性。例如某教师在教授二年级上册"认识乘法"时,创设了如下情境:闹闹过生日,在家里举办生日派对,邀请了班上的同学参加。闹闹准备给每个同学4颗糖,如果来了3个同学,闹闹需要提前准备多少颗糖?你能用一个算式表示吗?($4+4+4=12$)那么来了40个同学呢,这时闹闹需要提前准备多少颗糖?(这时学生便会感受到用加法表示算式的麻烦)于是教师顺势引导:"那用什么方法表示呢?"此时,学生的思维非常活跃,各抒己见……最后得出用乘法计算,引出符号"×"。

(四)在问题解决中增强学生的数学符号意识

在教学中需要注意引导学生用数学符号来表示实际问题,使学生能选择适当的方法解决用符号所表示的问题,以增强学生的数学符号意识,从而熟练使用数学符号,形成主动用数学符号加工的意识和习惯。此外,数学符号是数学抽象思维的产物,是数学思维活动的物质载体,暗示着解题思路,因此,重视对数学符号暗示信息的捕捉,有助于学生数学问题的解决,有利于学生解题能力的提高。现行的小学数学教材中,每个年级几乎都有一些渗透符号化思想的题目。如低年级"数的计算"中,可以用"( )""□""△""○""?"等代替未知数x,出现类似"$6+4=□,6+( )=10$"的题目,让学生在其中填数。一些逆向思维的题目,教师也允许学生用这种填空的方式完成,如树上有45只鸟,飞走了一些后,还剩下14只,飞走了几只?可以列式$45-( )=14$。到了中高年级,可以引导学生画线段图,有意识地训练学生自创符号(图形、标记)来表达题意,帮助解决小学数学中的复合应用题。如人教版五年级上册的某题:"猎豹是世界上跑得最快的动物,速度能达到每小时110km,比大象的2倍还多30km。大象最快能达到每小时多少千米?"如果用常规的算术思路解,部分学生会感到困难而无从入手,但如果采用设未知数的方法,利用方程进行解答,他们便能很容易找到其中的数量关系,并能正确列式解答。通过问题解决,学生熟悉并熟练了符号的使用,也感受到了用符号解决问题的简便性,也就增强了学生的符号意识。[①]

---

① 沈群慧.重视数学符号感的培养[J].基础教育研究,2009(3):34-35.

第三节
空间观念的形成

在几何课程中,空间想象力被认为是数学诸多能力之一,而空间观念的培养是发展空间想象力的基本要求。所以说空间观念的发展是小学数学课程中重要的学习内容,也成为义务教育阶段几何课程的主要培养目标和重要组成部分。

一、对空间观念的认识

关于空间观念的概念描述,由于不同的研究者研究问题和看待问题的角度、层次不同,所以便会有不同的描述,本书采用《课程标准(2011年版)》中对空间观念的阐述:空间观念是指根据物体特征抽象出几何图形,根据几何图形想象出所描述的实际物体,想象出物体的方位和相互之间的位置关系,描述图形的运动和变化,依据语言的描述画出图形等。

发展小学生空间观念前须对其形成和发展的特点有一定的了解。小学生空间观念的形成和发展具有以下特点。

1. 直观性

它表现在小学生更容易理解直观的几何图形,而不易理解一些较抽象的几何概念上。如小学生对圆周长的计算公式比对圆面积计算公式容易理解,因为前者相对比较直观,而且图形的周长还可以通过测量或图形展开获得结果。又如,对三角形性质理解可能就会比对角性质认识更容易些,因为闭合的区域通常比开放的区域更为直观。直观性还表现在小学生对图形与几何内容学习时常常将图形的直观原形与图形形状的名称联系起来观察,而忽视图形的所有组成部分的特征。例如,有的儿童对平角和周角的理解较困难。

2. 依赖性

一方面表现在小学生空间观念的形成对直观性的依赖比较大,另一方面表现在他们对图形的识别常常依赖于标准形式。如小学生对一些水平放置的三角形、相邻边大小接近的平行四边形或上、下底分别在上、下的梯形等图形的识别比较容易,但是对于一些斜置的三角形或一组垂线、对角线分别竖直的正方形和菱形、邻边长度差异很大的长方形或平行四边形等图形(通常称之为"变式图形")的识别就会感到比较困难。

3. 发展性

小学生对几何概念的理解往往不是一步到位的,而是逐步发展的。例如,小学生在入学前把三角形叫作三角,有了一些对三角形最初的感性认识,入学后认识了三角形是由3条边围成的封闭图形,后来又逐步认识了三角形的一些基本性质。发展性还表现在学生认识几何形体时一般是从标准图形到变式图形。

4.选择性

小学生认识图形时,对各种几何要素的感知是有一定选择的。对图形中的单个要素,小学生往往比较容易感知;而当图形特征反映的是各要素之间的关系时,他们对此的感知就比较困难。如小学生对正方形、长方形、平行四边形各自特点的理解就比较容易,但对它们之间的关系就不太容易理解。此外,小学生无论是通过操作还是观察,对图形的感知往往偏重于直观性较强的属性特征,而忽视那些不太明显的属性特征。如观察正方形时,往往首先注意到的是正方形边的特征,因为对于小学生而言边的特征刺激大于角的特征刺激,也正因为如此,很容易混淆菱形与正方形。①

二、小学生空间观念的形成策略

(一)引导学生有目的有意识地观察

观察是一种有目的、有准备的感知活动,在几何知识学习中起着重要的作用。空间观念的形成是以对周围环境和事物直接感知为基础的,学生要借助与生活实际有关的具体情境,通过观察形成空间观念;教师在教学过程中则应当提供某些实物、模型,让学生进行充分的观察、交流。小学期间涉及的大部分几何形体、现象都能在学生生活经验中找到原型,学生对几何图形的特性认识往往是从观察其所熟悉的具体对象开始的,所以教学中应让学生借助实物、模型等,进行充分的观察、交流,从而发现图形的属性与特征,建立起图形的表象。如在教学人教版四年级上册"角的认识"时,教师可以引导学生观察钟面上时针、分针形成的角度和用教具演示,形象地说明什么是角,然后概括出角的定义。又如在教学"长方形面积"时,教师可以多举学生熟悉的日常生活中的实物,引导他们观察这些实物的表面,如桌面、黑板面等,为了加深对表面的认识,教师还可以剖开土豆纵面或横断面进行演示,让学生亲眼看一看,亲手摸一摸,通过多种感官协同活动,先使具体事物的形象在头脑中得到全面反映,再引入面积这一概念内涵的意义,这样学生就对面积这个概念有了较正确的认识。②

(二)多给学生提供动手操作的机会

小学生空间观念的形成,单靠观察是远远不够的,还需要自己动手操作,才会形成稳固的认识。在动手操作过程中,通过学生的手、眼、脑等多种器官协同合作,可以把多种感知活动有机地结合起来,从而获得更加丰富的感性认识。小学生好玩好动,动手操作可启发学生积极参与思考,激发他们的探究欲望。现行教材的几何内容设计了许多"剪一剪""拼一拼""折一折""画一画""摆一摆""量一量"的环节,在这些环节中,学生通过亲自触摸、观察、作图、测量和实验,把视觉、听觉、触觉、运动觉等协同利用起来,有力地促进心理活动内化,从而掌握图形的特征,形成空间观念。③ 因此,在教学中,我们要把操作活动放在十分重要的地位,引导学生通过视觉、触觉等多种感官参与认知。所以,教学

---

① 潘小明.儿童空间观念的发展与培养[J].教育实践与研究,2010(23):35—38.
② 李玉龙,朱维宗.小学初步空间观念及其培养[J].现代中小学教育,2008,24(10):47—49.
③ 黄科华.空间观念的培养策略[J].和田师范专科学校学报,2011(1):247.

中要尽可能为学生提供动手操作的机会,这样才能积累丰富的空间感知,为空间观念的形成和发展打好基础。例如在教学正方体基本特征时,某教师首先引导学生以小组为单位搭一个正方体。学生纷纷动手,但问题随即出现了:有些小组搭出了正方体,有些小组搭不出来。教师抓住这一机遇向学生提问,于是全班同学开始讨论,最后得出结论:原来不能搭成正方体的小组只有 11 根小棒,搭得不好的正方体虽有 12 根小棒,但小棒长短不一。从而使学生认识到正方体有 12 条棱,每条棱都相等。只有在实践中探究,才能把握几何体的特征。

(三)重视学生语言描述的教学

学生用语言对空间图形进行描述的过程是一个知识内化的过程,也是一个学生自己建立空间观念的过程。在这个过程中,学生需要先把自己感知到的具体表象进行联想,再进行抽象和概括。其实这也是一次学生认知上的升华:从外在表象走向内化的空间观念,再由内化的空间观念走到外在表象的一个过程,其中空间观念在这次升华中得到培养。如在教授人教版五年级上册的"观察物体"一节时,某教师让学生用语言描述出自己在正面、侧面、上面所看到的立体图形的样子,再请其他同学根据这些同学的描述搭出相同的立体图形;或者是根据这些同学的描述,画出相应的平面图形。这个环节中,说的同学不仅在不断地构建空间图形,听、搭和画的同学也在头脑中不断地根据所听到的信息构建空间图形。通过这些过程,能够加深学生对空间图形的理解,从而使空间观念得到深化。当然在这个环节中学生合作交流的能力也可以得到提高。

(四)充分发挥学生的想象力

爱因斯坦说过:"想象比知识更重要,因为知识是有限的,而想象要概括世界的一切。"想象是学生依靠大量感性材料而进行的一种高级思维活动。空间想象能力是在丰富的空间感知基础上逐步形成的,是空间观念的进一步发展。实际教学过程中,要引导学生在反复观察的基础上,展开丰富的空间想象。小学六年级有这样一道题:把一个棱长为 1 分米的正方体木块,切成若干个棱长为 1 厘米的小正方体(不计损耗),如果把这些小正方体一个挨一个连起来,可以排( )长。结果某班只有小部分的学生解答正确,随后数学教师询问学生,了解做错的原因,许多学生是这样回答的:"我不明白题目的意思。"老师接着问:"那你们知道 1 立方分米等于多少立方厘米吗?""1000 立方厘米。"学生为什么不明白该题目的意思呢?原因在于学生虽然都掌握了"1 立方分米=1000 立方厘米"这一知识点,大脑中却没有建构将 1 立方分米的正方体平均分成 1000 个 1 立方厘米的小正方体的表象。当题目以另一种方式呈现时,学生便无从下手了。其中,最主要的原因是学生缺失了一种非常重要的空间能力——想象能力。所以让学生想象将棱长为 1 分米的正方体木块的长、宽、高依次平均分成 10 份,这样每排有 10 个,有 10 排,每层有 100 个,有 10 层,总共有 1000 个 1 立方厘米的小正方体。

第四节
几何直观的形成

科学巨匠笛卡儿曾说过,"没有什么东西比图形更容易映入我们的脑海中"。借助图形表述、思考数学问题,可以把复杂的数学问题变得简明、形象,有助于探索解决问题的思路。一定的几何直观能力是学生学习空间与图形初步知识的基础。

一、对几何直观的认识

许多小学一线教师在培养学生数学素养时会有这样一个问题:几何直观是什么?《课程标准(2011年版)》中指出几何直观主要是指利用图形描述和分析问题。借助几何直观可以把复杂的数学问题变得简明、形象,有助于探索解决问题的思路、预测结果。几何直观可以帮助学生直观地理解数学,在整个数学学习过程中发挥着重要的作用。本书认为小学数学教学应培养的几何直观能力是指借助简单的几何图形对数学学习对象进行直接感知和整体把握的能力。

结合小学数学课堂的教学实际,在小学数学中,几何直观有4种具体表现形式,分别为:实物直观、简约符号直观、图形直观、替代物直观。

1. 实物直观

实物直观即实物层面的几何直观,是指借助与学习对象有着一定关联的现实世界中的实际物品,以此作为参照物,借助其与学习对象之间的联系,进行简捷、形象的思考,获得针对学习对象的正确判断的一种能力。

例如,在小学数学"两位数除以一位数商是两位数"的教学中,某位教师首先请大家想想,怎样用摆小棒的方法说明口算的计算步骤?学生一边思考、一边操作:先摆出8捆小棒(每捆10根)和散着的8根小棒,第一步把8捆小棒平均分成4份,每份是2捆,也可以说每份是20根;第二步把剩下的8根平均分成4份,每份是2根。这些小棒就是数的直观呈现,它的直观性有助于学生对于新知识的理解。

2. 简约符号直观

简约符号直观即简约符号层面的几何直观,是在实物直观的基础上进行一定程度的抽象,形成半符号化的直观。例如,在行程问题中,常用的线路图就是一种简约的、符号化的直观图示。这种简约符号直观是经过一定的数学抽象而形成的,与现实生活原型相比,具有一定程度的抽象性。凭借这种图示分析解决问题,就是简约符号层面的直观能力在发挥作用。

3. 图形直观

图形直观是以明确的几何图形为载体的几何直观。图 9-1 就是代数法则 $(a+b) \cdot c = a \cdot c + b \cdot c$ 的直观图形。借助图 9-1,学生便可轻松地理解 $(a+b) \cdot c = a \cdot c + b \cdot c$。

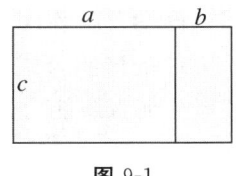

图 9-1

4. 替代物直观

替代物直观则是一种复合的几何直观,既可以依托简捷的直观图形,又可以依托用语言或学科表征物所代表的直观形式,也可以是实物直观、简约符号直观、图形直观的复合物。

例如,在对 52+8 的计算中,可以借助计数器来表示,也可以借助"10 根小棒一捆"或"10 个鸡蛋一盒"来分析。对于 52+8 来说,这里的计数器、"一捆小棒"、"一盒鸡蛋"就是相应的直观图形的替代物。[1]

二、小学生几何直观的形成策略

1. 重视直观感知,发展几何直观能力

几何直观能力的培养和教学紧密相关,在教学实践中逐步得到落实。课堂教学中,教师要时常关注学生的生活经历和经验,引导他们把对生活中图形的感知与数学之间建立一定的联系,并让学生在课堂活动中积极参与,发现、探究问题,进而掌握知识。把几何直观能力和日常生活联系起来,在生活和知识间建立起一座桥梁。

丰富学生的直观感知,不能只靠简单、重复的观察,可以设计相关操作等活动,从而强化学生的感知。通过调动学生视、听、触觉等多种感官的协同作用,进而形成既正确、丰富又深刻、系统的表象。教师应注重对学生观察、操作等活动进行必要的指导,让学生知道活动的目的、方法和步骤,并在活动中积极思考。

例如,有教师在教授长方体体积计算方法时并不直接告诉学生长方体体积公式,而是让学生通过直观感受,从发现、探索中寻求答案。首先老师请了 4 位同学把课前准备好的立方体(棱长为 1 厘米)拿上讲台,并用它们排成一行。学生操作完成后,让一位同学回答他们把这些立方体摆成的是什么形体,它的体积是多少,长、宽、高分别是多少。学生依次作答:"摆成的是长方体,体积是 4 立方厘米,长是 4 厘米,宽和高都是 1 厘米。"接着老师再请几位同学上台按照之前的形状摆 3 行,并提出相同的问题。学生作答:"摆成的是长方体,它的体积是 12 立方厘米。长是 4 厘米,宽是 3 厘米,高是 1 厘米。"老师继续发问:"像这样我们能不能把它摆成两层呢?"有学生回答:"我们可以用 24 个立方体摆成一个长 4 厘米、宽 3 厘米、高 2 厘米的长方体,它的体积是 24 立方厘米。"教师抓住机会说:"刚刚大家都经历了最直观的感受,从中我们可以发现长方体的体积和哪些因素有关呢? 它的计算方式该是怎么样的呢?"然后组织学生以小组为单位进行小组合作学习讨论,形成小组意见再发言。

---

[1] 孔凡哲,史宁中.关于几何直观的含义与表现形式——对《义务教育数学课程标准(2011 年版)》的一点认识[J].课程·教材·教法,2012(7):92-97.

此案例中教师鼓励学生,让他们自己动手操作实物,感知长方体的体积是怎么得出的,并引导他们一步一步地推导出长方体的体积公式。通过这个过程,学生可以从实物中抽象出数学公式,从直观感知中发展几何直观能力。

2.重视画图教学,让学生养成画图的习惯

在培养小学生几何直观的教学中,帮助他们养成画图的习惯非常重要。通过画图可以将相对抽象的思考对象"图形化",把计算、证明等数学问题变得直观。因此,教师要重视画图指导,让学生逐步养成画图习惯。

教师可以采取这样的步骤进行画图教学:首先向学生呈现纯文字的例题,面对较复杂的数学问题时,引导他们用画图的方法整理条件和问题;接着鼓励学生尝试画草图,让他们的思维集中于用画图来表达题意,并通过师生交流,进一步完善画出的示意图,感受到画图能清楚地理解题意;然后再借助示意图分析题目中的数量关系,明确先求什么,再求什么,列式解答后,再结合算式和图说说解题思路;最后反思整个解题过程,突出示意图对解决这个数学问题的重要作用,感受画图策略的价值。

例如,某位教师在教学"植树问题"一课时,要求学生用"＿＿＿"代表一段路,用"△"代表一棵树,把题中的信息用线段图表示出来,学生根据题中信息模拟植树的3种情况。

两端都种:△＿＿＿△＿＿＿△＿＿＿△＿＿＿△(形)

列式:20÷5＝4(段),4＋1＝5(棵)

棵树＝段数＋1

一端种:△＿＿＿△＿＿＿△＿＿＿△＿＿＿ 或 ＿＿＿△＿＿＿△＿＿＿△＿＿＿△(形)

列式:20÷5＝4(段)

棵树＝段数

两端都不种:＿＿＿△＿＿＿△＿＿＿△＿＿＿(形)

列式:20÷5＝4(段),4－1＝3(棵)

棵树＝段数－1

在这个教学片段中,教师利用线段图呈现出植树过程的3种情形,将叙述性语言转化为简洁、直观的图形。在线段图的直观帮助下,可以正确列出算式,理解棵树与段数的关系,构建模型,为此类问题的解决打下了模型基础和思维基础。因此,在教学中,教师可以通过多种途径和方式,让学生体会到画图对理解概念、寻求解题思路的益处,进而产生画图的兴趣,培养学生初步的几何直观能力。

3.重视思维训练,提升识图能力

几何直观是形象思维与逻辑思维交替作用的思维过程,表达这种思维最好的语言是几何图形。课程标准要求学生能由实物的形状想象出从不同的方向观察这个物体时看到的图形,再由看到的图形想象出实物的形状,进行几何体与其三视图之间的转换。教学中要注意加强这方面的训练,以培养学生初步的识图能力。

教学中可以安排学生进行测量、拼摆、制作形体模型等操作,进行图形认识与变换的训练,这是培养几何直观能力的一种有效途径。比如,在学生了解了长方体的特征后,可以组织学生用刀切土豆。1刀切出面,2刀切出棱,3刀切出顶点。再切3刀,如果切出的面都是长方形,那么得到的就是一个长方体。这就把长方体的几种元素与切土豆的操作联系起来,具体形象,学生印象深刻。当然也可以在小学高年级让学生试着画某些立体图形的直观图和三视图。教学中,不仅要求学生掌握正确的画法,而且要让学生简要地说出画图的依据,从而使学生进一步认识图形的特征,形成清晰的表象。例如对照长方体、正方体的实物或教具,让学生分别画出它们的直观图。在画图的过程中,教师要适时地进行指导、说明,每次绘画时我们最多只能看到 3 个面,使看得见的一个正对的面"不变形",画成它原有的形状,把看得见的另两个面,画成含 45°角的平行四边形;而看不见的面的轮廓线,要画成虚线。[①]

4.重视数形结合,深化几何直观能力

几何直观可以帮助学生直观地理解数学,通过几何图形的形象关系来直接感知复杂问题中的数量关系,用"形"来帮助解决"数"的问题,使问题变得直观、简单。使学生不但轻而易举地解答问题,找到解题的乐趣,而且还能真正感受到图形的奇妙作用。如一些计算题的运算,在认真审题的基础上,通过出示直观图,巧妙借助几何直观,把复杂的计算问题转化成简单的计算问题,使学生体会到数与形的完美结合,从而培养学生的几何直观能力。

苏教版六年级下册有这样一个知识点:用转化的策略解决实际问题。其中有一个有关计算的问题,题目给出的算式是有规律的:几个分数的分子都是 1,分母分别是 2,4,8,16,要计算出这几个分数连加的和是多少。在实际教学时,可以分 3 个层次进行教学。第一层次:指导学生看图,学会把图转化成算式。呈现算式后,教师可以给学生一些思考的时间和空间,他们一般会用通分的办法,把题目转化为同分母分数进行计算。这时,教师便可以鼓励学生思考其他方法,当学生思维受阻时,出示直观图,先结合题目给出的各个分数理解直观图中各部分的意义,再启发学生将其转化为 $1-\frac{1}{16}$ 进行计算。第二层次:适当拓展,突出直观。教师将算式拓展到 $1+\frac{1}{2}+\frac{1}{4}+\frac{1}{8}+\cdots+\frac{1}{128}$,要求学生选择合适的方法进行计算,学生一般会根据画直观图的方法,将算式转化为 $1-\frac{1}{128}$ 进行计算。这时,教师便要引导学生思考:为什么喜欢用画直观图的方法来解决问题,使学生体会到数与形的完美结合,并可以帮助我们将复杂的算式转化成简单的算式进行计算。第三层次:深度思考,强化直观。教师可以启发学生观察分母的特点:分母分别是 2、2 个 2 相乘、3 个 2 相乘、4 个 2 相乘……在直观图上先把正方形平均分成 2 份,取其中的 1 份;再把剩下的图形平均分成 2 份,取其中的 1 份……最后分出的图形与剩下的图形相等,借助直观图,要求计算涂色部分的大小,只要用单位"1"减去剩下图形的大小即可。在应用转化策略解决问题的同时,巧妙借助几何直观,把复杂的计算问题转化成简单的计算问题,可以培养学生初步的几何直观能力。

---

① 李维忠,刘敏.选择适当教学内容培养几何直观能力[J].教学月刊(小学版 数学),2013(4):11-12.

第五节
数据分析观念的养成

随着对统计教学的不断探索和实践,人们逐渐认识到对于统计学习而言,重要的不是画统计图、求平均数等技能的学习,而是发展学生的数据分析观念。数据分析观念是统计与概率内容的核心概念,是统计与概率内容的主要培养目标,体现在整个数据收集、整理、描述和分析的过程中。

一、对数据分析观念的认识

数据分析观念是《课程标准(2011年版)》中提出的十个数学核心概念中的一个。《课程标准(2011年版)》中将数据分析观念的内涵界定为:在经历数据收集、整理、描述和分析的过程中,理解数据中蕴含的信息,掌握数据分析的方法,并根据问题的背景选择合适的方法描述和分析数据,通过这个分析过程体验数据的随机性。

从小学数学教材统计与概率的内容和要求出发,本书主要从数据分析的过程对数据分析观念成分进行划分,数据分析观念主要包括以下四个方面:收集数据、整理数据、描述数据、分析数据。

1. 收集数据

收集数据指为要求解的与数据有关的随机问题采集必要的数据。要求一方面能够从杂乱无章的数据中提取有用的、有价值的数据;另一方面能够根据实际问题选择恰当的收集数据方式,小学阶段收集数据的主要方式为抽样调查。如:联欢会是学生们喜爱的活动之一,联欢会上买什么水果?买多少?学生们常常用统计的方法来收集数据,获得班级同学喜欢吃什么水果,喜欢吃某种水果的人数的信息。据此信息,来确定如何购买水果。

2. 整理数据

整理数据指为了更清楚地了解收集来的数据所蕴含的规律,对这些原始数据用统计表格的形式进行整理。它主要包括用统计表格把数据分类和排序,把大量的数据信息系统化、条理化,能更清晰地表述统计资料的内容;能便于比较各项目或指标之间的关系,利于计算。

3. 描述数据

描述数据是根据所给的数据信息,选择适当的统计图和统计量对数据作直观形象的表示。用统计图(条形图、扇形图、折线图)等直观描述数据,用统计量(平均数、众数、中位数、方差)等描述数据的不同特征。学会根据对数据的不同处理要求选择恰当的处理方法,如若要比较各种数据之间的数量关系,用条形统计图较好;如果数据是随着时间而变化的,要了解数据的变化情况,则用折线统计图较好;要表达某部分数据在整个数据中所占比例的情况,用扇形统计图较好。

4.分析数据

分析数据是指根据整理或描述后得到的各种统计图表,分析它们得出结论或对结论具有一定的解释、辨别、质疑能力。分析数据是数据分析观念发展的最高层次,它一般包含收集、整理、描述数据3个过程,借助前面的3个过程对数据进一步认识,对调查的问题进行推断和预测,提出建设性的建议。①

二、小学生数据分析观念的养成策略

(一)引导学生积极参与数据收集和分析的活动

学生数据分析观念的形成,首先要形成用数据来分析问题的意识和习惯,也就是遇到有关问题时能立刻想到收集数据和分析数据。教学中,应充分考虑不同学段学生的认知规律和心理特征,创设现实的、生动活泼的、富有挑战的数据分析活动。通过这些活动使学生能够对需解决的问题做出决策等,并在活动中获得数据分析的亲身体验,让他们喜欢上数据,了解数据中蕴含的许多宝贵的信息,感受数据的作用,逐步形成用数据分析解决问题的思维习惯。

例如,某班要过一次集体生日,班主任和同学商量后决定把集体生日安排在班上同学过生日最多的那个月,但是怎么知道哪个月班上同学过生日的人数最多呢?教师便引导学生收集数据、整理数据,最后组织学生分析获得的数据,并做出最后的决策,确定集体生日安排在几月。这样,通过调查统计活动,学生确定了集体生日的时间,学生利用统计的方法解决了实际问题,并充分体会到统计在决策中的作用。

类似上面调查统计的活动还可以设计很多,如"开联欢会前,调查同学们最喜欢的水果和零食""体育比赛前,调查同学们最喜欢的体育运动""调查班上同学最爱收看的电视节目""调查一年级同学掉牙情况""调查学校教师使用的交通工具""统计学校门口的车流量""统计一个家庭一周丢弃的垃圾袋数量"等。

这样贴近学生实际生活的活动,具有较强的可操作性,使学生在一次次经历数据收集与分析的活动中,积累统计活动经验,逐步体会到生活中充满大量的数据,很多问题可以通过先做调查研究、收集数据,再分析这些数据做出合理决策来解决,从而逐步树立从数据收集与分析的角度思考问题的意识。②

(二)鼓励学生掌握多种数据收集、整理、描述和分析的方法

统计学是通过数据来推断数据产生的背景,即便是同样的数据,也允许人们根据自己的理解使用不同的推断方法,所以掌握多种数据收集、整理和分析的方法是必要的。

要完成一个调查统计活动,首先需要获得大量的数据。常用的收集数据的方法包括测量、调查、实验等直接方法,也包括查阅资料等间接方法。数据收集好后,需要对看起来杂乱无章的数据进行必要的整理,再运用统计图、统计表等方式表示出来。整理数据

---

① 董薇薇.初中生数据分析观念发展水平的调查研究[D].沈阳:沈阳师范大学,2012:7.
② 朱德江.以数据分析观念的培养为核心——"统计"教学的核心要素与教学策略[J].教学月刊(小学版 数学),2012(11):4—7.

的方法主要有分类、排序、分组、计数(包括画"正"字)、编码等。接着需要用一定的方式描述和整理数据,描述数据的主要方式有文字、图画、统计图、统计表以及刻画数据特征的统计量等。最后便是根据数据做出判断、推断、预测、决策等,并能根据数据分析解决生活中的实际问题。

教学中,要引导学生经历收集、整理、描述和分析数据的全过程,并分别对这些过程进行指导。收集数据主要是让学生对一些基本的收集数据的方法有比较丰富的体验;整理数据要让学生在体验了多种整理方法的作用后做出适当的选择;描述数据,第一学段鼓励学生尝试用自己的描述方式,第二学段注重让学生体会各种统计图的特点,能够根据实际问题选择适合的统计图来描述;分析数据,教师需设计一些引导性问题,引导学生结合数据思考、分析、判断、预测等,并通过讨论、交流,学会一些分析数据的方法。

【案例】

让学生自己做决策——"购买水果"教学片段①

师:新年联欢会上班级要买一些水果,现在市场上最多的水果是苹果、梨、香蕉、橘子,我们就在这4种水果中选择,应该怎样购买呢?同学们先自己想一想,然后在小组内议一议。

生:先要调查班级同学喜欢吃每种水果的情况,知道同学们最喜欢吃哪种水果,最不喜欢吃哪种水果,再决定怎样买水果。

师:大家都同意他的想法吗?好!每个小组先调查自己小组同学喜欢吃这4种水果的情况,看哪些小组调查数据的方法简洁明了。然后,再看全班同学喜欢吃这4种水果的情况。

学生以小组为单位积极收集数据。

师:每组派代表说明你们小组的收集结果及收集数据的方法。

生1:我们小组是先把4种水果名写在纸上,每个同学选一种自己喜欢的水果,组长说水果的名,喜欢的同学就举手,我记数。

师:他们小组是用举手的方法来收集喜欢水果的人数的,简单易行。

生2:我们小组的方法是,我把4种水果名写在纸上,每个同学在自己喜欢的那一种水果下面画"√",然后把喜欢各种水果的人数统计出来。

师:他们是用画"√"的方法来收集数据的。

生3:我们小组是每个同学在自己喜欢的那一种水果下面写"正"字的一笔画,然后把喜欢吃那一种水果的总人数写出来。

师:好!同学们想出了这么多的收集数据的方法!我们怎么通过这些数据知道全班同学喜欢吃这4种水果的情况呢?

生4:我们可以像第一小组那样先把4种水果名写出来,然后把各个小组统计的数都填上,再算一算喜欢每种水果的同学的人数,就知道全班同学喜欢吃水果的情况了。

师:大家都同意他的想法吗?好!我们来统计全班同学喜欢吃水果的情况。

---

① 刘悦红.新课标下如何发展学生的数据分析观念[J].辽宁教育,2012(5):18−20.

教师统计出的结果：

苹果	梨	香蕉	橘子
3	23	6	18

师：全班同学喜欢吃水果的情况我们已经调查出来了，从统计表的数据中能发现哪些信息？我们应该怎样购买水果呢？同学们先自己想一想，然后在小组内议一议，再在全班交流。

生5：我们比较了统计表中的数，喜欢吃梨的同学最多，有23名同学，喜欢吃橘子的同学第二多，有18名同学，喜欢吃苹果和香蕉的同学很少，还不到10人。所以我们组想多买一些梨和橘子，少买苹果和香蕉。

生6：我们组想买大多数同学喜欢吃的梨和橘子。虽然我最喜欢吃的是香蕉，但梨和橘子我也喜欢吃。我们可以就买梨和橘子，这样好买。

师：还有不同的方法吗？没有！看来现在同学们有两种买水果的方法，我们怎样确定用哪种方法买呢？

生7：我们举手表决吧！数一数哪种方法赞同的人多，我们就用哪种方法。

师：你太聪明了！知道先通过数据了解情况，再做决定！

师：同学们想一想，我们是怎样获得如何买水果的方法的？在这个过程中你受到了哪些启发？

生：通过喜欢吃每种水果的人数来决定怎样买；先要想办法收集同学们喜欢吃每种水果的人数；收集每种水果喜欢吃的人数的方法有很多种，如举手、画"√"、投票、写"正"字；获得解决问题的方法；利用数据中的信息解决问题等。

此案例比较全面地展示了一个调查统计活动的全过程，学生在教师的引导下，经历了收集、整理、描述、分析数据的过程，并发现每个环节都有很多不同的方法来实现。在这些活动中，学生的数据分析观念得到发展。

(三) 帮助学生体会数据的随机性

数据的随机性主要有两层含义：一是对于同样的事情，每次收集到的数据可能是不同的；二是只要有足够的数据就可能从中发现规律。教学中，要选择合适的问题，引导学生在经历统计的过程中体会数据的随机性。如对于上班路上要用多少时间，可以通过统计数据来获得认识。如统计一个月、两个月或更长的时间内上班路上要用的时间，就会发现每天所用的时间可能是不同的，并且事先无法确定，但在多次重复测量后，就会发现虽然每天所用的时间可能不同，但其中有一定的规律：从数据中可以推断出每天上班所用的时间大致是多少，从数据中可以知道在多长时间内一定能够到达单位。

有许多教学内容可以让学生体会数据的随机性，以培养学生的数据分析观念。如某教师在教授圆周率时，将学生分成了若干个小组，每个小组都发了一个直径为10厘米的圆，然后教师提出要求：请每个小组都测量圆的周长，并计算周长与直径的比值。然后将各个小组得出的周长与直径的比值填在统计表中，让学生观察统计表，并问学生从中有什么发现。学生通过观察统计表可以发现，比值有2.96,3.01,3.09,3.13,3.13,3.13,

3.21,这些比值都徘徊在 3.1 左右。教师肯定了学生的这个结论,并告诉学生:你们发现了很有价值的结论。我国古代杰出的数学家祖冲之发现了任意一个圆的周长与直径的比值都是同一个常数 3.1415…,我们把这个常数叫作圆周率。但是,同学们,你们量的都是直径为 10 厘米的圆,为什么得到的比值却不同?引导学生感悟,测量工具、观察者观察测量结果的角度、测量的数的精确度等各方面的原因,都会导致测量的结果不一致,这是事件发生的随机性的原因之一。通过对圆的周长与直径的比值的数据统计分析,发现这些比值都约等于3,也就是事件随机性的另一个方面,只要有足够的数据就可能从中发现规律。

(四)鼓励学生开展实践活动,积累数据分析应用的例子

数据分析观念的发展,仅仅靠教材和课堂教学是远远不够的,教材和课堂教学由于时间和空间的限制,都很难让学生完整地经历统计的全过程,所以教师要课内外结合,广泛收集信息,开展实践活动,让学生认识到在现实生活中,如报纸、杂志、电视、广播、书籍、互联网等许多方面都可以给我们提供各种数据。教师平时可以适当地做一些调查,了解学生感兴趣的素材,并且鼓励学生从这些素材中挑选自己最感兴趣的课题开展数据的收集、整理、分析等统计实践活动,比如统计同学每天写作业的时间、家里一周扔几个垃圾袋、同学最爱收看的电视节目等,培养学生从数据统计分析的角度思考问题的意识,并结合生活事例感受数据统计分析的广泛应用,使学生在亲身经历解决实际问题的过程中,体会数据分析对决策的作用,发展数据分析观念。

例如某小学一年级教师为了了解班上学生换牙的情况,进行了简单的数据收集。教师提问学生:谁愿意告诉老师你换了几颗牙?然后让学生自由发言,说说自己换了几颗牙,教师再根据学生的回答在黑板上依次写上 0 颗,1 颗,2 颗,3 颗,4 颗,5 颗……写完后,教师紧接着提问:"我看了同学们换牙的情况后,我想具体知道换 1 颗牙的有几人,换 2 颗牙的有几人,我们怎样才能知道换每种颗数牙的各有多少人呢?"随后,让学生独立思考后在小组内进行交流。用什么办法能知道换 1 颗牙的有几人,换 2 颗牙的有几人?有学生回答道:"我们分别把换几颗牙的人名写在对应的颗数下面,统计完后再数一数每颗牙下面有几个人。"教师听了学生的回答,说:"我们把这个过程概括为分一分、记一记、数一数。统计的方法有很多种,同学们可以选择自己认为合理的方法,来统计全班同学的换牙情况。"

一年级的学生基本处于换牙期,但对于换牙和牙齿保健常识只有部分学生从父母那里有一些了解。这次活动以学生的生活为基础,关注"儿童与自我",捕捉与学生息息相关的生活问题——换牙,让活动内容成为学生自己的问题,引起学生们对问题探讨的关注。让他们在分一分、记一记、数一数中了解"换牙是一种正常生理现象"的道理,学生在好奇并愉快的情绪和氛围中,既掌握了一些简单的生理知识,又丰富了收集数据的真实体验,发展了数据分析观念。

第六节
运算能力的发展

运算能力是思维能力与运算技能的结合。学生运算能力的高低,既可以说明学生对基本概念是否清楚,掌握是否牢固,又可以判断他们运用数学知识是否灵活。因此,提高学生的运算能力是小学数学教学中的一项重要任务。

一、对数学运算能力的认识

《课程标准(2011年版)》中指出义务教育阶段运算能力主要是指能够根据法则和运算律正确地进行运算的能力。培养运算能力有助于学生理解运算的算理,寻求合理简洁的运算途径以解决问题。运算能力包括计算技能和逻辑思维能力,本书认为的运算能力主要指学生能够根据概念、公式、法则和定理等对题目进行正确的运算,即在理解运算算理的基础上,根据题目条件寻求最合理、最简捷运算。[1]

根据小学生运算活动的特点,把小学生运算能力分为这几个部分:挖掘题目信息的能力,运用定义、公式、法则和定理运算的能力,选择合理运算方法的能力,简化运算过程的能力,估算能力。

1.挖掘题目信息的能力

挖掘题目信息的能力包含"对运算问题的最初定向能力"及"对具体运算问题的抽象和概括能力"。主要指通过阅读题目,充分挖掘已知条件或已知的结论所隐含的信息,为后面寻求与设计合理的运算方法及简化运算过程提供必要条件。如在人教版六年级上册中有这样一道题:蜂鸟是目前所发现的世界上最小的鸟,也是唯一能倒飞的鸟。蜂鸟每分钟可飞行$\frac{3}{10}$千米,问蜂鸟$\frac{2}{3}$分飞行多少千米?学生在阅读题目后,可以挖掘运算需要的已知条件和需要求的结论:蜂鸟每分钟可飞行$\frac{3}{10}$千米,求$\frac{2}{3}$分飞行的距离。根据已知的信息便知道运用乘法可以计算出结果。

2.运用定义、公式、法则和定理运算的能力

运用定义、公式等解决简单的题目是小学生在解题过程中的一项基本能力。运算过程中避免不了会遇到运用公式或法则进行计算的情况,所以能够正确地运用公式、法则是解决问题的关键。如题目给出一长方体木料,长5米,横截面的面积是0.06米^2。这根木料的体积是多少?该题必须根据长方体的体积公式才能解出,所以学生必须牢记各类公式、法则、定义和定理,以便运用这些知识解决实际问题。

3.选择合理运算方法的能力

运算过程中,有时一道题目会遇到两种或两种以上的解决方法,那么能否选择出最

---

[1] 寇静.初中生数学运算能力发展水平的调查分析[D].沈阳:沈阳师范大学,2012:4.

优的运算方法将直接决定着运算量的大小,也直接决定着能否简化运算过程。有这样一道计算题:115+132+118+85,根据四则运算的基本规律,此题可以从左到右依次计算,但是有些同学经过观察发现,此题可以运用加法交换律和结合律,把132和85交换位置,变成115+85+118+132,再把前两项和后两项分别结合起来,运算就变得简单了。

4.简化运算过程的能力

简化运算过程的能力并不是单一存在的,它是依托在选择合理方法的基础上的。选择合理的运算方法,将会为简化运算过程铺好基石,学生在合理方法的指导下,才能对运算过程进行简化,做到运算步骤的简洁凝练。如上面的计算例子,学生便是选择了合理的方法才使运算过程得到了简化。

5.估算能力

估算有利于人们事先把握运算结果的范围,它是发展学生数感的重要内容和途径。但小学涉及的估算内容比较少,一般只要求估算整数乘除法的结果等。如这道题目:四年级同学去秋游,车票和门票每套49元,一共需要104套票,应该准备多少钱买票?此题并不需要得出一个确定的答案,只要估算出一个大概的数便可。在此题中应该对哪个数进行估计?是不是只有一种方法?哪种方法更好?解决这些问题就需要学生掌握对数进行估算的方法。

二、小学生运算能力的发展策略

(一)重视数学基础知识、基本技能的教学

运算能力是一种综合性能力,不可能独立存在和发展,是与记忆能力、理解能力、推理能力、表达能力等互相渗透与互相支撑的。运算能力从实质上说是逻辑思维能力与一些计算知识、方法和技能、技巧的结合在数量关系方面的表现。其中概念、定义、定理、公式、法则等数学基础知识是解题的依据,学生对这些基础知识理解程度的高低直接影响方法的选择与运算速度的快慢。概念模糊,公式、法则含混,必定影响运算的准确性。教师在讲授概念、公式、法则时,需注意给学生讲解知识生成的过程,在理解的基础上,让他们用自己的话准确表达出来,这样既能提高表达能力,又能提高记忆力;另外还需注意各概念、公式、法则之间的差别,学习这些基础知识应经过从具体到抽象,由感性认识到理性认识的过程,并通过课堂练习,在头脑中建立清晰的印象。对于那些相似的概念,易混淆的公式、法则,可通过图示、列表进行对比,帮助学生区别,澄清模糊认识,提高理解。

(二)学生需重视对各类定理、公式、法则的记忆

许多学生在学习新的定理、公式、法则时,都会使用它们,但经过一段时间再用,常常会感到困难。所以要培养学生的运算能力,就要提高学生的记忆能力,讲究记忆方法,牢固地掌握各类定理、公式、法则。同时还需要掌握一些具有特性的数据和常用公式,只有掌握大量信息,才能提高运算速度,做一些更复杂的题,从而提高运算水平。小学数学中有许多定理、公式和法则,这些知识都需要学生自己通过记忆深埋于自己的大脑中。但是有很多公式和定理都很相似,小学生处于具体思维阶段,要他们记住这些知识并不容易,那么就需要教师在教学中采取一些特殊的办法,如把某些运算法则或步骤编成顺口

溜,或总结成图表。小学生喜欢这些形式的东西,所以要让他们记住这些定理法则便不是难事了。如某位老师把四则运算的运算顺序编成了这样的顺口溜——《运算顺序歌》:"打竹板,响连天,各位同学听我言,今天不把别的表,单把四则运算聊一聊,混合试题要计算,明确顺序是关键。同级运算最好办,从左到右依次算,两级运算都出现,先算乘除后加减。遇到括号怎么办,小括号里算在先,中括号里后边算,次序千万不能乱,每算一步都检查,又对又快喜心间。"再如多位数的读法顺口溜则是这样的——《多位数读法歌》:"读数要从高位起,哪位是几就读几,每级末尾若有零,不必读出记心里,其他数位连续零,只读一个就可以,万级末尾加读万,亿级末尾加读亿。"

(三)重视口算能力的提高

口算也叫心算,是一种不借助计算工具,主要依靠思维、记忆,直接算出得数的计算方式。口算不仅是笔算、估算和简算的基础,同样也是运算能力的重要组成部分。小学生口算能力的高低对其运算能力发展起着重要的作用,所以打好小学生的口算基础十分重要。教学中要着重说明口算的基本方法,以易于学生掌握。例如:运用数的组成来计算 10 以内的加减法;用凑十法来计算 20 以内的进位加法;利用加减法的互逆来计算 20 以内的退位减法;用乘法口诀直接求积、求商;根据运算定律进行口算等;还做形式多样的口算练习,观察一些常出现题目的特征。如:497+25,可把 497 看作 500,去加 25,然后再把多加的 3 减去,这样计算起来就又快又准确。学会观察这一点非常重要,但学生往往很难做到。他们总是一拿到题目就开始做,总觉得观察没有必要。所以教师可以通过一些形式多样的口算题目给学生练习,如:视算、听算、抢答口算、口算游戏、"对抗赛"、"接力赛"等,学生做多了以后,看到类似的形式,便会采取简便的口算方法,同时也能培养学生在计算之前好好观察的习惯,一举两得。

除了教师课堂上的教学之外,在课外还需要对学生进行持之以恒的训练。俗话说,要想练就一身过硬的本领,就必须拳不离手,曲不离口。口算能力的培养同样如此,它是一个日积月累的过程,教师可以利用中午辅导或课前 3~5 分钟的时间进行训练,让学生形成每天多少道口算训练的习惯。有教师在班上设计了口算卡:每天 20 道的口算题,其中 10 道老师出在黑板上,其他 10 道由同桌出题。完成后同桌交换批改,并认真订正错题,写下心得。

(四)适当的运算练习是提高运算能力的必要途径

任何技能都可以有计划、有目的地训练出来,数学运算是一种重要的技能,数学运算技能的形成是将对数和式进行处理的一连串外部操作方式以及内部心智活动方式,经过反复练习而达到熟练的、自动化的反应过程。运算技巧与技能的提高,既能加快解题的速度,又能提高结果的准确性。[①] 提高小学生运算能力需要有适当的练习和严格的训练。适当练习就是要按规律多练、巧练、反复练;严格训练就是要做到高质量、高效率,即学生练习要正确、合理、迅速。要使学生的运算正确、合理、迅速,就必须重视"简便算法"与"一题多解"的训练。通过不同角度的观察和分析,探索各种解题途径,获得"简便算

---

① 杨爱霞.初三学生数学运算能力研究[D].苏州:苏州大学,2009:33.

法"和"一题多解"的方法,这样既能调动学生的积极性,又能培养学生发散思维能力。

(五)培养学生良好的做题心态和习惯

小学生在学习中通常有两种不良心态:一是轻视心理。他们认为计算题是"死题",不需动脑思考,忽视了对计算题的分析思考及计算后的检查。二是畏惧心理。很多学生认为计算题枯燥无味,看到步骤多或数字大时,就产生厌烦情绪,缺乏耐心和信心,因此计算不准确。而运算这一部分内容没有复杂的概念性质,学生只要理解充分,牢固掌握计算方法,就能形成非常良好的运算能力。所以,培养学生良好的做题心态是提高运算能力的重要途径。

好的运算习惯也是提高运算能力的关键。在实际计算中,有的学生计算时书写马虎,字迹潦草,时常看错;有的学生无论数字大小,一律口算,不愿动笔;有的学生演算不用演算纸,随意在桌子上、作业本背面、烂纸或试卷边缘上演算,计算结束后也不用估算或验算进行认真检查;有的学生眼高手低,动眼不动手,动手不动心,大量出错。所以教学过程中要善于引导学生养成解题前的分析习惯,帮助学生克服不认真审题、不认真分析的习惯。要向学生指出,不要一见题就忙于去做,要分析进而展开联想,寻求解题捷径,以达到迅速解题的目的。在对待运算题目时要求学生做到" 三心":即信心,相信自己有能力做好这道题;细心,每一个符号数据、算式都要写清楚,每一个变形都要有根据,切不可粗心大意;耐心,要认真分析解题思路,仔细检查每一个运算结果,千万不能着急,一急就乱,一乱就错。在进行题目求解的运算过程中或结束时还需对运算的过程和结果进行检验,以便及时纠正运算过程或结果中出现的错误,并掌握验算方法。

第七节
推理能力的提升

推理渗透在生活的方方面面,那什么是推理,如何理解推理呢?推理是由一个或几个已知判断,推出另一个未知判断的思维形式,是对判断间的逻辑关系的认识。推理一般由两部分组成,一部分是已知的事实(或假设),即推理所依据的已知判断,称为前提;一部分是由已知判断推出的新判断,称为结论。例如,已知:$a=b$,$b=c$;得出:$a=c$。其中的 $a=b$,$b=c$ 是前提,$a=c$ 是结论。

那么,数学推理是什么呢?

一、对数学推理能力的认识

在数学中,通常把"直接表达判断的语句"称为命题,因而数学推理就是由已知命题推出新命题的思维过程。具体说来,数学推理是人们在数学观念系统作用下,由若干数学条件,结合一定的数学知识、方法,对数学对象形成某种判断的思维操作过程。

借助对《课程标准(2011 年版)》的理解,本书中数学推理能力的含义为:在数学活动中,借助合情推理去理解数学概念、公式、法则等知识或探究解决问题的途径,获得发现、得出猜想或结论,并用演绎推理对所得出的猜想、结论加以检验、证明,而且能够交流问题的解决过程的个性心理特征。[①]

《课程标准(2011 年版)》中指出中小学生需发展合情推理能力和初步的演绎推理能力,所以本书暂把小学生数学推理能力的结构分为合情推理能力和演绎推理能力。

(一)合情推理

在推理中,若前提是真命题,而推理结论不一定为真,则把这种合乎情理的、好像为真的推理称为合情推理,也称为或然推理。它是人们根据已有的经验、知识、直观与感觉得到的一种可能性推理。波利亚(Polya)说:"数学家的创造性工作成果是论证推理,即证明;但是这个证明是通过合情推理,通过猜想而发现的。只要数学的学习过程稍能反映出数学发明过程的话,那么应当让猜想、合情推理占有适当的位置。"数学中的合情推理是多种多样的,其中不完全归纳推理(简称归纳推理)和类比推理是两种用途最广的合情推理。

1.归纳推理

根据一类事物的部分对象具有某种性质,推出这类事物的所有对象都具有这种性质的推理叫作归纳推理,简称归纳。归纳是先通过对特殊的事例或者是事物的一小部分进行考察,进而发现并总结一般的事例或者事物的整体具有的结论和规律的推理过程,是由特殊到一般、个别到整体的推理。归纳推理是人们发现规律的重要方法,从不同的角

---

① 徐洁绮.数学探究教学中全面培养学生数学推理能力的构想[D].上海:上海师范大学,2006:14.

度,可以对归纳推理进行不同的分类。例如,从归纳的对象看,可分为数字排列的归纳、图形变化的归纳、数量关系的归纳等。

2.类比推理

根据两个或两类对象在一系列属性上都相同或相似,从而推出它们在其他属性上也相同或相似的推理称为类比推理,简称类推或类比。显然,类比推理是以两个对象之间的相同或相似为基础的。这两个对象可以是一类事物,如分式与分数;也可以是两类事物,如不等式和等式。从不同的角度,可以对类比推理进行不同的分类,例如:从类比的对象看,分为事物变换方式的类比、事物位置关系的类比等。①

(二)演绎推理

演绎推理是思维进程中以某一类事物的一般判断为前提,而做出的对该类事物中个别特殊事物的判断的思维形式,因此是从一般到特殊的推理。由于演绎推理的每一步都是可靠的、无可置辩的和终决的,因而可以用它来肯定数学知识,建立严格的数学体系。曾有人说"演绎是数学的心脏",在很多书中把演绎推理作为论证推理的别名,可见其分量。的确,演绎推理在数学中起着举足轻重的作用,它是数学证明的工具,数学结论的可信性要通过演绎推理得到确认。演绎的过程是对数学问题的证明、整理和理解的过程,演绎法是扩展数学知识体系,揭示知识的内部联系的主要方法。因此,呈现在我们面前的数学是一门以论证推理为特征的演绎科学,演绎推理是数学的特殊标志。小学数学中,对演绎推理的接触并不是太多,但是教师需向学生介绍这方面的基础知识,发展他们初步的演绎推理能力。②

二、小学生数学推理能力的提升策略

(一)从教学内容的各个领域发展推理能力

小学数学教学内容分为"数与代数""图形与几何""统计与概率""综合与实践"4个领域,这4个领域和学生熟悉的生活情境都为培养学生的推理能力提供了丰富的素材。教师应拓宽培养的途径,充分挖掘和利用这些教学素材,恰当地组织、引导学生的学习活动,使所有学生都积极参与进去,从而有效地培养学生的推理能力。如在"数与代数"领域中,有许多公式、法则、性质、定律等都是通过归纳推理得出的,比如小数的性质、小数乘法的计算方法、等式的性质、分数的基本性质、比例的基本性质等。教师在教学中不应只重视结论,应更注重结论形成的过程,让学生通过自主探究,应用推理方法,发现规律,得出结论,经历知识的形成过程。不仅是在新知的学习中,而且在平时的计算、练习中都可以引导学生应用推理方法来解决问题。同样的,在"图形与几何"领域中,平面图形和立体图形的特征、平面图形周长和面积的计算公式、立体图形的表面积和体积计算公式等都是培养学生推理能力很好的素材。在让学生认识这些图形的特征和推导周长、面积、体积公式的过程中,教师应引导学生充分地经历观察、实验、分析、归纳、概括等活动,

---

① 周静.初中生数学推理能力调查研究[D].沈阳:沈阳师范大学,2011:12.
② 陈蕊.对中学数学教育中推理能力及其阶段性培养的研究[D].北京:首都师范大学,2004:5.

在这些活动中让学生更深刻地体会推理思维方法的本质,发展学生的推理能力。

(二)加强对学生推理方法的指导

小学生的推理能力比较弱,教师在平时的教学中应注重推理思想的渗透和方法的指导。如类比推理活动的过程大致可分为3个部分:观察,找到类比对象;找到相似处,进行类比,形成猜想;检验猜想。首先,引导学生观察研究对象,找到类比对象。在学习新知识时,教师可创设一定的问题情境,引导学生思考在观察了研究对象后都想到了以前学的哪些知识,是否遇到过与之相类似的问题,能否想起以前学的与之相关的知识,是否存在一个相类似的问题等,使学生在检索、选择和提取以前学的相关知识后,找到类比对象。其次,找到相似处,进行类比,形成猜想。在学生找到研究问题的类比对象后,可以让学生先回忆这一类比对象所具有的特征、性质,进而找到两者所具有的相同或相似的属性,应尽量从本质属性上去找,再进行类比,推出研究对象和类比对象在其他方面也可能具有的相似属性,形成猜想。最后,检验猜想。由于类比推理只是根据两个或两类事物在某些属性上的相同或相似,就推出它们在另一属性上相同或相似,因此类比推理的推理根据是不充分的。因为相似事物之间既有同一性,也有差异性。事物之间有同一性,我们才能对它们进行比较,有根据得出它们在其他属性上的相同或相似,而事物又具有差异性,如果推出的结论恰好是它们的差异性,则结果就会是错误的。所以我们要对经类比得到的猜想进行检验。

例如,有的学生根据"男生比女生多5人,则女生比男生少5人"类比推出"男生比女生多1/4,则女生比男生少1/4"的结论就是错误的,忽视了在进行分数运算时还应考虑单位1的变化问题。小学生检验猜想时用得比较多的方法就是举例验证和实验验证,或结合学生实际情况适当地进行演绎论证。除了这些,在可能的情况下教师可引导学生有意进行反类比,即在比较事物间的相同属性时,还要找出它们的不同属性,分析这些不同属性与推出属性间是否存在不相容,如果是这样,即便是两个或两类事物之间存在许多的相同属性,类比得出的结论也是不可靠的。猜想错误的话需分析原因重新回到原有的问题中去,修正猜想。例如,在"分数的基本性质"教学中,教师可先引导学生找出分数的类比对象——除法,它们的相同属性是都具有相除的意义,除法中的被除数相当于分数中的分子,除号相当于分数线,除数相当于分母,商相当于分数值,这是两者相似的地方。然后回忆以前学的整数除法中商不变的规律,根据除法还有"被除数和除数同时乘或除以相同的数(0除外),商不变"这一性质,进行类比,猜想分数可能也有相似的性质:分数的分子和分母同时乘或除以相同的数(0除外),分数的大小不变。最后,通过举例、操作实验等方法对猜想进行检验,得出这一猜想是正确的。[1]

(三)培养学生对数学推理过程进行反思的习惯

独立思考是学生掌握数学推理方法的关键,反思是领悟数学推理真谛的最好方法。因为"跳出来"审视自己的活动,需要综合考虑,严密思考,本质上就是一个分析、推理的

---

[1] 王晓利.小学生数学合情推理能力培养的策略研究:以五、六年级为例[D].南京:南京师范大学,2011:32.

过程。因此在教学中教师要注意培养学生的反思能力,以提高学生的推理能力。在培养学生反思能力方面,教师要重视引导学生做到课堂上反思、课后反思、单元小结反思,引导学生通过"反思型数学日记"训练学生的反思习惯。例如,让学生提出问题,反思解题过程,推广已有命题;在课堂教学结束前留出一点时间让学生写出今天学到的东西和仍然不明白的地方;让学生写数学日记等。这样,教师能比较准确地了解学生的学习情况,并向学生及时澄清模糊的理解,也给学生理清自己的思想、判断自己理解的正确性提供了机会。更重要的是,学生通过自己对学习的总结,可以逐渐培养起对学习结果自我负责的意识,有利于培养学生自己承担学习任务的责任感。

在教学中要注意收集和总结学生在数学活动中发生错误的典型材料,有针对性地设计反思性问题,并鼓励学生现身说法,开展积极的评论和研讨等。教学中多使用一些启发学生反思的教学语言,如"还有没有其他的解法?"启发学生的发散思维,从而让学生提出创见性想法;"如果……,会怎么样?"启发学生重新审视问题,并进一步思考下一步的解答过程和最终答案将会受到什么影响,促使学生深入思考,让学生的思维逐步达到深入;"错在哪?"促使学生分析自己的解题策略和推理过程,查找问题的症结所在,让学生养成认真反思的习惯。①

(四)重视数学语言的表达交流

思维发展与语言表达有密切的联系。语言是思维的结果,也是思维赖以进行的载体。数学语言包括书面语言和口头语言,数学符号、图例等是数学书面语言,大、小、和、倍等是口头语言。数学语言具有准确、简练、严谨的特点,在培养学生的推理能力时,必须训练数学语言的表达。

因此,在数学课堂上,教师首先应当为学生提供"表演"的机会。为此,教师应懂得如何开发学生的思想和疑问,并善于以适当的方式把它们揭露出来,以使它们成为学生进行进一步思考和加工、讨论与完善、提炼与概括的对象,促使学生的思维向纵深发展。另外,教师要培养和鼓励学生共同探索的精神。例如,可以给出一些比较灵活的问题让学生解答,也可以做"一题多解"或"多题一解"的训练,激起学生表达自己与众不同的推理过程的欲望。

其次,在新的数学课堂教学观下,教师应改变自己"权威"的角色。为了使学生真正理解推理过程,教师应当努力了解学生,可以采取让学生复述所学的内容,或让学生把自己的推理过程写在黑板上,给同学们解释自己的推理原理等方法。当学生中确实存在着一些教师没有想到的高明的推理过程时,教师应真正发扬教学民主,诚心诚意地把自己放在与学生平等的位置上,虚心地向学生学习。②

---

① 周俊.新课程理念下的初中生数学推理能力与培养[D].武汉:华中师范大学,2007:18.
② 叶丽.关于初中生的数学推理能力及其培养[D].武汉:华中师范大学,2005:31.

第八节
模型思想的渗透

模型思想是一种基本的数学思想,是《课程标准(2011年版)》里明确提出的十个核心概念中唯一一个以"思想"指称的概念,这也是一个全新的理念。在实施数学课程、落实数学课程标准时,小学数学教师将直面这一新要求。

一、对数学模型思想的认识

小学数学中,数与代数的内容最多,达70%。教师在教学中帮助学生建立数感和符号意识,发展运算能力的同时,还要研究如何帮助学生经历建模、解模、验模的过程,从小树立模型思想。

《课程标准(2011年版)》指出模型思想的建立是学生体会和理解数学与外部世界联系的基本途径。建立和求解模型的过程包括:从现实生活或具体情境中抽象出数学问题,用数学符号建立方程、不等式、函数等表示数学问题中的数量关系和变化规律,求出结果并讨论结果的意义。以上这些知识的学习有助于学生形成模型思想,激发学生学习数学的兴趣,培养应用数学的意识和能力。将现实生活中的问题抽象为数学问题,然后再把数学问题及其解答合理地返回到现实中去检验的过程,就是数学建模。利用数学模型解决问题的方法称为数学模型方法,简称MM方法。通过数学建模过程能使学生在多方面都得到培养,而不只是知识、技能的提高,更有思想、方法和经验的积累,其情感态度也会得到一定的培养。

在小学阶段的数学教学中渗透模型思想有以下意义。

1.数学教学本身就是建立数学模型的过程

仔细研究课程标准中"数与代数""图形与几何""统计与概率"及"综合与实践"4个方面的课程内容可以发现,这些内容中的绝大部分本身就是一个数学模型。事实上,数学中的各种基本概念,都是以各自相应的现实原型作为背景而抽象出来的。如各种数学公式、方程式、定理、理论体系等,就是一些具体的数学模型。从这个意义上来说,数学教学实际上就是教给学生前人构建的一个一个的数学模型,逐步形成数学模型思想的过程。所谓数学模型思想,是指把现实世界中有待解决或未解决的问题,从数学的角度发现问题、提出问题、理解问题,通过转化,归结到一类已经解决或比较容易解决的问题中去,并综合运用所学的数学知识求得解决的一种数学思想和方法。数学建模思想是在数学建模教学的过程中逐渐形成的。[1]

2.建立数学模型是培养学生应用意识的重要途径

义务教育阶段的素质教育对数学课程提出新的教育理念:数学教育要面向全体学

---

[1] 李树臣.渗透数学模型思想的基本途径[J].山东教育,2012(26):7—11.

生,适应学生个性发展的需要,使得人人都能获得良好的数学教育,不同的人在数学上得到不同的发展。其中数学学习的内容之一就是培养学生的数学应用意识。数学应用体现了数学价值的较高境界,而这与数学模型思想密切相关。关于数学模型形成的简单共识是:通过对实际问题的分析、抽象、归纳、简单化等过程,应用数学理论、方法确定其数量关系和变化规律,建立起合理的数学模型,然后利用相关理论、方法、手段、技术等求解数学模型,最后对该模型进行验证、解释,并加以推广,展示其实际应用前景。建立数学模型的过程就是解决实际问题的过程。为了突出数学的基础性、普及性和发展性,小学数学教学一定要进行模型思想的渗透,以期达到"润物细无声"的效果,让学生感到学习数学不是枯燥乏味的,而是非常有用的。要培养学生在日常生活中应用数学的意识及浓厚的兴趣,就需要老师在日常教学中把原汁原味的数学原型多多搬进课堂,让学生体验数学来自生活,学习数学是有价值的,增强对数学学习的信心。

二、小学生模型思想的渗透策略

(一)在打牢基础知识的根基上渗透模型思想

小学阶段是学生打基础的阶段,《课程标准(2011年版)》提出数学课程能使学生掌握必备的基础知识和基本技能,培养学生的抽象思维和推理能力,培养学生的创新意识和实践能力,促进学生在情感、态度与价值观等方面的发展。数学基础知识的学习对形成学生的模型思想是至关重要的,我国历来十分重视对基础知识的教学,但存在着"重结果、轻过程"的现象。例如,数学概念是重要的数学基础知识,许多老师对概念的教学采取的是"定义 + 例题"的方式,实质上是在"满堂灌",最后只能导致学生"知其然,但不知其所以然"。所以要在组织引导学生开展有效的数学学习活动与训练过程中,使学生掌握扎实的基本知识和技能,渗透基本的数学思想方法,积累基本的活动经验。夯实了这些基础,学生对进一步学习数学才有信心与兴趣,其数学素养的发展与提升才成为可能,我们要让每一位孩子达到"数与代数""图形与几何""统计与概率""综合与实践"这4大领域的基本要求。

(二)让学生从现实生活中感受数学模型思想

《课程标准(2011年版)》指出,课程内容的选择要贴近学生的实际,有利于学生体验与理解、思考与探索。数学源于生活,数学教学时就要从学生的生活经验和已有的数学知识出发,把生活经验数学化,数学问题生活化,让学生在纷繁复杂的生活情境中分析数学信息、处理解决数学问题,同时也让学生感知数学就在我们身边,把枯燥的数学问题附以生活背景,使其具有生命力。这也是一种教学艺术,用这种教学艺术,把学生的注意力吸引过来,也就激发了学生的学习兴趣,让学生深刻体会到生活中处处是数学,生活离不开数学,数学是解决生活问题的金钥匙。

例如,商场购物遇到打折怎样消费才合算问题,家庭的教育储蓄以怎样的方式储蓄能增加收入问题,家里的电话费、水费、电费又是如何计算出来的问题,乘出租车如何知道所付的钱的多少以及行驶的里程问题,决策方案问题,有奖销售问题,等等,都是学生身边的事,容易引起学生的探索兴趣。这些问题的解决必须忽略次要因素,把与数学有关的因素保留下来,寻找各因素的数量关系,这就是建立数学模型的过程。对学生来说,从具体到抽象的转化与从抽象到具体的转化同样困难,即不会将生活实际问题直接提炼加工成数学问题,不会想到用方程等来解决,也就是不会建立数学模型。

因此,要将现实生活中发生的与数学学习有关的素材及时引入课堂,将教材上的内容通过生活中熟悉的事例,以情境的方式在课堂上展示给学生,描述数学问题产生的背景。情境的创设要与社会生活实际、时代热点问题、自然、社会文化等与数学问题有关的各种因素相结合,让学生感到真实、新奇、有趣、可操作,满足学生好奇好动的心理要求。这样很容易激发学生的兴趣,并在学生的头脑中激活已有的生活经验,也容易使学生用积累的经验来感受其中隐含的数学问题,从而促使学生将生活问题抽象成数学问题,感知数学模型的存在。

(三)让学生对数学模型产生浓厚的兴趣

兴趣是最好的老师,问题是探究的开端。教师在教学过程中,要提出促进学生思维生长的问题,以"问题"为突破口,促使学生为"问题"而思,为"问题"而学,以此激发建构数学模型的兴趣。

要让学生能充分感受到数学模型和建模教学所产生的"魔力",实际教学中,要结合日常教学给学生以充分的体验和感受,不仅要让学生觉得"有趣",更要让学生觉得有用。例如"鸡兔同笼"问题的教学,在学生初步能用不同的假设思路解答"鸡兔同笼"的题目后,教师提问:"谁见过有人把鸡和兔放在一个笼子里饲养?谁去数过头和脚?可为什么老祖宗要煞费苦心地研究来研究去?"(屏幕显示:"鸡兔同笼"有什么独特的魅力?)在学生对所提问题一时困惑皱眉时,教师提议带着这个问题继续进行"龟鹤同游"和"人狗同行"的研究并再次提出疑问:"'鸡兔同笼'有什么独特的魅力?"经过研究和对比,学生发现:"鸡兔同笼"不只是代表着鸡、兔同笼的问题,有很多类似的问题都可以看成是"鸡兔同笼"问题,如人马问题、牛鸡问题、汽车和自行车的轮子问题等。

上述教学通过对"'鸡兔同笼'有什么独特的魅力"这一问题的3次追问把整节课串联了起来:第一次追问激发学生的探究欲望;第二次是进一步明确"鸡兔同笼"问题的结构、模型,同时,又让学生很好地经历更高层次"数学化"的过程;第三次是帮助学生实现完整的"模型"建构,实现"形式的"数学知识向现实生活的"复归",但是,其核心都是让学生从"模型"和"建模"的角度来亲近数学,了解数学。站在"高点"再回望探究之旅,学生对数学的认识就更加深入了,由此而产生的"魔力",将深刻而持久地影响着他们的数学学习和生活。①

(四)重视引导学生主动参与探究发现

《课程标准(2011年版)》指出:教师教学应该以学生的认知发展水平和已有的经验为基础,面向全体学生,注重启发式教学和因材施教;教师要发挥主导作用,处理好讲授与学生自主学习的关系,引导学生独立思考、主动探索、合作交流,使学生理解和掌握基

---

① 许卫兵.磨·模·魔——小学数学教学中渗透模型思想的思考[J].课程·教材·教法,2012(1):89—94.

本的数学知识与技能、数学思想和方法，获得基本的数学活动经验。学生的学习是体验和探究科学知识的过程，通过体验和探究过程，获得科学知识，更重要的是获得蕴含在数学问题解决过程中的丰富的数学模型思想。学生的数学模型思想在自主参与与探索的过程中得到了渗透与培养。因而，在教学过程中要引导学生去动手实践、自主探索和合作交流，在探索的过程中弄清知识的缘由，这样才能让学生更好地将原有的知识进行再创造。学生通过再创造建立的数学模型去解决现实生活中的问题，感受数学模型的价值，体验所学知识的实际用途，从而培养学生应用数学的意识和综合应用数学知识解决问题的能力，让学生体验数学学习的快乐。①

  如某教师的"时、分、秒"教学是这样的：教师引导学生观察钟面，在认识时针、分针后，让学生动手操作学具（拨闹钟），亲自探究"时针走1大格时，分针有什么变化？"，学生通过亲身体验知道了时针走1大格，分针正好走1圈（即走了60小格），从而得知1时＝60分。接下来第二课时体验1分钟有多长，同学们分组活动，有的写字，有的做题，还有的画三角形，在规定的1分钟里，写字的在10～15个之间，做题的在12～20道之间，画三角的在16个左右。同学们通过动手实践体验了1分钟只能做这么多事情，懂得了时间的宝贵。在这样的操作活动中，学生不但能获取新知，同时还获得了积极的成功体验，从而促进学生模型的建构。

---

① 薛偕贵.初中数学模型思想的教学渗透[J].福建基础教育研究,2013(5):42－43.

第九节
应用意识的培养

随着时代和科学的进步、发展,数学的应用范围越来越广。越来越多的国家把应用意识和应用能力的培养作为数学改革的重点,我国也在加强对学生数学应用意识的培养。培养学生的数学应用意识,让小学生从小就了解数学的应用,初步学会运用数学的思维方式去观察、分析现实社会,去解决日常生活中的实际问题,是实施义务教育、提高全民族素质的必然要求,也是社会发展对数学教育的要求。[①]

一、对数学应用意识的认识

培养小学生的数学应用意识,需要先了解什么是数学应用,什么是数学应用意识。数学应用是指运用数学知识和思想方法解决问题。数学的应用体现于两个主要方面:一是数学的内部应用,即运用已有的数学知识和数学思想方法解决新的数学问题;二是数学在社会生活和生产中的应用,即从数学的角度观察事物,阐释现象,分析问题,建立反映实际问题的数量关系,再用数学的方法与技术去分析和解决问题,最后用数学方法和技术验证结果,这两个方面都是重要的。数学应用作为"问题解决"的一种模式,它更突出地表现了对原始问题的分析、假设、抽象的数学加工过程,数学工具、方法和模式的分析、选择过程,模型的求解、验证、再分析、修改过程等,从而更完整地表现了学数学和用数学的关系。[②]

数学应用意识则是指主体主动地从数学的角度观察事物,阐述现象,分析问题,用数学的语言、知识、思想方法描述、理解和解决各种问题的心理倾向,是一种精神状态,一种意向,它基于对数学的特点和应用价值的认识,每遇到可以数学化的现实问题,就产生用数学的知识和思想方法尝试解决的冲动,并且很快地依循科学合理的思维路径,搜寻到一种较佳的数学方法解决它,体现运用数学的观念、方法,解决现实问题的主动性。具体表现为在用数学知识解决实际问题的过程中,首先需要学生具有数学的眼光,理解问题中潜在的数学特征,能够识别蕴涵于日常生活、自然现象和其他学科中的数学关系,把它们提炼出来进行分析,然后综合运用所学知识和技能加以解决。[③]

小学数学学习中学生的应用意识主要体现在以下 3 个方面。

1.面对实际问题,能主动运用所学数学知识解决问题

面对实际问题,能主动尝试着从数学的角度运用所学知识和方法寻求解决问题的策略,这是指主动应用数学知识的意识。学生能主动应用数学知识,对于学生的数学思维

[①] 伍秀红.培养小学高年级学生数学应用意识的实践与研究[D].济南:山东师范大学,2005:5.
[②] 李秀芬.培养高中学生数学应用意识的研究[D].济南:山东师范大学,2005:13.
[③] 王莹.培养学生数学应用意识教学的研究——教师的教学观角度[D].西安:陕西师范大学,2007:14.

能力的发展具有重要意义。学生主动运用数学知识的意识包括两个方面：第一，在实际情境中发现问题和提出问题的意识；第二，主动应用数学知识解决问题的意识。具有应用意识的学生，善于把问题与已有的数学知识联系起来，并积极地思考，主动地解决问题。在具体情境中能否从数学的角度发现问题和解决问题，反映了人的基本数学素养。例如，在"长方体体积的计算"的教学中，在学生通过自主学习获得长方体体积的计算方法后，老师出示一个马铃薯，向学生提出问题：如何计算一个马铃薯的体积？这个带有挑战性的现实问题激起了学生浓厚的学习兴趣，他们都很想解决它，于是他们经过深入的思考、充分的讨论、相互的交流后，想出了两种解决问题的办法：第一种办法是找一个盛满水的容器，把马铃薯浸没在水中，然后用量杯量溢出的水的体积，就可以求出马铃薯的体积了；第二种方法是用刀切，把马铃薯切成一个个 1 立方厘米的小正方体（不足一个的看成半个），然后数正方体的个数，则可算出这个马铃薯的体积，小正方体切得越小，所算得的马铃薯的体积就越精确。马铃薯是一个不规则的立体图形，根据小学生已有的知识水平，要他们直接计算一个马铃薯的体积是不可行的。要求一个马铃薯的体积，小学生尝试着从数学的角度，积极地思考，运用所学的数学知识以及转化与极限的思想方法，把要求的马铃薯的体积转化为另外一种有办法求它体积的物体的体积，从而达到解决问题的目的。在想办法求一个马铃薯的体积的过程中，体现了小学生的数学应用意识。

2.认识到现实生活中蕴涵着大量的数学信息，数学在现实世界中有着广泛的应用

无论从数学的产生还是发展来看，数学与现实生活都有着密不可分的联系。数学推动了信息化社会的发展，推动了科学技术的进步，被广泛应用于现实世界的各个领域。在数学学习中，只有当学生能够主动认识到数学存在于现实生活之中，数学知识能广泛应用于现实世界，也就是说只有将数学与生活联系起来，学生才能够体会到数学的应用价值，从而充分调动起学习的积极性，才有可能主动地把获得的数学知识、数学思想方法用于解决现实生活问题。例如，在五年级小数的四则混合运算的练习课中，学生们拿到的是一张消炎药的用法说明，药品说明：口服，一日 500～1000 毫克，分 3～4 次服用，小儿每公斤体重服 5～10 毫克，分 3～4 次服用或遵医嘱。瓶上注明：100 颗×200 毫克。要求学生根据不同的人的体重和假设的病情，合理地安排用药。通过这样的练习，学生不仅提高了如何提取有用的信息来解决问题的能力，而且巩固了小数的四则混合运算的知识，真正体验到在现实生活中蕴涵着大量的数学信息和数学的用处。

3.面对新的数学知识时，能主动寻找其实际背景，并探索其应用价值

学习数学知识的目的就是要能够用于现实。具有数学应用意识的人，面对新的数学知识，会主动寻求知识的实际背景，考虑把数学知识应用于实际，把数学知识和现实生活联系起来，感受数学在现实生活中的应用价值。例如，在"百分数的意义"的教学中，学生面对新课题，主动提出"在日常生活中，我们在哪里见过百分数？""百分数在生活中有什么用？""为什么要用百分数表示？""如何用百分数表示结果？"等问题，然后带着这些问题，学生主动地寻找生活中的实际例子，在思考与探索中学习，从而体验百分数在生活中的应用价值。这一过程不仅培养了学生认真观察身边事物的能力，培养对生活中的数学现象的敏感性，认识到生活中处处有数学，数学就在我们身边，而且树立了学生对数学的

一种正确的观念:数学是有用的。学生通过这一过程的学习,明白了数学知识是怎样从实际背景材料中抽象出来的,又怎样应用于解决实际问题的全过程,体现了学生的数学应用意识。①

二、小学生数学应用意识的培养策略

(一)小学数学教师要加强自身的数学应用意识培养

在数学知识的应用方面,现行的小学数学教材并没有收集大量的实际材料,更多的是要靠教师在教学过程中,结合学生实际和具体的教学内容加以发挥,寻找生活中的实际例子,让学生明白数学来源于现实世界,又反过来应用于现实世界的道理,并尽可能地暴露数学是怎样从实际背景材料中抽象出来的,又怎样应用于解决实际问题的全过程。因此,要培养学生的数学应用意识,教师必须要有较强的数学应用意识和应用能力,这样才能使数学的教学过程少一些纯数学问题,多一些实际应用问题,潜移默化地感染学生,使学生逐步形成数学应用意识。

那么,如何提高小学数学教师自身的数学应用意识和应用能力呢?首先,在职前教育中应开设一些结合实际的数学应用课程,使未来的小学数学教师有较强的数学应用意识和应用能力;其次,支持并鼓励在职的小学数学教师参加提高学历层次的学习,提高自身的专业素养;再次,在小学数学教师继续教育的培训课程方面,适当增设培养小学数学教师应用意识和应用能力的课程。②

(二)开阔学生的视野,了解数学的应用价值

在小学数学教学中培养学生的应用意识,需要以知识、实践、能力的培养为基础。由于小学生的生活经验不足,对数学的应用价值没有一个很全面的了解。因此,在教学过程中,教师不应只关注学生对于数学基础知识、基本技能以及数学思想方法的掌握,还应帮助学生开阔视野,了解数学对人类发展的价值,特别是它的应用价值。因此,教师一方面应该主动地把自己搜集的有关资料介绍给学生,向学生展示现实生活中的数学信息和数学的广泛应用。另一方面,教师应该介绍各种查找资料的方法途径,比如通过网络、图书馆等。鼓励学生自己通过多种渠道搜集数学知识应用的具体案例,并互相交流,这样学生的视野开阔了,就能更多地了解数学的应用价值。让学生了解数学的应用价值,不仅能帮助学生了解数学的发展,体会数学的有用性,激发学生学好数学的兴趣和信心,更能帮助学生领悟数学知识的应用过程。如教学"折线统计图"时学生自然想到折线统计图在股市上用得最多,让学生打开电脑,看某一只股票的股价及成交量的走势图,然后分小组及时分析,从中知道了这只股票的哪些信息,如果你已买了这只股票你会怎么做,学生在解决问题的过程中感受到了学习的乐趣,也增强了学习数学的信心。课后还可以让学生交流对股市的了解,拓宽学生的知识视野。又如教学了分数的知识后,可以让学生查阅有关水资源的数据。如全世界的淡水资源占水资源总量的几分之几,我国的淡水资

---

① 伍秀红.培养小学高年级学生数学应用意识的实践与研究[D].济南:山东师范大学,2005:18.
② 倪习龙.小学生数学应用意识的培养[J].教学与管理,2007(23):46—47.

源占全世界淡水资源总量的几分之几等,谈谈自己对这些数据的感受及怎样合理利用和保护水资源。通过这样的学习拓展了学生收集信息的渠道,培养了学生收集信息和处理信息的能力,也大大增强了学生的应用意识,感受了数学在社会生活和经济生活中的价值。

(三)支持和鼓励学生主动从数学的角度寻求解决实际问题的策略

在现实世界中,事物的存在形式是千姿百态的,我们无法直接看到或读出它的数学表现或描述,需要我们自己去描述、去发现。只有从数学的角度观察周围事物,找出其中与数学有关的因素,才有可能进一步去探究其中的规律或寻求数学的解决办法。从数学的角度观察周围事物,寻找其中与数学有关的因素,是主动运用数学的知识和方法解决实际问题的重要环节。例如,在秋游活动中,教师可以鼓励学生发现活动中的一些数学问题,鼓励学生从数学的角度去描述身边的事物,鼓励学生用数学的思想和方法合理地解决诸如根据出游的人数和租车的价钱,如何合理租车;根据要划船的人数和租大船、小船的不同价钱,如何合理租船等数学问题。有学生说,曾运用所学数学知识帮助她的邻居老太太采用最佳方案卖牛奶,老太太将信将疑地使用了这个方案。不到一个月,老太太便登门道谢,连夸这位学生聪明。这位学生用所学数学知识帮助老太太,体验到数学带给她的成功喜悦,增强了学好数学的信心。这样的例子很多,老师可根据本地实际情况发现更多生动活泼的、学生喜闻乐见的课例、案例、事例。教学过程中,教师除了鼓励学生从数学的角度观察、用数学的语言描述周围事物和现象外,还应为学生提供尽可能多的具有原始背景的数学问题,让学生从中去寻找相关的数学信息,并用数学语言表达出来。

(四)鼓励学生把数学知识反运用于生活解决实际问题

《课程标准(2011年版)》指出,学生能够认识到数学存在于现实中,并被广泛运用于现实世界,才能切实体会到数学的应用价值。把所学的知识运用到实际生活中,是学习数学的最终目的。重视知识的运用,让学生应用所学数学知识,分析、解决一些简单的实际问题,使学生感受到数学知识与生活实际是密切相联系的,这样可以激发学生形成学数学用数学的意识,培养学生正确的数学观。例如,教学"百分数"后,学做小会计师,在父母的带领下把自己积攒的钱存起来,根据银行的利率算一算,怎样存更合算,熟悉、掌握存款的方法和计算利率的方法,或者到商场购买打折商品,计算打折商品的总价。再如,教学"千克和克"时,分小组活动,称一称自己小组准备的蔬菜和水果,估计1千克西红柿或茄子大约有几个,1千克苹果或橘子、香蕉大约会有几个。再如让学生运用所学知识,收集和了解家里一周的油、粮、副食、水、电、气等基本生活的各项开支情况,再将搜集的数据在老师的指导下加以整理,并提出有关的问题:你家一周共需开支多少钱?照这样计算,一个月的基本开支是多少?家里每月的收入是多少?家里每月的结余是多少?如果家里要购置一台3000元左右的电器,根据家里每月的结余,几个月后可以买到?通过这些实践活动,促使学生从家庭这一特殊的情境中发现数学问题,让学生以大众化、生活化的方式反映数学的思维方式,使学生在朴素的问题情境中,通过搜集、交流、分析、整理、运用,逐步养成良好的数学思维习惯,培养和强化数学的应用意识,让学生在应用中感受数学创造的乐趣,增进学生学好数学的信心。

第十节
创新意识的培养

创新意识是创新的愿望、动机和意图,是驱使创造主体创造行为的心理活动。在数学这门学科中,创新意识也是推动数学向前发展的关键因素。培养小学生的创新意识是创新教育的一个组成部分,具有十分重要的意义。小学数学教学也是培养学生创新意识的一个重要途径,具有明显的优势。

一、对数学创新意识的认识

数学创新意识主要是指对自然界和社会中的数学现象具有好奇心,不断追求新知,独立思考,会从数学的角度发现和提出问题,加以探索和研究。

数学创新意识包括三个要素:一是创新品质,属于动力系统,包括好奇心、求知欲、怀疑感和批判精神;二是创新思维,属于智力系统,强调独立思考;三是创新方式,属于工作系统,关于问题的一个序列——发现、提出、探究这三个系统不是相互独立的,它们之间没有明确的界线划分,它们是相互联系,逐步递进的。数学创新意识是数学创新活动的动力,没有数学创新意识,就不可能有数学创新行为和活动,也不可能形成数学创新能力。小学生在数学学习过程中,其数学创新意识经常通过各种形式表现出来。比如,对一些数学问题的回答不满足于课本和教师的答案,总想换个说法;对数学习题的演算不愿与别人的方法相同,总想另辟蹊径;对数学小发明、小设计之类充满热情以及凡事爱寻根问底等,这些都是小学生在数学学习过程中数学创新意识的显露。[①]

小学数学教学是培养学生创新意识的一个重要途径,培养学生的创新意识是小学数学教学的一个任务,也有利于提高小学数学教学质量,两者是一个不可分割的整体,都是为了促进学生素质的提高,主要体现在以下方面。

1. 学生知识经验的拓展

建构主义理论认为"认识是一种以主体已有的知识和经验为基础的主动的建构活动"。尽管数学表现为形式化的符号,但它在学生的生活背景中都可以找到实体模型。学生虽小,但在进入教室前,他们都有一定的生活经验,对事情都有自己的看法,而不是任人涂抹的一张白纸或任意装灌的容器。在数学学习中,学生是利用已有的知识和经验主动地对新知识进行有选择的加工和编码,建构自己的理解。这个过程主要是一个"顺应"的过程,即旧有的认知框架不断地被有明显优势的新认知框架所代替,从而使学生的智力得到发展。若新知识和旧知识无潜在的、实质性的必然联系,学生便难以理解。学生已有的知识经验在其建构自己的知识体系的过程中发挥着重要作用,而其创新意识的养成也并非毫无根据,没有丰富的知识和经验作依托,创新将成为无源之水、无本之木,

---

① 侯建军.初中学生数学创新意识的现状调查和培养对策研究[D].长沙:湖南师范大学,2003:4.

无疑缘木求鱼。从这个角度讲,强化学生的求知欲,丰富学生的知识经验,是教师教学追求的一个目标。

2. 学生思维能力的发展

《课程标准(2011年版)》中提到,数学是人们对客观世界定性把握和定量刻画、逐渐抽象概括、形成方法和理论,并进行广泛应用的过程。也有人说"数学是思维的体操"。数学知识本身的抽象性和逻辑结构使学生在学习数学的过程中受到思维的锻炼。小学1~3年级是以形象思维为主,而4~6年级则逐步转移到抽象思维,这时是能力发展和方式形成的重要时期。在小学数学教学中教师应多采用直观教学,让学生在感知、操作实物和具体模型的基础上,使用数学语言进行归纳、类比、猜想、论证或根据已有的事实进行数学推测和解释,培养学生进行数学的思考等,这对于培养学生的创新意识是非常有利的。但是,数学题一般都有固定的解题思路,学生易养成固定的解题习惯,如:运用分析、综合、推理、类比等方法解题,长期如此,学生易养成思维惰性,而要求学生创造性的解题,除了综合运用这些方法外,还要运用一些非逻辑性的解题方法,如:直觉、想象、灵感等,以增加思维的灵活性,使学生的思维品质得到优化。

3. 学生身心的和谐发展

身心和谐、自由的发展是学生养成独立人格的条件。独立的人格是学生形成创新能力的条件。无独立人格,人的思想就像套上了枷锁,难以有独立的见解。有效的学习活动必须和学生身心发展的特点相匹配,才能增强学生的学习兴趣,充分发挥学生的主体能动性,提高学生的参与度,使学生的身心愉悦,乐学愿学,从而促进学生身心更好地发展。在小学同一发展阶段的儿童身心发展具有一定的相似性,但不同发展阶段的儿童思维特点是不一样的,这是教师教学时必须注意的。违背学生身心发展规律的教学,只会得不偿失,阻碍学生的发展,损害学生的健康,扭曲学生的人格,比如:在应试教育的环境下,学生的个性泯灭,他们成为分数的"奴隶"。学生身心和谐的发展是数学教学的出发点,也是数学教学的归宿。①

二、小学生数学创新意识的培养策略

(一)积极营造自由轻松的课堂教学氛围

心理学研究表明,自由宽松的气氛可以使人的智慧得到充分发挥。教育可以成为创新的摇篮,也可以成为创新的坟墓。不民主的、压抑的教学气氛是窒息创新火花的主要因素。在数学课堂教学中,对于学生积极主动地参与教学活动的行为,数学教师要做到三点:一是爱护和保护,要善于发现学生潜藏的积极因素,并加以爱护和保护,包括他们对数学的好奇心、求知欲、质疑感和批判精神等;二是帮助和培养,帮助学生自主学习、独立思考各种数学问题,培养学生的探索精神和创新意识;三是开发和扶持,开发学生的天赋与潜能,对他们在数学学习中的创新火花给予积极的肯定,鼓励他们努力探索各种数学问题。

---

① 高悠.初中数学教学中学生创新能力的培养研究[D].苏州:苏州大学,2008:8.

在营造创新数学课堂教学氛围时,要做到:公开向学生表示,他们对数学的好奇心、探究性行为,都是好事情;当学生在对一项数学创新活动感兴趣时,要允许他们按照自己的步调活动,如果学生愿意,要让学生自己开动脑筋想办法解决数学问题;教学气氛要轻松活泼;不反对猜测,特别是猜测具有一定道理的时候。上述做法的核心是改善师生关系,建立起民主、平等、和谐的师生关系是营造自由轻松的教学气氛的前提。而建立什么样的师生关系关键取决于教师。建构主义认为教师应以学生为中心组织教学活动,教学过程中师生关系处于一种平等和互动的合作关系。教师要了解自己的位置。在这种模式下,教师不再是简单的知识输出者,而是教学环境的设计者。组织学生的学习,开发课程,做学生的知识词典,从表演者转变为指导者。这样的师生关系更利于培养学生的自尊心和自信心,给学生以心理自由,有利于学生创新意识的孕育。

学生的数学创新意识并不是教师教出来的,而是通过学生自己不断地探究、体验形成的。学生学习数学最有效的途径是进行再创造,他们在再创造活动中不断调动已有的知识经验并创造新经验,而目前的数学课堂教学普遍存在数学教师"一言堂""满堂灌""满堂问"的现象,这种数学课堂表面看来热闹非凡,但实际上大多数学生没有机会参与,只有少数学生能够呼应教师的教学,这绝对不能培养出学生的数学创新意识,因此必须从根本上改变目前数学课堂教学现状,最大限度地把时间与空间还给学生,让学生在主动探究、独立学习中逐渐地形成数学创新意识。

(二)鼓励学生质疑置辩

传统的课堂教学中存在着老师向学生提问题,却很少看到学生向老师提问题的情况。往往是老师把学生能产生的疑问都思考到了,由老师提出来,学生只好依问而答,久而久之,学生一来不敢提问题,二来不知从何处提问题,导致学生总是处于被动的状态,不利于学生创新能力的培养。

"学源于思,思源于疑。"质疑、置辩不仅是一种可贵的学习品质,是主动学习的一种表现,更是培养学生创新意识所不可缺少的。爱因斯坦曾说,"提出一个问题往往比解决一个问题更重要。"创新意识的培养要从问问题开始,鼓励学生发现问题,大胆质疑。一是要善疑,提倡理智的、审慎的怀疑;二是要敢疑,不迷信权威。如一位教师在讲"数的扩大"时说:"把整数扩大到原来的100倍就是在原数后面加两个'0'。"大多数同学表示认可,只有一个学生说:"老师,你说的不对。"老师一愣。学生说:"0不可以这样。"是的,教师疏忽的时候也比较多。

在数学教学中对于学生的质疑,教师应予以引导和鼓励,使学生从不敢提问到敢于提问,逐步做到善于提问。在教学中教师要鼓励学生多问几个为什么,同时注意要爱护学生的热情,由于学生发表自我见解的表现受问题目标的制约,因此只有在没有心理压力的情况下,学生才能敢于把自己的疑问和不同意见提出来,从而形成质疑问难的氛围。

在教学过程中教师要善待学生提出的问题,善待提出问题的学生,不能因为学生提出了没有意义、不好回答的问题,而表现出不高兴或不耐烦,在课堂教学中切实实现师生之间平等式的、互为信赖的知情交流。比如,一位教师在教学"最大公约数、最小公倍数比较"一课后,启发学生质疑,想不到一名学生竟问:"老师,还有没有其他的方法求最小公倍数?"老师一下怔住了,不过他很快抓住这个问题进行诱导:"对呀,有没有其他方法呢?请大家再看书中的例题,能不能找出其他方法。"一石激起千层浪,学生马上忙开了,很快就有学生发现最小公倍数也可以在用短除法以后,把最后的商与原来的数交叉相乘得到积,取其中任意一个即可。没有质疑,没有深究,就没有发现,学生对知识的理解往往只是肤浅的表皮。

教学中,教师应把学生的质疑置辩作为必不可少的教学环节,无论在课前、课中或课后,都应鼓励学生提问,鼓励学生敢疑、多疑、善疑,使学生逐步养成好问的习惯。从敢问到善问,是一个思维飞跃的过程。在这个过程中,教师要不断提高质疑问难的质量,认真研究学生的思路,教给他们提问的方法,善于发现和捕捉好的提问和答问。对问题的解决,绝不能只满足于得到结果,而要把功夫下到解决问题的过程中。在这个过程中,引导学生学会创造性思维的方法,促进学生积极、主动地学习。

(三)强化思维训练,激发创新意识

思维能力是人最重要的能力,是人能力的核心。一个人智力高低、能力大小都与思维能力有关。教学中要发展学生的创新能力,首先要培养学生良好的思维品质,提高学生的思维能力。

1. 想象力

想象是创造的基础,没有想象力就没有创造力,善于创造就必须善于想象。爱因斯坦指出:"想象力比知识更重要,因为知识是有限的,而想象力概括着世界的一切,推动着进步,并且是知识进化的源泉。"想象是客观现实在人脑中的一种反映。想象是最有价值的创造因素,是创造的先导,想象力愈丰富,创造力愈强。教学中要激励学生大胆想象,要求他们克服思维惰性,打破常规去思考解决问题,增强思维的灵活性。教师可以经常设计一些不能用常规解法解答的题,来训练学生的思维能力。比如,一位老师设计了这样一道题:如图9-2所示,已知正方形面积是8平方厘米,求圆的面积。这样的题用常规的解法是比较困难的,只有通过想象分析,找出圆和正方形之间的联结点,把已有知识进行沟通、转化,想出新的解法才可以解答。又如某位教师在应

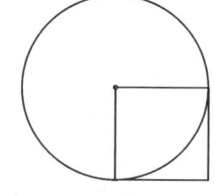

图 9-2

用题的教学中,通过编题来丰富学生想象,发展学生的创新思维。他先让学生根据条件"白羊有10只,黑羊有5只"随意提问题。有了这一题的铺垫,接着就只出示一个条件:"花金鱼有10条。"让学生发挥想象,随意把题目补充完整。最后完全放手,黑板上只出现"10"和"5"两个数让学生尽情想象,编成各种题目。学生的想象是丰富的,思维是活跃的,涉及的内容有各种动物、植物、动画片中的人物、海洋中的生物,还有美人鱼、巫师等。自编应用题的类型也是多样的,有求一共有多少的;求相差数的;求比多比少的;求一数的几倍是多少的;求一个数是另一个数的几倍的等,举不胜举。

2. 求异思维

求异思维是指对问题的处理没有固定答案或存在多种不同答案的思维活动。它可以拓展学生的思维空间,使学生多方位、多角度看问题,对于打破学生的定势思维有很大的好处。创新思维在某种程度上是求异思维与求同思维的统一,但更多地表现为思维的求异性。开放题教学能引导学生克服思维定势,从数学知识的不同角度、正反方向进行

审视,得出出人意料的新颖独特的见解,能有效地培养学生的求异思维。例如,在教学分类一课时,这样设计题目:请若干学生上台,其他人思考后给他们分组。学生根据不同的标准,想出许多不同的分法,如:男生和女生;穿裙子的和穿裤子的;长头发的和短头发的;个子高的和个子矮的等。如此练习,使知识得到了深化和提高,激发了学生的兴趣,培养了学生的求异思维。

  3.求优思维

  创新思维的成果必须相对于已有成果是更优化的成果才能显示其价值,否则,只是在为社会制造垃圾而已。教师应把培养学生的优化思维作为教学的一个主要目标。在学生想出各种解法之后,组织学生进行观察、比较、讨论,剖析各种解法的思维过程,从不同解法中受到启发,引导学生对错误的解法及时找出原因,去伪存真,并选出最佳解法。例如:A、B两地相距369千米,甲、乙两辆汽车同时从两地相对开出,4.2小时后相遇。甲车每小时行42.5千米,乙车比甲车每小时快多少千米?对于这道题学生归纳出6种正确的解法:

①$(369-42.5\times4.2)\div4.2-42.5$

②$369\div4.2-42.5-42.5$

③$369\div4.2-42.5\times2$

④$(369-42.5\times4.2-42.5\times4.2)\div4.2$

⑤$(369-42.5\times2\times4.2)\div4.2$

⑥$42.5\times[(369\div4.2-42.5)\div42.5-1]$

  学生评议后认为:①的解法比较常规;②和③、④和⑤的解法思路基本相同,但是②的解法更简洁、新颖,最优;⑥的解法突破了常规,用倍比关系解答,有创造性,但是比较烦琐。通过评议,学生思维得到了优化。

本章小结

  《课程标准(2011年版)》中对数感、符号意识、空间观念、几何直观、数据分析观念、运算能力、推理能力、模型思想、应用意识、创新意识十个核心概念十分重视,要求小学数学教师也要加强对小学生数学素养的培养。弄清十个核心概念的含义,了解它们的表现形式、成分,是发展学生数学素养的基础。在教学中采用各种途径发展数学素养是小学数学教师应掌握的技能。在各个内容的教学过程中,着重关注提升学生数学素养对教学的新要求,切实从教学方面加强对学生数学素养的培养。

复习思考题

  1.如何理解十个核心概念的内涵?

  2.举例说明十个核心概念的表现形式、成分。

  3.如何培养学生的十个核心概念?选择一两个说明即可。

  4.设计一个培养小学生数学素养的教学过程。

本章参考文献

[1]中华人民共和国教育部.义务教育数学课程标准(2011年版)[S].北京:北京师范大学出版社,2012.

[2]谢茜.对我国5,6,7年级学生数感现状的调查研究[D].上海:华东师范大学,2006.

[3]高洁.小学数学课堂数感教学存在的问题及对策研究[D].长春:东北师范大学,2011.

[4]周卫.小学阶段数感培养的策略研究[D].上海:上海师范大学,2012.

[5]郑锡瑜,赵玉玲.小学生数感培养策略浅谈[J].延边教育学院学报,2010,24(6).

[6]陈蕾.浅议小学生数感的培养[J].江苏教育研究(实践版),2013(8).

[7]周东明,姚相全.何谓小学生的符号感?[J].人民教育,2010(19).

[8]刘稀凤.初中生符号意识的调查研究[D].长春:东北师范大学,2009.

[9]李帮魁,吴行鹏.数学符号意识的形成途径[J].教育科学论坛,2012(2).

[10]戴凤明.浅谈增强学生数学符号意识的教学途径[J].教育与职业,2005(35).

[11]沈群慧.重视数学符号感的培养[J].基础教育研究,2009(3).

[12]潘小明.儿童空间观念的发展与培养[J].教育实践与研究,2010(23).

[13]李玉龙,朱维宗.小学初步空间观念及其培养[J].现代中小学教育,2008,24(10).

[14]黄科华.空间观念的培养策略[J].和田师范专科学校学报,2011(1).

[15]孔凡哲,史宁中.关于几何直观的含义与表现形式——对《义务教育数学课程标准(2011年版)》的一点认识[J].课程·教材·教法,2012(7).

[16]李维忠,刘敏.选择适当教学内容培养几何直观能力[J].教学月刊(小学版 数学),2013(4).

[17]董薇薇.初中生数据分析观念发展水平的调查研究[D].沈阳:沈阳师范大学,2012.

[18]朱德江.以数据分析观念的培养为核心——"统计"教学的核心要素与教学策略[J].教学月刊(小学版 数学),2012(11).

[19]刘悦红.新课标下如何发展学生的数据分析观念[J].辽宁教育,2012(5).

[20]寇静.初中生数学运算能力发展水平的调查分析[D].沈阳:沈阳师范大学,2012.

[21]杨爱霞.初三学生数学运算能力研究[D].苏州:苏州大学,2009.

[22]徐洁绮.数学探究教学中全面培养学生数学推理能力的构想[D].上海:上海师范大学,2006.

[23]周静.初中生数学推理能力调查研究[D].沈阳:沈阳师范大学,2011.

[24]陈蕊.对中学数学教育中推理能力及其阶段性培养的研究[D].北京:首都师范大学,2004.

[25] 王晓利. 小学生数学合情推理能力培养的策略研究:以五、六年级为例[D]. 南京:南京师范大学, 2011.

[26] 周俊. 新课程理念下的初中生数学推理能力与培养[D]. 武汉:华中师范大学, 2007.

[27] 叶丽. 关于初中生的数学推理能力及其培养[D]. 武汉:华中师范大学, 2005.

[28] 蒋永晶. 数学模型思想与中学数学[J]. 大连教育学院学报, 1995, 11(C1).

[29] 李树臣. 渗透数学模型思想的基本途径[J]. 山东教育, 2012(26).

[30] 许卫兵. 磨·模·魔——小学数学教学中渗透模型思想的思考[J]. 课程·教材·教法, 2012(1).

[31] 薛偕贵. 初中数学模型思想的教学渗透[J]. 福建基础教育研究, 2013(5).

[32] 伍秀红. 培养小学高年级学生数学应用意识的实践与研究[D]. 济南:山东师范大学, 2005.

[33] 李秀芬. 培养高中学生数学应用意识的研究[D]. 济南:山东师范大学, 2005.

[34] 王莹. 培养学生数学应用意识教学的研究——教师的教学观角度[D]. 西安:陕西师范大学, 2007.

[35] 倪习龙. 小学生数学应用意识的培养[J]. 教学与管理, 2007(23).

[36] 侯建军. 初中学生数学创新意识的现状调查和培养对策研究[D]. 长沙:湖南师范大学, 2003.

[37] 郭春堂. 小学数学教学中培养学生创新意识的初步研究[D]. 石家庄:河北师范大学, 2009.

[38] 代峰. 小学数学教学中培养学生创新意识的探索[D]. 武汉:华中师范大学, 2006.

[39] 高悠. 初中数学教学中学生创新能力的培养研究[D]. 苏州:苏州大学, 2008.

[40] 王永春. 小学数学与数学思想方法[M]. 上海:华东师范大学出版社, 2014.

第十章 小学数学学习评价

◆ **本章学习目标**

1. 了解小学数学课堂教学评价的要素。
2. 了解小学数学课堂教学评价的标准。
3. 掌握小学数学课堂教学评价的方法。
4. 掌握小学数学学习评价的方法。

【案例】

地球上的星星

印度电影《地球上的星星》中的小男孩伊夏是个满脑子奇思异想的男孩,万物在他眼里都是灵动的。可是在老师眼里,他是个淘气包、麻烦精,三年级考试成绩全是鸭蛋。这对望子成龙的父母来说,怎能接受学校里关于自己孩子是智障儿的结论呢?无奈之下,父母只好将他转到寄宿学校,而在新学校里,事态却更严重。竞争是大家的共识,学校学习的一切都是为了让学生到社会上竞争。伊夏依然是以前的表现,单词不会拼写,数学不会计算,美术老师的循规蹈矩和墨守成规又使得他连最爱的画画都放弃了。所有的老师都嘲笑他,他苦恼、沮丧、哭泣、挣扎……最后他不说话了,只能用一双充满害怕的眼睛看着这个世界。幸好欢快乐观的美术老师来了,伊夏让他看到了年幼时的自己,一颗善良的心颤动了,于是他决定帮助伊夏。探寻之后,他发现伊夏原来有阅读障碍,于是开始细心教导,把游戏和学习巧妙地结合到一起,原先充斥他大脑的乱七八糟跳动的字母音符都摆正了舞姿,伊夏真的进步了。"每个孩子都是地球上的星星",也许有的星星生来不像其他伙伴那样明亮璀璨,但你不能否认他们也有自己的光芒,在某个瞬间,他们所发射出的光芒反而更加耀眼。伊夏是幸运的,因为他遇到了发现他光芒的老师,这位老师和伊夏有着同样的经历,他愿意走进伊夏的心,并发现他的美。虽然我们越来越强调换位思考,鼓励彼此站在对方的立场上想问题,但是有多少人真正把孩子视作一个独立的人,以平等的姿态去靠近他们的内心世界?这正是片中小主人公伊夏父母所无法领悟的,父亲一味地苛责,母亲盲目地焦虑,他们不是不爱自己的孩子,而是不懂如何发现他的心,只能用自己的方式去灌输传统理念,却事与愿违地使伊夏在沉沦的泥沼里越陷越深。

影片中的经典台词:

1. 每一个孩子都是独一无二的,总有一天,他们会走出自己的路。
2. 阅读障碍:爱因斯坦、达·芬奇、爱迪生背不出字母表,毕加索不理解数字"7";迪斯尼不识字,所以致力于画漫画;阿加莎·克里斯蒂不会读也不会写,却是世界著名的推理小说家。

3. 在我们周围,那些用独特眼光看世界的人,最终改变了这个世界。

4. 他们的思维很独特,常常让人难以理解,一旦他们的成绩被世人所知,大家都震惊了。

5. 让我们走出去,创造出一些不同的东西,用任何你感兴趣的木头、石头、棍子。

6. 很少人能跳出思维的局限。

7. 他需要的只是一个机会,否则,他会迷失的。

8. 关心,是愈伤良药。

9. 让孩子感觉被需要,拥抱亲吻,让孩子感觉被关注。

10. 所罗门岛上的土著们耕种土地时,他们并不砍树,只是围着树喊叫、怒骂,并且诅咒,一段时间后,树自然就枯萎了。

11. 感谢那些陪伴我们,打开我们心灵窗户的孩子、父母以及老师们。

◆ 问题聚焦

其实,每个孩子都有其独特的美丽,并非同样的教育方式都适合所有的孩子,不要将教育格式化,也不要将自己的期望强加给孩子。更多时候,与其责骂和惩罚孩子,不如多给他们一些鼓励。如果我们无法发现他们潜在的能力,至少我们可以给他们更多的耐心、温暖和更多的爱。另外,比起那些强调分数和强调纪律的世俗偏见来说,孩子们自身的健康(包括身体上的和心理上的)要重要得多,不要让世俗的观念摧残了可爱的孩子们!

陶行知先生早就告诉我们:当心你的教鞭下有瓦特,你的冷眼里有牛顿,你的讥笑中有爱迪生。不要轻易地对一个学生说"不",夸美纽斯也曾告诉过我们:"我们差不多找不出一块晦涩的镜子晦涩到了完全反映不出任何影像的田地;我们也差不多找不到一块粗糙的木板,粗糙到了完全不能刻上什么东西的地步。""世上也没有一座岩石或高塔,高到了在合适的位置放了梯子,或在石上合适地方凿好了台阶和装上防止跌落的栏杆之后还没有人爬得上去的。"人是万物之灵,上帝造人都是有用的,要相信"天生我材必有用",这些都是告诉我们,要相信学生。如果评价一个学生,我们一定要了解全部的信息,不能被表象所迷惑,妄下结论,伤害学生,一句话也许就是一个孩子的未来,一个家庭的前程和幸福。在如今全社会都倡导"以人为本"的大背景下,我们教育领域作为培养人的活动,更是义不容辞,应该事事做到"以人为本",一切都以学生的可持续发展为出发点。那么在小学数学教育中,应该怎样科学、正确地评价呢?本章重点对小学数学课堂教学评价的要素、标准、方法,以及小学数学学习评价的方法进行了一定的探讨。

第一节
小学数学课堂教学评价

　　课堂作为落实新课程理念的最终阵地也是最重要的微观场所,其教学的作用不可忽视,教师的教和学生的学都在此进行。学生的成长发展大部分是在课堂教学中发生的。因此,课堂教学评价自然走进了我们的视野。课堂教学评价是指任课教师在教学过程中,为促进学生学习和改善教师教学而实施的,对学生学习过程与结果的评价。此评价指向学生的学习和发展,既关注学习的结果,也重视学习的过程,将评价与教师的教与学生的学有机结合起来。①

　　现在的课堂教学较之过去,有许多的改变:由关注书本转向关注学生的年龄特征和认知特点;由单一的知识目标转向关注学生的全面发展;由单纯的教师讲授转向重视引导学生自主探索与合作交流,培养创新精神;由远离生活转向生动具体的教学情境;由传统、单一的教学手段转向丰富的现代信息技术的运用;由教师的独白转向师生间的对话与交流。这样,课堂教学中,教师的角色实现了真正的改变,学生的主体性得到了真正的发挥。课堂教学的这些转变,也决定了课堂教学评价必须发生相应的改变。因此,在课堂教学评价中,教师、学生和教学就是我们关注的重点了。

　　课堂教学由教师、学生、教学内容组成,三者相互联系、相互影响、相互促进,共同促进课堂教学有效进行,对于课堂教学评价要素的组成,仁者见仁智者见智,但是主要的成分还是大同小异的。下面就是本书在查阅文献的基础上,总结出来的课堂教学评价要素。

一、小学数学课堂教学评价的要素

1.教学目标

　　教学目标是教学的出发点和归宿,是教学预计达到的效果。教学目标对教师和学生有引导、指向的作用。数学学科除了必须遵循此次新课程改革提出的三维目标:知识与技能、过程与方法和情感、态度与价值观,还必须明确此次新课改中数学学科自身的改动,提出了知识与技能、数学思考、解决问题、情感与态度四个方面的目标。

2.教学内容

　　教学内容是教师借以培养学生的重要载体,对学生健康、全面发展的重要性不言而喻。此次新课改明确告诉我们,教学内容仅依靠教材,远远不能满足学生的发展需要。因为每个孩子的成长需求都不一样,教师要善于挖掘教学内容。另外,教学内容一定要贴近孩子的生活,让他们不觉得陌生,但是同时又不能太过于随便、简单,总之一切都要考虑学生的"最近发展区"。

---

① 崔克忍.中学数学教学论[M].北京:北京师范大学出版社,2010:300.

3.教学方法

教无定法,一千个学生就得有一千种教学方法。所以纵使有好的教学方法,如果不适合自己的教学对象,也是无效的教学方法,教学方法的选择必须要以自己学生的学习基础、学习习惯、学习风格为依据。教师还要考虑到每节课的类型等其他因素,总之,要灵活应变。

4.课堂气氛

课堂气氛是教师和学生在教学中通过交流、对话等教学互动行为而产生的一种心理气氛。良好的课堂气氛会给人一种温暖的力量、带给人正能量,相反,糟糕的课堂气氛,会让人胆战心惊、害怕,不能放松自己。如果没有一个安全的心理环境,教师和学生有心理距离,教学效果就会大打折扣。

5.课堂学习情况

课堂学习情况就是学生在教师的引导和教导下的学习过程和学习结果状况。我们可以从学生的课堂参与程度、参与深度、课堂上回答问题的质量、对问题进行思考的积极性和深度等方面进行考查。

6.整体教学情况

整体教学情况就是教师和学生通过在课堂教学中彼此合作对教学目标的达成度,是教学的终点也是起点。从达成的情况,可以看出我们在哪一方面还有缺陷、差距,从而加大教学力度,进行补救;哪些方面对学生的发展有利,还要继续发扬。

表 10-1 就是根据上面的 6 个方面编制的一个小学数学课堂教学评价量表。表中的每个维度都有详细的划分,都被赋予相应的分值,后面还有具体的操作方法。一线教师可以根据自己的实际情况,在教学实践中使用。如果有什么不全或者不适合的地方,可以根据具体的情况进行修改,但是要做到科学、有效。

表 10-1 小学数学课堂教学评价标准量化表[①]

授课内容: 授课教师: 授课时间:
学校: 班级: 评课人:

	标准	等级	得分
教学目标	明确、全面		
教学内容	贴近生活,丰富多彩		
	准确有效,重难点突出		
教学方法	灵活、有效		
	课堂提问		
课堂气氛	和谐融洽		

---

① 郝威.新课程理念下小学数学课堂教学评价量表研究[D].延吉:延边大学,2011:36.

续表

	标准	等级	得分
课堂学习情况	参与的情况		
	兴趣的激发和保持		
	学习效果		
整体教学情况	和谐、高效		
等级			
评语:			

(注:选 A 得 5 分;选 B 得 3 分;选 C 得 1 分。)

"小学数学课堂教学评价标准量化表"使用说明,如下所示:

(1)本表既可以作为他评使用,也可以在教师、学生进行自我评价时使用。

(2)量表中评价的每个方面都有 3 个等级,评价人根据课堂教学的实际情况对所要评价的各个方面进行等级评价,并将每个方面的评价等级填写在相对应的空格里。总分参考如下等级划分:(10~19)差;(20~29)及格;(30~39)良;(40~50)优。

(3)评价者对各个方面做整体性思考,在评语一栏中写出综合评价。

(4)根据评价情况,与任课教师沟通,共同来反思和分析课堂教学情况,找出优点和不足,共同提高课堂教学的效率,促进教师和学生的共同发展。

小学数学课堂教学评价等级参考标准,如下所示:

(1)教学目标:A.目标明确,教学过程和方法有效,着力培养学生数学思考能力和解决问题能力,教学过程中能对学生进行情感、态度、认知水平的培养,能因材施教;B.目标较全面,基本符合大多数学生的认知水平,较好地照顾多数学生;C.目标不明确,脱离学生的已有经验和认知水平,不能很好地照顾学生的个别差异。

(2)教学内容:①符合学生实际。A.贴近实际生活,能有效地激发学生兴趣,形式多样,内容丰富,能够保证课堂教学的顺利进行;B.内容较为丰富,能够在一定程度上联系实际生活,课堂教学较为顺利;C.内容单调乏味,脱离生活实际,课堂教学进展不佳;②重点、难点。A.重点、难点突出,内容科学、严谨;B.能体现重点和难点,内容比较清晰;C.重点和难点不突出,内容处理不当并且出现知识性错误。

(3)教学方法:①灵活有效。A.方法灵活多样,注重对学生的启发,引导学生探索发现,教学方法对课堂教学产生积极作用;B.能灵活运用多种方法,在一定程度上能调动学生的学习兴趣,自主学习效果较好;C.方法缺乏变化,不注重对学生的启发和引导,对课堂教学的积极作用不理想。②提问。A.问题有启发作用并且难度适中,对学生理清问题思路有帮助作用;B.部分问题有启发作用,能较好地调动学生的兴趣,能够在一定程度上帮助学生理清思路,有利于课堂教学顺利进行;C.偏重理解和创造的问题较少,对于学生的答案教师没能认真倾听,提问的积极作用不显著。

（4）课堂气氛：A.气氛融洽，师生真诚，生生友爱，师生平等，共同发展；B.气氛比较融洽，生生之间互相启发，一定程度上达到师生平等，共同学习；C.学生被动接受知识，教学以讲授为主，师生之间不能很好交流，课堂气氛欠佳。

（5）课堂学习情况：①参与情况。A.绝大多数学生能积极参与到教学活动中，认真思考并且有较大收获；B.经过教师的组织和引导，多数学生能认真思考和学习，参与课堂教学活动；C.学生认真思考和学习的情况不佳，课堂教学的参与程度不高。②兴趣。A.教师很好地激发了学习兴趣，学生能够在课堂教学中体验到学习的乐趣；B.教师基本能够激发学生的积极性，大部分学生能较长时间地参与课堂教学活动；C.教师没能很好地激发学生的积极性，学生参与课堂教学的热情不高。③效果。A.学生能及时地完成课堂练习并且正确率较高，学生能够用自己的语言复述教学内容；B.多数学生能复述教学内容，课堂练习基本完成；C.多数学生课堂练习不能及时完成，少数学生能复述教学内容。

（6）整体教学情况：A.定位准确，学生获得较大的发展，教学环节衔接紧凑，目标完成得很好，课堂教学进展顺利，课堂气氛和谐，尊重学生的个别差异，考虑到学生全面发展的需要；B.定位比较准确，目标基本完成，多数学生有所收获，课堂教学开展较为顺利，基本考虑到学生的个别差异和多方面发展的需要；C.定位不够准确，教学目标基本完成，教学环节不清晰，只有极少数学生掌握了教学内容，未能考虑到学生的个别差异和全面发展的需要。

二、小学数学课堂教学评价的方法

（一）观察法

观察法是观察者带着明确的目的，凭借自身感官及有关辅助工具，直接或间接从课堂情境中搜集资料，并做相应研究的一种科学研究方法。① 观察法是课堂教学评价中最常用也是最基本的一种方法，可以搜集第一手资料。根据不同的标准，观察法可以分为不同的类型。从观察资料搜集的方式以及所搜集资料本身的属性来划分，可以把观察研究分为定量观察和定性观察；根据观察者是否使用科学仪器，可分为直接观察和间接观察；等等。② 实施观察法，必须事先心中有数，知道观察的目标是什么，搜集什么资料，最好制订观察计划，明确观察的目的、任务、对象、范围、内容、地点、方法等。观察时，要做到不偏不倚，真实地记录观察过程，不带主观偏见，以免造成观察失真。

进行课堂观察时，观察者可以根据自己的观察目的设计一些观察量表，以方便观察，搜集资料，节省时间。

如：对于教师是如何创设并利用情境的，可以参考下面的表格进行课堂观察。

---

① 崔克忍.中学数学教学论[M].北京：北京师范大学出版社，2010：112.
② 侯怀银.教育研究方法[M].北京：高等教育出版社，2009：117.

表 10-2　情境的创设和利用

			教学环节 1	教学环节 2	教学环节 3	课堂总结
学习目标			目标 1	目标 2	目标 3	进行总结
情境的创设	预设情境内容					
	情境呈现形式					
	预设的问题					
	设问的目的					
情境的利用	教师的指导	阅读				
		应答				
		讨论				
	结构性陈述	导入				
		过渡				
		小结				
	所用时间					

想要了解教师是否对每个学生坚持民主、平等的态度,我们可以通过观察课堂上教师的目光落在每个学生身上的次数来作为一个参考。

表 10-3　教师的目光分配[①]

教师目光停留位置	频次	比例
1.全班学生		
2.教室前排学生		
3.教室中间学生		
4.教室后排学生		
5.回答问题的学生		
6.黑板前板演的学生		
7.注意力不集中的学生(走神、做与任务无关的事、瞌睡)		
8.黑板、投影屏幕、电脑、学习资料		
9.与学习无关的事物(天花板、窗外)		

---

① 沈毅,崔允漷.课堂观察:走向专业的听评课[M].上海:华东师范大学出版社,2008:120.

（说明：采用时间抽样的办法，每隔5～6秒钟观察者就观察感受教师目光停留的位置，并记在一个统计表中。）

在教学中，常常有许多核心概念，为了了解学生对这些核心概念的理解情况如何，也可以在课堂上进行观察。

表10-4　学生对核心概念的理解①

观察内容			核心概念		
			概念1	概念2	概念3
概念要求		课程标准	说明涉及这三个概念的主要内容		
		学科指导意见	解释概念1	解释概念2	解释概念3
		具体目标	同上	同上	同上
单个概念		准备（采用问卷调查）			
		倾听（概念提出的背景）			
	互动	人数及对象			
		过程（问答、指导、生成及利用）			
概念体系的建构	倾听	三者间的关系			
	自主	构建概念图			
	生成的问题				
	达成情况（采用问卷调查）				

总之，观察量表要根据教学目标等进行制订、选择，来搜集自己进行研究所需要的资料。

（二）访谈法

访谈法是评价者与被评价者通过面对面的交谈来搜集资料、了解情况的一种方法，一般运用于课后讨论中，作为一种信息反馈的手段。② 访谈法是一种在教育中使用最普遍的方法，非常直观，评价者可以直接了解被评价者的神态、动作、表情、语态、语调等详细信息。根据不同的标准，访谈法可以分成不同的类型：根据访谈内容和过程有无统一的设计要求、有无一定的结构，可以分为结构式访谈和非结构式访谈；根据是否有严格的计划，可以分为正式访谈和非正式访谈；根据访谈的人数可以分为个别访谈和集体访谈等。运用访谈法，主要是为了了解我们不容易采集到的深度信息，比如，教师进行教学设计背后的理念；自己对教学目标的理解；如果学生做错了一道题，原因是什么；学生连着几天听课不在状态，又是什么原因。评价中的访谈，要做到及时性。出现问题，马上采用访谈法，以便弄清楚原因，然后改正，及时进行经验总结。

---

① 沈毅，崔允漷.课堂观察：走向专业的听评课[M].上海：华东师范大学出版社，2008：109.
② 崔克忍.中学数学教学论[M].北京：北京师范大学出版社，2010：155.

【案例1】

下面是研究者在一节数学课结束后,对其在课堂教学中不明白的问题对教师进行的一个简单访谈。

教师课后访谈片段①

研究者:老师,有的同学不愿意回答问题,不积极怎么办?

教师:可能是同学和我不熟悉,感情不是很深,所以有的同学不愿意回答问题。我不太强调这个,没有必要让每个学生都回答问题。学生不回答问题通常有两种情况,一种是不会,去听别人说,就明白了;另一种是会了,但不愿意说,只愿意自己想。想了,明白了,就可以了,不用非得站起来说,不必每个人都一样,我的课堂是不过分要求的(注重个体差异)。

研究者:这节课是练习课吗?

教师:不是,是应用两个定律做题。内容说新不新,说不新也新。

研究者:都是在以前的知识积累基础上进行的,对吗?

教师:对,以前学过,两个定律是昨天学的。别的老师是把两个定律放在一起讲,我是分开讲的。今天的内容就是让学生不仅会做,还得知道为什么这么做。

【案例2】

关于评价的学生访谈②

师:利用圆规、圆形物体、线绳和钉子,用3种方法画圆,哪种方法最好?

生1:具体问题具体分析。

师的评价:你的话不多,却总是非常精要。

师:什么是直径?

生2:对称轴是直径。

师的评价:对称轴今后我们会学到,请坐!

课后专家访谈

吴正宪老师:今天丁老师对你回答问题后的一句评价是"你的话不多,却总是非常精要!",听了老师的评价后你心里怎么想?

生1:我真有才!

吴正宪老师:那你觉得丁老师怎么样?

生1:老师更有才!

吴正宪老师:刚才课上当老师提问什么是直径的时候,你是怎样回答的?

生2:我说对称轴就是直径。

吴正宪老师:老师给予的评价是对称轴今后我们会学到,听后你怎样想?

生2:我好失落。

吴正宪老师:丁老师,你如何弥补教学过程中学生的遗憾?

---

① 崔克忍.中学数学教学论[M].北京:北京师范大学出版社,2010:306.
② 丁凤良.课后访谈——学生教会我们如何做教师[EB/OL].(2010-10-26)[2015-6-18]http://www.docin.com/p-552272255.html.

师:首先我先向这名同学表示歉意！为了弥补这份遗憾,我在课下会将我的邮箱留给这名同学,今后我愿意随时倾听他的心声,盼望他进步的好消息！

课后反思

不经意间,我打击了一颗本来兴高采烈、洋溢生命活力的童心。如果换位思考,被冷水浇头的是我们自己,体会如何？课堂中我们面对的是一个个鲜活的生命,面对的是学生五彩斑斓的思考。我们要时刻认真倾听学生的每一句话、每一个观点,用心灵给予回应,不要用敷衍的套话去打发学生。同样的内容、同样的时间、同样的教师、同样的教学过程评价在两个学生身上为什么会收到截然相反的效果？正所谓一句评价可以激励学生也可以打击学生,我们要充分认识到一句评价的价值和作用。作为教师我们应认真倾听学生的每一句课堂发言,应注意挖掘学生课堂语言背后所蕴含的教学资源,应及时对学生的课堂语言进行引导和评价。教师需要区别对待学生的发言,对于符合教学预设的发言要给予适时的鼓励和引导;对于不符合教学预设的发言,尤其要细心呵护。学生的发言恰恰是生成资源,这样的生成资源很可能会对教学过程产生积极的推动作用,将课堂引向精彩和灵动！

(执教:丁凤良)

课堂上教师的评价语言对学生有很大的影响,教师要时刻谨记,自己的教学对象是还未成熟的学生,尤其是义务教育阶段的中小学生,向师性让他们对自己老师的话深信不疑,所以,教师应该慎用对学生的评价语言,时刻明白你的评价语是用来激励学生向前发展的,而不是让其向后退缩的。

拓展阅读

访谈时相关注意事项:[①]

(1)访谈者尽可能少说,鼓励对方表达自己的观点。

(2)语言柔和,态度友好,不要硬生生地否定对方观点,显得不礼貌。

(3)具备洞察力,对访谈对象的肢体语言要留心注意,有时肢体语言如眼神、语调、手势等也表达了访谈对象的观点。

(4)注意访谈时间的控制,当访谈对象漫无目的地谈话时,要礼貌地加以控制。

(5)尽量用描述性的陈述,少用评价性的用词。

(6)在提问时,问题与问题之间要有过渡。

(7)保证对一个问题充分讨论完之后再转向下一个问题。

(8)给访谈对象创造宽松的访谈环境。

(9)注意力集中,保持适当的眼神接触,表示出对访谈对象的尊敬及对其谈话的关注,对访谈对象的反应恰当地有所回复。

---

① 侯怀银.教育研究方法[M].北京:高等教育出版社,2009:161.

(三)问卷调查法

问卷调查法是评价者将事先设计好的问卷发放给被评价者,让其在规定的时间内回答完毕,然后收回并进行汇总统计,以取得所需资料的一种调查方法。[1] 问卷调查法可以帮助评价者在短时间内获得大量的资料,省时省力,覆盖面广,信息量大,而且避免主观人为的参与,保证客观性。问卷调查法根据不同的标准可以分成不同的类型,如开放式问卷与封闭式问卷。根据评价者不同的需要,可以设计不同的问卷调查类型,重要的是能够获得想要的资料。一般情况下,如果评价者对被评价者的信息了解不深、不全,多采用开放式问卷,如果评价者对被评价者的情况了解得多,就是为了获得一些现状等基本信息,多采用封闭式问卷。

例如,研究者想要了解教师对自己课堂教学的元认知,即课堂监控能力等,可以采用下面的量表。

表 10-5　课堂听课自我评价表(供教师使用)[2]

题目	答案
此表帮助你在课后讨论中确定本节课的优点和缺点。在每一个标题下列出几个题目供你参考。你也可以自己增加几个题目。	
你如何确保学生能够把握教学进度: (1)你是否准备了教学参考资料并将资料散发给学生? (2)你的讲解清楚吗?学生是否能够充分理解?	
你如何鼓励学生取得好成绩: (1)你是否正确地对待所有的学生? (2)你是否花时间关心学生个人或每个学生小组? (3)作业是否适合不同能力水平的学生?	
你如何鼓励学生了解自己的水平: (1)下课前,你是否作了小结或者作了讲评? (2)这节课的收尾工作满意吗? (3)学生对这节课感兴趣吗? (4)你对这节课感兴趣吗?	
你对下一节课是否有了进一步的考虑?	

课堂教学中,为了了解学生对教师授课情况的满意程度,可以采用下面的开放式问卷,搜集详细的信息。

---

[1] 侯怀银.教育研究方法[M].北京:高等教育出版社,2009:148.
[2] 崔克忍.中学数学教学论[M].北京:北京师范大学出版社,2010:306—307.

表 10-6　课堂教学调查表(供学生用)①

为了改进教学,提高教学质量并取得客观的评价,请你根据任课教师的教学和你自己的学习情况认真回答下列问题。	
问题	答案
(1)老师的讲解你都能听懂,完全明白吗?	
(2)老师所讲的内容能使你举一反三吗?具有启发性吗?	
(3)老师的讲课很有趣吗?	
(4)上课时,老师让你参加了一些有趣的活动了吗?	
(5)上课时,老师让学生去解决一些比较复杂的问题了吗?	
(6)在课堂上,你和其他同学认真讨论、交流过意见吗?你是否从同学的观点中得到启发?	
(7)下课后,你还有兴趣思考老师在这节课中讲到的内容或题目吗?	
(8)你能独立完成老师这节课布置的作业吗?你能说出这节课的内容与实际生活的联系吗?	

使用问卷调查法,小学数学教师可以根据自己长期的教学经验,再结合教育学的一些知识,在借鉴别人量表的基础上,自己设计问卷题目,通过这样的评价更能搜集到符合自己需要的信息。

(四)调查与实验

调查与实验是通过实践性活动评价学生的一种方式。② 教师依据教学目标,给学生布置一定的调查任务,让学生自己亲身实践、亲自动手,让学生实实在在地看到数学与生活的联系,从而对学习数学有一个动态、全面的认识。调查与实验的任务可以是现实的问题,或者与其他学科相联系的问题,也可以是基于数学内部知识的问题,比如对数学规律的探索等。③

【案例1】
关于气象的一个调查任务④

上网查询气象中心提供的气象信息,跟踪一个月的气象数据,在一张中国地图上标出主要城市的位置,寻找一个方式记录各城市每一天的平均温度和其他数据。提交一份报告,其中包括对气温变化的快慢与区域性的关系的推断和预测。

这样的调查任务一方面考查学生的计算能力,另一方面也考查学生综合解决实际问题的能力。同时,这也是对学生耐心和毅力的考核评价和培养。对调查与实验的任务,教师可以制订出相应的具体评价量表,以便观察中做出更富有针对性的评价。

下面就是一个专门针对学生在利用方块发现长方体体积计算公式的数学实验过程的观察表。

---

① 崔克忍.中学数学教学论[M].北京:北京师范大学出版社,2010:307.
② 宋乃庆,张奠宙.小学数学教育概论[M].北京:高等教育出版社,2008:245.
③ 宋乃庆,张奠宙.小学数学教育概论[M].北京:高等教育出版社,2008:245.
④ 宋乃庆,张奠宙.小学数学教育概论[M].北京:高等教育出版社,2008:245.

表 10-7 利用方块发现长方体体积计算公式的活动的观察表①

策略	能采用尝试错误的方法	
	对各种长方体能以长(或高或宽)为标准加以组织	
	发现并使用模式	
	能进行其他方面的比较	
	使用多样化的方法	
结果	发现一些或所有可能的积木搭建的组合	
	发现各层的积木数与长方体体积的影响因素之间的关系	
	发现(或没有发现)公式	
	能(或不能)描述自己探索的过程	
态度	能和他人很好地合作	
	有好奇心,愿意探索其他形状、其他数目	
	有较大的热情	
	始终保持投入的状态	

总之,课堂教学评价的目的是为了促进教师和学生的发展,是为了提高和改善教育质量,不能盲目地为了方法而方法,要结合评价目的、被评价者的特点选择适当的方法。同时,不要单独使用某一种数学课堂教学评价方法,因为每一种评价方法侧重点不一样,评价的方面也就不一样,所以要相互配合使用。评价就是为了做到把每一个学生都装到心中。

(五)即时评价法

即时评价是指在特定的教学情境下,对于学生的行为表现,给予即时鼓励、调控及引导的评价活动。② 即时评价步骤少、频率高、速度快、针对性强,能让学生马上意识到自己的问题,并改正。

【案例 1】

关于教师评价的一则案例③

某日,我班一位胖乎乎的小男孩兴冲冲地跑进来,带着一脸的笑容对我说:"老师,我发现了退位减法的简便算法,我想告诉你!"

"是吗?"我淡然地说。

"老师正忙,你下节课下课后再告诉我,好吗?"我随便搪塞地说一句。

"好的,那我上课去啦!"小男孩还是带着一脸的笑容跑走了。

"哦。"我继续埋头批着如山的作业。

第二节下课后,我捧着孩子们的作业本,准时踏进教室,还没来得及把作业本放在讲

---

① 宋乃庆,张奠宙.小学数学教育概论[M].北京:高等教育出版社,2008:246.
② 邵清艳.学生评价与学法指导[M].长春:东北师范大学出版社,2010:34.
③ 邵清艳.学生评价与学法指导[M].长春:东北师范大学出版社,2010:37—38.

台上,只见他急匆匆地又向我跑来,手不停地挠着头,支吾着说:"老师,你跟我说的,这节课下课让我来告诉你的。"

啊!我心里一惊。是啊,我确实说过,可我却早已忘得一干二净了。看着他急着想说,又有些不敢说的表情,我带着微笑说:"好的,你说吧!"

"是这个样子的。比如15-7吧,可以把7分成5和2,那么15-5=10,所以只要算10-2=8就可以啦!"说完之后,他又挠挠头。

天哪!我心里又失望、又伤心,一个三年级的小朋友,竟然告诉我这样一个他自认为很重大的发现,要知道,这其实是一年级时,我早就和孩子们探讨过的呀!我不相信他只告诉我这样一个发现,于是,我继续说道:"你还有其他发现吗?"

"没有啦!"他不好意思地笑笑,同时又在不停地挠头。

唉!我心里真的说不出的难受,难道这个我看着从一年级读到三年级的小男孩,真是如此的可爱吗?

我真的不想对他说一句表扬的话。可是当我一看到他充满童真的眼神,看到他可爱的笑容时,我觉得我应该保护他的这种发现,给他继续探索的力量,不管他发现的是什么……

"嗯,不错!真是一个不小的发现!老师想一直听到你的发现,好吗?"

"嗯。"除此之外,他什么都没说,就只是笑了笑,并且还在挠着头!呵呵,这个小家伙……

"近来你的进步很大,老师希望你能继续保持下去,好吗?"

之后他腼腆地点点头,然后笑着跑开了,这小家伙算是答应了。

看着他跑去的背影,我心里不免多了些触动,并思考着。如果我当时给他泼冷水,不知他会是什么表情;如果我当时狠狠地批评他一通,不知他心里会怎么想;如果我当时不再耐心地听他把话说完,又不知他会怎样看待我;但我知道,如果我这样做,那么今后他再也不会来告诉我任何发现了!有些时候,我会以成人的眼光,把孩子的发现抛在一边,认为没什么大不了,可也许就是你不经意的一句话,你不重视的一个眼神,就会毁灭一个孩子探索的精神。

学生的学习需要激励,需要动力,一味地负面打击会让学生产生习得性无助感,所以,教师的评价需要激励与打击相结合。一位教师这样写道:"如果一个孩子生活在批评中,他就学会了谴责;如果一个孩子生活在鼓励中,他就学会了自信;如果一个孩子生活在讽刺中,他就学会了自卑;如果一个孩子生活在恐惧中,他就学会了忧虑;如果一个孩子生活在认可中,他就学会了自爱。你的孩子,你的学生,生活在什么中呢?"[①]那么教师在日常的教学生活中,就要有意识地用一些带有鼓励、激发学生学习动机、愿望的语言。根据数学学科的特点,下面的拓展阅读为教师提供了一些教学日常用语,可供参考。

---

① 邵清艳.学生评价与学法指导[M].长春:东北师范大学出版社,2010:37.

拓展阅读

启发性常用语[①]

教师的教学主要是为了让学生自己学会学习,着重发展学生的思维能力。这就要求教师在设计启发性教学语时,应关注每一位学生,给每一个学生一个广阔的思维天空。其常用语有:

- 看到这个课题,你想到了什么?你想提出哪些教学问题?你想探究什么问题?
- 预习后,你了解了什么?有什么疑问?
- 汇报一下你们收集的数据、信息、资料。
- 从这道题(统计图、表)中,你可以看出什么?你获取了哪些信息?
- 出门旅游、买东西等,要考虑什么问题?
- 根据所给的信息,谁愿意帮助他想一个好办法?请同学们帮他设计一个可行方案(如旅行、乘车、铺地砖设计图形等)。
- 谁要试一试?谁能试一试自己来解决?
- 你说的办法很好,还有其他办法吗?你能想出几种?看谁想出的解法多?
- 谁还想来说一说?谁还能再举些例子?
- 仔细观察(或听),你同意他的想法吗?你觉得他们写得(说得、思考得)怎么样?谈谈你们的看法。
- 这是什么,为什么?问题在哪儿,怎么办?

赏识性常用语

人的内心都有一种被肯定、被尊重、被赏识的需要。因此,教师应尊重孩子,赏识孩子。要抓住师生、生生之间每一次交流中的闪光点,运用赏识性用语,使他们的心灵在赏识中得到舒展。有很多带感情色彩的用语可以信手拈来,如:

- 你真会动脑筋!你头脑真灵活!你接受力真强!你真有胆量,不简单!这位同学思维真敏捷,思路也很清晰!真是奇思妙想!
- 你与众不同的见解真是让人耳目一新!
- 你的设计(方案、方法、观点、点子)太富有想象力了。
- 我非常赞成(欣赏)你的看法。说说你是怎样想出来的,好吗?
- 你们的发现非常重要!
- 观察真仔细,同学们真能干,能从不同的角度观察思考!
- 对,你能用转化(迁移、运算、列表、组合、推理、联想)的方法,得出正确的答案,不简单。
- ××同学的这种方法很有新意,能把思考范围延伸到题外。
- 你真行,对刚才的问题,不满足于找到结果,而是观察思考,又有新的发现,如果能说出其中的道理,那就更好了。

[①] 邵清艳.学生评价与学法指导[M].长春:东北师范大学出版社,2010:49—50.

- 同学们的回答真精彩！看来,你们想知道的东西真不少。
- 没想到这节课我们的收获真不小,看来,学好数学能让我们的生活更丰富,更精彩!
- 哇！你真是好样的,学习真有耐心,也很有毅力！老师佩服你,为你感到骄傲！
- 让我们一起为××喝彩！人类历史上许多重大发现最初都源于人们的猜想,之后才渐渐被验证,同学们在学习过程中,也要敢于猜想,善于猜想,这样才能有所发现,有所创造!

激励性用语

有人说,教师的语言如钥匙,能打开学生心灵的窗户;如火炬,能照亮学生的未来;如种子,能深埋在学生的心里。在学生的表现有明显进步时,应及时运用肯定性、激励性用语,并适当给出方法上的指导。

- 不错,学习就得认真。
- 能有这么大的进步,老师感到非常高兴。
- 大有进步,再加油！希望你再接再厉,不骄不躁,继续努力！
- 功到自然成！你瞧,你比以前进步多了,望继续努力,争取更优异的成绩！
- 你试一试,相信你一定能成功！老师和同学们相信你一定会进步！老师相信你能自己想出来！相信你能做得更好！
- 没有尝试,就不要轻易说"不"！
- 只要你有颗上进的心,胜利总会属于你。
- 只要全心全意投入进去,什么事都难不倒你！
- 答题时,要先易后难。有时不会答,也是很正常的。
- 请复查一遍,不能有侥幸心理！
- 希望你能与粗心告别,与细心交朋友！

反思性用语

反思是创造性学习的一个重要组成部分,但它却是目前教学中最薄弱的环节之一,怎样运用反思性语言有效引导学生进行反思活动呢？例如:

- 你觉得这节课,你的表现怎样？或有什么收获？
- 通过研究,你有什么体会？或有什么启发？
- 通过分析,你发现了什么规律？你能概括出什么计算法则？谁能为大家介绍自己的学习方法？
- 谁能给大家提出一个值得继续探究的问题？
- 请你课后到周围找一找,有哪些地方与今天学的知识有关？
- 这是个很有价值的问题,其中包含着许多丰富有趣的知识,有兴趣的同学可以到图书馆或者通过网络去寻找资料,看谁收获最多。

第二节
小学数学学习评价的基本方法

数学学习评价是指有计划、有目的地收集有关学生在数学知识上的学习情况、使用数学的能力和对数学的情感、态度与价值观等方面的材料,并根据这些材料对学生的数学学习状况或某个课程或教学计划做出结论的过程。①《课程标准(2011年版)》中明确指出,评价要能够激励学生的学习,不光知道知识的结果,而且知道知识的产生过程;评价要帮助学生建立学习数学的自信心,树立克服困难的勇气和意志,对学习数学产生积极的情感、态度和价值观。

以往的学生学习评价主体,主要由教师承担,作为学习主体的学生被排斥在外围,新课程强调评价主体的多元化,对学生的学习评价就不能再由教师和学校领导唱独角戏,要把学生、家长和其他社会工作人员等纳入到学生的学习评价主体范围内,保证评价信息的全面、客观。对学生的学习进行评价,旨在使教师及时了解学生的学习信息,并调整和改进自己的教学进度、教学方法、教学设计等,使教学更适合学生的学习。

新课改提出了三维目标:知识与技能,过程与方法,情感态度与价值观。传统的强调量化的测量方法已不能满足现代评价的需要,因为过程、情感、态度和价值观等没办法用单纯的纸笔测验进行测量,即使能进行测量,评价结果也会大打折扣,而且这种评价方法在将其量化的同时还可能把这些原本内在的、复杂的心理活动简单化,这样会对学生的健康发展带来无法预计的不良影响。所以,在新课改和《课程标准(2011年版)》的指导和引领下,小学数学学习评价方法也必须做出相应的改变,下面就介绍几种小学数学学习的评价方法。

一、测量法

测量法是历史悠久的一种评价方法,在整个教学评价的发展过程中发挥着重要的作用。从广义上讲,测量是根据测量学的原理与方法对教育对象及其属性进行数量化研究的过程。它主要包括对学生内在精神属性的测量,如测量学生的学习成绩、智力水平、品德状况、人格特征等。② 从狭义来说,测量指经过学习和训练后,按教育测验的规则,对学生所获得的某些学科知识和技能的测量,又称成就测量、学业成绩测量。③ 所以,测量其实在很大程度上被我们在实际应用过程中窄化了,只把它当成试卷,一场接一场的考试。事实上,只要我们的技术到位,测量可以发挥更大的作用。

测量法按照不同的标准可以分为不同的类型:根据测量的标准化程度分类,可以分为标准化测量和教师自编测量;按测量的内容分类,可以分为成就测量、能力测量和人格

---

① 崔克忍.中学数学教学论[M].北京:北京师范大学出版社,2010:308.
② 胡中锋,李方.教育测量与评价[M].广州:广东高等教育出版社,1999:6.
③ 王孝玲.教育测量[M].上海:华东师范大学出版社,1989:6.

测量等不同的类型。

在我们的小学数学学习评价中,最常用的就是学业成就测量,主要是用于评价学生的知识技能掌握程度。考试试卷就是其体现。因此,必须选择、编制高质量的试卷,一套高质量的试卷不是试题的东拼西凑,随意组合,必须既符合测量学又符合本学科的特点。无论是平时的课堂练习还是正式的考试,都要根据教学情况和学生的学习情况进行选择、编制。

下面是教师选择、编制测验试题时可以参考的步骤。

(一)根据小学数学课程目标和内容,确定双向细目表

新课程改革提出了三维目标,而数学学科则提出了数学学习的知识与技能、数学思考、解决问题和情感与态度等多维目标,所以,传统的单纯地让学生掌握知识技能的测验逐渐淡出历史舞台,新的体现多维目标的测验展现在我们面前。因此,要根据每阶段的教学内容和课程目标确定具体的双向细目表,进行测验试题的编制和选择。以一年级数学期末测验试题为例,双向细目表设计如下。

表 10-8　一年级数学期末测验试题设计双向细目表①

目标 领域	知识技能目标			过程性目标	总计
	理解	掌握	运用	经历与体验	
数与代数	23%	16%	12%	14%	65%
空间与图形	4%	4%	2%	3%	13%
统计与概率	8%			6%	14%
实践与综合运用			4%	4%	8%
总计	35%	20%	18%	27%	100%

(二)根据需要选择或编制测验题目

根据布鲁姆的认知目标,对知识的掌握有不同的程度,选择测验也必须体现出学生知识的层次性,不能都停留在低水平也不能太高于学生的水平,试题要保证不同层次的题目都涵盖,且题目的难易、类型也要依据各年级的双向细目表,不能超出范围,又不能涉及不全。根据新课改的要求以及小学生心理认知特点,测验题目要图文并茂,具有情境性、生活性,让学生体会到数学的实用价值。

(三)确定试卷呈现形式

小学生生性活泼好动,喜欢新奇的事物,好奇心强,测验的题目应该多样化,具体包括以下特征。

1.主观与客观相匹配

试卷中既要有一定数量的填空题、判断题、选择题、计算题,又要有一定数量的操作题和应用题,尤其是需要学生给出解释、举例、联系、推论的试题。②

---

① 宋乃庆,张奠宙.小学数学教育概论[M].北京:高等教育出版社,2008:231.
② 宋乃庆,张奠宙.小学数学教育概论[M].北京:高等教育出版社,2008:233.

2.试卷的指导语和试题标题力求赋予童真童趣,符合各年级学生的心理特点,而且具有激励作用

(1)试卷指导语。

下面是几则不同年段的期末测试卷卷首语(摘自《小学数学教师专业能力必修》①):

一年级第一学期(卷首语):亲爱的小朋友,在学校里已经度过了一个学期,相信你在数学学习中一定获得了许多新知识和新本领,请展示一下自己吧,祝你成功!

一、二年级(卷首语):亲爱的小朋友,通过一个学期的学习,收获很多吧!运用你所学过的知识来检测一下对知识的掌握情况吧,祝你们取得好成绩!

三、四年级(卷首语):亲爱的同学,一学期就要过去了,相信你在本学期里学得很棒!只要你有信心地完成,一定能取得好的成绩,下面就看你的了!

五、六年级(卷首语):同学们,一学期下来,你又学到了不少的数学知识,想了解一下自己的掌握情况吗?请认真完成下面的每一道题,相信自己,成功掌握在你自己的手中!

六年级毕业测试(卷首语):同学们,经过小学 6 年的学习,你一定掌握了很多知识与本领,下面就让我们来"露一手"。今天的试卷并不难,只要你充满信心,认真对待每一道题,就一定能发挥出最好的水平。祝你成功!

(2)试题标题。

表 10-9 小学数学试题标题②

题型	标题	
	中低年级	中高年级
填空题	想一想,填一填	用心思考,认真填写
判断题	我是小法官	仔细推敲,洞察真伪
选择题	请你当裁判	反复比较,果断选择
计算题	试一试,我会算啦	看清题目,细心计算
操作题	我是小小设计员	仔细观察,认真操作
应用题	我会解决生活中的问题啦	走进生活,解决问题

3.鼓励学生用多种方法解答

二、观察法

课堂观察法是一种使用广泛的评价方式。该方法简单易行,尤其是小学阶段,学生警惕性不高,不会因为观察者的进入而刻意去表现一些不同于平常的行为,而且不需要太高的技术,小学教师也可以自己在课堂中进行简单的观察。教师可以对各个方面进行观察。下面是某小学的课堂观察表,对课堂进行了全面的观察与考察设计。通过这个量表,能及时地了解课堂教学的基本情况,并给出一定反馈信息。教师也可对课堂教学中

---

① 杨玉东,巩子坤.小学数学教师专业能力必修[M].重庆:西南师范大学出版社,2012:212.
② 杨玉东,巩子坤.小学数学教师专业能力必修[M].重庆:西南师范大学出版社,2012:213.

学生的某个方面进行观察,得出对学生全面科学的认识。

表 10-10　课堂观察表[①]

评价项目	评价内容	评价等级 A	B	C	D	亮点或建议
导学设计	有明确的学习目标					
	问题层次分明,符合绝大部分学生认知起点					
	能激发学生的学习动力					
准备度	完成预习作业,课前准备到位					
	预习反馈看学生的预习收获或困惑					
	学生进入学习状态早					
	学生对学习重点与难点有思考					
兴趣度	学生有好的听课习惯,求知欲强					
	学生在学习活动中情绪高					
	学生有进一步学习的愿望					
	教师使用多种方式调动学生学习的兴趣					
参与度	所有学生都全程参与学习活动					
	小组合作有序,分工明确,操作有效					
	学生关注自己的学习行为					
	学生积极参与小组研讨活动,大胆展示自己					
	学生认真听伙伴发言					
	注意力集中,认真听讲,积极思考,大胆质疑					
	教师恰当评价学生的参与,适时点拨					
达成度	学生善于总结提炼,及时巩固消化					
	学生善于反思学习行为,及时调整学习策略					
	学生应用已掌握的新知解决实际问题					
	当堂练习,正确率高					
我的看法						

观察总体结果:优秀□　　良好□　　一般□　　待提高□　　观察人:

下面两个表格是关于学生如何突破难点和考查学生提问的效果的表格,教师也可以参考使用。

[①] 杨传冈.触摸数学[M].桂林:漓江出版社,2013:82.

表 10-11　学生如何突破难点[1]

教学步骤	学生的表现			
	倾听 (倾听/回应)	互动 (回答/提问)	互动 (讨论/汇报)	自主 (计算/书写)

表 10-12　学生提问的效果[2]

环节或素材	学生提问						反应情况	
	问题表述	提问者	提问方式	问题表达的清晰度	问题与素材关联度	问题认知层次	学生反应	教师处理
1								
2								
...								

运用上面的观察量表时,必须遵循的原则依旧是"一切从实际出发",不可生搬硬套,要根据自己学生的特点和教学情况进行适当的改编。除此之外,教师也要做一个有心人,在教学中,善于把自己的教学经验上升到理论的高度,如自己设计观察表,如果效果不错,那就推广开来,让更多的人受益。

三、数学日记

日记原本是一种记录一天中所发生事情的写作形式,在日记中,我们往往不只记录事件,还会记录当时自己的心理感受。数学日记就是日记在数学学科中的运用,学生写数学日记不仅是对自己当天数学知识的回顾,更是记录自己的数学思考过程。通过写数学日记,学生可以把不敢对别人说的话,说给自己听,从中进行分析、解答,自己找原因,是培养学生反思能力的好方式。

可能一开始,学生会觉得写数学日记既新奇,又不知所措,老师要先给学生示范,告诉学生写数学日记的要点,不必把数学日记看得过于神圣,就当作写平常的日记,只不过

---

[1]　沈毅,崔允漷.课堂观察:走向专业的听评课[M].上海:华东师范大学出版社,2008:4.
[2]　沈毅,崔允漷.课堂观察:走向专业的听评课[M].上海:华东师范大学出版社,2008:4.

是变成了自己怎么学习数学、解决数学问题的日记,没有什么不同。下面给出一个写数学日记的要素,告诉学生从哪些方面进行书写。

表 10-13　数学日记表(表格改编自《中学数学教学论》[①])

日期: 姓名: 今天数学课的课题: 所涉及的重要数学概念: 你理解得最好的地方: 你不明白或还需要进一步理解的地方: 所学的内容能否应用在日常生活中,举例说明: 今天学习数学的过程中,有没有遇到拦路虎,你是怎么解决的? 今天学习数学过程中,让你最开心的事情是什么?

四、表现性评价

表现性评价是目前国内外比较流行的一种评价技术。表现性评价可以让学生把书本上的知识付诸实践,提高自己用数学知识解决实际问题的能力。表现性评价所提供的任务最好是与学生生活联系紧密的真实生活中的问题。其次是要有可操作性,并且能激发学生的兴趣,使他们在解决完了这个问题后,还想解决这件事的其他问题,能激发他们进一步学好数学的欲望。教师使用表现性评价最好要与所学内容相关,或者安排在教学内容前,让学生收集相关的资料;或者是安排在教学后,进行实践。具体情况,教师自己把握,下面介绍一个案例供教师参考。

【案例】

回收废品案例[②]

某班学生(50 人)正在为班级的旅游积攒资金,他们想把报纸、易拉罐、玻璃和塑料瓶进行废物利用来赚取 400 元。利用下面的列表,计算他们要收集多少这样的东西才能攒够钱。

为了完成这个任务,请你依次完成下面的问题:

(1)计算出每个学生应该赚到的钱以及学生完成他们任务的几种方法。

(2)统计你家每周使用报纸、易拉罐、玻璃和塑料瓶的数量。如果你是这个班级的学生,根据你家的情况,你决定收集哪样东西来完成任务?

(3)用语言来描述你是怎样得出这个结论的。

---

① 崔克忍.中学数学教学论[M].北京:北京师范大学出版社,2010:316.
② 脱中菲.小学数学表现性评价的任务设计与开发[J].教育测量与评价(理论版),2009(4):26—28.

表 10-14　废物利用价目表

材料	价格
混合纸张	1.00 元/千克
报纸	1.20 元/千克
铝罐	3.00 元/千克
金属罐	5.80 元/千克
透明玻璃	需要自己调查
绿色玻璃	7.00 元/千克
茶色玻璃	10.00 元/千克
塑料:汽水瓶	0.30 元/个
塑料:牛奶瓶	0.50 元/个

在《课程标准(2011年版)》中已为教师提出了表现性评价的方式,比如书面形式中的报告、日记、信件,演示形式中的绘图(表)、模型,口头活动中的建议、讨论等。如"写下5条你在校外运用数学解决问题的经历,在每一条上都标明日期,写一写你是怎么做的",这个关于数学日记的表现性任务,它需要学生证实、描述、讨论他们生活中的数学事件。学生在各种日常的生活经历中逐渐发展他们的数感,逐渐认识到数学和自己生活的紧密联系,他们会更有动力和勇气去学习数学。[①]

五、成长记录袋

成长记录袋也是近年来受到关注、得到广泛应用的一种学习评价方式。成长记录袋的评价方式正是新课改所强调的过程性评价的一个有力体现,重在"成长"二字,不以一时的成绩、表现来评价一个学生,而以其整个成长过程作为评价的对象。这有助于我们收集到学生的全面信息,保证评价的客观公正性以及科学性。成长记录袋是将学生的成绩以看得见的成果表现出来,主要收集学生在数学学科的阶段学习中重要的、有价值的成果,作为评价其学习结果的一部分参照。

教师在评价过程中,要给学生适当的引导,让学生把反映其学习取得突破性的成果的证据放进去,如最满意的作业、对自己思维冲击力最大的数学课、印象最深的解题方法、有重大启发意义的数学文章、让自己受用的数学名言警句、自己运用数学知识解决生活问题的照片、家长或者教师对自己的奖励等。

---

① 脱中菲.小学数学表现性评价的任务设计与开发[J].教育测量与评价(理论版),2009(4):26—28.

拓展阅读

好的小学数学成长记录袋应符合以下标准[①]。

学生是建立数学成长记录袋的主体,在建立记录袋的过程中具有最终决定权。教师在学生建立成长袋的过程中要承担指导、参谋和协助的义务。

记录袋的内容要体现标准化和个性化的统一。标准化体现了课程标准对学业水平表现形式的规定性要求,个性化则体现了不同学生达到课程标准的路径、中间成果及最终成果表现形式之间的差异。

记录袋的内容之间必须形成逻辑联系,能刻画出学生学业成就形成和发展的轨迹,为证明学生在学习(在某种程度上可以理解为有效学习)提供证据。

记录袋的内容要体现数学学科学业成就与其他学科学业成就的关系,体现数学学科学习对其他学科的贡献及其他学科学习对数学学科的促进作用。

记录袋的内容对于建立成长记录袋的学生是有价值的,即能够反映出学生在某素质或某一方面发展水平的一个具体问题,或提供学生在某素质或某一方面发展水平的一个具体的证据。

建立成长记录袋的过程即学生自我评估的过程,档案袋的内容应该体现学生对自己学习及学业成就状态的反思和评估。

如何建立成长记录袋,教师可以参考下列步骤:

(1) 向学生和家长介绍成长记录袋的结构、内容和重要性,并向其展示成长记录袋的案例。每一次把新内容放进成长记录袋都需要填写成长记录卡,方便评价时查阅。

(2) 教学生如何填写成长记录卡。下面是一个完整的记录卡,教师可以参考后再依据现实情况制作自己学生的成长记录卡。

表 10-15 成长记录卡[②]

标题(完整记录单元名)		编号		
学生姓名	被引用记录	次	建立日期	年 月 日
涉及的主要数学内容				
解决问题(学习)过程的主要信息				
解决问题(学习)结果信息				
自我评价方面的信息				
对自己的建议				

---

① 张远增,胡耀华.小学数学测量与评价[M].上海:华东师范大学出版社,2010:186.
② 张远增,胡耀华.小学数学测量与评价[M].上海:华东师范大学出版社,2010:187.

续表

标题(完整记录单元名)			编号	
教师评价及改进建议				
他人(教师以外)评价及改进建议				
确认者	姓名		日期	年 月 日
	资历			
附件名称				

(3)帮助学生了解成长记录袋收录的具体、详细的内容。

(4)指导学生根据一个单元的学习目标制作成长记录袋的一个完整记录单元,要把第二步中的记录卡和第三步中的具体内容同步制作。

这样重复几次,在学生了解了流程后,教师就要逐步地减少对学生的指导,让学生在以后的单元学习中,根据自己的实际情况进行自我记录。

在此,我们介绍了以上5种小学数学学习评价的方法,每种方法各有其特点,选用时应该根据需要相互配合使用,不要单独使用某一种,这样收集到的评价信息才更全面。希望一线教师也可以在自己的课堂教学中,探索、总结新的学习评价方法,然后与大家分享。下面呈现一则关于"圆的面积"的评课案例,供大家参考。

【案例】

"圆的面积"评课案例[①]

一、课堂教学简介

这是一节五年级的数学新授课,教学内容是圆的面积,任课教师是T1。

教学主要过程和内容如下:

1.复习引入

提问:"平行四边形的面积是如何推导的?""三角形的面积如何推导?"让学生明白,求新图形面积时,可以通过已学过的图形面积公式推导,可以运用旧知识解决新问题。

复习圆的周长计算公式。

讲解什么是圆的面积。"圆所在平面的大小叫作圆的面积。""圆的面积怎么求?"引入课题,板书课题。

2.小组合作探究圆的面积的计算方法

小组合作探究,教师巡视。(6分钟)

3.小组汇报交流,总结圆的面积公式

各小组展示本组的做法,并说明如何推导圆的面积公式。期间,投影仪出现了问题,耽误了1分钟左右,后来由电教老师帮助解决了问题。

第一组:把圆平均分成16份,拼成一个近似的长方形,由长方形面积公式推导圆的面积公式。

[①] 赵冬臣.小学数学课堂教学评价的质性研究[D].长春:东北师范大学,2005:34—35.

教师问:为什么是近似的长方形? 学生解答。

第二组:把圆平均分成 16 份,拼成一个近似的平行四边形。由平行四边形面积公式推导圆的面积公式。

教师引导学生发现:平均分的份数越多,图形就越接近长方形。问:为什么份数越多,越接近长方形? 学生思考并解答。

第三组:把圆平均分成 16 份,拼成一个近似的三角形。由三角形面积公式推导圆的面积公式。

第四组:把圆平均分成 8 份,拼成一个近似的梯形。由梯形面积公式推导圆的面积公式。

小结:无论转化成哪种图形,都是通过旧知识学习新知识,这是一种学习方法。

4. 练习巩固

让学生比较 $2\pi r$、πr、πr^2 之间的区别。引导学生发现求圆的面积的关键是求圆的半径。教师带领学生口头练习 3 道题:已知半径求面积;已知直径求面积;已知周长求面积。

5. 总结

让学生总结本节课的学习收获,让学生明白,圆面积的公式是通过把圆转化为已学过的图形进行推导的。教师强化"转化思想",引导学生明确在以后的学习中也要善于利用已学知识将未知问题转化为已知的问题来进行简化。

二、课堂教学评价

1. 教师自评

我讲的是"圆的面积",主要的设计意图是通过原有知识解决新的问题。在实际操作过程中,有的孩子没有理解怎么做,有的孩子行动比较慢,因此耽误了很多时间,但还是得让学生继续做下去。学生在座位上摆得还是比较清楚的,但让他到讲台上去展示给大家看就显得有点慌乱。我的设计意图就是通过学生的操作,运用已有的办法转化解决这个问题。虽然做的时间长了一些,但是孩子们还是领会了这个问题。另外关于学法的指导,我在设计时考虑得挺好,但是黑板写不下了,其实上面还应该再写一些"变学会为会学""学会就是成功的办法"等。整个这节课,我觉得练习少了一些,操作的时间太长。学生平时发言特别好,今天我感觉和平时还有点不一样,没有平时那么活跃。当然,这跟老师的调动有关系。后来我问了一个同学,他说太暗,黑板有点看不见,这个有点原因。总之,我觉得自己在调动学生积极性上还有待加强。

2. 他评

①我觉得 T1 刚才思路特别清晰,可以说整个这节课讲得比较透彻,由关注知识转为关注过程,由给出知识转为引起活动。第一,创造良好的教学氛围,鼓励学生参与活动、合作学习,给学生主动权,拓宽学生的发展空间。比如图形推导,使学生明白这样的图形能推导出面积,那样的图形也能推导出面积。第二,注重学生探究过程,让学生通过观察、动手操作体会数学知识的发生、发展、转化过程。第三,在讲解知识方面,重点突出,同时也没有忽略小的问题。比如讲授拼成的图形为什么是近似的长方形的问题,很

多老师可能会忽视,但她在这里交代得比较好,重点突出。另外,讲授什么是圆的面积的问题,尽管这是小问题,但是她讲解得比较清楚。第四,就是转化的过程,转化的过程表现得很突出了。

同时,她注重发展学生的思维。她质量观坚持得比较全面,学生发言的面也比较广,注重学生的和谐发展。她坚持了以人为本的学生观。学生是学习的主体,充分调动学生的主动性和创造性,关注差异性,把学习的主动权交给学生,使学生能够勇于尝试,大胆质疑。

不足之处是贴图形时,纸都是白色,看起来不清楚,如用纸的另一面进行颜色对比,学生就能区别开,效果会更好。

②这节课总体来说很不错。主要谈两点看法:第一,这节课充分地体现了转化的思想。转化的思想,虽然过去也曾用过,但没有把它归纳总结出来。第二,在学习新知识的同时对旧知识加以了巩固。如:T1让学生通过长方形学习平行四边形,通过平行四边形学习三角形,通过平行四边形学习梯形等。计算图形面积,以前的方法主要就是割补和拼图。但是圆不能通过两个相同的圆来拼,教师让学生发挥充分的想象,通过实际操作,也就是切开,然后再拼的方法,总结出了圆面积的求法。这样不仅巩固了旧知识,掌握了新知识,还为今后的学习打下了基础。第三,利用课件直观展示。T1的课件内容一是对学生的讨论和探究活动的一个总结;二是教会学生学习的方法。我觉得"学知识并不是目的,关键是掌握方法"这一句话总结得挺好。另外"利用知识,利用你的聪明智慧解决问题"这也是本节课的关键所在,我觉得这也突出了一个教学理念吧。不足之处是在演示和学生探究的过程中稍显忙乱。

3.校长评

第一,数学课应该让孩子经历假想、猜测、验证、应用的过程,这在教学中都体现出来了。圆的面积的教学与其他平面图形的面积的教学相较来说有一定难度,难度就在于有一个化曲为直的过程。你让学生猜测,能不能把圆转化成以前学过的平行四边形、三角形、梯形等平面图形?这是一个正迁移,有转化的思想。这时,应该再给孩子一些时间,让他们充分地遐想一下:它是平面上的曲线图形,怎么能转化成平面上的直线图形?

第二,时间问题。本节课最基本的就是把圆形转化成平行四边形或长方形,而你又让学生将其转化成三角形和梯形,实际上后两种转化是比较难的,而且不仅让孩子说,还到前面去演示,我觉得这对于大多数孩子来说比较难,因而浪费了不少时间。这里老师可以留下一句话:求圆的面积,可以将圆转化成平面图形的哪一种,是不是仅仅局限于平行四边形和长方形,还有没有其他的转化方法?学生可能会有自己的想法,有兴趣的学生课后可能会再交流。因为这节课主要是抓基本的,一个是平行四边形,另一个就是长方形。

第三,练习问题。剩下的时间还可以做一些练习。要求学生把所有方法都掌握是不可能的。尤其是梯形,很多学生基本上还不会。另外,你在设计练习时是比较有意识的,每种情况都有,希望学生能灵活地运用知识,避免学生一看到求圆形的面积就去找半径。还可以换一个角度,设计成一道测量题,比如给一个圆的图形,让学生求面积,并让学生思考该怎么办。有的学生会去测量半径,有的测量直径,有的测量周长,然后思考每种方法是怎么求面积的,这样层次就更清楚了。

第四,教法和学法的统一这点做法确实不错。求圆的面积这里主要是运用转化的思想,你还提到了运用旧知识学习新知识。但是你这节课,尤其是后半部分,你说:"我们学完圆形的面积了,后面我们将学到百分数应用题,遇到百分数应用题我们怎么办?"意图是延伸这种转化思想,或者延伸这种迁移、类比的思想,用解决分数应用题的方法去解决百分数应用题。但是,这样做的效果不是特别好,甚至有点过了。我曾看到过一句话:"一种教育,如果你让受教育者感觉到你在刻意地对他进行教育,那么它的教育作用和教育价值就打折扣了。"所以,教法和学法的统一,包括思想道德教育,都应该是潜移默化的,让学生意识到这样做有好处。

本章小结

课堂教学评价是教师在教学过程中,为了促进学生学习和改善教师教学而实施的,是对学生学习过程与结果的评价,其最终指向于学生的学习和发展,关注学生学习的结果,重视教与学的过程,将评价与教师的教与学生的学有机结合起来。小学数学课堂教学评价的要素包括以下几点:教学目标、教学内容、教学方法、课堂气氛、课堂学习情况、整体教学情况。数学学习评价是指有计划、有目的地收集有关学生在数学知识,使用数学的能力和对数学的情感、态度与价值观等方面的材料,并根据这些材料对学生的数学学习状况或某个课程或教学计划做出结论的过程。小学数学学习的评价方法主要有测量法、观察法、数学日记、表现性评价、成长记录袋等。小学数学课堂教学评价的方法有观察法、访谈法、问卷调查法、调查与实验、即时评价法。理清小学数学课堂教学评价与小学数学学习评价的含义,把握它们的评价要素,掌握各自的评价方法有助于有效开展小学数学课堂教学评价,从而改进教学,促进学生发展。

复习思考题

1. 什么是小学数学评价?
2. 评价的功能有哪些?进行评价应坚持哪些原则?
3. 小学数学课堂教学评价有哪些方法?
4. 小学数学学习评价有哪些方法?
5. 选定一个观察的角度,并根据被评价者的特点和本节课的教学情况,设计一个课堂观察量表,收集资料进行一个微型研究。
6. 在你心目中,一节好课的标准是什么?
7. 学习结果和学习过程,你认为哪个更重要?

本章参考文献

[1]中华人民共和国教育部.义务教育数学课程标准(2011年版)[S]北京:北京师范大学出版社,2012.

[2]侯怀银.教育研究方法[M].北京:高等教育出版社,2009.

[3]崔克忍.中学数学教学论[M].北京:北京师范大学出版社,2010.

[4]沈毅,崔允漷.课堂观察:走向专业的听评课[M].上海:华东师范大学出版社,2008.

[5]王孝玲.教育测量[M].上海:华东师范大学出版社,1989.

[6]胡中锋,李方.教育测量与评价[M].广州:广东高等教育出版社,1999.

[7]赵冬臣.小学数学课堂教学评价的质性研究[D].长春:东北师范大学,2005.

[8]郝威.新课程理念下小学数学课堂教学评价量表研究[D].延吉:延边大学,2011.

[9]宋乃庆,张奠宙.小学数学教育概论[M].北京:高等教育出版社,2008.

[10]杨玉东,巩子坤.小学数学教师专业能力必修[M].重庆:西南师范大学出版社,2012.

[11]张远增,胡耀华.小学数学测量与评价[M].上海:华东师范大学出版社,2010.

[12]彭钢,蔡守龙.小学数学课堂诊断[M].北京:教育科学出版社,2006.

[13]邵清艳.学生评价与学法指导[M].长春:东北师范大学出版社,2010.

[14]杨琳.小学数学表现性评定开发的行动研究[D].长春:东北师范大学,2004.

[15]脱中菲.小学数学表现性评价的任务设计与开发[J].教育测量与评价(理论版),2009(4).

[16]丁凤良.课后访谈——学生教会我们如何做教师[EB/OL].(2010-10-26)[2015-6-18]http://www.docin.com/P-552272255.html.

[17]杨传冈.触摸数学[M].桂林:漓江出版社,2013.

第十一章 小学生的数学情感态度教育

◆ **本章学习目标**

1. 掌握小学生的数学情感与态度的内涵。
2. 认识到培养小学生数学情感与态度的重要性。
3. 掌握小学生数学情感与态度的培养策略。

【案例1】

小学六年级的课堂上,数学老师布置了一道有难度的应用题,给了学生5分钟的思考时间。还不到5分钟,小宏早已把小手举起来,因为太过于显眼,老师不得不让小宏回答问题,结果小宏给出了一个错误答案。老师脸上的微笑骤然消失,原本温和的语调也变了味道。扔下一句:"能不能想好正确答案再说,坐下。"而原本满脸微笑、自信的小宏带着满脑子的疑惑,愣愣地坐回座位。剩下的那节课,小宏的脑袋再也没有抬起来,课前充满了斗志与激情的他,现在像霜打的茄子,无精打采。他不明白为什么自己认真思考过的答案就换来了老师的一句:想好正确答案再说。小宏心中默默地对自己说:以后我再也不冲动了,不随便举手回答问题了,这样至少不会在同学面前出丑。剩下的那节课,小宏的心思只有一半投入在课堂上,剩下的都在自责、愧疚,揣测老师为什么说那样的话,是老师不喜欢我吗?

【案例2】

同样的年级,同样的数学课,同样的问题,不一样的老师,不一样的处理方式,给学生带来了不一样的心理感受。5分钟不到,小刚也是早已把手举得高高的,生怕老师看不见,老师面带微笑地请小刚起来回答问题,只是没想到离正确答案还有很大的距离,但是老师的微笑始终挂在脸上,依然和颜悦色地说道:"不错,小刚进行了一个很好的尝试,只是还有那么一点点的小问题,不要紧,请坐下,老师相信,再经过你的小脑袋思考,一定会做出来的,现在我们请下一位同学来给我们分享他的答案。"小刚高兴地坐回座位,兴奋地听着同班同学的答案,还不时地口中念念有词,和自己的答案进行对比。小刚心中默默地对自己说:原来自己在那儿思考时出现了一点小问题,想错了,下一次知道该怎么处理了。剩下的课,小刚听得格外认真、专心,生怕错过一个知识点,他觉得老师是那样和蔼,以后要好好学习,争取每一次都一次性做对。

◆ **问题聚焦**

　　以上课堂情境是我们每一位数学教师在课堂教学中经常会遇到的,两种不同的处理方式对学生的课堂心理、行为表现产生了不同的影响。课堂上,知识的传递固然重要,但是学生的心理情感一样不容忽视,因为人是全面的、立体的,不可能只是单方面地接受知识,而没有心理活动、情感态度的参与。但是由于知识具有显性,心理活动、情感态度具有隐性不易察觉、判断,如今又处在"应试教育"扎实推行的大背景下,分数、升学率就是王道,教师过度看重分数,其他一切都必须让路,情感态度的教育自然就弱很多,但是它对于小学生的健康发展又非常重要,所以我们必须理清情感态度教育的重要性,在教学实践中把其放在与知识同等重要的地位,为培养全面健康发展的小学生而努力。那么,究竟什么是数学情感态度,应该如何培养小学生的数学情感态度,如何从思想上意识到小学生数学情感态度教育的重要性,以及要掌握如何培养小学生数学情感态度的策略,是我们本章需要重点解决的问题。

| 第一节 |
小学生数学情感与态度的认识

对待成长中的学生,我们要善于发现,学会等待,用一双有温度、有情感的眼睛看待学生。小学阶段的学习重在培养学生对知识的兴趣、渴望和良好的学习习惯。知识的学习固然重要,但积极的情感态度作为一个小学生发展动力系统的因素之一,也需要得到教师们的关注。

一、数学情感与态度的含义

情感与态度本身就是一个心理学的概念,《心理学大辞典》中认为:"情感,是人对客观事物是否满足自己的需要而产生的态度体验。"一般的普通心理学课程还认为:"情绪和情感是人对客观事物所持的态度体验,只是情绪更倾向于个体基本需求欲望上的态度体验,而情感则更倾向于社会需求欲望上的态度体验。"[①]情感具有情境性、稳定性和持久性,以内隐和深沉的形式存在或以微妙的方式流露出来。

态度,是人们在自身道德观和价值观基础上对事物的评价和行为倾向,表现为对外界事物的内在感受(道德观和价值观)、情感(即"喜欢—厌恶""爱—恨"等)和意向(谋虑、企图等)三方面。美国社会心理学家 L.L.瑟斯顿和 C.E.奥斯古德将态度视为评价或情感性反应。[②]

所谓数学情感与态度,是指学生在数学学习过程中产生的不随学习活动的结束而消失的内心体验和感受,这种体验和感受在学生的学习活动中具有相对的稳定性,它反映了学生心理需求的满足状况以及对学习活动的主观判断,对学生学习活动的发生、维持具有积极的影响作用。[③] 从定义中可以看出,数学情感态度是一种稳定的内心体验和感受,而且是个人的主观判断,最后指出数学情感态度所具有的功能,即积极影响的功能,但是如果处理不好,也会给学生带来消极的影响,造成学生学习的障碍。

二、小学生数学情感与态度的教学要求

我国《基础教育课程改革纲要(试行)》中,明确将情感态度与价值观同知识和技能、过程与方法并列为基础教育的三维目标,其对情感态度与价值观的高度重视尚属首次。与之相符,新颁布的《课程标准(2011年版)》结合数学教育的特点,也明确将数学课程的总目标分为知识与技能、数学思考、问题解决、情感态度四个方面,充分体现了数学观与数学教育观的转变。教育应当着眼于人的全面发展,"以人为本"。在数学教育教学中,对学生进行数学情感的培养,增强积极的情感体验对于人的全面发展具有重要价值。下

---

① 杨玉东,黄伟胜.初中数学教师专业能力必修[M].重庆:西南师范大学出版社,2012:133.
② 杨玉东,黄伟胜.初中数学教师专业能力必修[M].重庆:西南师范大学出版社,2012:133.
③ 孙明霞.小学中年级学生数学学习情感研究[D].大连:辽宁师范大学,2012:9.

面我们就详细地介绍《课程标准(2011年版)》中有关小学生数学情感态度的内容。

(一)情感态度总体目标

1.能积极参与数学学习活动,对数学有好奇心与求知欲

学起于疑,起于思,起于问,从小培养学生的好奇心是以后学习的动力。小学生天生对自然现象与社会现象充满着好奇心、求知欲,教师在教学过程中保护、照顾他们的好奇心和求知欲,对他们顺势引导,有利于帮助他们在人生的道路上走得更远。"少年若天性,习惯成自然。"小学阶段的数学教学不是以培养学生掌握高深的数学知识为目的,更不是以培养数学家为使命,而是重在培养学生良好的学习习惯,使学生对数学有一个较为全面、客观的认识,愿意亲近数学、了解数学、谈论数学,对数学现象保持一定的好奇心。① 这一切实际上也是使学生对自然现象和社会现象保持好奇心的一个途径。对于数学活动的设计,可以根据《课程标准(2011年版)》中的学段目标,进行设计。第一学段,可以经常向学生提供一些他们"够得着"的简单有趣的生活性的数学问题。因为小学生处于形象思维阶段,对过于抽象的问题,无法进行很好的思考,只有接近他们实际生活的问题,才能激发起他们学习的动力。第二学段,可以引导学生将注意力转向更为广阔的生活情境,看看身边的人或事物中存在哪些数学问题,引导他们用数学思维来解决。教师在教学过程中应当设计可以使学生积极参与进来的数学活动。

2.在数学学习活动中获得成功的体验,锻炼克服困难的意志,建立自信心

对于20世纪80年代末的学生来说,数学可能就是做不完的练习,算不完的题,草稿纸上密密麻麻的演算,老师的一黑板讲解和呵斥。老师总是强调多做题、多练习,以求把所有类型的题都碰上,告诉学生"失败是成功之母",让学生做好吃苦的心理准备。高等学校数学系的情况更是如此。事实上,对于小学阶段的学生而言,这是一种误区。许多学生尤其是女学生在学习数学的过程中所形成的印象是:我不是学数学的料,我的空间思维能力不强,不适合学数学。最后导致学生产生习得性无助感,甚至最终放弃了数学的学习,同时也影响到学习其他课程的信心,那么教师培养学生克服学习过程中所遇到的困难的意志力更无从谈起。《课程标准(2011年版)》中强调,在培养学生"克服困难的自信心与意志力"方面,教师应关注两件事,一是向学生提供具有挑战性的问题,使他们有机会经历克服困难的过程;二是让他们在这些活动的过程中获得成功的体验,或是解决相关的问题,或是找到解决问题的有效思路,或是解决部分问题,或是得到对问题的进一步理解等。

3.体会数学的特点,了解数学的价值

使学生初步认识数学与人类生活的密切联系及其对人类历史发展所起的作用,体验充满探索与创造的数学活动,感受数学的严谨性和数学结论的确定性。从整个人类的历史来看,数学在其中扮演了非常重要的角色,数学是一门实用价值很高的学科,极大地推动了人类文明的进步。教师必须熟悉数学史的知识,能信手拈来,并结合学生的身心和学段特点,举恰当的例子,向学生介绍著名数学家的事迹、经典案例、数学名著等。例如

---

① 杨玉东,黄伟胜.初中数学教师专业能力必修[M].重庆:西南师范大学出版社,2012:134.

在学习"认识钟表计时"时,可以向学生介绍古人在没有钟表的情况下,是怎样计时的,引发学生动脑筋思考。

4. 养成认真勤奋、独立思考、合作交流、反思质疑等学习习惯,形成实事求是的科学态度

周密的逻辑思维能力、科学的探索精神、理性的态度是未来公民能够过上幸福生活、有效地参与国际竞争必须具备的素质,而数学教育无疑能够很好地培养学生这些方面的素质。但是这些素质,作为数学情感态度的一部分,必然具有数学情感态度的特点,即内隐性、稳定性,很重要却很难培养。小学生刚开始接触数学学习时,是培养和发展这些品质的最佳时期,单纯的知识训练远远不能达到这一效果,这就要求教师必须具备较高的素质,在平常的教学工作中,以身作则,做好榜样。如遇到难题,多思考,可以把思考的过程演示给学生看,引导学生形成正确的思考方式;上新课时,引导他们从已经学过的知识中,经过自己的思考或者与同伴的合作以及不断的猜想,过渡到新知识的学习中来;教导学生遇到困难时,不是马上就向别人求救,而是先自己思考,实在没有头绪的时候,再向老师或同学请教;一道题,能用两种方法解决就不用一种方法解决,尽可能地发散学生的思维。总之,这些重要的品质要落实到平常的教学中来培养,进行日积月累的训练,这不是一蹴而就的,教师要坚持。这些良好的品质形成后,最终的受益者除了学生,还有教师,长此以往,课堂教学就会越来越顺。

(二)情感态度学段目标(只列举小学阶段)

1. 第一学段(1~3年级)

(1)对身边与数学有关的事物有好奇心,能参与数学活动。

(2)在他人帮助下,感受数学活动中的成功,能尝试克服困难。

(3)了解数学可以描述生活中的一些现象,感受数学与生活有密切联系。

(4)能倾听别人的意见,尝试对别人的想法提出建议,知道应该尊重客观事实。

2. 第二学段(4~6年级)

(1)愿意了解社会生活中与数学相关的信息,主动参与数学学习活动。

(2)在他人的鼓励和引导下,体验克服困难、解决问题的过程,相信自己能够学好数学。

(3)在运用数学知识和方法解决问题的过程中,认识数学的价值。

(4)初步养成乐于思考、勇于质疑、实事求是等良好品质。

从《课程标准(2011年版)》的总体目标和学段目标来看:(1)强调学生积极主动的学习态度的形成。三维目标的提出,更是把存在感弱的情感态度提到了与知识技能同等重要的地位,三维目标互相依赖,互相促进。基础知识和基本技能的学习过程同时成为学会学习和形成正确态度和价值观的过程,成为学生形成良好健康的情感态度的过程。(2)更加突出了学生主体地位。教师是教的主体,学生是学的主体,强调学生要在学习的过程中发挥自己主动性和能动性,尊重学生在课堂中的主体地位,使课堂变成学生快乐学习和主动学习的场所。更重要的是,我们要充分认识到"情感态度""价值观"目标是长期目标,不能因为阶段的划分和老师的变动,而出现断层,要一条线贯彻到底,需要老师们长期的坚守,且要求教师必须具备很高的教师素养。(3)情感态度是隐性目标,不易培养,不易察觉,不像知识那样,有专门的教材进行培养。(4)知识目标和情感态度目标是相融合的目标,不能人为地割裂,以为它们可以单独进行培养。作为培养全面发展的人的主阵地,课堂教学要承担起这一重任,教师更是主体中的主体,把课堂教学作为一个培养学生的整体,把"教书"和"育人"结合起来。教师应关注学生的情感态度,使教学过程成为学生一种愉悦的情感体验和态度形成的过程。

第二节
小学生数学情感与态度的培养策略

从第一节的学习中,我们知道,小学生数学情感态度究其根本是一种心理活动,具有很大的隐蔽性和稳定性,同时也具有可塑性,而且小学生处于培养的起始阶段,具有始发性,良好的开头是成功的一半,必须高度重视。数学情感态度的培养是一个长期的过程,不能心急,不能追求立竿见影的效果,需要长时间的、有计划的培养和坚守。作为一名小学数学教师,必须认识到自己的使命,意识到数学情感态度在数学学习中的重要作用。为了培养学生良好的个性,提高学生参与数学学习的积极性、主动性,提高学生的数学学习成绩,教师就必须掌握培养小学生数学情感态度的策略。

学生、教师以及二者之间的交流、对话结合产生的教学是构成课堂教学非常重要的三个要素,因此,小学生数学情感态度的培养就从对他们影响很大的两个要素做起,即教师和教学,从这两方面双管齐下,共同促进小学生数学情感态度的培养和发展。

一、教师方面的策略

进入 21 世纪以来,随着知识观、学生观、教学观的转变以及新课改的进行,教师的角色已经悄然发生了很大的变化。《课程标准(2011 年版)》中也明确指出,教师要从知识的传授者转变为学生发展的促进者;要从教室空间的绝对支配者转变成数学学习活动的组织者、引导者和合作者。[1]

组织者:学习资源;学习氛围;学习时间……

引导者:引导学生经历学习过程、知识产生的过程;引导学生合作探究……

合作者:与学生平起平坐,民主、平等地参与到学生的学习中来;帮助和提醒学生,为学生创造学习的条件……

所以,教师作为课堂教学中一个重要的主体,由于其本身是接受十几年系统教育的"传道、授业、解惑"的专业人才,故而能对培养小学生数学情感态度具有很重要的影响。

(一)建立完善的知识结构

教育心理学中,学者对教师的知识结构进行了详细的研究,一名合格的教师至少应具备以下知识:本体性知识、条件性知识和实践性知识。小学生数学情感态度的教育本身就是一个跨学科、跨领域的内容。所以,首先,教师除了学好数学专业知识外,还得具备心理学的知识,熟知小学阶段学生的身体、心理、学习特点,这是因材施教、因人施情的基础;其次还得具备教育学的知识,对教育了解不深刻的人,对教学也不会有多少深刻的见解。一名出色的教师一定是对教育有自己独特见解的教师。所以进行教学前,教师必须对教育的基本规律和要求有足够多的了解,因为教育的对象是人,必须有正确的教育

---

[1] 杨玉东,黄伟胜.初中数学教师专业能力必修[M].重庆:西南师范大学出版社,2012:141.

价值观，才能在实践中有意识地时刻反省自己的教学，"人之初，性本善"是每一位人民教师应该具备的人性立场。要从事教育这一行，就必须深信人性本善的观点。因为只有这样，我们才会相信自己所从事的职业，我们的教育才是有用的。每一个学生都有一颗积极上进的心，只不过等待我们去唤醒而已。所以，小学数学教师在平常的教学过程中，要经常翻阅教育学、心理学方面的书籍，不断增强自己在教育上的信念，真正相信"天生我材必有用"，造物主不会造一个没有用的事物，更何况是万物之首的人。同时，教师要对教育事业和所施教的学生充满热情，善于用直观生动的形象激起学生的情感共鸣。最后，教师还要有一定的哲学知识。马克思说："激情、热情是人强烈追求自己的对象的本质力量。"列宁说："没有人的感情，就从来没有也不可能有人对真理的追求。"①这些哲学名句，已经告诉我们，伟人们是何其重视人的情感态度。而且一些简单朴素却又重要的哲学道理，如：主要矛盾决定事物的性质，事物的发展是矛盾的推动，外因通过内因起作用，内因是事物发展的根据，外因是条件等，又为我们看待事物提供了许多角度，加深了我们对事物的认识。哲学本身就是研究人的高深学科，教育的对象就是人，教师理应具备一些哲学知识，才能更好地进行教学。

（二）培养良好的人格品质

苏联教育家苏霍姆林斯基说："我们教给学生的知识不是什么与人截然分开的东西，它们是同人的情感世界融合在一起的……我们的学生对于在学校获得的知识抱什么态度，大都取决于学生怎样对待老师——知识的明灯。热爱自己学科的教师，他的学生也充满热爱知识、科学、书籍的感情。教师的话语中不仅包含了学科的意义和内容，而且包含了思想的情感色彩；只有热爱科学的人出现在学生面前，才能唤起学生的情绪、情感。"有一个调查发现，喜欢数学教师的学生有85%的数学成绩好，而不喜欢数学教师的学生有90%以上的数学成绩不理想，这实际上就是"亲其师，信其道"的例证。学生的学习有一定的"向师性"，在平常的学习过程中，很多学生往往会因为某门学科老师的魅力而喜欢他，进而喜欢这个老师所教的学科。"感人心者，莫先乎情。"课堂教学中，师生之间时刻都在进行心灵的碰撞、情感的交流。如果教师对待所有的学生一视同仁、与学生相处融洽、积极创建民主的班风，那么学生就会对教师充满信任感，学生就会愿意和教师做心与心的交流；如果教师认真对待自己所教的学科，在教学中，乐于思考问题，经常引导学生在学科内进行探索，那么学生也会在无形中从教师身上学习到这些可贵的品质，把这种潜在的情感意识转移到教师所教的学科内容上去，产生"亲其师，信其道"的效应，从而形成一种积极的学习态度和良好的学习习惯。

还记得陶行知先生的"四颗糖的故事"吗？一次，陶行知见到学生王友用泥块砸同学，当即制止，让他放学后到校长办公室。下课后，陶行知来到校长办公室，王友已等在门口准备挨训了。没想到，陶行知却给了他一颗糖，并说："这是奖给你的，因为你很准时，我却迟到了。"王友惊疑地瞪大了眼睛。陶行知又掏出第二颗糖对王友说："这第二颗糖也是奖给你的，因为我不让你打人时，你立即就停止了。"接着，陶行知又掏出了第三颗

---

① 李甫英.中学数学教学中实施情感教育的理论与实践研究[D].南昌：江西师范大学，2005.

糖:"我调查过了,你砸那些男生,是因为他们不遵守游戏规则,欺负女生,你砸他们,说明你很正直善良,且有和坏人做斗争的勇气,应该奖励你啊。"王友感动极了,哭着说:"陶校长,你打我两下吧,我错了,我砸的不是坏人,是自己的同学。"陶行知这时笑了,马上掏出第四颗糖说:"因为你正确地认识错误,我再奖励你一颗糖。我的糖分完了,我们的谈话也结束了。"如果陶行知先生当时只是一味地打骂,教育效果不见得会好,反而是他温和而又真诚的态度,在打动学生的同时又教育了学生。

数学学科严谨、周密,这也就意味着它可能枯燥,而小学生生性活泼、好动,没有耐心,小学数学教师要特别地仔细,有耐心,不能动不动就和学生发脾气,把负面情绪带到课堂上来,把学生当撒气桶。教师要学会控制自己的情绪,从走进课堂的那一刻起,从和学生眼神相撞的那一瞬间开始,就要学会抛弃个人所有的不快,始终以热烈的情绪、饱满的精神从事数学教学,以亲切信任的态度聆听学生的回答,以热情的态度给学生以点拨和启迪。由此才能吸引学生、感染学生,使师生之间产生心理相容,达到"共鸣"之效。

(三)构建和谐的师生关系

《课程标准(2011年版)》中明确指出,数学教师是数学学习的组织者、引导者和合作者。这就是要求教师建立和谐、民主、平等的师生关系。只有和谐、民主、平等的师生关系和课堂教学环境,才会给学生营造一种安全的心理环境和学习氛围,从而使学生产生积极的数学情感,而这样一种积极的情感又会激起学生学习数学的兴趣和欲望。所以,进行小学生数学情感态度培养的第一步就是消除学生心里根深蒂固的传统师生观:师贵生卑,取而代之的是新型的师生观:民主、平等。James Comer 说深刻、有效的学习来自于深刻、有效的师生关系,George Washington Carver 说所有的学习都是一种理解的师生关系,所以教师与学生作为课堂教学的主体,尤其是教师,在教学中,要有意识地通过多种课内和课外的活动建立新型的师生关系。教师要放下身架,学会蹲下来和学生说话,倾听学生的声音,要学会等待,学生答错问题时,不要随口说:怎么这么笨,坐下再好好想想。你不能轻易地否认学生的劳动成果,他不是没有思考,只是思考出现错误了,需要你的指导,而不是你的冷嘲热讽和呵斥。你需要做的是听他诉说,让他讲解自己的思考过程,你适时地给予指导、点拨。

杜威的"学校即生活""社会即学校"告诉我们,我们面前的学生不仅仅是我们面前所看到的那样。教育属于生活的一部分,人又生活在社会中,人具有社会属性,他首先是一个社会中的人,然后才是一名课堂中的学生。教师要学会全方面地考查学生,遇事不能妄下结论,除了看到课堂上的学生,还必须能看到生活中的学生。

(四)苦练精湛的课堂艺术

有人说教师是兼演员、演说家、科学家等角色于一身的人,表演得不精彩,没人观看;演说得没激情,没人捧场……所以教师自身要练就一身好本事,不仅要学识渊博,还得有整洁漂亮的板书,丰富幽默的语言,精准扼要的表达,娴熟的多媒体技术,恰到好处的提问,多元的评价方法[①]……这些都具备了,才能真正吸引学生,学生学习的热情才会高

---

① 杨玉东,黄伟胜.初中数学教师专业能力必修[M].重庆:西南师范大学出版社,2012:142.

涨。教师对每一节课,都要精心准备,从导入到上课,课堂中间的提问,以及事后的评价等。苏霍姆林斯基说:"一堂好课是用自己的一辈子去准备的。"所以,优质的课堂教学和高超的教学艺术是日积月累的结果,没有捷径可走。

苏霍姆林斯基说有激情的课堂教学,能够使学生带着一种高涨的激动的情绪从事学习和思考。有激情的课堂是有活力的课堂,是有生命力的课堂。因此,教师上课必须具有一定的激情,只有激情才能唤醒激情,才能点燃求知的火种。从实际的课堂观察来看,不难发现,有的教师上课,激情澎湃,口若悬河,板书设计巧妙。学生在一节课结束后,看一眼黑板上的板书就能回忆起整节课的内容要点。看过很多公开课的视频,整体感觉下来就是,老师对整节课的设计很有自己的一套,尤其是板书的设计,还有老师说话的语气和老师整个人的精神面貌使人印象深刻,但像数学这种理性思维占主导的学科,则应是老师精心的设问以及引导学生的思考过程留给人印象最深,好的教师总是能在关键的地方,提出恰当的问题,使学生的思维始终处在"最近发展区"内。有时候,再加上肢体语言的运用,学生听得如痴如醉、目不转睛,完全投入课堂中,教师的教学效果和学生的学习效果都非常好。而有的课堂教学,一节课下来,老师嗓子都喊哑了,也没几个人真正听进去,老师、学生互相埋怨,老师说:"学生不听话,不配合,太笨,总是慢半拍。"学生说:"老师讲的课像白开水,没有一点味道,平淡无奇,板书一塌糊涂,问的问题要不太难,我们根本无从下手;要不太简单,我们根本就不想回答。"然后就僵持着,形成恶性循环。所以,教师在课外,一定要不断改进、提升自己的课堂教学艺术,多进行学习,要抱着一种开放的态度,善于接受新事物,提高自己的学习能力,不断提升自己的课堂教学技术,把教学的科学性和艺术性结合起来。

(五)创建浓厚的班级文化

苏联教育家阿莫纳什维利的著作《孩子们,你们好!》《孩子们,你们生活得怎么样?》《孩子们,祝你们一路平安!》中,阿莫纳什维利就是一个陪伴孩子们成长的小学教师,从孩子们还没进小学开始,他就早早地把孩子们的名单拿来,一个一个研究、了解,所以在开学的时候,他不仅把所有孩子的名字都叫上来了,而且还能对号入座,包括他们的家庭情况,他都有了详细的了解,他对孩子们的爱无处不在,紧紧包围着孩子们。印象最深的一个是他对班级的布置,在他们的教室门外,有一块黑板,每天孩子们来的时候,都会在上面看到与今天上课内容相关的问题,孩子们到校后,第一件事就是去看黑板上的问题,然后边思考边进教室,而教室里面,也是精心布置,四面墙壁上的内容也是根据教学内容和进度经常变换着,总之,教室里到处都是激发学生思考的气息。因为他觉得教室不仅仅是一个教师讲授知识的地方,更是学生长期进行学习、思考的场所,必须为学生创造能够时时刻刻思考的氛围。

但是在我们现实的课堂教学中,我们只看到了教室一个方面的作用,我们不是没有重视教室环境的布置,只是我们狭窄化了教室的功能,而且把教室的功能静态化了。哲学告诉我们:只有处于不断变动中的事物才有发展的希望。所以教室的布置不是在墙壁上贴上几幅名言警句、激励人的条幅就完事了,而是真正把教室看作一个与我们共同学习的无形书本,我们每天学习的东西,它也最好处于不断的变化中,才能跟上我们的节奏。至于其他版面怎么设置,教师可以和学生商量,征求学生的意见,可以在教室里设置不同的移动版块,供不同的老师使用。

二、教学方面的策略

(一)精心设问,激发求知兴趣

苏霍姆林斯基曾这样告诫过教师:"请记住:成功的欢乐是一种巨大的情绪力量,它可以促进儿童时时学习的愿望。请你注意无论如何不要使这种内在力量消失。缺少这种力量,教育上的任何巧妙措施都是无济于事的。"兴趣是孩子最好的老师,而问题是数学学习的核心,尤其是小学阶段的教学,具有挑战性的问题才能吸引学生的注意,使学生的思维处于高度紧张和集中状态,吸引学生的眼球,抓住学生的心,提高学生的学习兴趣,所以教师要在每一节课的每一个环节都精心设置问题,触发学生弄清未知事物的迫切希望,使学生处于一种积极的思维状态中。在数学教学中,教师要结合学科特点和学生已有的知识及生活经验,创设有意义的、开放的、富有挑战与激情的问题情境,引导学生去发现问题、解决问题,让学生从创设的情境中尝到数学学习的乐趣,使他们始终处于情绪高涨、兴趣浓厚、积极主动的学习状态中。①

【案例1】

认识厘米教学片段②

联系生活,统一认识。

1.找原因。小猪能能可能干啦!有一天,他帮妈妈锄地。他干了一整天,饿极了,晚上回家吃了2碗饭。第二天,他又干了一整天的活,到了晚上,他吃了8碗饭。这可能吗?(碗有大有小)

2.量课桌。让学生选择一个课前准备好的铅笔、小纸条、文具盒等物体,和自己的课桌比一比,然后,以各自不同的测量工具为标准汇报每个人课桌的长度。(答案不一)

3.师:大家说的都对,但为什么所说的有不同呢?(因为我们测量课桌所用的东西是不一样的)

有什么办法可以使我们测量的结果一样呢?(大家都用同样的工具去量)

4.导入揭题。你们的办法真妙!要想取得一致的结果,我们需要有统一的测量工具。有谁知道我们通常用什么来测量物体的长度?(尺子)今天,我们就要认识在测量长度比较短的东西时所使用的国际上统一的长度单位——"厘米"(板书课题:认识厘米)

该教学片段中,教师不仅步步设问,并且问题紧密联系学生的生活实际,这样的问题立刻激起了学生对测量的兴趣,让学生感受到了在生活中建立统一度量单位的必要性,为一节课的进一步学习奠定了良好的求知氛围。

---

① 郝晓燕.小学生数学情感的培养浅探[J].小学时代(教师版),2012(12):62.
② 彭钢,蔡守龙.小学数学课堂诊断[M].北京:教育科学出版社,2006:31.

(二)合作学习,改进学习方法

课程标准中明确提出要培养学生合作的能力,并且就教师的角色,也提出了教师要成为学生的引导者、合作者。合作学习是当下提倡的学习方法,也是现今在世界范围内,普遍使用的一种有创意、有实效的学习方法。古人说:"独学而无友,则孤陋而寡闻。"合作学习改变了以前一个人埋头苦学的模式,倡导不同层次的学生一起形成一个小团体,相互交流、合作,在促进学生之间交往的同时,也有助于培养学生的合作精神、集体观念和团队意识,对于学生竞争意识和竞争能力的培养也是有帮助的。传统的班级授课模式,由于各种各样的原因,不能满足每个学生的需求,忽略了一些学生,给他们带来了学习上的困难,而合作学习恰好可以弥补这种缺憾,能更好地促进每个学生的发展。在小组中,老师把各个层级的学生编成一组,有困难,大家一起研究、讨论,互相帮助,学生之间更易于交流。有些同学害怕教师,但是和自己的同学,就可以无拘无束地谈话,这样遇到难题,他们会在组里主动讨论,在建立深厚友谊的同时,也建立起了学习上的伙伴关系,真正实现了陶行知先生的"小先生制"。而且,心理学研究表明,讲出来的知识印象更深,因为此时学生已在自己的大脑中进行了思考组织,不容易忘记。合作学习最重要的就是明确任务分工并采用恰当的评价方式,保证小组内的每一个学生都得到发展,而不是每个小组内的"好学生"得到发展。下面就介绍一个案例,来具体谈谈怎样通过小组合作学习来培养小学生的数学情感。

【案例2】

"认识事物的周长,并且学会计算"教学片段[①]

本节课所要达到的情感目标是要求学生能够结合具体情境,感受周长与实际生活的密切联系,并能够应用所学知识解决实际问题。

1.认识课本封面的周长

让学生观察课本封面,说一说课本封面的周长指的是哪里的长度。学生回答后,教师指出课本封面四周的长是封面的周长。然后让同桌合作,其中一个学生用手指沿着课本封面的四周摸一摸,边摸边说封面的周长指的是哪里的长度;另一个学生观察,看在摸的同学是否摸得正确。(两个同学轮流进行)

2.启发联想,认识广告牌的周长

让学生先在小组内说一说广告牌的周长指的是哪一部分的长度,然后教师组织学生进行全班交流。指名口答时,教师用课件出示一个广告牌,同时闪现广告牌的边线,让学生再次从视觉上认识广告牌的四周的长度是广告牌的周长。让学生再举一些例子说明周长。(教师可以先进行适当启发。如课桌面边线的长度是课桌的周长、铅笔盒面四周的长度是铅笔盒面的周长……)

3.总结归纳,周长的定义

什么是周长呢?(让学生自学课本上的内容,然后在小组内讨论,最后全班交流)

引导学生认识:围图形一周的长度就是这个图形的周长。

---

① 戴豫吉.培养小学生数学情感的实践探索[D].重庆:重庆师范大学,2012:16.

(1)动手测量,认识周长

小组内讨论测量周长的方法,先让学生指一指圆片、杯子上底面、长方形纸片的周长各指的是哪一部分的长度,再让学生在独立思考的基础上在小组内交流,讨论树桩面、杯子的上底面、长方形纸片的周长的测量方法。

(2)全班交流

每个小组选一名同学(进行汇报的同学不固定,每次汇报的同学要进行变动)来汇报测量方法。学生讨论得出以下方法:

a.测量长方形纸片的周长时,可用尺子分别量出每条边的长,再加起来。

b.测量圆片和杯子上底面的周长有两种方法:一是软尺量;二是用线围,再用尺子量线的长度。

(3)学生操作练习

让学生拿出课前准备的学具(杯子、圆片、长方形纸片、卷尺、尺子等),测量出圆片、杯子上底面、长方形纸片的周长,并在小组内交流。然后教师组织学生进行全班交流。(指名回答测量结果,并说一说是怎样量的)

(4)再认识周长

让学生说一说什么是周长。(围图形一周的长度,就是这个图形的周长)教师强调"一周"的含义,并配合课件演示,让学生体会"一周"的内涵。

4.巩固练习

指导学生做课堂活动的题目。

(1)学生独立操作:让学生拿出课前准备好的钉子板,用绳子围几个图形,再沿着它们的周长摸一摸。

(2)组内交流:你围了什么图形?它的周长指的是哪一部分的长度?

5.全课小结

通过这节课的学习你认识了什么? 你是通过什么方法获得这些知识的?

在这节课中,学生通过与同组内伙伴的合作学习,认识并且会计算生活中一些实际事物的周长,从而对身边与数学有关的事物有了好奇心,这是课程标准中要求学生达到的情感目标之一;在合作学习中,对于如何选择适当的方法测量周长存在困难的学生也在组内成员的帮助下掌握了方法,感受数学活动中的成功,能尝试克服困难,建立起了学习数学的信心,这是课程标准中要求学生要达到的情感目标之二;在应用所学方法测量一些实际事物的周长时,选择学生身边熟悉的事物,让他们感受到数学与生活的联系,并且认识到了数学的实用价值,初步养成乐于思考、勇于质疑、言必有据的良好品质,[①]这是数学课程标准中对学生的情感目标要求之三。由此看来,这个案例的设计,每一个环节都注重并突出了对学生数学情感的培养,并取得了实际的成果。

---

① 戴豫吉.培养小学生数学情感的实践探索[D].重庆:重庆师范大学,2012:16.

(三)游戏教学,提升学习兴趣

小学生天性活泼、爱玩、爱动,实行游戏教学更符合学生的身心特点。陶行知先生说过这样一句话:"我们必须变成小孩子,才配做小孩子的先生。"但是长大后,我们就忘记了自己曾经也是孩子,所以,我们在预设教学活动时要把自己当作学生,和学生一起重新认识这个世界,用孩子的眼光、想法和情感来看待这个世界,走进学生的内心世界。那么如何能做到这一点呢?笔者认为就要根据小学生的认知特点、心理特点、个性喜好以及课堂教学的目标,设计一些小游戏,寓教于乐,使学生在学到知识的同时也获得了快乐,并且以这种方式获得的知识,也不容易忘记。课堂教学中,小游戏的设计,会使整个教学过程增添活力、趣味,同时形象、生动、直观,能极大地吸引学生的注意力,并逐步建立起学生良好的数学情感。下面,笔者就结合具体案例讲一讲,如何通过课堂小游戏的设计来实现这一目标。

【案例3】

"认识年、月、日"教学片段[①]

1.引入新课

师:孩子们,今天这节课我们来摘星比赛好吗?请大家按照自己的学习小组就座,下课之前我们来比一比哪个小组得到的星星最多!

学生鼓掌欢呼,跃跃欲试。

老师出示教材上有关年、月、日的主题图,指导学生观察。

提问:从图上你能了解到哪些信息?

指名回答,引导学生认识到这些信息都与年、月、日有关。

揭示并板书课题:年、月、日。

2.探究新知

(1)小游戏1:比比谁是小博士。

组织交流课前收集的有关年、月、日的知识。

师:孩子们,谁来说一说关于年、月、日,你都了解到了哪些知识?

老师组织学生先在小组里交流,再进行全班交流。(以小组为单位,每个小组说出一个有关年、月、日的小知识就得1颗星)

(2)小游戏2:看看谁是学习小能手。

教学例1,认识年、月、日。

观察、思考、统计。

师:课前同学们还收集了各种不同年份的年历,它们有许多相同之处,现在请你们观察手中的年历,解决以下问题:

(实物投影)

1年有( )个月,将每个月份的天数写在月份的下面。

有31天的月份( ),有30天的月份是( ),2月有( )天。

---

① 戴豫吉.培养小学生数学情感的实践探索[D].重庆:重庆师范大学,2012:17—18.

学生在独立观察、思考、统计的基础上在小组内交流各自的统计结果。

讨论:你发现了什么?(每个小发现可以为你所在的小组加1颗星星)

学生:各月的天数并不完全一样,1个月中最多的有31天,最少的有28天,有31天的月份比有30天的月份多……

全班交流:认识大月、小月。

指名口答下列问题,教师适时板书:

1年中有31天的是哪几个月?

1年中有30天的是哪几个月?

请你猜一猜:31天的月份叫什么?30天的月份叫什么?

如果学生不能回答,教师可以直接告诉学生并板书。

师:还有一个月份,既不是31天也不是30天,你们知道是哪个月吗?追问:2月有多少天?为什么有28天和29天的区别呢?我们下节课来研究。

(3)巧记年、月、日。

小游戏3:比比谁的办法多。

师:大月和小月的知识在我们的日常生活中常常用到,我们怎样来记住哪些月是大月、哪些月是小月呢?孩子们赶快动脑想一想,说出一种方法的小朋友可以为所在小组加2颗星!

生:我用的是"拳头记忆法"。

生边演示边口头讲解用拳头记忆大、小月的方法,其他学生边看、边听、边跟着学。

师:这种方法你们学会了吗?现在请两个小朋友一组,一名同学指拳头,一名同学说,比比哪个小组说得最好!

生:我用的是口诀记忆法。"7个大月心中装,7前单数7后双。要找大月请记住,7,8两月换着数,7月以前找单数,8月以后找双数"……

师:记大、小月的方法有很多,你认为哪一种适合你,就用哪一种方法。

3. 练习巩固

小游戏4:比比谁做得快。

师:请大家完成教材第114页课堂活动第2题,最先完成的小组加2颗星!

4. 全课小结

师:孩子们,我们的比赛结束啦,看看最后获胜的是哪个小组呢?你还有什么收获呢?

在本节教学活动的开始,教师就设计了摘星比赛这一小游戏,立刻激起了孩子们的热情,孩子们立马对新内容有了学习的兴趣。在游戏的引导下,他们好奇心不断地加大,迫不及待地想马上进入新的学习内容。然后,让学生通过比赛的方式说出自己掌握的有关年、月、日的知识。在这个过程中老师起了很好的引导作用,而学生则在老师的引导下,充分发挥了主体作用,深刻地体验到了数学知识与自己生活的密切联系。在记忆大、小月份时,让学生自己选择喜爱的游戏和歌诀,并且让学生在课堂上动手操作,说给自己的同学听。通过游戏活动,使学生在游戏中学习,在快乐中学习,让他们感受到数学实用性的同时,也感受到了数学的趣味性。这样的教学方式无疑可以很好地培养学生的数学情感。

(四)学习数学史,感受数学价值

《课程标准(2011年版)》中明确提出介绍一些有关数学家的故事、数学趣闻与数学史料,使学生了解数学知识的产生与发展首先源于人类生活的需要,体会数学在人类发展历史中的作用,激发学生学习数学的兴趣。数学在漫长的人类历史中,一直都发挥着重要的作用,通过数学史的相关知识的学习,让学生知道数学不是突然出现在他们面前的新鲜事物,而是古人早已发现的事物,并且每个数学公式、定理的出现,以及其对现实生活产生的巨大推动力,都是古人坚持不懈、苦苦思考得来的,我们要倍加珍惜。教师可以以讲故事的方式、探索的方式等让学生学习数学史的知识,但是记住切不可把其上成高年级的历史课,数学史知识学习一定要结合每节课的教学目标设计,把它融合进去,培养学生的数学情感态度。

【案例4】

"计时方式的变化"教学片段[①]

教师:同学们都会认钟表了,能够根据钟表的显示来确定时间。但是古时候人们没有钟表,你知道他们是怎样确定时间的吗?

学生:不知道。

教师:想知道吗?今天这节课老师就来给大家讲一讲古人是怎么确定时间的。这第一种方法就叫作立竿测影!那么什么叫作立竿测影呢?我们像古时候的人一样一起来做一做,好吗?

学生:好!

教师在讲台上立一根竹竿,用电灯泡绕着竹竿转,让学生清楚地看到竹竿影子的变化。

教师:小朋友们注意看竹竿的影子,有什么发现?

学生:我发现竹竿的影子有时候长,有时候短,在不停地变化。

教师:为什么影子有时候长,有时候短呀?

学生思考后回答:电灯在绕着竹竿转,影子就一会儿长,一会儿短了。

教师:我们天天看见的天上的太阳像这样一个电灯泡吗?但不是太阳绕着地球转,而是地球绕着太阳转(用多媒体课件配合演示),你们看早上的太阳在天边,中午就到了头顶了,晚上呢,它到了山脚这边了。太阳在不同的位置竹竿影子的长度都是不一样的,古时候的人就是看影子的长短来判断是什么时间的,你看古时候的人多聪明呀!

学生:那古人肯定还有其他的方法来确定时间吧?

教师:老师要向大家介绍的古人的第二种确定时间的方法就是用日晷测量。日晷就是用影子来判断时间的装置。你看这个圆盘上不是有一根小棒一样的细棍吗?(多媒体课件配合讲解)太阳照着它,它的影子就投到圆盘上,古时候的人就可以根据这个影子来

---

① 戴豫吉.培养小学生数学情感的实践探索[D].重庆:重庆师范大学,2012:20—22.

确定时间了。懂了吗?

学生1:现在我明白了。

教师:还有什么问题吗?

学生2:老师,我还有个问题,如果没有太阳,是下雨天,古时候的人怎样确定时间呢?

教师:这个问题问得好,没有太阳,也就没有影子了,古人怎样确定时间呢?这就要用到书上说的滴漏了。什么叫滴漏呢?你们看,老师这里有两个用胶带捆起来的瓶子,瓶口对着瓶口的,瓶口还用一块纸板把它堵上了,只用针把这块纸板穿了一个小洞。上面这个瓶子装有细沙子,当把这两个瓶子立起来时,你们发现了什么?

学生:我发现上面这个瓶子里的沙正慢慢地流到下面那个瓶子里面去。

教师:用这样的方法可以计算时间吗?

学生讨论后回答:可以,时间越长,漏到下面瓶子里的沙越多,看下面瓶子里沙的多少就能判断时间了。

教师:用漏沙来确定时间的方法叫沙漏,还有用漏水的方法来确定时间的。

学生抢着回答:那叫水漏。

教师笑了笑说:小朋友们,那不叫水漏,叫滴漏。因为它是用水一滴一滴地往下滴,像你们家坏了的水龙头那样,用滴水的多少来确定时间的。

教师:听了这样几个小故事,小朋友们想说些什么?

学生1:我觉得古时候的人真是太聪明了!

学生2:我知道不但可以用钟表,还可以用好多方法来确定时间。

教师:是啊,只要我们细心观察,你不但可以看到古时候的人们用很多种方式来确定时间,在现在的生活中,也可以用多种多样的方式来确定时间呢。除了在钟表上看时间以外,你们还可以通过哪些方式来确定时间?

学生1:我在电视屏幕上可以看到时间,还有计算机屏幕下面也要显示时间。

学生2:公鸡早上叫的时候,就大约是7时了;看到学校中午放学了,就知道快到12时了……

教师:小朋友们观察得真仔细,也很会动脑筋。放学后还可以继续观察,也可以从书上查一查,你会知道更多的确定时间的方法。好了,这节课我们就上到这里,下课。

这节课安排在一年级下期,在认识了钟表以后,教师再对学生讲授了这几个有关计时的数学史故事,这样做不仅激发了学生的好奇心和求知欲,还可以有效地弥补教材的不足,也可以拓展学生的视野,使学生喜欢数学。通过用生动的数学史改编而成的小故事来激发学生学习数学的兴趣,使数学从古代走来,结合现代的教学方法,把高深的知识以故事的形式展现出来,如其中的日晷、滴漏都有高深难解的科学理论做支撑,但是教师用小学生能够理解的方式表达出来,这样才能真正接近学生,学生也才会有兴趣,才能保持学习的热情。这也真正达到了数学课程标准中对低年级学生情感目标的培养要求。

教学中教师还通过对学生讲述古时候的计时方法,在让学生感受到古人智慧的同时,也感受到了数学的实用价值,在增强学生的民族自尊心和自豪感的同时,也树立起把数学学好、用好的态度和激情。总体来说，本案例中，学生通过克服学习中的困难，也从古人身上看到了数学的实用价值和探索数学的乐趣，这样的教学设计巧妙地完成了课程标准中对学生这一情感目标的培养。

（五）联系生活，丰富数学情感

从认知和思维特点上来看，小学生以具体形象思维为主，因此，在学习的过程中，只能看到数学的表面现象，认识不到那些即使是简单定理中所蕴含的数学思想和思维，这就要求小学数学教师必须在平时的教学中，充分利用学生生活中已有的生活经验。数学问题来源于生活，而又应用于生活，所以教师要引导学生从日常生活中提炼数学问题，并解决问题。此次课程标准中也十分强调数学与现实生活的联系，不仅要求选材必须密切联系学生生活实际，而且要求数学教学也必须从学生熟悉的生活情境和感兴趣的事物出发，为他们提供观察和操作的机会，使他们有更多的机会从周围熟悉的事物中学习数学和理解数学，体会到数学就在身边，感受到数学的趣味和作用，体验到数学的魅力。① 那么究竟在课堂教学中如何能做到这一点，从而达到预期的效果呢，笔者将结合具体的案例《吨的认识》来讲述一下做法。

1.创设学生喜欢的生活情境，激发学生对新知识的兴趣

师：孩子们，你们跟家长去过水果市场买水果吗？（电脑出示情境图：星期天妈妈带着华华去水果批发市场，走进市场，看到一袋袋、一箱箱的苹果）

师：（出示图片，一个苹果、一箱苹果）看一个苹果有多重？约重150（ ），一箱苹果约重10（ ），能填什么单位呢？

生：一个苹果150（克），一箱苹果10（千克）。

师："克""千克"这些质量单位我们上节课已经认识了，大家知道一个苹果的质量用"克"作单位，一箱苹果的质量用"千克"作单位。这些苹果都是用大卡车运来的，大卡车能装很多很多的苹果，那么你们知道一卡车的苹果有多重吗？这就要用到比"千克"更大的单位——"吨"，这节课我们就一起来认识这个新朋友——"吨"（板书课题：吨的认识）

（案例来源②）

一个良好的教学情境和问题情境，能快速集中学生的注意力，一个有价值、有意义的教学情境是上好一堂课的开始，因此教师要创设好的教学情境。本片段的教学情境设计就抓住了学生的好奇心，充分利用学生熟悉的生活情境激发他们的学习兴趣，让学生觉得数学离他们并不远，就在他们身边，与他们的日常生活息息相关。用数学知识来解决生活问题更能激发学习的兴趣。

2.活动设计从学生已有的生活经验出发，激发学生的课堂积极性

师：孩子们，"吨"非常想和我们大家做好朋友，我们先来听一听它的自我介绍好吗？（多媒体播放"吨"的自我介绍）

师：计量比较重的物体有多重时，通常用吨作单位。孩子们你们知道一吨到底有多

---

① 戴豫吉.培养小学生数学情感的实践探索[D].重庆：重庆师范大学，2012：7—8.
② 戴豫吉.培养小学生数学情感的实践探索[D].重庆：重庆师范大学，2012：24.

重吗？你们想体验一下吗？

师：老师准备了一桶水，它重 20 千克，现在我请一名同学来提一提！

学生操作。

师提问：你觉得重不重？

生：重！

师：如果 50 桶这样的水约重 1 吨，那么你们还能提起吗？可见，1 吨是很重的！50 桶这样的水重 1 吨，说明 1 吨＝（　　）千克，说说你的想法。

生：一桶水是 20 千克，50 桶水就是用 20 乘 50 等于 1000 千克，所以 1 吨＝1000 千克。（师板书：1 吨＝1000 千克）

师：为了让每个同学都感受一下，请同桌两个同学互相背一背，感受一个同学的体重。

学生操作后，教师讲解。

师：那么 1 吨大约是我们 40 个孩子的体重，你们现在能想象出 1 吨有多重了吗？

（案例来源①）

新课程强调，在数学课堂练习中，不能够再单纯地对学生实行题海战术，打艰苦战，现实的和探索性的数学学习活动要成为数学学习内容的有机组成部分。在设计活动时，必须要先考虑学生已有的生活经验和认知水平，如果能从学生已有的生活经验出发，把学生的个人知识、直接经验和现实世界作为数学教学的重要资源，就不仅能调动孩子们的积极性，使他们在"做中想，想中学"，还能达到事半功倍的效果！②

3.运用练习的设计要充分展示学生的聪明才智，引导学生形成独立的个性，创造新成果，使学生有满足感和幸福感

师：填数并说说你是怎么想的。

7 吨＝（　　）千克　　3000 千克＝（　　）吨

生：1 吨就是 1000 千克，7 吨就是 7000 千克

生：1000 千克就是 1 吨，3000 千克就是 3 吨。

师：刚才跟他们想法相同的孩子都把掌声送给自己！你们都很棒！（案例来源③）

在这个环节中，每个孩子都是依据自己刚才所学的知识去解决问题的，很好地体现了新课程所强调的尊重学生的主体地位，把学习的权利交给学生，发挥学生的主动性和积极性。课堂教学中，新课程也强调师生之间和生生之间进行交流对话，不再把学生当成是知识的接受容器，课堂也不再是教师的独言堂，而这些，在这个环节都体现了，实现了师生在平等基础上的心灵的交流，课堂教学充满了情趣和激励。在这样宽松和谐、始终洋溢着探索进取气息的课堂中，学生自然身心放松，并对所学知识产生兴趣，进而会积极主动地参与教学过程，数学情感态度也在这种氛围中得到了很好的培养。

---

① 戴豫吉.培养小学生数学情感的实践探索[D].重庆：重庆师范大学，2012：25.
② 戴豫吉.培养小学生数学情感的实践探索[D].重庆：重庆师范大学，2012：25.
③ 戴豫吉.培养小学生数学情感的实践探索[D].重庆：重庆师范大学，2012：25.

（六）多元评价，改变价值观念

《课程标准（2011年版）》明确提出，评价的主要目的是为了全面了解学生的数学学习历程，激励学生的学习和改进教师的教学；应建立评价目标多元、评价方法多样的评价体系；对数学学习的评价要关注学生学习的结果，更要关注他们学习的过程；要关注学生数学学习的水平，更要关注他们在数学活动中所表现出来的情感与态度，帮助学生认识自我，建立信心。所以教师必须革新自己的评价观念，不再把学生当成一个有待检验的产品，而是把评价作为促进学生发展的手段，多方面、多主体、多角度观察学生，为评价收集资料，把评价作为一个实实在在的过程。但是数学情感具有隐蔽性、稳定性，属于心理活动，不易描述、测量、判断，对它的评价有一定的难度。教师必须有爱心、耐心、信心，能够适时地发现学生的心理变化和情感变化。至于具体的办法，参考上一章"小学数学学习评价"中的内容。

无论是新课改的"三维"目标（知识与技能，过程与方法，情感、态度和价值观）的提出，还是《课程标准（2011年版）》中明确将数学课程的总目标分为知识与技能、数学思考、解决问题、情感与态度四个方面，而且还有更具体的关于情感态度目标的学段目标，都充分体现了数学观与数学教育观的转变。教育应当着眼于人的全面发展，"以人为本"。在数学教育教学中，对学生进行数学情感的培养，满足其理智和情感的需要，增强积极的情感体验，对于人的全面发展具有重要价值。本章致力于帮助一线教师掌握培养小学生数学情感态度的方法，从课堂教学三要素的其他两个要素出发，提供培养小学生情感态度的策略。一是教师方面，有建立完善的知识结构、培养良好的人格品质、构建和谐的师生关系、苦练精湛的课堂艺术、创建浓厚的班级文化等五方面的内容。二是教学方面，结合小学生的认知、身心等特点以及课程标准中的有关规定，主要有精心设问，激发学习兴趣；合作学习，改进学习方法；游戏教学，提升学习兴趣；学习数学史，感受数学价值；联系生活，丰富数学情感；多元评价，改变价值观念等六方面的内容，并且在教学的每一方面，笔者都给出实例，供广大教师参考借鉴，这些只是笔者在查阅文献的基础上得出的，还有很多的不完善之处，广大的小学数学教师可以在此基础上结合自己的教学经验，再进行创新，找到最适合自己学生的培养方法。

本章小结

小学生的数学情感与态度是他们内心的一种稳定的体验和感受，它属于学生的一种主观情感态度与价值判断，它反映了学生心理需求的满足状况以及对学习活动的主观判断，对学生学习活动的发生、维持具有积极的影响作用，即积极影响的功能，但是如果处理不好，也会给学生带来消极的影响，造成学生学习的障碍。因此，培养小学生具有良好的数学情感与态度具有十分重要的意义。培养小学生数学情感与态度需要教师引导学生积极参与数学学习活动，激发其数学好奇心与求知欲；帮助学生在数学学习活动中获得成功的体验，锻炼克服困难的意志，建立自信心；让他们学会体会数学的特点，了解数学的价值；帮助其养成认真勤奋、独立思考、合作交流、反思质疑等学习习惯，形成实事求是的科学态度。为达到以上目标，从教师自身来说，又需要建立完善的知识结构，培养自身良好的人格品质,构建和谐的师生关系,苦练精湛的课堂艺术,创建浓厚的班级文化;同时,在教学方面注意精心设问,激发求知兴趣;合作学习,改进学习方法;游戏教学,提升学习兴趣;学习数学史,感受数学价值;联系生活,丰富数学情感。

复习思考题

1. 什么是小学生数学情感与态度?
2. 培养小学生数学情感态度的策略有哪些?
3. 你将如何从培养小学生数学情感与态度上,让"沉默"的教室动起来?
4. 在分数大于天、成绩胜过一切的应试教育下,怎么在课堂教学中真正落实情感目标?

本章参考文献

[1] 中华人民共和国教育部.义务教育数学课程标准(2011年版)[S].北京:北京师范大学出版社,2012.

[2] 杨玉东,黄伟胜.初中数学教师专业能力必修[M].重庆:西南师范大学出版社,2012.

[3] 张文博.培养小学生数学学习兴趣新探[J].教育革新,2013(1).

[4] 李红梅.浅谈如何在小学数学教学中培养学生数学学习的兴趣[J].现代阅读(教育版),2013(4).

[5] 孙兴丽,柳忠志.浅谈小学数学情感目标的实现策略[J].现代阅读(教育版),2012(21).

[6] 陈冲.浅谈新课程标准下的数学情感教学[J].新课程(上),2012(2).

[7] 柏传玉.如何培养学生积极的数学情感[J].小学时代(教育研究),2013(2).

[8] 周叶.数学情感,情感中的数学[J].课程教育研究(上),2012(11).

[9] 郝晓燕.小学生数学情感的培养浅探[J].小学时代(教师版),2012(12).

[10] 彭钢,蔡守龙.小学数学课堂诊断[M].北京:教育科学出版社,2006.

[11] 戴豫吉.培养小学生数学情感的实践探索[D].重庆:重庆师范大学,2012.

[12] 栾庆芳.数学情境教学对初中生数学情感的影响研究[D].扬州:扬州大学,2006.

[13] 徐茜.小学生数学情感的培养研究[D].杭州:杭州师范大学,2011.

[14] 俞能华.小学数学"渗文"式情感教学的理论思考与现状研究[D].上海:华东师范大学,2006.

[15] 孙明霞.小学中年级学生数学学习情感研究[D].大连:辽宁师范大学,2012.

[16] 李甫英.中学数学教学中实施情感教育的理论与实践研究[D].南昌:江西师范大学,2005.

附 录

一、如何说课

很多教师在说课时往往抓不住重点,不知该如何说。本书认为,能说好一节课才能讲好一节课,说课本身就是对教学认识的提高。教师首先要遵循说课的一般思路,其次要把握要点、突出亮点,这样才能说好一节课。

(一)总体思路

1.说清"教什么"

"教什么"也就是说课的内容。这一环节必须说清教材的版本、教材的内容组成以及教学的三维目标和教学的重难点。教师可以简略地说,不必太详细,时间在1~2分钟。

2.说清"怎样教"

"怎样教"是教学重要部分,同时也是说课的重点,主要体现教师根据教学理念设计的教学过程。每一教学环节中如何操作、实施,如何处理教师主导和学生主体之间的关系,如何调动学生学习的积极性,如何使学生学得轻松愉快并准确地掌握和运用所学知识解决有关问题等,这些都是必须说清的重要内容。这一环节在说课中一般控制在10~12分钟。

3.说清"为什么这样教"

说清"为什么这样教"也就是说清这样教的目的,说清教法与学法的意图与依据,说清通过教学能够使学生学会什么,达到什么目的。这一环节时间控制在3~4分钟。

(二)具体要求

1.领会文件精神和意义是做好说课准备的第一步

教师要认真研读说课文件和文件要求,领会说课竞赛的意义,区分不同的说课内容和说课竞赛的精神,根据竞赛要求做好选题,这样才能够在课堂上说到"点子"上。

2.说课时间的把握很重要,否则就会超时,严重影响说课成绩

说课时间要求最多15分钟,也有的说课时间要求是10分钟。如何在较短的时间内,把一堂45分钟的课说好,时间分配上要恰当。

3.说课的过程中可以借助课件

好的课件对说课有很大的帮助,但在制作上要把握好整体效果。课件制作风格以清新、简单、流畅为主,幻灯片演示的文字以提纲式为好,所配的图片和背景可以是自己的学生和校园。课件的色调和选材,能体现出教师说课的关键词、要点即可。

4.把握好说课内容

说课的内容主要由"教材的地位和作用""学情分析""教学目标""教学重难点""教学方法和学习方法指导""教学流程""板书设计""教学反思"等几项组成。

5.抓住每项内容的关键

"教材的地位和作用"关注的是教材的内在联系,要求教师对教材要熟悉并理解;"学情分析"关注的是学生的个体差异与环境差异;"教学目标"关注的是学生主体;"教学重难点"关注的是解决问题的方法;"教学方法"关注对学生学习方法的指导;"教学流程"关注课前准备;"教学反思"关注解决方案。

6.突出重点

说"教学流程"是说课最重要的环节,占说课时间的$\frac{2}{3}$左右。教学流程的展示,实际上就是教学过程的讲解,说课成败的关键本质上就是课堂教学过程中对学生提出的问题的处理和对学生活动的安排。说"教学流程"时不要仅仅局限在教学环节上,应该把每个教学环节中教师如何设计、学生如何操作演示等都进行适切的描述。

二、如何评课

说课与评课是一个连续体,大部分能把课说得好的老师也能很好地评课。因为他能抓住重要环节与关键点。以下对评课的原则以及要求做简要阐述。

(一)评课原则

1.实话实说原则

实话实说对于听评课教师来说,是一种责任心的问题。评课是执教者与其他教师相互学习借鉴的一个机会。只有本着客观公正、实事求是的精神,评课才有实在意义。

2."心理零距离"原则

评课者要站在帮助促进执教者的角度去充分考虑问题,给其中肯的指导意见,特别是要用一种十分诚恳的态度去评课。让执教者在一种融洽的氛围中,感觉到你的善意,接受你的意见,这样才有助于执教者反思自己的教学,从而促进教学水准的提高。

3.突出重点原则

评课不要"眉毛胡子一把抓",要抓住重点,可以部分详尽地谈,要突出需要改进与有特色的地方,让人颇有"柳暗花明又一村"的感觉。

4.激励性原则

评课的最终目的是激励执教者尽快成长,促使教师成为课程改革的中坚力量。因此评课者应该以激励为目标导向,以促进教师进步为目的进行评课,并不是简单地"批评"或是一味地"赞赏"。

5.因人而异原则

因执教者情况各异、课堂教学的形式不同、评价侧重点不同,评课有一定区别和特色。对于不同水平的教师要有不同的要求,比如对骨干教师的要求需要拔高一些。另外,在评课过程中要抓住教师的个性特点,挖掘其教学特长,激发教师个人教学风格的形成。

6.艺术性原则

评课也要讲究艺术,要掌握心理学理论以及"谈话"策略,并要注意评价尺度。评课者要从帮助、教育、促进教师发展的角度去考虑。评价是一门艺术,评课也具有自身独特的艺术。

(二)评课的要求

1.灵活运用评课形式

评课时先指出优点或是值得学习的地方,再提出研讨的问题,这种评课形式比较常见。评课也可以从不同的角度进行,既可以从整体入手,也可以有针对性地进行单项评课。具体采用什么样的评课形式要根据具体情况而定。

2.系统掌握评课内容

要评价一堂课,首先应该明确评课要评什么,也就是要明确评课的内容。对于一节课,我们可以从课堂教学中的要素(教学目标、教学内容、教学程序、教学方法、教学效果)、课堂教学中的行为(老师的行为、学生的行为、师生互动)、课堂教学的过程(教学准备、教学设施、教学结果的评价)等方面进行评课。

3.合理选用评课方法

评课方法包括个别面谈式、小组评议式、书面材料式、调查问卷式、陈述答辩式、师生评议式、专家会诊式、自我剖析式等,在不同的教学情境中应该采用不同的评课方法,在必要时也可同时采用几种不同的评课方法。

4.认真做好听课记录

听课记录是重要的评价材料,包括教学实录和评点两个方面。记录时要注意,首先要突出重点,详略得当;其次要做到看、听、记、思有机结合,以看、听为主,记录为次,重在思考。